Pour parler du monde francophone : l'emploi des prépositions devant les pays et les villes[1]

a. In order to situate countries and cultures, you will need to learn which prepositions are used before place names. The choice of preposition depends on the gender of the country. As a general rule, continents, countries, and provinces that end in **-e** are feminine:
   l'Europe, la France, la Suisse, l'Algérie, la Colombie Britannique.

b. Continents, countries, and provinces that end in other vowels or in a consonant are masculine: **le Canada, le Sénégal, le Mali, le Québec.**

c. Use the following prepositions to express *to, in,* or *from* a continent or country.

gender	to/in	from
masculine	au	du
feminine	en	de

On parle français en France, en Algérie et au Mali.

Youssou Ndour vient du Sénégal; Céline Dion vient du Canada.

En Asie, on parle français au Viêt-Nam.

d. Note the following exception: **en Haïti/d'Haïti.**

to/in	from
à	de

e. To express *to* or *from* a city, use the following prepositions.

Je vais à Québec.

Ce vol arrive de Dakar.

Il vient d'Abidjan.

Pratique et conversation

A. Où parle-t-on français ? En regardant les cartes qui suivent, complétez les phrases suivantes. Indiquez au moins deux pays pour chaque réponse.

> **Modèle :** Le français est la langue maternelle majoritaire. . .
>
> **Vous :** Le français est la langue maternelle majoritaire en France et au Québec.

1. Le français est la seule langue officielle. . .
2. Le créole français est la langue maternelle majoritaire. . .
3. Le français est une des langues officielles. . .
4. Le français s'emploie dans l'enseignement. . .

B. Devinez. Un étudiant choisira un pays francophone. Les autres essaieront de deviner l'identité de ce pays en posant des questions avec **est-ce que.** *Questions possibles :* Est-ce que ce pays se trouve en Afrique ? Est-ce que le français est la langue officielle ? Est-ce que le français s'emploie dans l'enseignement ? Est-ce que la capitale est Dakar ? Est-ce que le Mali se trouve à l'est (ouest)/au sud (nord) de ce pays ?

---

[1] This topic is treated in greater detail in **Chapitre 7.**

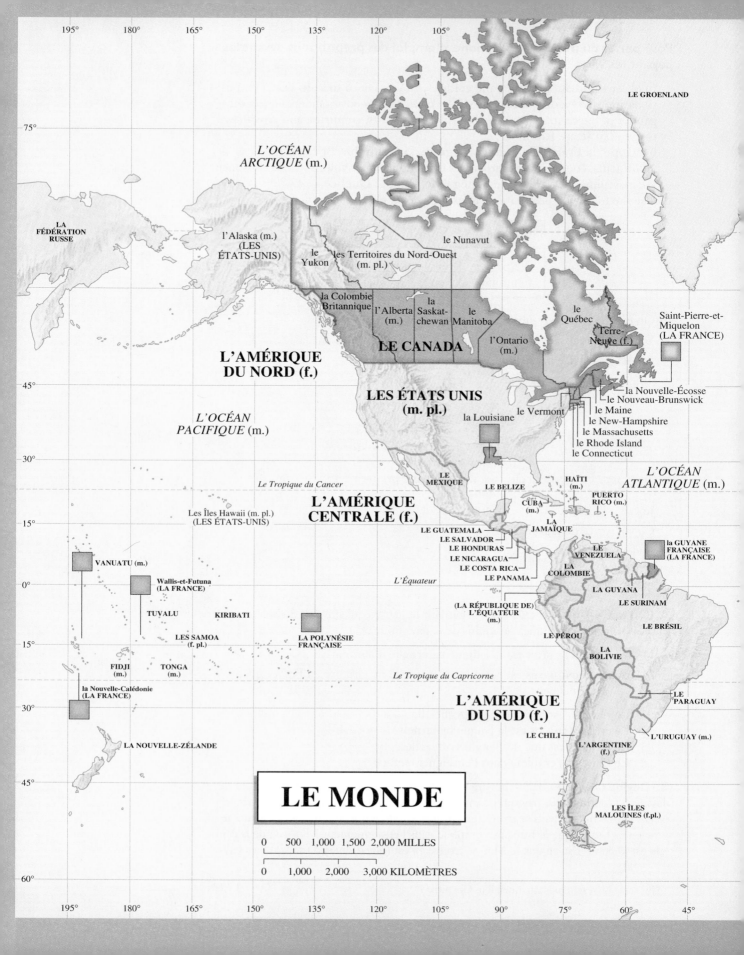

LE GROENLAND

L'OCÉAN
ARCTIQUE (m.)

LA
FÉDÉRATION
RUSSE

l'Alaska (m.)
(LES
ÉTATS-UNIS)

le
Yukon

les Territoires du Nord-Ouest
(m. pl.)

le Nunavut

la Colombie
Britannique

l'Alberta
(m.)

la
Saskat-
chewan

le
Manitoba

le
Québec

Terre-
Neuve (f.)

Saint-Pierre-et-
Miquelon
(LA FRANCE)

LE CANADA

l'Ontario
(m.)

L'AMÉRIQUE
DU NORD (f.)

LES ÉTATS UNIS
(m. pl.)

la Louisiane

le Vermont

la Nouvelle-Écosse
le Nouveau-Brunswick
le Maine
le New-Hampshire
le Massachusetts
le Rhode Island
le Connecticut

L'OCÉAN
PACIFIQUE (m.)

Le Tropique du Cancer

LE
MEXIQUE

L'AMÉRIQUE
CENTRALE (f.)

HAÏTI
(m.)

L'OCÉAN
ATLANTIQUE (m.)

LE BELIZE

CUBA
(m.)

PUERTO
RICO (m.)

Les Îles Hawaii (m. pl.)
(LES ÉTATS-UNIS)

LE GUATEMALA
LE SALVADOR
LE HONDURAS
LE NICARAGUA
LE COSTA RICA
LE PANAMA

LA
JAMAÏQUE

VANUATU (m.)

Wallis-et-Futuna
(LA FRANCE)

LE
VENEZUELA

la GUYANE
FRANÇAISE
(LA FRANCE)

TUVALU

KIRIBATI

L'Équateur

LA
COLOMBIE

LA GUYANA

LE SURINAM

LES SAMOA
(f. pl.)

LA POLYNÉSIE
FRANÇAISE

(LA RÉPUBLIQUE DE)
L'ÉQUATEUR
(m.)

LE BRÉSIL

FIDJI
(m.)

TONGA
(m.)

Le Tropique du Capricorne

LE PÉROU

LA
BOLIVIE

la Nouvelle-Calédonie
(LA FRANCE)

L'AMÉRIQUE
DU SUD (f.)

LE
PARAGUAY

LA NOUVELLE-ZÉLANDE

LE CHILI

L'ARGENTINE
(f.)

L'URUGUAY (m.)

LE MONDE

LES ÎLES
MALOUINES (f.pl.)

0   500   1,000 1,500 2,000 MILLES

0   1,000   2,000   3,000 KILOMÈTRES

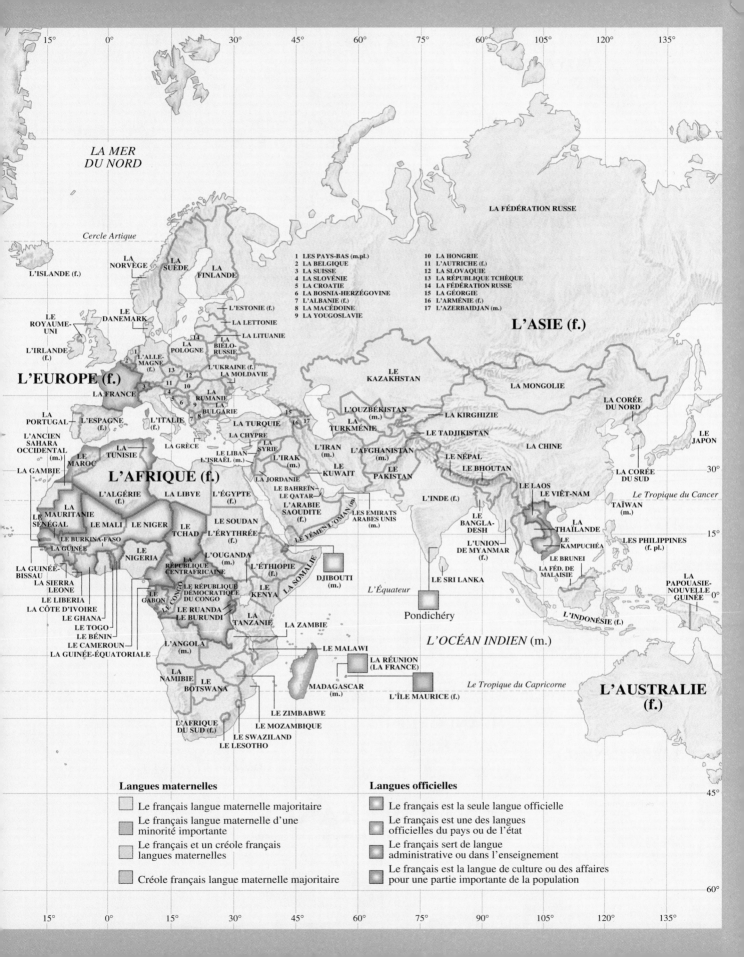

LA MER
DU NORD

LA FÉDÉRATION RUSSE

Cercle Artique

L'ISLANDE (f.)

LA
NORVÈGE   LA
          SUÈDE   LA
                   FINLANDE

LE
ROYAUME-
UNI   LE
       DANEMARK

L'IRLANDE
(f.)

L'EUROPE (f.)

LA FRANCE

LA
PORTUGAL   L'ESPAGNE
            (f.)

L'ANCIEN
SAHARA
OCCIDENTAL
(m.)   LE
        MAROC   LA
                 TUNISIE

LA GAMBIE

L'AFRIQUE (f.)

L'ESTONIE (f.)

LA LETTONIE

LA LITUANIE

L'ALLE-
MAGNE
(f.)   LA
        POLOGNE   LA
        14   BIÉLO-
                   RUSSIE

13   12   L'UKRAINE (f.)
            LA MOLDAVIE
11   10
4   LA
  6   RUMANIE
5   LA
7 8   BULGARIE
      15
L'ITALIE   16 17
(f.)

LA GRÈCE   LA TURQUIE

LA CHYPRE

LA
SYRIE
LE LIBAN
L'ISRAËL (m.)
LA JORDANIE

L'IRAK
(m.)

L'IRAN
(m.)

LE
KUWAIT

LE BAHREÏN
LE QATAR
L'ARABIE
SAOUDITE
(f.)

LES EMIRATS
ARABES UNIS
(m.)

L'ÉGYPTE
(f.)

LE SOUDAN

L'ÉRYTHRÉE
(f.)

L'ALGÉRIE
(f.)   LA LIBYE

LA
MAURITANIE
LE
SÉNÉGAL   LE MALI   LE NIGER   LE
                                  TCHAD

LA GUINÉE-
BISSAU
LA SIERRA
LEONE
LE LIBERIA
LA CÔTE D'IVOIRE
LE GHANA
LE TOGO
LE BÉNIN
LE CAMEROUN
LA GUINÉE-ÉQUATORIALE

LE BURKINA-FASO
LA GUINÉE
LE
NIGERIA   LA
           RÉPUBLIQUE
           CENTRAFRICAINE

L'OUGANDA
(m.)

LE
GABON
LE CONGO
LE RÉPUBLIQUE
DÉMOCRATIQUE
DU CONGO
LE RUANDA
LE BURUNDI

LE KENYA

LA TANZANIE

L'ÉTHIOPIE
(f.)

LA SOMALIE

DJIBOUTI
(m.)

L'ANGOLA
(m.)

LA ZAMBIE

LE MALAWI

LA
NAMIBIE   LE
           BOTSWANA

MADAGASCAR
(m.)

LE ZIMBABWE

LE MOZAMBIQUE

L'AFRIQUE
DU SUD (f.)   LE SWAZILAND
              LE LESOTHO

L'ASIE (f.)

LE
KAZAKHSTAN

LA MONGOLIE

L'OUZBÉKISTAN
(m.)   LA
        KIRGHIZIE

LA
TURKMÉNIE   LE TADJIKISTAN

L'AFGHANISTAN
(m.)

LA CHINE

LE NÉPAL

LE BHOUTAN

LE
PAKISTAN

L'INDE (f.)

LE
BANGLA-
DESH

L'UNION
DE MYANMAR
(f.)

LE LAOS
LE VIÊT-NAM

LA
THAÏLANDE

LE
KAMPUCHÉA

LE BRUNEI
LA FÉD. DE
MALAISIE

LA CORÉE
DU NORD

LE
JAPON

LA CORÉE
DU SUD

Le Tropique du Cancer

TAÏWAN
(m.)

LES PHILIPPINES
(f. pl.)

LA
PAPOUASIE-
NOUVELLE
GUINÉE

LE SRI LANKA

L'Équateur

Pondichéry

L'OCÉAN INDIEN (m.)

L'INDONÉSIE (f.)

LA RÉUNION
(LA FRANCE)

Le Tropique du Capricorne

L'ÎLE MAURICE (f.)

L'AUSTRALIE
(f.)

1 LES PAYS-BAS (m.pl.)
2 LA BELGIQUE
3 LA SUISSE
4 LA SLOVÉNIE
5 LA CROATIE
6 LA BOSNIA-HERZÉGOVINE
7 L'ALBANIE (f.)
8 LA MACÉDOINE
9 LA YOUGOSLAVIE

10 LA HONGRIE
11 L'AUTRICHE (f.)
12 LA SLOVAQUIE
13 LA RÉPUBLIQUE TCHÈQUE
14 LA FÉDÉRATION RUSSE
15 LA GÉORGIE
16 L'ARMÉNIE (f.)
17 L'AZERBAIDJAN (m.)

LE YÉMEN L'OMAN (m.)

Langues maternelles

Le français langue maternelle majoritaire

Le français langue maternelle d'une minorité importante

Le français et un créole français langues maternelles

Créole français langue maternelle majoritaire

Langues officielles

Le français est la seule langue officielle

Le français est une des langues officielles du pays ou de l'état

Le français sert de langue administrative ou dans l'enseignement

Le français est la langue de culture ou des affaires pour une partie importante de la population

LA FRANCE

Dunkerque
Calais
Boulogne
Lille
NORD-PAS-DE-CALAIS
Dieppe
Cherbourg
Le Havre
HAUTE-NORMANDIE
Rouen
Amiens
PICARDIE
Charleville-Mézières
Reims
Verdun
Metz
LORRAINE
Caen
BASSE-NORMANDIE
la Seine
ÎLE-DE-FRANCE
Versailles
Paris
CHAMPAGNE-ARDENNE
Nancy
Strasbourg
ALSACE
St. Malo
le Mont-St. Michel
Chartres
Fontainebleau
Troyes
LES VOSGES
Colmar
Brest
BRETAGNE
Rennes
Le Mans
CENTRE
Orléans
la Loire
la Seine
FRANCHE-COMTÉ
Blois
la Loire
Angers
Tours
BOURGOGNE
Dijon
Besançon
Nantes
LIMOUSIN
Bourges
PAYS DE LA LOIRE
AUVERGNE
la Saône
LE JURA
Poitiers
RHÔNE-ALPES
La Rochelle
POITOU-CHARENTES
Limoges
Clermont-Ferrand
Lyon
le Rhône
LES ALPES
Grenoble
Bordeaux
AQUITAINE
Rocamadour
LE MASSIF CENTRAL
le Rhône
PROVENCE-ALPES-CÔTE D'AZUR
Nice
Cannes
la Garonne
Moissac
Albi
Avignon
Nîmes
Montpellier
Arles
Aix-en-Provence
Marseille
Biarritz
MIDI-PYRÉNÉES
Toulouse
LANGUEDOC-ROUSSILLON
LE PAYS BASQUE
Lourdes
Carcassonne
LES PYRÉNÉES (f.pl.)
Perpignan

Élévation en mètres
2000+
500–2000
200–500
0–200
Niveau de mer

0 25 50 75 100 MILLES

0 50 100 150 KILOMÈTRES

L'EUROPE

Langues maternelles

☐ Le français langue maternelle majoritaire

▨ Le français langue maternelle d'une minorité importante

Langues officielles

▨ Le français est la seule langue officielle

▨ Le français est une des langues officielles du pays ou de l'état

▨ Le français est la langue de culture ou des affaires pour une partie importante de la population

10°

Cercle Arctique

LA FINLANDE

LA SUÈDE

LA NORVÈGE

60°

LE DANEMARK

LA MER BALTIQUE

L'ESTONIE (f.)

LA FÉDÉRATION RUSSE

LA LETTONIE

LA LITUANIE

LA MER DU NORD

LA FÉDÉRATION RUSSE

LA BIÉLORUSSIE

L'IRLANDE (f.)

LE ROYAUME-UNI

LES PAYS-BAS (m. pl.)

L'ALLEMAGNE (f.)

LA POLOGNE

L'UKRAINE (f.)

50°

Bruxelles ⊛

LA BELGIQUE

la Wallonie

Paris ⊛

LE LUXEMBOURG ▢

LA RÉPUBLIQUE TCHÈQUE

LA MOLDAVIE

LA SLOVAQUIE

L'AUTRICHE (f.)

LA HONGRIE

L'OCÉAN ATLANTIQUE (m.)

LA FRANCE

Bern ⊛

Genève ⊛ LA SUISSE

le Val d'Aoste

LA SLOVÉNIE

LA CROATIE

LA ROUMANIE

LA BOSNIE-HERZÉGOVINE

LA YOUGOSLAVIE

LA BULGARIE

Monté Carlo ⊛

L'ANDORRE (f.) ▣

MONACO (f.) ▢

L'ITALIE (f.)

la CORSE

L'ALBANIE (f.)

LA MACÉDOINE

LA TURQUIE

L'ESPAGNE (f.)

la SARDAIGNE

LA GRÈCE

LA MER MÉDITERRANÉE

la SICELE

LA CHYPRE

0   25   50   75   100 MILLES

0   50   100   150 KILOMÈTRES

20°

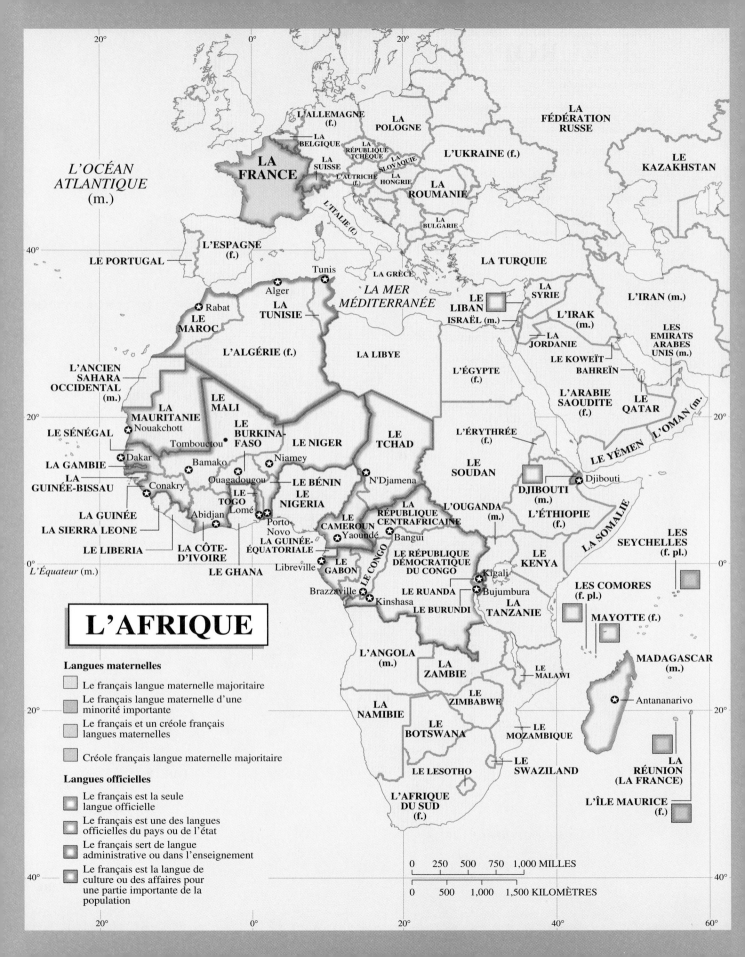

L'AFRIQUE

Langues maternelles

- Le français langue maternelle majoritaire
- Le français langue maternelle d'une minorité importante
- Le français et un créole français langues maternelles
- Créole français langue maternelle majoritaire

Langues officielles

- Le français est la seule langue officielle
- Le français est une des langues officielles du pays ou de l'état
- Le français sert de langue administrative ou dans l'enseignement
- Le français est la langue de culture ou des affaires pour une partie importante de la population

---

L'OCÉAN ATLANTIQUE (m.)

LA MER MÉDITERRANÉE

L'ÉQUATEUR (m.)

L'ALLEMAGNE (f.)
LA POLOGNE
LA BELGIQUE
LA RÉPUBLIQUE TCHÈQUE
LA SUISSE
LA SLOVAQUIE
L'AUTRICHE (f.)
LA HONGRIE
LA FRANCE
L'ITALIE (f.)
L'UKRAINE (f.)
LA FÉDÉRATION RUSSE
LE KAZAKHSTAN
LA ROUMANIE
LA BULGARIE
LA GRÈCE
LA TURQUIE
LE PORTUGAL
L'ESPAGNE (f.)

Tunis
Alger
Rabat
LE MAROC
LA TUNISIE
L'ALGÉRIE (f.)
LA LIBYE
L'ÉGYPTE (f.)

LE LIBAN
ISRAËL (m.)
LA SYRIE
L'IRAK (m.)
LA JORDANIE
LE KOWEÏT
BAHREÏN
L'IRAN (m.)
LES EMIRATS ARABES UNIS (m.)
LE QATAR
L'ARABIE SAOUDITE (f.)
L'OMAN (m.)
LE YÉMEN

L'ANCIEN SAHARA OCCIDENTAL (m.)

LA MAURITANIE
Nouakchott
LE MALI
LE SÉNÉGAL
Tombouctou
LE BURKINA-FASO
LE NIGER
LE TCHAD
L'ÉRYTHRÉE (f.)
LE SOUDAN
DJIBOUTI (m.)
Djibouti
LA GAMBIE
Dakar
Bamako
Niamey
LA GUINÉE-BISSAU
Conakry
Ouagadougou
N'Djamena
LA GUINÉE
LE BÉNIN
LE NIGERIA
L'OUGANDA (m.)
L'ÉTHIOPIE (f.)
LA SIERRA LEONE
LE TOGO
Lomé
LA RÉPUBLIQUE CENTRAFRICAINE
LE LIBERIA
Abidjan
Porto-Novo
LE CAMEROUN
Bangui
LA SOMALIE
LA CÔTE-D'IVOIRE
LA GUINÉE-ÉQUATORIALE
Yaoundé
LES SEYCHELLES (f. pl.)
LE GHANA
Libreville
LE GABON
LE CONGO
LE RÉPUBLIQUE DÉMOCRATIQUE DU CONGO
LE KENYA
LES COMORES (f. pl.)
Brazzaville
Kinshasa
LE RUANDA
Kigali
Bujumbura
MAYOTTE (f.)
LE BURUNDI
LA TANZANIE
MADAGASCAR (m.)
L'ANGOLA (m.)
LA ZAMBIE
LE MALAWI
Antananarivo
LA NAMIBIE
LE ZIMBABWE
LE BOTSWANA
LE MOZAMBIQUE
LA RÉUNION (LA FRANCE)
LE LESOTHO
LE SWAZILAND
L'ÎLE MAURICE (f.)
L'AFRIQUE DU SUD (f.)

| 0 | 250 | 500 | 750 | 1,000 MILLES |

| 0 | 500 | 1,000 | 1,500 KILOMÈTRES |

L'AMÉRIQUE DU NORD

LE GROENLAND

L'OCÉAN ARCTIQUE (m.)

L'Alaska (m.)
(LES ÉTATS-UNIS)

le Yukon

les Territoires
du Nord-Ouest (m. pl.)

le Nunavut

60°

la Colombie
Britannique

l'Alberta
(m.)

la Saskat-
chewan

le
Manitoba

LE CANADA

l'Ontario (m.)

le Québec

Terre-
Neuve (f.)

Saint-Pierre-
et-Miquelon
(LA FRANCE)

Québec

Montréal

Ottawa

Île du Prince-Edouard
la Nouvelle-Écosse (f.)
le Nouveau-Brunswick
le Maine
le New Hampshire
le Massachusetts
le Rhode Island
le Connecticut

le Vermont

Langues maternelles

Le français langue
maternelle majoritaire

Le français langue maternelle d'une
minorité importante

Le français et un créole français
langues maternelles

Créole français langue maternelle
majoritaire

Langues officielles

Le français est la seule
langue officielle

Le français est une des langues
officielles du pays ou de l'état

Le français sert de langue
administrative ou dans l'enseignement

40°

40°

LES ÉTATS-UNIS
(m. pl.)

la Louisiane

L'OCÉAN
ATLANTIQUE (m.)

GOLFE DU
MEXIQUE

LE
MEXIQUE

LE BELIZE

Les Îles Hawaii (m. pl.)
(LES ÉTATS-UNIS)

20°

L'AMÉRIQUE
CENTRALE (f.)

CUBA
(m.)

LES CARAÏBES
(m. pl.)

HAÏTI
(m.)

LA
JAMAÏQUE

20°

L'OCÉAN PACIFIQUE (m.)

LE GUATEMALA
LE SALVADOR
LE HONDURAS
LE NICARAGUA
LE COSTA RICA
LE PANAMA

LA GUYANE
FRANÇAISE
(LA FRANCE)

LE VENEZUELA

LA
COLOMBIE

Cayenne

LA GUYANA
LE SURINAM

LES CARAÏBES (m.pl.)

CUBA
(m.)

LA RÉPUBLIQUE
DOMINICAINE

L'Équateur (m.)

(LA RÉPUBLIQUE DE)
L'ÉQUATEUR
(m.)

0°

la Guadeloupe
(LA FRANCE)

20°

HAÏTI
(m.)

PUERTO
RICO (m.)

LE BRÉSIL

LE
PÉROU

Port-au-
Prince

Pointe-à-
Pitre

L'AMÉRIQUE
DU SUD (f.)

LA MER DES CARAÏBES

DOMINIQUE (f.)

LA
BOLIVIE

15°

MILLES

0   300

la Martinique
(LA FRANCE)

15°
Fort-
de-
France

LE PARAGUAY

0   450
KILOMÈTRES

SAINTE LUCIE (f.)

LE
CHILI

20°

75°

65°

60°

À 45°
LATITUDE

0   200 400 600 800 MILLES

L'ARGENTINE
(f.)

0   400   800   1,200 KILOMÈTRES

L'URUGUAY (m.)

160°

140°

120°

100°

80°

Ouvertures

Cours intermédiaire de français

Troisième édition

Ouvertures

Cours intermédiaire de français

Troisième édition

H. Jay Siskin
Cabrillo College

Thomas T. Field
University of Maryland, Baltimore County

Julie A. Storme
Saint Mary's College (Notre Dame, Indiana)

JOHN WILEY & SONS, INC.

New York · Chichester · Weinheim · Brisbane · Singapore · Toronto

Copyright ©2001 John Wiley & Sons, Inc.

Library of Congress Catalog Card Number: 00-02489

ISBN: 0-470-00279-4

Printed in the United States of America

10 9 8 7 6 5 4

Preface

Ouvertures, a comprehensive intermediate program designed for college-level French courses, uses culture as the organizing principle to its communicative approach in the teaching of speaking, reading, listening, and writing. In developing *Ouvertures*, we have addressed the following concerns:

- The integration of culture and language. *Ouvertures* offers content-based instruction where a cultural theme serves as a unifying element within each chapter. Culture is integrated into the teaching of every skill; speech acts, grammar, listening, reading, and writing skills provide the basis for the acquisition of knowledge and understanding of francophone culture. Language is used as a tool to explore the cultures of the francophone world.
- The need to avoid normative models of francophone cultures and the marginalization of noncontinental francophone cultures. *Ouvertures* promotes a contrastive approach to culture that encourages (self-)exploration rather than judgments. The cultural theme of each chapter is extended to a variety of francophone cultures, both continental and noncontinental. Francophone cultures outside of France are not grouped together or treated in isolation.
- Manageability. *Ouvertures* seeks to provide a manageable amount of material while paying thorough and appropriately distributed attention to all five skills.

The pedagogical philosophy that inspired the creation of *Ouvertures* complements the five goal areas articulated by the National Standards: culture, communication, connections, comparisons and communities. In addition, the Standards emphasize the four skills as instruments for acquiring cross-disciplinary knowledge, developing critical thinking skills, and communicative strategies.

Culture as content forms the basis of *Ouvertures*. The chapter opener focuses on cross-cultural comparison and the formation of hypotheses; the *Interactions* encourage students to reflect and analyze; the readings deepen understanding of cultural processes and perspectives. **Communication** is fostered through the presentation of vocabulary in context, functional language, and opportunities for personalization and role play. Readings, writing assignments, video segments, and Web activities provide students with numerous opportunities for making **connections** among discipline areas. Throughout the textbook, students are asked to **compare** cultural norms, not only between national cultures, but also between social classes, generations, and regions.

Finally, *Ouvertures* emphasizes the larger francophone **community**, whose products and perspectives are fully integrated throughout the text and ancillaries.

New to this edition

The third edition of *Ouvertures* is enhanced by updated textual components as well as an extensive multimedia program. Highlights include:

- A fresh, open design that highlights the textbook's organization and functionality
- Three new readings that update the cultural focus of the textbook
- A new chapter opener, facilitating mid-year entry into the cultural syllabus

- A dedicated Web site that provides additional cultural resources and linguistic enrichment
- A video program that expands the cultural theme of each chapter, and provides additional practice in listening comprehension
- Updated photos and art that increase visual appeal and facilitate comprehension of cultural themes
- Testing program scripts that are available on cassette

Chapter Openers

Each chapter begins with a cluster of activities that are intended to stimulate thinking about a crucial problem of cultural dynamics. In organizing the cultural component of *Ouvertures*, we have chosen to emphasize issues rather than facts, and, in the belief that the study of a foreign language should enlarge students' understanding of culture in the broadest sense, we have built the content of each lesson around topics that will be relevant to students whether they eventually travel abroad or not.

The first activity, *Hypothèses*, presents a short text in English, followed by a number of questions that invite students to reflect on their own culture(s) within the context of the chapter's thematic focus. This initial discussion not only activates relevant cultural schemata, but encourages students to move from mere observation of culture to critical analysis. Students will begin to generate hypotheses that may be tested and/or reformulated as they work their way through the chapter.

The following section, *Ouverture culturelle*, contains documents produced in a French-speaking country and reflective of that culture's values and systems of beliefs. Before undertaking the first set of tasks *(Première approche)*, students are provided with the necessary linguistic tools *(Mise en train)* to analyze these documents and to perform a critical cultural reading. The concluding tasks, *Pour aller plus loin*, allow students to extend and elaborate the thinking process begun with *Première approche*.

Interaction

The *Interaction* that begins each half-chapter is a dialogue that introduces a real-world cultural problem and sets the tone for the chapter's treatment of the relevant cultural issue. These conversations provide models of natural French speech from a wide variety of speech events. In addition to their linguistic function, they are intended to illustrate the everyday impact of intercultural tensions and the variety that exists in all speech communities: this means that the dialogues are often conflictual in nature. It is our conviction that an understanding of the tensions that characterize cultures is essential to the building of intercultural awareness. The content of the *Interactions* connects them with the general cultural presentation of the chapter openers, and their form leads the student toward the more concrete vocabulary and grammar material that follows.

In order to exploit the cultural content of the *Interactions*, students are given a number of questions to reflect upon *(Réfléchissez)* before they undertake the reading or listening task. Follow-up questions check comprehension *(Observations)* and encourage analytical thinking about cross-cultural differences *(Perspectives)*.

Each *Interaction* is followed by a section that expands on the vocabulary and expressions presented in the context of the dialogue. These new items are organized according to semantic field, such as **le logement, la bureaucratie**; context, such as **pour parler de la ville, pour parler du travail**; or linguistic function, such as **pour insister sur le fait qu'on a raison, pour montrer de l'impatience**. This new vocabulary is practiced through mechanical, meaningful, and communicative exercises.

This section presents vocabulary distinctions as well as vocabulary items from other areas of the francophone world and borrowings from other languages into French.

This section reviews material typically covered in a first-year French course. Some items will have been taught for mastery in the first year; others will be partially or only conceptually controlled. They are presented here as a basis for recycling and raising the function presented in the *Structures*.

This section explains and practices new grammar that has been presented in context through the *Interaction*. Grammar is presented functionally and is recycled throughout the text. For example, the imperfect is presented in chapter 4 three times; its conjugation is reviewed in the *Grammaire de base*, and its two functions, describing in past time and talking about habitual past actions, are presented in separate *Structures*. It is taken up again in chapter 5, where its third function, talking about ongoing past actions, is presented. Later in chapter 5, all the past tenses are reviewed and contrasted. Finally, in chapter 10, the imperfect is recycled as part of a summary of verb tenses.

The texts in *Ouvertures* have been selected to represent a wide variety of francophone cultures and are fully integrated with the cultural focus of the particular chapter. There are two *Lectures* in each chapter. Each begins with pre-reading exercises to activate knowledge of genre, lexicon, structure, or culture. As-you-read questions focus students' attention on important ideas and pertinent cultural information; they also allow students to check comprehension during the reading process. Post-reading activities deepen understanding of the text's literary and cultural importance.

This section consists of authentic, unedited interviews with speakers from the francophone world: Senegal, Haiti, Canada, Belgium, New England, and Canada. These texts explore the cultural themes of the chapter in more depth, giving attitudes and insights from different age groups, social milieux, and geographical regions.

Journal

This free-writing task, often based on a piece of realia, asks students to reflect on and synthesize the cultural theme of the chapter.

À votre tour

This composition assignment concludes each chapter. Topics reframe cultural issues in a creative and open-ended context and provide additional practice with new lexical and structural items. Using a process-writing approach, students brainstorm vocabulary, create plans, and write and revise drafts.

Appendix

The appendix consists of a *Répertoire géographique:* small maps of the francophone world accompanied by political, geographical, and historical notes; verb charts, including irregular verbs, those that are followed by prepositions, and an explanation of the forms and use of the **passé simple;** a French–English glossary; and the indexes.

Visual icons

This icon indicates that the recorded material is found on the *Ouvertures* Audio CD.

This icon indicates that further exploration of a topic can be conducted on the *Ouvertures* Web site.

This icon indicates that more application exercises can be found in the Student Activities Manual.

This icon indicates that material is available on the *Ouvertures* video to enhance the cultural experience.

This icon indicates that useful vocabulary is presented to practice and to use in communication and composition.

Student Activities Manual

Structural accuracy, writing, reading, listening comprehension, and pronunciation are the foci of the Student Activities Manual. The SAM contains written contextualized activities that correspond to each section of the textbook. The Lab Manual portion consists of listening and writing activities such as dialogue completion, brief responses to questions, filling out grids, dictations, etc. In addition, each chapter begins with a section called *Prononciation*. Here, the sounds of French are described and drilled. An answer key allows for self-correction of most exercises.

Instructor's Manual

The Instructor's Manual contains sample curricula and lesson plans, strategies for utilizing each section of the textbook, sample tests, and annotations keyed to specific points in each chapter. The scripts for the listening comprehension sections are also found in the Instructor's Manual, and they are recorded on the testing cassette.

H. Jay Siskin (Ph.D., Cornell University) is Director of the Language Lab at Cabrillo College. He has published extensively in language pedagogy, with research interests in the culture of the foreign language classroom, methodology and technology.

Thomas T. Field (Ph.D., Cornell University) is Director of the Center for the Humanities at the University of Maryland, Baltimore County. He writes and speaks on French and Occitan, language in society, multimedia computing, and the teaching of culture.

Julie A. Storme (Ph.D., Northwestern University) is Associate Professor of French at Saint Mary's College in Notre Dame, Indiana. Her areas of specialization include content-based instruction, reading skills, and cross-cultural diversity.

The publication of *Ouvertures* could not have been accomplished without the assistance and support of many people. We would like to thank our Senior Development Editor, Nancy Geilen, for her hard work and insightful guidance; special thanks go to our publisher, Phyllis Dobbins and to our Market Strategist, Ken Kasee, whose support encouraged us to envision and complete *Ouvertures*. We also thank the members of our book team, Linda McMillan, production manager; Laura Miley, project editor; Brian Salisbury, art director; Kimberly Dolejsi, manufacturing manager, and Shirley Webster, picture and rights editor. We wish to express our gratitude to Marie-Hélène Field for her invaluable assistance in linguistic and cultural matters and to Professor Wendy Allen, Dr. Harriet Hanley, and Marianne Hahn for their thought-provoking material. Special appreciation goes to Gregory P. Trauth, David, Frances, and Jan Siskin.

The third edition of *Ouvertures* is dedicated to the memory of Gregory P. Trauth.

Bel ami, si est de nus :
ne vus senz mei ne jeo senv vus !

We would further like to acknowledge the role of the many reviewers and we thank them for their efforts to improve the text through their astute criticism:

Frederic Canovas	Arizona State University
Mary Ann Cisar	St. Olaf College
Martine DeBaisieux	University of Wisconsin – Madison
Dominick A. DeFilippis, Ph.D.	Wheeling Jesuit University
Jane Dozer	Stanford University
Houria Graves	Mesa College
Carol Hofmann	University of Southern California
Pascale Hubert-Leibler	Princeton University
Kathryn Lorenz	University of Cincinnati
Sabine Loucif	Hofstra University
Ariane Pfenninger	The College of New Jersey
Jean-Pierre Piriou	The University of Georgia
Gail L. Riley	American University
Prosper Sanou	The University of Arizona
Jean Marie Schultz	University of California, Berkeley
Kimberly van Noort	University of Texas at Arlington

Scope and Sequence

Chapitre 1

Thème Culturel	Langage Fonctionnel [Autrement Dit]	Structures	Étude de Vocabulaire	Lectures
L'enfant et la famille	• Les rapports familieux et les grands événements de la vie • À table • Pour demander • Pour offrir à boire • Pour offrir à manger • Pour accepter • Pour refuser • Pour parler des conditions physiques et mentales • Saluer • Présenter • Se présenter • Pour dire au revoir	**STRUCTURE I** Pour poser une question : questions avec des mots interrogatifs; les pronoms interrogatifs (I) **STRUCTURE II** Pour conseiller : l'impératif **STRUCTURE III** Pour exprimer le rapport entre deux actions : le participe présent **STRUCTURE IV** Pour exprimer la continuation d'une action : le temps présent + *depuis*	• Le langage familier	• *Évidences invisibles* (Parents-enfants) • *La Chèvre de M. Seguin d'après Daudet*

Chapitre 2

Thème Culturel	Langage Fonctionnel [Autrement Dit]	Structures	Étude de Vocabulaire	Lectures
Perspectives interculturelles	• Les expressions de quantité • Pour comparer les quantités • Pour parler des repas • Les spécialités régionales et ethniques et leurs ingrédients • Les boissons • Pour décrire les personnes • Pour décrire le caractère	**STRUCTURE I** Pour parler des quantités indéfinies : l'emploi de l'article indéfini et du partitif **STRUCTURE II** Désigner et généraliser : l'emploi de l'article défini **STRUCTURE III** Pour décrire : la forme des adjectifs **STRUCTURE IV** Pour décrire : la forme et la position des adjectifs	• Le genre des substantifs • La négation *ne. . . que*	• *Le Guide du Routard : États-Unis* • *Journaux de voyage* d'Albert Camus

Chapitre 3

Thème Culturel	Langage Fonctionnel [Autrement Dit]	Structures	Étude de Vocabulaire	Lectures
L'enseignement	• Pour parler des études • La vie des étudiants • Les facultés et les matières • Pour parler des épreuves • Les expressions temporelles • La bureaucratie • Pour montrer l'impatience • Pour exprimer l'exaspération	STRUCTURE I Pour narrer au passé : l'emploi du passé composé STRUCTURE II Pour narrer au passé : le plus-que-parfait STRUCTURE III Pour lier les éléments de la phrase : verbe + infinitif STRUCTURE IV Pour poser une question : l'adjectif interrogatif *quel* et le pronom interrogatif *lequel*	• Pour parler du temps : la distinction entre *matin/matinée; soir/soirée; jour/journée; an/année*	• *L'argent de poche :* « Patrick lutte contre la montre » de François Truffaut • *Au Sénégal : Quid du wolof ?* extrait du *Monde de l'Éducation*

Chapitre 4

Thème Culturel	Langage Fonctionnel [Autrement Dit]	Structures	Étude de Vocabulaire	Lectures
L'immigration et l'assimilation	• D'autres problèmes sociaux • Les principaux partis politiques en France • Les résultats approximatifs aux élections récentes • Les programmes politiques de ces partis • Pour dire que l'autre a raison • Pour dire que l'autre a tort • Les minorités en France • Les logements • Pour décrire le logement • Les pièces et les aménagements • Pour parler de l'excès	STRUCTURE I Pour faire référence à un élément du discours déjà mentionné : les compléments d'objet direct et indirect STRUCTURE II Pour faire référence à un élément du discours déjà mentionné : les pronoms *y, en;* les pronoms toniques après les prépositions STRUCTURE III Pour décrire au passé : l'imparfait STRUCTURE IV Pour exprimer la possession : les pronoms possessifs	• Les sigles • *Sortir, partir, quitter* et *laisser*	• *Rêves d'en France : des Africains parlent, qui les écoute ?* • *Le Harki de Meriem* de Mehdi Charef

Chapitre 5

Thème Culturel	Langage Fonctionnel [Autrement Dit]	Structures	Étude de Vocabulaire	Lectures
Les médias et les valeurs	• Pour inviter • Pour parler des films • Pour parler de la musique	**STRUCTURE I** Pour narrer au passé : les temps du passé (suite/résumé) **STRUCTURE II** Pour narrer : les adverbes **STRUCTURE III** Pour narrer au présent : les verbes pronominaux **STRUCTURE IV** Pour poser une question : les pronoms interrogatifs (II)	• Les emprunts	• « Mahen Bonetti, Serraléonaise, mère du New York African Film Festival, » tiré de l'*Autre Afrique* • « Mory Kanté, le griot électrique » • « Youssou N'dour, le prodige »

Chapitre 6

Thème Culturel	Langage Fonctionnel [Autrement Dit]	Structures	Étude de Vocabulaire	Lectures
Identités ethniques et nationales	• Pour parler des affaires mondiales • Pour dire qu'on n'est pas sûr • Pour insister sur le fait qu'on a raison/qu'on est sérieux • Pour insister sur une réponse négative • Pour exprimer du dégoût • Quelques interjections négatives	**STRUCTURE I** Pour relier deux propositions : les pronoms relatifs **STRUCTURE II** Identifier et décrire : l'emploi de *c'est* et de *il/elle est* **STRUCTURE III** Pour parler du futur : le futur et le futur antérieur **STRUCTURE IV** Pour parler du temps : les prépositions *pour, pendant, dans, en* + expression temporelle **STRUCTURE V** Pour parler des conditions potentielles : les phrases avec *si*	• Le verbe *manquer* • Le préfixe *mal-* • Les suffixes *-able/-ible*	• Identité africaine • Identité des immigrés ou des beurs • Identité des pieds-noirs • Identité belge • *La souveraineté : Pourquoi ? Comment ?* • *L'Indépendance*

Chapitre 7

Thème Culturel	Langage Fonctionnel [Autrement Dit]	Structures	Étude de Vocabulaire	Lectures
Conflits linguistiques et culturels	• Demander une opinion • Exprimer son opinion • Dire qu'on est d'accord/on ne l'est pas • La vie économique • Pour s'excuser • Pour répondre • Demander des renseignements, son chemin • Exprimer l'irritation • Quelques mots en occitan	**STRUCTURE I** Pour exprimer un point de vue : le présent du subjonctif après les expressions impersonnelles **STRUCTURE II** Pour narrer au passé : les temps composés des verbes pronominaux **STRUCTURE III** Pour exprimer la volonté et la préférence : la forme verbale après les expressions de volonté et de préférence **STRUCTURE IV** Pour exprimer l'emotion, le doute et la peur : la forme verbale après les expressions d'emotion, de doute et de peur **STRUCTURE V** Pour repérer : les prépositions avec les noms géographiques	• Les emprunts	• « Schizophrénie linguistique » par Jean Arceneaux • *Les Tilleuls de Lautenbach : mémoires d'Alsace* de Jean Egen

Chapitre 8

Thème Culturel	Langage Fonctionnel [Autrement Dit]	Structures	Étude de Vocabulaire	Lectures
Villes et campagnes	• Pour plaindre quelqu'un • Pour parler du travail • Le monde du travail • Pour parler de la ville, la banlieue et la campagne	**STRUCTURE I** Pour faire référence à un élément du discours déjà mentionné : les pronoms multiples **STRUCTURE II** Pour parler de ce qui vous arrive : la voix passive **STRUCTURE III** Pour faire faire quelque chose : le *faire* causatif **STRUCTURE IV** Pour mettre en valeur un élément du discours : les pronoms disjoints	• Des expressions québécoises familières et populaires	• *Extrait de La Gloire de mon père* de Marcel Pagnol • « Le Rat de ville et le Rat des champs » de Jean de La Fontaine

Chapitre 9

Thème Culturel	Langage Fonctionnel [Autrement Dit]	Structures	Étude de Vocabulaire	Lectures
Différences de classe	• Pour désigner une personne • Pour désigner une personne quand on ne connaît pas son nom • Pour désigner un objet • Pour décrire les rapports personnels • Pour reprocher quelque chose à quelqu'un • Pour se reprocher quelque chose • Les classes sociales • Pour raconter des souvenirs • Dire sa résignation • Dire son regret	**STRUCTURE I** Pour exprimer les conditions irréelles : le conditionnel passé **STRUCTURE II** Pour faire référence à quelqu'un ou à quelque chose : les adjectifs et les pronoms démonstratifs **STRUCTURE III** Pour exprimer l'antériorité : le passé du subjonctif **STRUCTURE IV** Pour exprimer le doute ou l'incertitude : le subjonctif après les antécédents indéfinis **STRUCTURE V** Pour exprimer une opinion : le subjonctif dans les propositions relatives	• Le verbe *devoir*	• *Les petits enfants du siècle* de Christiane Rochefort • *Le Savoir-vivre : guide de règles et des usages d'aujourd'hui*

Chapitre 10

Thème Culturel	Langage Fonctionnel [Autrement Dit]	Structures	Étude de Vocabulaire	Lectures
Contacts entre les cultures	• L'Union européenne • Dire sa surprise • Pour exprimer la bonne humeur • Pour exprimer la mauvaise humeur • Pour montrer sa colère	**STRUCTURE I** Pour exprimer les rapports de temps et de cause : la forme verbale après les conjonctions **STRUCTURE II** Pour situer dans le temps : prépositions de temps **STRUCTURE III** Pour rapporter le discours de quelqu'un : le discours indirect **STRUCTURE IV** Pour narrer : récapitulation des temps du verbe	• Les verbes *revenir, retourner, rentrer* et *rendre*	• « Pour une compréhension réciproque entre l'islam et l'Occident » par Yousif Al Khoï • « Paraboles » par Maurice Koné • « Écoliers » par Malik Fall

Table des matières

CHAPITRE 4
Perspectives sur l'exil : L'immigration et l'assimilation 125

CHAPITRE 5
Révélations audiovisuelles : Les médias et les valeurs   163

CHAPITRE 6
Clés de la vie politique : Identités ethniques et nationales   201

CHAPITRE 7
Regards sur la diversité : Conflits linguistiques et culturels   241

Chapitre 10
Ouvertures permanentes : Contacts entre les cultures   345

Hypothèses

"Tiens," my mother's saying, *"here's some bacon with toast I made a big batch
this morning because yesterday you finished 'em all up and you was fightin' at
the end for the last time like you used to do . . . , never mind the jealous girls
and the tennis courts, it's gonna be awright if you just stick to your guns there
like a real French Canadian boy the way I brought you up to respect decency—
listen, Ti Jean, you'll never be sorry if you always follow a clean life. You don't have
to believe me, you know."* And she'd sit and we'd all eat.

JACK KEROUAC, *MAGGIE CASSIDY*

Chapitre I

Au seuil de la culture

L'Enfant et la famille

Ti (Petit) Jean was the author Jack Kerouac refers to in this opening quote. Few people know that the man who was to become the literary voice of the Beat Generation grew up in a Franco-American community in Lowell, Massachusetts. It was a time when large French-speaking districts were common in the mill towns of New England.

- What is Ti Jean's mother saying about the importance of a child's upbringing? Do you agree?

- What is she saying about the differences between the ways in which French Canadian kids and the children of other groups were raised in Lowell?

- What roles do discipline and freedom play in the upbringing of an average American child?

- What are some differences in the balance between discipline and freedom that one finds in different families?

- What impact do such differences in childhood experiences have on the behavior of the adult?

- In what ways does the upbringing you received make you different from some of your classmates?

▶ **Family structures vary from culture to culture and even from subculture to subculture. For the most part, the family is the place where the deepest values of a culture are instilled. We will begin our study of the French-speaking world with an examination of the family and the ways in which it transmits values from generation to generation.**

1

Ouverture culturelle

Mise en train

Vous aurez besoin de ce vocabulaire pour parler des documents :

L'éducation

Méthodes	**Valeurs**
apprendre (quelque chose à quelqu'un) par tâtonnements°	la créativité (créatif /-ive)
se comporter° (le comportement)	la discipline (discipliné(e))
copier	l'indépendance (indépendant)
créer (la création)	la liberté (libre)
élever (un enfant)	l'originalité (original)
encourager (l'encouragement, *m.*)	la précision (précis)
enseigner (l'enseignement, *m.*)	la réussite (réussi)
imiter (l'imitation, *f.*)	la rigueur (rigoureux)
punir (la punition)	
soigner° (le travail soigné)	

by trial and error
to behave

to pay attention to neatness and appearance

Première approche

Voici les premières pages d'un livre à colorier français :

1. Quels sont les objets que l'enfant va colorier ?
2. Comment faut-il colorier ces pages ?
3. Qu'est-ce que le livre français apprend à l'enfant ? *(Quand il colorie dans ce livre, il faut... Il peut...)*

4. Est-ce qu'un livre à colorier américain est différent de ce livre français ?
5. Qu'est-ce qu'un livre américain apprend à l'enfant ? *(D'abord, l'enfant doit... Il peut...)*

Voici les dernières pages du livre français :

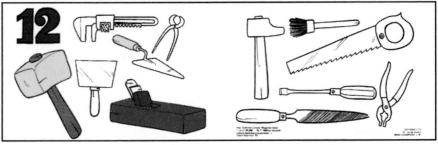

1. Quels changements voyez-vous ?
2. Comment un petit Français apprend-il la créativité ? la discipline ?
   (D'abord, il apprend à... Après...)
3. Comment un petit Américain apprend-il la créativité ? Et la discipline ?
   (D'abord, il apprend à... Après...)
4. Que pensez-vous de la méthode française ?

Pour aller plus loin

poll
How do you get along

Sondage° : On a demandé aux jeunes Français de 13 à 18 ans, « Comment vous entendez-vous° avec vos parents ? » Les réponses sont en pourcentages :

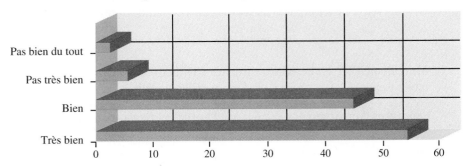

1. Quelle généralisation peut-on faire sur les relations entre les jeunes Français et leurs parents ? *(la plupart, la majorité, une minorité, beaucoup de, peu de... s'entend/s'entendent...)*
2. Quels résultats prévoyez-vous si ce sondage est fait chez les jeunes Américains? Devinez les pourcentages.

3. Comment peut-on expliquer les différences ? Notez qu'en France,
   - les petits sont élevés avec beaucoup de discipline.
   - les parents français considèrent que l'adolescence est le moment où on doit s'amuser.
4. Que pensez-vous de la manière française d'élever les enfants ?

Interaction I

La leçon de conduite

M. et Mme Blanchard ont invité Tom, un ami américain, à dîner chez eux. À table, il y a aussi un petit garçon qui s'appelle Didier. C'est le plus jeune fils de M. et Mme Blanchard.

Réfléchissez

En étudiant ce dialogue, réfléchissez aux « leçons de conduite » que Mme Blanchard donne à son jeune fils Didier. Qu'est-ce que ces leçons révèlent à propos de l'éducation (upbringing) des petits ?

Mme Blanchard	Didier !
Didier	Quoi ?
Mme Blanchard	On ne dit pas « quoi », on dit « comment ». Tu veux du fromage?
Didier	Non, j'ai pas faim.
Mme Blanchard	Je n'ai pas faim. Et vous, Tom ? Je vous sers encore un peu de rôti ?
Tom	Oui, je veux bien, merci. Il est délicieux.
M. Blanchard	Didier, tiens-toi comme il faut. Nous sommes à table, voyons ! Et il y a des invités.
Didier	Maman, est-ce que tu peux me passer le sel, s'il te plaît ?
Mme Blanchard	Bien sûr, mon chéri. Voilà. *[Elle attend]* Eh bien, Didier, qu'est-ce qu'on dit ?
Didier	Merci... C'est parce que j'avais la bouche pleine.
Mme Blanchard	« Merci, mon chien » ?
Didier	Merci, maman.
Mme Blanchard	Ah, bon. Et quand on mange, on ne cache pas ses mains sous la table. Pose tes mains sur la table, mon chou.
Tom	Pauvre Didier ! En France, les grandes personnes sont bien sévères.
M. Blanchard	*[à voix basse]*... surtout quand il y a des invités. On ne veut pas que les enfants fassent honte aux parents, vous comprenez.

Observations

behavior

1. Mme Blanchard fait certains reproches à Didier concernant sa conduite° à table. Repérez-les et classez-les dans la grille qui suit.

Reproches linguistiques	Reproches sur sa tenue à table

2. Quelle conclusion sur l'éducation des enfants français Tom tire-t-il° de l'interaction entre Mme Blanchard et Didier ?

does he draw

1. Quelle est l'attitude des parents (M. et Mme Blanchard) envers leur fils ? Est-ce trop sévère, selon vous ?
2. En général, est-ce que les parents américains agissent de la même façon dans cette situation ou sont-ils plus indulgents ?
3. Comment était votre éducation ? Indiquez lesquelles des affirmations suivantes s'appliquent à votre enfance/adolescence. Ensuite, analysez vos réponses et dites si vous pensez que votre éducation était plutôt sévère ou indulgente.

   ☐ Je devais rentrer avant une certaine heure.
   ☐ Je pouvais porter n'importe quel vêtement.
   ☐ J'avais très souvent la liberté de passer la nuit chez mes amis.
   ☐ Je pouvais voyager seul(e).
   ☐ Je pouvais sortir en boîte avec mes amis.
   ☐ Mes parents surveillaient mes actions de très près.
   ☐ ???

4. Selon vous, l'éducation des enfants devrait-elle être plutôt stricte ou plutôt décontractée?

Autrement dit

Les rapports familiaux et les grands événements de la vie

L'aîné° a quatorze ans. Il s'appelle Jean-Paul. Philippe, c'est **le cadet.**° Il vient d'avoir neuf ans, son anniversaire était hier. Et c'est leur petite **cousine** Catherine. Ils aiment jouer ensemble.

oldest
youngest

Moi, je suis **veuve,** mon **mari**° est mort il y a quelques ans. Depuis sa mort, j'habite avec ma fille Sophie et son **mari** Charles. Sophie est **enceinte**° ; ce sera mon deuxième **petit-fils.**° Le premier est né l'an dernier. C'est un enfant **gâté,**° je l'avoue... et c'est ma faute !

husband

pregnant
grandson
spoiled

twins

orphan

raised

parents-in-law

J'ai **divorcé** il y a quatre ans. Mon **ex-femme** a la charge de nos deux enfants, des **jumeaux.**° Elle va se remarier et les enfants ne sont pas très contents. Ils n'aiment pas tellement leurs futurs **demi-frères** et **demi-sœurs.**

Notre fille est **fiancée** depuis mai. Elle va se marier l'année prochaine. Son fiancé est devenu **orphelin**° à l'âge de quatre ans quand ses parents sont morts dans un accident de la route. Il a été adopté et **élevé**° par son oncle et sa tante. C'est un brave couple. Ils seront des **beaux-parents**° idéaux.

Pratique et conversation

A. Qui est-ce ? Identifiez les personnes suivantes.

1. C'est un petit garçon ou une petite fille qui a perdu ses parents.
2. C'est le plus jeune enfant de la famille.
3. Ce sont des parents par mariage.
4. C'est la femme avec qui on était marié.
5. C'est le frère du père/de la mère d'un enfant.
6. C'est la mère du père/de la mère d'un enfant.
7. C'est l'enfant du fils/de la fille d'une personne.

B. Portraits. Faites le portrait d'un membre de votre famille. Qui est-ce ? Quand est-il/elle né(e) ? Est-il/elle marié(e) ? divorcé(e) ? Où habite-t-il/elle ? Ajoutez d'autres détails. Si possible, apportez une photo pour montrer la aux autres.

C. Un arbre généalogique. Faites un arbre généalogique de votre famille avec des photos amusantes, bizarres ou séduisantes. Ensuite, présentez votre famille aux autres.

À table

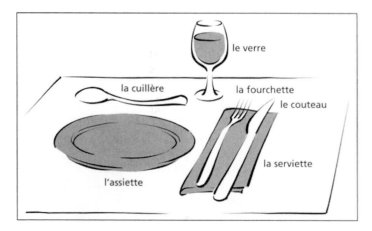

Il vaut mieux :

- ramener la soupe vers soi avec la cuillère (sans jamais **pencher**° l'assiette pour la finir).   *tip*
- tenir le couteau dans la main droite pour **couper**° la viande, et éviter de reprendre la fourchette dans la main droite pour porter le **morceau**° à la bouche.   *to cut*   *piece*
- ne pas saucer, c'est-à-dire **essuyer**° la sauce avec un morceau de pain.   *to wipe*
- **rompre**° son morceau de pain; ne pas le couper au couteau.   *to break*
- s'essuyer la bouche avec sa serviette avant de boire.
- ne pas parler **la bouche pleine.**°   *with your mouth full*

Pratique et conversation

A. Poli ou impoli ? Dites si les actions suivantes seraient polies ou impolies si on était invité dans une famille française.

1. Poser les mains sur les **genoux**° pendant le repas.   *lap*
2. Rompre le pain avec les mains.
3. Parler la bouche pleine.
4. Finir sa soupe en penchant le bol vers soi.
5. Faire des compliments à l'hôtesse.

B. Chez vous. Faites une liste d'actions/de comportements à table que vous trouvez inacceptables et comparez-la aux conseils donnés dans la partie *À table*. Votre « système de politesse » est-il aussi **exigeant**° que les règles conseillées ci-dessus ?   *demanding*

Pour demander

Est-ce que tu pourrais/vous pourriez ⎫
Est-ce que tu peux/vous pouvez   ⎬ me passer le sel ?
                                       ⎭
Passe-moi/Passez-moi le sel, s'il te/vous plaît.

Pour offrir à boire

Tu veux/Vous voulez boire quelque chose ?
Qu'est-ce que tu prends/vous prenez ?
Qu'est-ce que tu veux/vous voulez boire ?
Qu'est-ce que je te/vous sers ? (sers < servir)

Pour offrir à manger

Sers-toi/Servez-vous.
Tu prends/Vous prenez encore de la soupe ?
Encore un peu de dessert ?

Pour accepter

S'il te/vous plaît.
Oui, avec plaisir. (C'est délicieux.)
Volontiers.° (C'est très bon.)   *With pleasure*
Je veux bien. (C'est excellent.)

France : Un pique-nique
en famille

Pour refuser

Merci.
Non, merci.
Je n'ai vraiment plus (pas) faim.

Pratique et conversation

A. À table. Vous dînez dans une famille française. La soupe était excellente, mais
le poulet n'était pas à votre goût. Les carottes, par contre, étaient délicieuses.
Votre hôtesse offre de vous resservir. Acceptez ou refusez selon vos préférences.
(ATTENTION : Votre hôtesse a préparé une recette spéciale pour le poulet; elle
va insister pour vous resservir... refusez avec tact !)

B. Une occasion spéciale. C'est non seulement votre première invitation à
dîner en France, mais c'est une occasion spéciale : vous allez rencontrer les parents
de votre fiancé(e) français(e) ! Vous êtes tout(e) nerveux/euse, alors pour être cer-
tain(e) que la soirée se passe sans histoires, vous demandez à votre fiancé(e) de
répéter comment on se comporte à table, ce qu'il faut dire, etc.

Pour parler des conditions physiques et mentales

avoir faim	*to be hungry*	avoir peur (de)	*to be afraid (of)*
avoir soif	*to be thirsty*	avoir honte (de)	*to be ashamed (of)*
avoir chaud	*to be hot*	en avoir assez	
avoir froid	*to be cold*	en avoir ras-le-bol	*to be fed up*
avoir sommeil	*to be sleepy*	en avoir marre	
avoir raison	*to be right*	en avoir jusqu'ici	
avoir tort	*to be wrong*		

Pratique et conversation

A. Complétez. Finissez la phrase en utilisant une expression appropriée de la liste précédente.

> **Modèle :**   Didier, est-ce que tu pourrais ouvrir la fenêtre ? Je...
>
>   **Vous :**   J'ai chaud.

1. Didier, je t'ai dit plusieurs fois de ne pas **taquiner°** ton frère. Arrête ! Je...   *to tease*
2. Ah, non, Tom, je vous assure ! Les parents français ne sont pas trop sévères. Ce n'est pas du tout comme ça. Vous...
3. Didier ! Il est minuit passé ! Tu devrais...
4. J'étais sur le point de présenter mon invité américain mais j'avais oublié son nom ! Je...
5. C'est exact, Tom ! En France, on refuse en disant « merci ». Vous...
6. Le pauvre Didier. Il a tant de phobies que je ne peux même pas les compter. Il... de tout !
7. Un petit verre d'eau, s'il vous plaît. Je...

B. Racontez. Racontez une situation récente où vous avez dû exprimer les sentiments suivants.

1. J'en ai ras-le-bol !
2. Tu n'as pas honte ?
3. Je te l'ai dit ! J'avais raison !
4. Je suis désolé(e), mais tu as tort.
5. Je n'ai pas mangé de toute la journée ! J'ai faim !

Grammaire de base

1.1   Review the forms of the regular verbs in the present indicative.

fermer (to close)			
je	ferme	nous	fermons
tu	fermes	vous	fermez
il/elle/on	ferme	ils/elles	ferment

finir (to finish)			
je	finis	nous	finissons
tu	finis	vous	finissez
il/elle/on	finit	ils/elles	finissent

répondre (to answer)			
je	réponds	nous	répondons
tu	réponds	vous	répondez
il/elle/on	répond	ils/elles	répondent

1.2   Learn the following verbs that are conjugated like **finir.**

bâtir	*to build*	réfléchir à	*to reflect*
choisir	*to choose*	remplir	*to fill, fill out*
obéir à	*to obey*	réussir à	*to succeed, pass (a course, a test)*

1.3   Learn the following verbs that are conjugated like **répondre.**

attendre	*to wait for*	perdre	*to lose*
descendre	*to go down, get off*	rendre	*to return*
entendre	*to hear*	vendre	*to sell*

1.4   Learn the forms of these high-frequency verbs thoroughly.

avoir (to have)			
j'	ai	nous	avons
tu	as	vous	avez
il/elle/on	a	ils/elles	ont

être (to be)			
je	suis	nous	sommes
tu	es	vous	êtes
il/elle/on	est	ils/elles	sont

aller (to go)			
je	vais	nous	allons
tu	vas	vous	allez
il/elle/on	va	ils/elles	vont

faire (to make, to do)			
je	fais	nous	faisons
tu	fais	vous	faites
il/elle/on	fait	ils/elles	font

1.5 Note the expression **il y a,** meaning *there is, there are.*

2.1 You have already learned the following negations.

ne... pas	(simple negation)
ne... rien	*nothing*
ne... jamais	*never*
ne... ni... ni	*neither . . . nor*
ne... pas encore	*not yet*
ne... personne	*no one*
ne... plus	*no more, no longer*

2.2 Note the position of each term of the negation in the simple tenses.

Negation: Simple Tenses				
	ne	(object pronouns)	verb	second term of negation
Je	ne		sais	pas.
Nous	n'	en	avons	plus.
Elle	ne	m'	invite	jamais.
Ils	n'		ont	rien.
Tu	ne		vois	personne.

2.3 **Rien** and **personne** may serve as the subjects of a verb; **ni... ni** may qualify a subject. Note that **ne** still precedes the verb.

Personne n'arrive.
Rien ne m'intéresse.
Ni Madeleine ni Anne ne viennent.

3.1 Use rising intonation to turn a statement into a yes/no question. This is the most common way of asking a yes/no question in French in an informal context.

Statement:	Les grandes personnes sont très sévères en France.
Question:	Les grandes personnes sont très sévères en France ?
Statement:	Le poulet est délicieux.
Question:	Le poulet est délicieux ?

3.2 Yes/no questions can also be formed by adding **est-ce que** at the beginning of a statement.

Est-ce que les grandes personnes sont plus sévères en France ?
Est-ce que le poulet est délicieux ?

3.3 When forming a question using inversion, the order of the subject pronoun and verb is reversed. Inversion is usually used in more formal contexts.

> Peux-tu me passer le sel ?
> Veux-tu encore de la soupe ?
> Habite-t-il en France ?
>
> As the last example illustrates, when the written form of a verb in the third person singular ends in a vowel (that may or may not be pronounced), a **-t-** is inserted between it and the subject pronoun.
>
> **3.4** Note that when the subject is a noun, the noun remains and the verb and the pronoun that corresponds to the subject are inverted.
>
> Les grandes personnes sont-elles plus sévères en France ?

Structure I

Pour poser une question : Questions avec des mots interrogatifs; les pronoms interrogatifs (I)

(Grammaire de base 3.1 → 3.4)

a. Information questions are formed by using question words such as:

Où... ?	*Where . . . ?*
Quand... ?	*When . . . ?*
Combien de... ?	*How many . . . ?*
	How much . . . ?
Comment... ?	*How . . . ?*
Pourquoi... ?	*Why . . . ?*
À quelle heure... ?	*At what time . . . ?*

b. Two patterns are possible for information questions.

Question word +	est-ce que +	subject +	verb
Où	est-ce que	tu	habites ?

Question word +		verb +	subject
Où		habites-	tu ?

c. Note that inversion rarely occurs in the first person singular. Inversion is less frequent than other question-asking structures, except in a few fixed expressions such as the following:

   Comment allez-vous ?   Quelle heure est-il ?   Quel âge as-tu ?

d. Another way of asking information questions is by using interrogative pronouns. When using these pronouns, you are asking about either people or things. The forms will differ depending on the grammatical function of the pronoun in the question. Study the following chart.

function	people	things
subject	qui Qui est là ? Qui sont ces gens ?	qu'est-ce qui Qu'est-ce qui est bon ?
direct object	qui est-ce que Qui est-ce que tu vas inviter ce soir ? qui Qui vas-tu inviter ce soir ?	qu'est-ce que Qu'est-ce que tu vas servir ? que Que vas-tu servir ?

  e. As shown in the examples, the verb that follows the subject form of the interrogative pronoun must be in the third person.

  f. Note that there are two forms given for interrogative pronouns serving as direct objects. When using the longer form that contains **est-ce que (qui est-ce que, qu'est-ce que)** the subject and verb are not inverted. When using the short form, inversion of the subject and verb is required.

  g. To ask for an identification, use the question **Qu'est-ce que c'est ?**

> *[Pointing to a bottle opener]* —Qu'est-ce que c'est ?
>   —C'est un décapsuleur.

  h. To ask for a definition, use the question **Qu'est-ce que c'est que... ?**

> —Qu'est-ce que c'est qu'un décapsuleur ?
> —C'est un truc pour ouvrir une bouteille.

Pratique et conversation

A. Une gaffe. Tom raconte sa soirée chez les Blanchard. Il a fait une gaffe. Posez une question basée sur la partie de la phrase en italique.

    Modèle :   *Les Blanchard* m'ont invité chez eux.

      Vous :   Qui t'a invité chez eux ?

  1. Ils ont servi *une soupe délicieuse.*
  2. Il y avait *deux cuillères* sur la table.
  3. J'ai utilisé *la mauvaise cuillère* pour manger la soupe.
  4. Mme Blanchard a servi *une mousse au citron* à la fin du repas.
  5. J'ai utilisé *la cuillère à soupe* pour manger le dessert !
  6. Heureusement, *Mme Blanchard* m'a passé discrètement une cuillère à dessert.
  7. *Personne* n'a remarqué ma gaffe.

B. Interview. Interviewez Mme Blanchard, Didier et Tom pour vous informer sur leur vie et leurs opinions sur l'éducation des enfants en France et en Amérique.

Posez-leur des questions en utilisant des mots interrogatifs comme **pourquoi, quand, comment.**

C. Portraits. Posez des questions à votre partenaire pour découvrir un peu sa famille : combien de frères/sœurs il/elle a; où sa famille habite; comment sont ses parents, etc. Ensuite, faites un portrait de sa famille aux autres dans la classe. Racontez aussi vos impressions : Qui avez-vous trouvé le plus intéressant ? Qui aimeriez-vous rencontrer ?

Structure II

Pour conseiller : L'Iimpératif

a. To form the imperative of the verb, drop the subject pronouns **tu, nous,** and **vous** of the present-tense conjugation. For **-er** verbs, drop the final **-s** of the **tu** form.

l'impératif		
fermer	**finir**	**répondre**
ferme !	finis !	réponds !
fermons !	finissons !	répondons !
fermez !	finissez !	répondez !

b. The final **-s** of the **tu** form is restored when a pronoun starting with a vowel follows.

Parle de ton repas !   Parles-en !
Va au restaurant !   Vas-y !

c. Learn the following irregular imperatives.

avoir	être	savoir
aie !	sois !	sache !
ayons !	soyons !	sachons !
ayez !	soyez !	sachez !

Ayez la gentillesse de ne pas parler trop fort.
Sois sage, Didier !
Sachez que les Français apprécient les bons vins californiens. (Here, the imperative **sachez** means *let me inform you.*)

d. The verb **vouloir** also has irregular imperative forms, of which only the second person plural is used, in a very formal register, with the meaning of *please.*

Veuillez...
Veuillez croire, cher Monsieur, à l'expression de mes sentiments distingués = *Sincerely yours*

Pratique et conversation

A. Le pauvre Didier ! Qu'est-ce que les Blanchard disent à Didier pour corriger
sa conduite à table ? Formulez des phrases à l'impératif.

1. Ne... pas / parler la bouche pleine !
2. Avoir / plus de patience !
3. Être / plus calme !
4. Poser / tes mains sur la table !
5. Manger / tes légumes !
6. Finir / ton repas !
7. Rester / à table !

B. Conseils. Quels conseils est-ce que vous
donneriez à un Américain qui
est invité à dîner dans une
famille française ? Formulez
des phrases à l'impératif.

1. Apporter / des fleurs
   ou des chocolats à votre
   hôte/hôtesse.
2. Savoir / vous comporter
   à table.
3. Utiliser / le couteau et la
   fourchette comme il faut.
4. Ne... pas avoir / peur de
   goûter quelque chose que
   vous n'avez jamais essayé.
5. Ne... pas être / impoli.
6. Garder / les mains sur la
   table pendant le repas.
7. Savoir / qu'on ne coupe pas
   son pain avec un couteau.
8. Si vous faites une gaffe, avoir /
   le sens de l'humour.
9. Ne... pas hésiter / à participer
   à la conversation.
10. Ne... pas oublier / de faire des
    compliments sur la cuisine.
11. Remercier / votre hôte/
    hôtesse à la fin de la soirée.

C. Des parents trop sévères. Vos
parents sont trop sévères avec vous.
Vous vous énervez un peu et vous leur
dites ce qu'ils doivent ou ne doivent plus
faire. Après, vous vous excusez de votre
énervement.

France : Une crèche
collective municipale à
Grenoble

Modèle : Ne me critiquez pas !
            Laissez-moi sortir avec mes amis !

Lecture I

Le texte qui suit est un extrait du livre Évidences invisibles, *écrit par Raymonde Carroll, ethnologue française qui s'est mariée avec un Américain et qui vit aux États-Unis. En analysant les cultures française et américaine, Carroll parle des « espaces où le malentendu culturel peut facilement prendre place ». Cet extrait est tiré du chapitre « Parents-enfants ».*

Avant de lire

A. Prédictions. Avant de lire le texte, essayez d'imaginer son contenu en répondant aux questions suivantes.

1. Quelles sont les attitudes des Américains envers l'enfance ? Décrivez une enfance typiquement américaine. Est-ce que l'enfance est une période de liberté ou de restrictions ?
2. Comment vos parents vous ont-ils élevé(e) ? Qu'est-ce qui leur était le plus important : les règles de politesse,° l'obéissance, le calme à la maison, le travail domestique, les règles de la maison (l'heure du coucher, de se brosser les dents, etc.) ?
3. Est-ce que vos parents vous ont traité(e) différemment pendant votre adolescence que pendant votre enfance ? Quelles différences existait-il entre votre enfance et votre adolescence ? Quelle période avez-vous préférée et pourquoi ?

rules of polite behavior

B. Parcourez. Lisez rapidement en indiquant dans quelle partie du texte on trouve les propos suivantes.

1. Un paragraphe qui contraste l'enfance française avec l'enfance américaine.
2. La partie du texte qui décrit l'adolescence française.
3. Comment et quand les enfants français parlent aux adultes.
4. Comment l'adolescent américain manifeste son indépendance.

C. Exprimer son point de vue. L'auteur du texte va utiliser certaines expressions pour formuler son argument et exprimer son point de vue. En analysant le contexte, identifiez la fonction des mots en caractères gras.° Dites s'ils sont utilisés pour :

boldface

- donner un exemple
- expliquer
- élaborer le même point de vue
- exprimer un point de vue contraire

1. [... L']enfance française est une période d'apprentissage de règles, d'acquisition de « bonnes habitudes », de discipline, d'imitation de modèles, de préparation au rôle d'adulte... L'enfance américaine est **au contraire** une période de grande liberté...
2. **Dans le même esprit,** les parents américains évitent° au maximum de critiquer l'enfant, de se moquer de son goût,° **par exemple,** ou de constam-

avoid
to make fun of his taste

ment « lui dire comment il faut faire ». **Par contre,** les parents français entraînent° à « bien se défendre »...

3. Pour l'enfant français, le prix° de ce long apprentissage, de ces années d'obéissance et de bonne conduite, c'est la liberté de « faire ce qu'il veut », **c'est-à-dire** de sortir tard le soir, de « s'amuser »...

train

reward

Évidences invisibles (Parents-enfants)

L'Enfance

[En d'autres termes,] c'est le parent français qui est **soumis à un test,** et son rôle de **porte-parole de la société** et sa qualité **d'enseignant** qui sont évalués. Mais c'est l'enfant américain qui est soumis à un test, c'est à lui de montrer à ses parents **ce qu'il a fait des chances** qu'ils lui ont données, de prouver qu'il ne les a pas **gaspillées** mais les **a fait fructifier,** de satisfaire aux espoirs qu'ils ont **aveuglément** mis en lui.

[... L]'enfance française est une période d'apprentissage de règles, d'acquisition de « bonnes habitudes », de discipline, d'imitation de modèles, de préparation au rôle d'adulte. Comme me l'a dit un informant,[1] « nous avions beaucoup de devoirs à faire et peu de temps pour jouer ». L'enfance américaine est au contraire une période de grande liberté, de jeux, d'expérimentation et d'exploration où la seule restriction serait **imposée** par une **menace** de danger sérieux.

Dans le même esprit, les parents américains **évitent** au maximum de critiquer l'enfant, de **se moquer de** son goût, par exemple, ou de constamment « lui dire comment il faut faire ».

Par contre, les parents français entraînent leurs enfants à « bien se défendre », **verbalement s'entend.** Ainsi, en **intimant** à l'enfant de « ne pas parler pour ne rien dire », ou de « ne pas dire des **bêtises** », je le force à découvrir les meilleures façons de **retenir** mon attention. Selon **le témoignage** d'une informante américaine : « En France, si l'enfant a quelque chose à dire, on l'écoute. Mais l'enfant ne peut pas prendre tout son temps pour retenir son public, la famille finit ses phrases pour lui. Cela **l'habitue** à mieux formuler ses idées avant de parler. Les enfants apprennent à parler vite, et à être intéressants. »

[...]

En tant que parent américain, je **m'efforce de** faire exactement le contraire. Parent « idéal », j'écouterai avec patience sans l'interrompre tout ce que mon enfant voudra me raconter...

Quand l'enfant **atteint** l'adolescence... la situation semble **inversée.** Pour l'enfant français, le prix de ce long apprentissage, de ces années d'obéissance et de bonne conduite, c'est la liberté de « faire ce qu'il veut », c'est-à-dire de sortir tard le soir, de « s'amuser », de **prendre une cuite** peut-être, d'avoir des expériences sexuelles, de voyager, etc.... **Qu'il continue** à être **nourri, logé, blanchi** par ses parents **ne porte en rien atteinte à** son « indépendance »...

L'adolescent américain insiste **davantage** sur les signes extérieurs de son indépendance. Le premier signe sera économique : très tôt, il va montrer qu'il peut gagner de l'argent et « **pourvoir à ses propres besoins** », c'est-à-dire se payer **tout ce qu'il considérerait** « **enfantin** » d'obtenir de ses parents (disques, chaîne

Qui est soumis à un test dans la sociète française ? et dans la sociète américaine ? Qu'est-ce qui est évalué ?

Selon Carroll, qu'est-ce qui caractérise l'enfance française? Et l'enfance américaine ? Quels sont les mots clés dont elle se sert pour décrire les deux enfances ?

Selon Carroll, quels parents sont plus critiques, les Français ou les Américains ?

Quels parents écoutent le plus patiemment leurs enfants, selon Carroll? Quelle « leçon » est-ce que « l'impatience » des parents français apprend à l'enfant ?

Quel(s) mot(s) choisiriez-vous pour décrire l'adolescence française selon la description de Carroll ? Comment est-ce que le rapport parent-enfant change pendant l'adolescence française ?

---

[1] un informant = *a person Carroll interviewed or gathered information from for the purpose of her cultural analysis*

Quel(s) mot(s) choisiriez-vous pour décrire l'adolescence américaine selon la description de Carroll ? Comment est-ce que le rapport parent-enfant change pendant l'adolescence américaine ?

hi-fi, équipement de sport, moto, etc.). [...] Le second signe extérieur d'indépendance sera **affectif** : il est en effet important de « quitter la maison », même si on s'entend **à merveille** avec ses parents... Les parents américains s'inquiètent si leur fille ou leur fils hésite à « **voler de ses propres ailes** », donne ce qu'ils interprètent comme **preuves** de dépendance, d'insécurité, de besoin « **malsain** » de protection, si elle ou il « se conduit comme un enfant ».

est soumis à un test *is put to a test* / **porte-parole de la société** *representative of society* / **enseignant** *teacher* / **ce qu'il a fait des chances** *what he made of the opportunities* / **gaspillées** *wasted* / **a fait fructifier** *brought to fruition* / **aveuglément** *blindly* / **serait imposée** *might be imposed* / **menace** *threat* / **évitent** *avoid* / **se moquer de** *to make fun of (someone or something)* / **verbalement s'entend** *to be understood in a verbal sense* / **intimant** *indicating* / **bêtises** *stupid remarks* / **retenir** *to retain, keep* / **le témoignage** *testimony* / **habitue à** *get (someone) used to (something)* / **En tant que** *In the role of* / **je m'efforce de** *I try to* / **atteint** *reaches* / **inversée** *reversed* / **prendre une cuite** *to get drunk* / **Qu'il continue** *That he might continue* / **nourri, logé, blanchi** *fed, housed, laundered* / **ne porte en rien atteinte à** *in no way threatens or affects* / **davantage** *more* / **pourvoir à ses propres besoins** *to take care of, to fulfill his own needs* / **tout ce qu'il considérerait « enfantin »** *everything he might consider childish* / **affectif** *emotional, having to do with feelings* / **à merveille** *wonderfully* / **voler de ses propres ailes** *to fly with his own wings* / **preuves** *signs* / **malsain** *unhealthy*

SOURCE:
Raymonde Carroll

Après avoir lu

A. Contrastes. Choisissez la colonne la plus appropriée (ou les colonnes les plus appropriées) pour les mots suivants selon le commentaire de Carroll. Défendez votre choix.

liberté, patient, acquisition de bonnes habitudes, pourvoir à ses propres besoins, apprentissage de règles, indépendance, critique, faire ce qu'il veut, entraîner leurs enfants, quitter la maison, habituer les enfants à formuler des idées, période d'expérimentation, suivre des modèles, individualisme

Les parents français	Les parents américains	L'enfance française	L'enfance américaine	L'adolescence française	L'adolescence américaine

B. Français ou américain ? Quelques-uns des conseils suivants ont été écrits pour les parents américains et d'autres pour les parents français. Décidez lesquels sont « américains » ou « français » en cherchant les caractéristiques identifiées par Carroll. Justifiez votre décision en vous référant au texte de Carroll.

1. « La génération des enfants-rois, pas traumatisés certes,° mais grossiers,° bruyants,° capricieux et égoïstes, est bien révolue. Les parents ont compris que trop de liberté n'était pas un service à leur rendre. »   *certainly / vulgar*   *loud*

2. « Si, en tant que parents, vous aimez votre enfant, si vous êtes fiers de lui et contents d'avoir fait jusqu'à présent du bon travail, vous devez pouvoir le guider sans jamais avoir à vous préoccuper de « discipline ». »

3. « L'astuce,° c'est d'organiser sa vie de façon à lui laisser une liberté totale de décision à l'intérieur de certaines limites. »   *The key*

4. « Enseignez-leur la façon de bien tenir leur couteau et leur fourchette, de ne pas mettre le couteau à la bouche, de ne pas mettre les coudes sur la table, ni les doigts dans les assiettes... »

5. « Plus tard, à l'âge préscolaire, votre enfant va bavarder° indéfiniment avec vous. Si vous écoutez d'une oreille et répondez par monosyllabes, votre dialogue paraîtra° et même deviendra ennuyeux et vide. Mais si vous écoutez vraiment et répondez à propos, l'enfant parlera davantage et de façon plus cohérente, ce qui vous incitera à participer plus attentivement à la conversation. La communication s'établira. »   *to chat*   *will seem*

6. « Ils doivent répondre aux questions qu'on leur pose, bien sûr, mais ne pas interrompre les grandes personnes. »

SOURCES :
Nathalie Pacout, *Le savoir-vivre aujourd'hui* (Nouvelles éditions Marabout, 1988).
Penelope Leach, *Votre enfant de la naissance à la grande école* (Éditions Albin Michel, traduction 1990).

C. Lecture critique. En petits groupes, décidez si vous êtes d'accord ou non avec l'analyse de Carroll. Est-ce que son commentaire correspond à vos expériences personnelles ? Trouvez-vous qu'elle généralise trop ?

D. Synthèse. Choisissez l'interrogatif approprié pour chaque question basée sur le texte de Carroll. Pourriez-vous répondre aux questions que vous formulez ?

1. _____ les parents français élèvent-ils leurs enfants ?

2. _____ on apprend aux enfants en France ?

3. _____ est plus critique selon Carroll, les parents français ou les parents américains ?

4. _____ sont-ils plutôt sévères ?

5. _____ les adolescents américains font pour montrer leur indépendance ?

6. Et les adolescents français ? _____ font-ils ?

Interaction II

Pas si sévères, après tout...

Le fils aîné de M. et Mme Blanchard s'appelle Gilles. Depuis une semaine, Gilles, seize ans, est en voyage avec des amis. Il rentre justement ce soir. En arrivant chez lui, il trouve sa famille à table avec Tom, leur ami américain.

Réfléchissez

En étudiant ce dialogue, réfléchissez à la première interaction. Comparez l'attitude des Blanchard envers leur fils aîné aux sentiments exprimés à Didier. Quelles différences remarquez-vous ?

Gilles Salut, tout le monde ! Non, non, ne vous dérangez surtout pas pour moi.

M. Blanchard Gilles ! Nous t'attendions hier soir. Alors, tu t'es bien amusé ?

Gilles Oh, oui ! Tellement, en fait, que j'ai décidé de rester un jour de plus. Ah, papa, c'est beau, la liberté !

Mme Blanchard Si tu as faim, Gilles, assieds-toi. Tu connais Tom ?

Gilles Bien sûr... Non, merci, maman, j'ai pas faim.

Didier On dit : « Je n'ai pas faim. »

Tom Où es-tu allé, Gilles ?

Gilles À Nice, et puis un peu partout sur la Côte d'Azur. Très sympa. On a découvert des boîtes de nuit vraiment extra ! Un soir, on est même allés jusqu'en Italie, dans la bagnole d'un de mes copains.

Tom Seuls ? Je veux dire... sans aucun adulte pour vous surveiller ? Au fond, les parents, en France, ne sont pas si sévères que ça... Beaucoup d'Américains s'étonneraient de la liberté que vous laissez à Gilles.

M. Blanchard Bah, c'est un jeune homme sérieux. Et puis, que voulez-vous : « Il faut bien que jeunesse se passe. »

Gilles Au fait, il faut que je passe chez un de mes copains tout à l'heure. Quelle heure est-il ? Oh là là ! Je m'en vais. Bonsoir.

Mme Blanchard Mais Gilles...

Tom Réflexion faite, les parents en France sont plutôt indulgents.

Didier Pas quand on est petit, en tout cas.

Observations

the night before

1. Gilles est-il rentré la veille° ?
2. Où est-il allé pendant son absence ?
3. A-t-il voyagé avec des adultes ?
4. Gilles reste-t-il pour dîner avec sa famille ?
5. Quelle conclusion Tom tire-t-il de cette scène ?
6. Didier est-il d'accord ?

Perspectives

1. Est-ce que les Blanchard traitent Gilles de la même façon que Didier ? Expliquez cette différence.
2. Est-ce que vos parents vous donneraient la même liberté que les Blanchard accordent à Gilles ?

Autrement dit

Saluer

Salut. Ça va ?	Oui, ça va et toi ?	Très bien.
Bonjour, Anne. Comment ça va ?	Pas mal, et toi ?	Ça va bien, merci.
Bonjour, Madame. Comment allez-vous ?	Très bien, merci, et vous ?	Très bien, merci.
Bonsoir, M. Coste. Comment allez-vous ?	Bien, merci. Et vous-même ?	Pas mal.

Présenter

avant de présenter	présentation	réponse
Tu connais Tom ?	Je te présente Tom Richards.	Salut !
	Tom, (c'est) Marie-Hélène.	Enchanté(e).
	Marie-Hélène, (c'est) Tom.	Très heureux/euse.
Vous connaissez Madame Blanchard ?	Je vous présente Madame Blanchard.	(Je suis) heureux(euse)/ enchanté(e)/ content(e) de vous rencontrer/connaître.
Vous vous connaissez ?	Je voudrais vous présenter Madame Blanchard.	(Je suis) heureux(euse)/ (etc.) de faire votre **connaissance.°**
	Permettez-moi de vous présenter Madame Blanchard.	
	C'est ma femme, Sylvie Blanchard.	

to make your acquaintance

Québec : Un repas en famille

Se présenter

Je me présente. (Je suis/Je m'appelle) Charles Fourny.
Je me permets de me présenter. (Je suis/Je m'appelle) Charles Fourny.

Pour dire au revoir

avant de prendre congé

Excuse(z)-moi.	Je suis en retard.	
	Il faut que je file.	*I have to run.*
	Il faut que je me dépêche.	*I have to hurry.*
	Il faut que je m'en aille.	*I have to leave.*
	Je me sauve.	*I have to get going.*
	Je cours.	
	Je m'en vais.	
	J'ai rendez-vous (tout à l'heure).	

salutation	**on peut ajouter...**	**ou...**
Salut !	À tout de suite.	Bonne journée.
Ciao !	À tout à l'heure.	Bonne soirée.
Au revoir !	À plus tard.	Bon week-end.
Au revoir, Monsieur/	À bientôt.	Bonnes vacances.
Madame/Mademoiselle.	À ce soir.	Bon courage.
Bonsoir.	À demain.	
Bonne nuit (*se dit au moment*	À lundi.	
de se coucher).		

Pratique et conversation

A. Salutations. Qu'est-ce que vous diriez pour saluer les personnes suivantes ?
Et pour prendre congé ?

1. un copain/une copine
2. votre professeur
3. une vendeuse dans un grand magasin
4. votre boulanger
5. un(e) camarade de classe

B. Présentations. Présentez la personne dans la colonne A à la personne dans la
colonne B.

A	**B**
1. vos parents	votre fiancé(e)
2. un(e) camarade de classe	un(e) autre camarade de classe
3. vous	quelqu'un que vous aimeriez connaître
4. votre sœur de 21 ans	votre meilleur copain
5. votre professeur	vos parents
6. vous	un(e) voisin(e)

Choisissez une des situations précédentes et faites-en une petite conversation.

C. Une soirée. Vous avez invité beaucoup de personnes qui ne se connaissent
pas chez vous pour un cocktail. Présentez les invités les uns aux autres. Présentez-
vous et votre mari/femme à ceux qui ne vous connaissent pas.

D. Une rencontre malchanceuse. Par malchance, vous avez rencontré un(e) ami(e) qui adore bavarder. Vous avez beaucoup de choses à faire; après un petit échange, vous essayez de vous débarrasser de cet(te) ami(e), qui refuse de vous laisser partir. Finalement, vous insistez, et vous vous dites au revoir.

Étude de vocabulaire

Le langage familier

Le langage familier, c'est le français employé avec des gens qu'on connaît bien et dans des situations quotidiennes de la vie. Pour un étranger, il vaut mieux l'employer avec modération, en attendant qu'on atteigne une meilleure connaissance de la langue et de la culture françaises. Pourtant, il est important de pouvoir comprendre le français familier.

Pratique et conversation

Choisissez. Choisissez le mot de la colonne B qui correspond à son équivalent dans le langage familier de la colonne A. Utilisez un dictionnaire, si nécessaire.

A	B
1. bagnole	a. nourriture
2. sympa	b. firme/entreprise
3. fac	c. extraordinaire
4. bouquin	d. livre
5. bouffe	e. voiture
6. extra	f. enfant
7. boîte	g. sympathique
8. boulot	h. faculté, université
9. gosse	i. emploi

Grammaire de base

4.1 Review the conjugation of the following irregular verbs in the present indicative.

vouloir *(to want)*			
je	veux	nous	voulons
tu	veux	vous	voulez
il/elle/on	veut	ils/elles	veulent

sortir *(to go out)*			
je	sors	nous	sortons
tu	sors	vous	sortez
il/elle/on	sort	ils/elles	sortent

(Conjugated like **sortir** are **dormir** *[to sleep]*, **mentir** *[to lie]*, **partir** *[to leave]*, **sentir** *[to feel, to smell]*, and **servir** *[to serve]*.)

pouvoir *(to be able to, can)*			
je	peux	nous	pouvons
tu	peux	vous	pouvez
il/elle/on	peut	ils/elles	peuvent

venir *(to come)*			
je	viens	nous	venons
tu	viens	vous	venez
il/elle/on	vient	ils/elles	viennent

(Conjugated like **venir** are **devenir** *[to become]*, **revenir** *[to return]*, **tenir** *[to hold]*, and related verbs such as **obtenir** *[to obtain]*.)

connaître *(to be acquainted with)*			
je	connais	nous	connaissons
tu	connais	vous	connaissez
il/elle/on	connaît	ils/elles	connaissent

(Conjugated like **connaître** are **disparaître** *[to disappear]*, **paraître** *[to appear]*, and **reconnaître** *[to recognize]*.)

4.2 You have learned to use **pouvoir** and **vouloir** in the conditional to make requests.

Pourriez-vous me passer le sel ?   *Could you pass me the salt?*
Je voudrais le vert, s'il vous plaît.   *I'd like the green one, please.*

Structure III

Pour exprimer le rapport entre deux actions : Le participe présent

a. The present participle is used to express a relationship of simultaneity or cause between two actions (see points d, e, and f).

b. To form the present participle of regular verbs, drop the **-ons** of the **nous** form of the verb and add the ending **-ant.**

(fermer) fermant   (finir) finissant   (répondre) répondant

c. Most irregular verbs form their present participle in the same way. There are three exceptions:

(être) étant   (avoir) ayant   (savoir) sachant

d. The present participle preceded by the preposition **en** is used to express an action that is occurring simultaneously with another action.

En arrivant chez lui, il trouve sa famille à table avec Tom, leur ami américain.	*Upon arriving home, he finds his family at the table with Tom, their American friend.*
Il ne faut jamais essayer de parler en mangeant.	*You should never try to talk while eating.*

e. The idea of simultaneity can be reinforced by using **tout en** followed by the present participle.

Tout en sachant qu'elle n'était pas là, il a insisté pour rester.	*All the while knowing that she was not in, he insisted on staying.*

f. The present participle can also be used to express how or by what means an action is done or results can be obtained.

Il a réussi en gagnant la confiance de tout le monde.	*He succeeded by winning over everyone.*
C'est en faisant des fautes qu'on apprend.	*One learns by making mistakes/through one's mistakes.*

g. Do not simply equate the present participle with the English verb form *-ing.* Note the following:

   ■ To express ongoing action in present time, use the present tense in French.

J'écoute.	*I'm listening.*

   ■ The expression **être en train de** emphasizes the ongoing nature of the action.

Ne me dérange pas. Je suis en train de lire un rapport.	*Don't disturb me. I'm reading (in the midst of reading) a report.*

   ■ *To spend time doing something* is expressed in French by the construction **passer** + time expression + infinitive.

Je passe toute la journée à faire le ménage.	*I spend the entire day doing housework.*
Elle passe tout son temps à parler au téléphone.	*She spends all her time talking on the phone.*

   ■ The English expressions *to begin by/end up doing something* are rendered by **commencer/finir par** + infinitive.

Nous avons commencé par préparer le repas.	*We began by preparing the meal.*
J'ai fini par partir.	*I ended up leaving.*

Pratique et conversation

A. Comment faites-vous ? Complétez les phrases suivantes en disant ce que vous faites ou ce que vous ne faites jamais en même temps.

> **Modèle :** Je lis un roman policier...
> **Vous :** Je lis un roman policier en écoutant la radio.

1. J'étudie...
2. Je ne parle jamais...
3. Je fais de la gymnastique...
4. Je fais mes devoirs...
5. Je prépare le dîner...
6. Je ne bois jamais de boissons alcoolisées...
7. Je parle au téléphone...

B. Pour réussir dans la vie. Qu'est-ce qu'il faut faire pour réussir dans la vie ? Complétez les phrases selon le modèle.

> **Modèle :** On réussit dans la vie...
> **Vous :** On réussit dans la vie en faisant de son mieux.

1. On reçoit une promotion...
2. On gagne beaucoup d'argent...
3. On peut avoir beaucoup d'amis...
4. On peut gagner un prix en athlétisme...
5. On peut maîtriser la grammaire française...
6. On peut prolonger sa vie...

C. Racontez. Racontez la scène entre Gilles et sa famille en complétant les phrases.

1. Gilles / passer la veille à / ...
2. Quand Gilles entre, la famille / être en train de / ...
3. Gilles / commencer par / ...
4. Gilles / finir par / ...
5. Il semble° que Gilles / passer beaucoup de temps à / ...

It seems

Structure IV

*Pour exprimer la continuation d'une action : Le temps présent + **depuis***

a. To talk about an action that began in the past and continues into the present, use the structure present tense + **depuis** + time expression.

Gilles est en voyage depuis une semaine.	*Gilles has been traveling for a week.*
Nous étudions le français depuis deux ans.	*We've been studying French for two years.*

Note that English uses the present perfect to express this idea. In these sentences, **depuis** is translated as *for*.

b. **Depuis** is translated as *since* when used with a specific point in time, day, or date.

Elle est absente depuis lundi.	*She has been gone since Monday.*

c. To form a question, use the question words **depuis quand** and **depuis combien de temps** with the question patterns you have learned.

Depuis quand $\Big\{$ est-ce que vous êtes / êtes-vous $\Big\}$ en France ?

How long have you been in France?

Depuis combien de temps $\Big\{$ est-ce que tu fais / fais-tu $\Big\}$ ce métier ?

How long have you been in this line of work?

Depuis quand can be used to emphasize the starting point of an action, whereas **depuis combien de temps** usually emphasizes its duration. In practice, both questions can be used interchangeably.

d. The following expressions are virtually synonymous with **depuis** + time expression when used with the present tense:

Il y a
Ça fait $\Big\}$ + time expression + **que** + present tense verb
Voilà

Ça fait (Voilà/Il y a) trois jours qu'il nous téléphone sans cesse.   *He has been calling us repeatedly for three days.*

Voilà (Ça fait/Il y a) une semaine qu'on attend son arrivée.   *We've been waiting a week for her arrival.*

Pratique et conversation

A. Un CV.° Lisez le CV et répondez aux questions qui suivent.   *résumé*

CURRICULUM VITÆ

NOM :   Durand, Yves
DATE DE NAISSANCE :   le 12 mars 1967
LIEU DE NAISSANCE :   Montréal, QUÉBEC
NATIONALITÉ :   canadienne; résident permanent en France depuis 1990
ADRESSE ACTUELLE :   90, boulevard St Michel
75005 PARIS
FORMATION :   1989 : Licence, Université de Paris — Nanterre
1991 : Maîtrise, Université de Paris — Nanterre
EXPÉRIENCE :   1992 : Stage, Groupe BREGUET
1993 : Agent immobilier, Groupe AUGUSTE THOUARD
EMPLOI ACTUEL :   1996 : Agent immobilier, Agence EURO-IMMOBILER

1. Depuis combien de temps qu'Yves travaille-t-il à l'agence Euro-immobilier ?
2. Depuis combien de temps a-t-il sa licence ?
3. Depuis combien de temps a-t-il sa maîtrise ?
4. Depuis quand est-il résident permanent de la France ?
5. Si Yves s'est marié en 1989, depuis combien de temps est-il marié ?

B. Interview. Posez les questions suivantes à votre partenaire. Demandez-lui :

1. depuis combien de temps il/elle étudie le français.
2. depuis quand il/elle est à l'université.
3. depuis combien de temps il/elle connaît son/sa meilleur(e) ami(e).
4. depuis combien de temps il/elle habite dans sa maison/son appartement.
to drive
5. depuis quand il/elle sait conduire.°

C. Questions. Inventez cinq questions que vous aimeriez poser à votre professeur. Utilisez les structures que vous venez d'apprendre (**depuis quand, depuis combien de temps,** etc.).

Lecture II

Le texte qui suit est la transcription d'une histoire qu'une mère a racontée à son enfant. Basée sur le conte « La Chèvre de Monsieur Seguin » par Alphonse Daudet, écrivain français du dix-neuvième siècle, cette histoire est passée dans la tradition de la littérature orale pour enfants. Comme les contes de fées, elle est souvent racontée aux enfants surtout pour la leçon morale qu'elle illustre.

Avant de lire

A. Prédictions. Avant de lire le texte, essayez d'imaginer son contenu en répondant aux questions suivantes.

1. Regardez le titre du conte et les illustrations aux pages 29–33. Qui sont deux personnages importants dans le conte ? Quelle sorte d'histoire aurait un animal comme personnage principal ?
2. Pensez aux histoires qu'on vous a racontées pendant votre enfance. Quel genre d'histoire est-ce qu'on raconte aux enfants ? Quelles sont les caractéristiques typiques de ces contes en ce qui concerne
   a. les personnages : réels ? fictifs ? humains ? animaux ? surnaturels ?
   b. les leçons données : sérieuses ? légères ? moralisantes ?
disappointing
   c. la fin : triste ? heureuse ? décevante° ?
3. Essayez d'imaginer l'histoire à l'aide des illustrations aux pages 29–33.

B. Associations. Regardez les mots soulignés et essayez de déterminer leur sens à l'aide des questions posées.

1. « Alors, la chèvre est dehors, et elle <u>broute</u> l'herbe dans le jardin. » Que fait la chèvre par rapport à l'herbe ?
2. « Alors, elle tire, elle tire, elle tire sur la corde. La corde <u>lâche</u>. » Quel est le résultat si on tire très fort sur une corde ?

3. « Après ça, Blanchette passe par un <u>trou</u> dans la clôture.° » Comment est-ce que la chèvre s'échappe ?

fence

4. « Elles courent partout, et elles sautent de rocher en rocher. Elles ont l'habitude, ces chèvres-là, de courir, tandis que Blanchette n'a pas l'habitude. Au bout d'un moment, elle est tout <u>essoufflée</u>. » Si on n'a pas l'habitude de courir, comment devient-on ?

5. « Et il <u>sonne</u> le cor.° »
Quelle action est décrite dans cette phrase ?

horn

6. « Elle voit les yeux <u>luisants</u> du loup... »
Comment sont les yeux d'un loup dans la nuit ?

7. « Elle peut à peine <u>respirer</u>, elle est tellement épuisée.° »
À quel mot anglais est-ce que ce mot ressemble ?

tired, worn out

C. Parcourez. Lisez rapidement le texte et citez la partie précise où se trouvent les événements suivants.

1. Le passage où Blanchette remarque la montagne pour la première fois.
2. Le passage où Blanchette décide de partir de chez M. Seguin.
3. Le moment où elle parle à d'autres chèvres.
4. Le moment où elle remarque le loup.
5. Le moment où elle regrette d'être sortie de sa clôture.

La Chèvre de M. Seguin d'après Daudet

Monsieur Seguin, c'était un monsieur qui avait une jolie maison, juste en face d'une grande montagne. Mais Monsieur Seguin n'avait pas de chance. Il aimait beaucoup les chèvres, et il aimait en particulier les chèvres blanches. Mais il ne pouvait pas les garder, ces chèvres. Il achetait les chèvres, et puis les chèvres regardaient la montagne et voulaient y aller. Au bout de quelque temps, elles s'échappaient, et il les perdait toutes, les unes après les autres.

Un jour, Monsieur Seguin va au marché pour acheter une chèvre. Et il voit une très jolie petite chèvre toute blanche. Il décide de l'acheter. Il dit : —Oh, **celle-ci** est vraiment belle. Je vais l'acheter. Elle est si belle et si blanche, je crois que je vais l'appeler Blanchette.

Et il dit :
—Celle-ci, je ne vais pas la perdre. Je vais faire bien attention. Je ne la perdrai pas.

Il achète Blanchette, il la **ramène** chez lui, et il décide :
—Hmm... Je crois que je vais faire une clôture autour du jardin. Comme ça, la chèvre ne va pas s'échapper.
Alors, la chèvre est dehors, et elle broute l'herbe dans le jardin. Elle est contente. Monsieur Seguin vient la voir, il vient lui parler de temps en temps.
Elle grandit, et Monsieur Seguin se dit :
—Tiens, j'ai de la chance. Celle-ci, j'ai l'impression qu'elle va rester avec moi.
Et puis un jour, la chèvre promène son regard un peu partout

Que savez-vous de M. Seguin après avoir lu ce paragraphe ? Où habite-t-il et qu'est-ce qu'il aime ?

Qu'est-ce qui s'était déjà passé (had already happened) avant le début de notre histoire ?

Qu'est-ce qui s'est passé ? Qu'est-ce que M. Seguin dit qu'il va faire et pourquoi va-t-il le faire ?

Est-il optimiste ou pessimiste ?

Blanchette aime-t-elle sa nouvelle résidence ?

Qu'est-ce qui va se passer, selon vous ?

Qu'est-ce que Blanchette veut savoir ? Pourquoi pose-t-elle la question à M. Seguin ?

par là, et elle voit tout d'un coup une grande masse devant elle, une grande masse bleue. Et elle dit :

—Mais qu'est-ce que c'est que ça ? Que c'est grand ! Que c'est gros ! Qu'est-ce que c'est que ça ?

Alors, Monsieur Seguin vient un peu plus tard. Elle lui dit :

—Qu'est-ce que c'est que ça, Monsieur Seguin ?

Il lui dit :

—Quoi, ça ?

Elle lui dit :

—Ça, là-bas.

Et puis elle lui montre du **museau.** Il lui dit :

—Ça ? C'est la montagne.

—La montagne, qu'est-ce qu'il y a là?

Monsieur Seguin lui dit :

Comment M. Seguin répond-il à la question de Blanchette ?

Essayez d'imaginer ce qui se passera ensuite.

—Oh, faut pas y aller là, il y a **le loup.** Avant toi, j'avais beaucoup de chèvres, elles ont toutes voulu aller là-bas dans la montagne et la forêt. Le loup les a toutes mangées. Surtout, n'y va pas, hein ?

La chèvre dit :

—Bon.

Mais, elle avait envie de regarder cette montagne. Ça l'intriguait. Alors, tous les jours elle regardait la montagne. Quelquefois quand elle regarde la montagne, la montagne est bleue. Quelquefois elle est verte. Elle remarque qu'il y a des couleurs différentes. Elle n'arrête pas de regarder la montagne. Elle dit :

—Oh, il y a l'air d'y avoir de jolis arbres là-bas.

Elle ne voyait pas bien, parce que c'était loin. Mais elle a vraiment envie d'y aller. Elle ne comprend pas pourquoi Monsieur Seguin ne veut pas qu'elle y aille. Alors, elle a de plus en plus envie de partir. Elle en parle encore à Monsieur Seguin. Elle lui dit :

Qu'est-ce que Blanchette fait encore une fois ? Pourquoi le fait-elle ?

—Monsieur Seguin, je ne pourrais pas y aller ? Ne serait-ce que pour quelques minutes ? Et puis je reviendrai.

—Si tu me parles encore de cette montagne, tu vas comprendre. D'abord, je suis tellement **en colère** contre toi que je vais t'attacher tout de suite.

Alors, Monsieur Seguin prend une corde et il attache Blanchette. Il ne veut pas qu'elle lui reparle de cette montagne. Il attache Blanchette, et puis il s'en va. Il va au marché. Et Blanchette se dit :

—Oh, moi j'ai envie d'y aller. Pendant qu'il est parti, je vais aller me promener un peu, voir ce qui se passe.

Alors, elle tire, elle tire, elle tire sur la corde. La corde lâche. Après ça, Blanchette passe par un trou dans la clôture. Elle s'échappe et elle s'en va en direction de la montagne.

—Oh, que je suis bien. Je n'ai plus la corde autour du cou, je n'ai plus la clôture. Je suis bien.

Et elle va vers la montagne. Puis elle voit de belles choses et de beaux arbres. Elle arrive à la montagne et elle rencontre d'autres chèvres. Et alors, les autres chèvres lui disent :

—Et qu'est-ce que tu fais là, toi ?

Elle dit :

Moi, je suis en promenade. J'habite en bas dans la vallée. Et je viens me promener un peu, voir ce qui se passe.

—Tu viens jouer avec nous ? Nous, on habite ici dans la montagne. Viens jouer avec nous.

—Ah bon ? Vous habitez ici ? Mais on m'a dit que c'était dangereux ici, qu'il y avait le loup, qu'il ne fallait pas venir ici...

—Oui, oui, il y a bien un loup qui habite par ici, mais nous, on ne l'a jamais vu. On se promène, et puis, quand on pense qu'il va venir, on s'échappe. Non, non, ce n'est pas dangereux. Tu peux venir ici.

Alors, elle les **suit**. Elles courent partout, et elles **sautent** de rocher en rocher. Elles ont l'habitude, ces chèvres-là, de courir, **tandis que** Blanchette n'a pas l'habitude. Au bout d'un moment, elle est tout essoufflée. Et puis, les chèvres décident de partir. Et elle, elle trouve un endroit qui est très joli. Alors, elle se met à brouter. L'herbe est très bonne. Et puis, tout d'un coup, elle entend le son du cor. Alors elle pense :

—Oh, ce n'est pas Monsieur Seguin qui m'appelle ?

Et il sonne du cor, il sonne du cor, il sonne du cor. Ça veut dire :

—Blanchette, Blanchette, reviens !

—Hmm... elle s'est dit. Peut-être que je devrais revenir. Hmm... mais je n'ai pas encore envie de revenir. C'est bien là, à la montagne.

Bon. Quelque temps se passe, peut-être une heure ou deux. Le cor qui sonne encore ! Monsieur Seguin !

Quelle est la réaction de M. Seguin ? Qu'est-ce qu'il fait ?

Qu'est-ce que Blanchette fait ? Quelles circonstances lui permettent de le faire ? Où est M. Seguin ? Où est Blanchette ? Décrivez sa première réaction à sa nouvelle expérience.

Qui rencontre-t-elle ?

Quelle question est-ce qu'elle leur pose et pourquoi ? Quelle est leur réponse ?

Qu'est-ce que Blanchette fait à la montagne avec les autres chèvres ? Et après qu'elles sont parties ?

Qu'est-ce que Blanchette entend ? Quelle est sa réaction ?

—Oh, **il me barbe** ! Il m'appelle encore. Je suis bien, moi, ici. Pourquoi il m'appelle pour revenir ? Je n'ai pas envie de revenir, moi, là-bas dans sa maison.

Bon, quelques heures se passent encore. Le cor qui sonne encore ! Mais de plus en plus faible. Monsieur Seguin est de plus en plus découragé. Il ne souffle plus très fort dans le cor. Alors, elle se dit :

—Oh… Peut-être que je devrais rentrer. Encore quelques minutes et puis je vais rentrer.

Et puis, tout d'un coup, la nuit tombe.

—Oh ! Et comment je vais faire maintenant pour rentrer ? Je n'y vois rien. **J'aurais dû** rentrer quand Monsieur Seguin sonnait du cor.

Elle commence à avoir peur. Alors tout d'un coup elle entend un bruit. Elle voit des yeux luisants, et elle commence à entendre « hhhh, hhhh » un souffle comme ça. Elle se dit :

—Mon Dieu, c'est le loup. Qu'est-ce que je vais faire ? Qu'est-ce que je vais faire ?

Elle voit juste les yeux luisants. Elle ne **bouge** pas. Elle se dit :

—Peut-être qu'il ne va pas m'attaquer.

Le loup était malin. Il attend, il attend. Il se dit :

—Elle va être fatiguée, elle va s'endormir. Et quand elle va s'endormir, boum ! Je me jette sur elle et je la mange.

Au bout d'un moment, Blanchette commence à être fatiguée. Elle est pourtant **énervée** parce qu'elle a peur du loup. Quand elle commence à être fatiguée, le loup l'attaque. Alors, elle se défend, elle se défend. Elle a des petites cornes, et elle donne des coups de corne. Le loup dit :

—Oh, elle est **coriace**, celle-ci. Elle va me donner du mal.

Alors, il recommence, le loup, à l'attaquer. Et elle se défend. Elle donne des coups de corne, elle donne des coups de corne. Le loup **recule**. Mais il ne s'échappe pas. Il se dit :

—On va recommencer.

Au bout d'un moment, le loup revient. Et encore des coups de corne, et encore des coups de corne. Mais elle se fatigue, la pauvre. Une petite chèvre, comme ça, qui essaie de se défendre contre un loup. C'est difficile pour elle. **Elle n'en peut plus.** Elle devient de plus en plus fatiguée, de plus en plus fatiguée. Et puis, elle se rappelle que Monsieur Seguin avait eu une chèvre… Il lui avait raconté qu'il avait

eu une chèvre qui était très courageuse. Elle s'était battue avec le loup pendant presque toute la nuit. Elle s'est dit, peut-être moi aussi je serai aussi courageuse que cette chèvre-là. Peut-être que moi aussi je vais pouvoir me battre avec le loup toute la nuit. Alors le loup revient. Il l'attaque. Elle se défend. Et puis, tout d'un coup elle commence à voir que le soleil se lève. Elle se dit :

—Mon Dieu, si jamais je peux **tenir le coup,** peut-être que je vais être sauvée. Peut-être que s'il fait trop soleil, le loup va partir, il va me laisser. Je vais pouvoir revenir chez Monsieur Seguin. Alors, là, si jamais j'ai la chance de revenir chez Monsieur Seguin, je n'irai plus dans la montagne. Je resterai avec Monsieur Seguin, tranquille. **Pourvu que** je tienne le coup !

Et elle est **épuisée,** elle n'en peut plus. Elle peut à peine respirer, elle est tellement épuisée. Et elle se dit :

—Oh, j'ai battu le record de cette chèvre. Elle avait tenu presque toute la nuit. Elle avait résisté au loup. Moi, je vais tenir le coup jusqu'à l'aube.

Le loup arrive enfin. Il pense :

—Cette fois-ci, je crois que je vais réussir.

Il attaque la petite chèvre. Elle donne un dernier coup de corne. Elle tombe par terre, et elle meurt. Et le loup l'a mangée.

Et Monsieur Seguin a été tellement triste, tellement triste ! Et je crois qu'il a eu d'autres chèvres, mais je ne sais pas si elles sont allées dans la montagne.

À quelle histoire pense-t-elle?
Pourquoi se souvient-elle de cette histoire ?

Quel événement important se passe dans ce passage?
Êtes-vous surpris(e) par la fin ?
Pourquoi ou pourquoi pas ?

celle-ci *this one* / **ramène** *brings back* / **museau** *muzzle* / **le loup** *the wolf* / **en colère** *angry* / **suit** *follows* / **sautent** *jump* / **tandis que** *whereas* / **il me barbe** *he annoys me* / **J'aurais dû** *I should have* / **bouge** *move* / **énervée** *jumpy* / **coriace** *tough* / **recule** *backs up* / **Elle n'en peut plus** *She can't go on* / **tenir le coup** *to hold on* / **Pourvu que** *Let's hope that* / **épuisée** *exhausted*

Après avoir lu

A. Vérifiez. Est-ce que l'histoire que vous avez imaginée correspond au récit ? Quels éléments de l'histoire vous ont surpris(e) le plus ?

B. Comment sont Blanchette et M. Seguin ? Cherchez des phrases ou des mots dans le texte qui décrivent leur apparence et leur caractère.

	Blanchette	**M. Seguin**
Portrait physique		
Portrait moral		

C. L'ordre chronologique. Les phrases suivantes racontent ce qui se passe dans l'histoire de Blanchette. Mettez-les dans un ordre chronologique.

1. Blanchette se bat contre le loup jusqu'au lever du soleil.
2. Blanchette broute à la montagne.
3. Blanchette regrette de ne pas être rentrée chez M. Seguin.
4. M. Seguin va au marché.
5. Blanchette tire sur la corde.
6. Le loup mange Blanchette.
7. Blanchette parle de la montagne à M. Seguin.
8. M. Seguin achète Blanchette.
9. Blanchette joue avec les autres chèvres.
10. Blanchette s'échappe du jardin.
11. M. Seguin sonne du cor.
12. Blanchette voit les yeux du loup.

After having heard

D. Synthèse. Après avoir entendu° cette histoire, votre petite cousine française écrit une lettre à M. Seguin. Complétez-la en remplissant les blancs par le mot français qui correspond.

M. Seguin,

_____ *(While listening)* l'histoire de Blanchette, j'étais très triste. _____ *(How long)* est-ce que vous aimez les chèvres ? J'ai l'impression que vous ne les comprenez pas très bien. C'est la curiosité qui a attiré Blanchette à la montagne. La solution de votre problème, c'est d'aller visiter la montagne avec votre chèvre. _____ *(By going)* à la montagne avec vous, votre chèvre n'est pas en danger et elle sera aussi moins curieuse. Et _____, *(don't forget)* il faut être strict avec les chèvres. Quand votre chèvre vous parle toujours de la montagne, il faut lui dire : Blanchette, _____ *(don't talk)* de la montagne.

_____ *(Be)* patiente et nous allons bientôt la visiter ensemble. En plus, _____ *(what)* Blanchette a fait à la montagne ? Elle a passé son temps là _____ *(eating)*, _____ *(playing)* et _____ *(resting)*. Elle peut manger et se reposer chez vous, mais elle n'a pas de copines chez vous. Donc, il faut acheter au moins deux chèvres. Comme ça, elles peuvent jouer ensemble _____ *(while staying)* chez vous. _____ *(What)* vous pensez de mes suggestions ?

Amicalement,

Laurence

E. Un résumé. Écrivez un résumé de l'histoire de Blanchette en indiquant

- pourquoi et comment M. Seguin l'a achetée
- ce que M. Seguin fait dans un effort de ne pas perdre Blanchette
- pourquoi Blanchette va à la montagne
- ce qui se passe à la montagne
- comment Blanchette se trouve dans une lutte avec un loup
- comment Blanchette se défend
- la fin de l'histoire

F. La morale. Les petits Français admirent Blanchette, mais ce n'est pas à cause de sa décision de partir à la montagne. Quelle est la raison de cette admiration, selon vous ? En petits groupes, dégagez les leçons représentées dans l'histoire. Ensuite, comparez ces leçons aux leçons trouvées dans les histoires qu'on raconte aux enfants américains. Voici quelques leçons morales à considérer :

- Il faut écouter tes parents.
- Il ne faut pas être trop curieux.
- Il est bien d'être courageux.
- Il faut se contenter de ce qu'on a.
- Le monde est plein de dangers.

Compréhension auditive

Extrait de l'émission La Nouvelle France[2] (segment « La Nouvelle Famille »). Le divorce devient de plus en plus fréquent en France. Dans cette interview, la fille d'un couple divorcé va vous raconter un peu son histoire.

France : Un mariage civil à la mairie d'Aix-en-Provence

---

[2] *La Nouvelle France*, une émission de l'INA, diffusée par France 2.

A. Désavantages... et avantages. Bien qu'on pense immédiatement aux diffi-cultés dans la vie d'un enfant dont les parents sont divorcés, il pourrait y avoir des avantages inattendus aussi. Énumérez quelques désavantages et avantages éventuels de cette situation pour l'enfant.

B. Questions. Si vous étiez l'intervieweur, quelles questions est-ce que vous aimeriez poser à cette jeune fille ?

C. Devinez. Devinez la signification des mots en italique en vous basant sur le contexte donné.

1. « Je passe mon mois de juillet avec ma mère, puis mon mois d'août avec mon père. Ce qui fait que je fais *plein* de voyages. »
2. « Mais parfois c'est un peu embêtant, parce qu'on peut pas faire plaisir aux deux en même temps. Quand on fait plaisir à l'un, il y a l'autre qui *ron-chonne* un peu. »
3. « Mais si j'en gâte un plus que l'autre, ça ne va pas du tout. J'ai de vérita-bles *scènes de ménage*. »

D. Transitions. Quand on passe d'une pensée à une autre, on utilise des mots de transition. Ces mots pourraient avancer, raffiner, résumer ou même contredire ce que le locuteur vient d'énoncer. Lisez les phrases et indiquez le rôle des mots en italique.

1. « Ils sont contents tous les deux comme ça. *Mais* si j'en gâte un plus que l'autre, ça ne va pas du tout. *Et puis*, moi, je dois dire que j'ai pas souffert du tout du divorce. *C'est-à-dire*, je trouve que c'est bien. »
2. « *Alors* là, c'est ma vraie chambre. *Bref*, là, c'est vraiment là où j'habite le plus souvent. »
3. « Je trouve pas que ce soit une situation horrible. *Au contraire*, je trouve que c'est bien. »

Avant d'écouter, lisez les questions qui suivent. Ensuite, écoutez l'interview une fois pour comprendre son sens global. Écoutez encore une fois et répondez aux questions.

Pratique et conversation

A. Détails. Répondez aux questions suivantes.

1. Comment s'appelle la jeune fille ? Quel âge a-t-elle ?
2. Comment s'appellent ses parents ? Où habitent-ils en ce moment ?
3. Nommez deux choses qu'elle a dans sa chambre.
4. Pourquoi est-ce qu'elle aime sa situation?
5. Pourquoi est-ce qu'elle ne souffre pas du divorce ?

B. Opinions. Répondez aux questions suivantes. Justifiez votre réponse en citant l'interview.

1. Décrivez le rapport entre Claire et ses parents. Selon vous, qui est plus mûr, Claire ou ses parents ?

2. Décrivez le caractère de Claire.

3. Est-ce que vous pensez que Claire va rester contente de sa situation en grandissant ?

C. Suite de l'interview. Dans la partie B, Questions, à la page 36, avez-vous bien anticipé les questions posées par l'intervieweur ? Avez-vous trouvé la réponse à ces questions dans l'interview ? Si non, imaginez-les, en respectant le caractère et les attitudes de Claire dans vos réponses. Quelles autres questions aimeriez-vous lui poser ?

Journal

Analysez les photos dans le chapitre. Quelles différences remarquez-vous entre les familles ? Les repas ? Les façons de manger ? Quelle photo représente le mieux votre famille ? un repas chez vous ?

À votre tour

Dans cette composition, vous allez faire le portrait de votre famille.

Enrichissez votre expression

Faites les activités suivantes pour enrichir votre expression.

A. La description de votre famille. Remplissez la grille suivante pour préciser le vocabulaire dont vous aurez besoin dans votre composition.

Vocabulaire utile

La description physique : il/elle a les yeux, les cheveux; il/elle est grand(e), petit(e), mince, costaud(e), fort(e); ? ? ?

Traits de personnalité : il/elle est aimable, sympathique, gentil(le), extroverti(e), timide, introverti(e), mécontent(e), hypocrite...

Membre de la famille	Description physique	Traits de personnalité

**Un repas
arabe traditionnel**

B. Les rapports. Les rapports peuvent être intimes (= chaleureux) ou distants
(= froids). Quels comportements caractérisent ces rapports ?

Rapports intimes :

- ■ on se téléphone tous les jours
- ■ ?
- ■ ?
- ■ ?
- ■ ?

Rapports distants :

- ■ on se voit une fois par an
- ■ ?
- ■ ?
- ■ ?
- ■ ?

C. Les valeurs. Quelles valeurs sont importantes à inculquer aux enfants ? Selon
vous, quelle institution devrait être chargée de cette fonction?

Valeur	Institution
l'honnêteté	la famille, l'école, la religion

Répondez à ces questions pour bien structurer votre composition.

Paragraphe I

Combien de personnes y a-t-il dans votre famille ?
Identifiez-les, en donnant leur nom et leur âge. Faites un petit portrait
physique de chaque personne. Qui est célibataire, marié(e), divorcé(e), etc. ?
Où habitent les membres de votre famille ?

Paragraphe II

Comment sont les rapports entre vous et les autres membres de la famille ?
Vous voyez-vous très souvent ? À quelles occasions ?
Avec qui vous entendez-vous° le mieux ? Pourquoi ?

get along with

Paragraphe III

Quel membre de votre famille admirez-vous le plus ? Pourquoi ?
Quelles valeurs sont importantes pour cette personne ?
Quelle influence a-t-il/elle sur vous ?

Paragraphe IV

Quelle sorte de vie familiale envisagez-vous à l'avenir ?
Allez-vous vous marier ? avoir des enfants ?
Quelle sorte d'éducation allez-vous leur donner ?
Quelles personnes/institutions vont être importantes pour eux pendant leur en-
fance ? La famille ? La religion ? L'école ? Les groupes civiques ?

Écrivez

Écrivez la première version de votre composition, en faisant bien attention à la
précision de votre expression. Après avoir lu votre texte, le lecteur devrait bien
comprendre la structure de votre famille présente et future; il devrait aussi avoir
l'impression de bien connaître les personnes décrites.

Révisez

Révisez votre première version en tenant compte des commentaires/corrections
de votre lecteur.

Hypothèses

Many French people complain that Americans quickly become boring because they like everything superficially and understand nothing in depth. Enthusiasm is not a requirement in France; comprehension is. A happy-face smile is the mark of an idiot in France, or worse. Yet basically the French like Americans. They like our enthusiasm (in moderation) and our informality. The young even dress and act like American film and music stars. But they don't understand why we Americans think they don't like us.

SALLY ADAMSON TAYLOR, *CULTURE SHOCK! FRANCE*

Chapitre 2

Passage vers la communication
Perspectives interculturelles

When we encounter people from another culture, the ways in which they differ from us both fascinate and repel us. And when we visit another culture, it is usually the contrasts with ours that make it appealing— and that make the trip difficult at the same time.

- The French sometimes say that Americans are **de grands enfants.** In the light of this paragraph from the quote on the previous page, what might such an expression mean? Is it a negative or a positive judgment, in your opinion?

- The statements in the quote on the previous page are the mirror image of those that Americans often make about the French. How might Americans have trouble understanding a French person who feels it is important to "comprehend" things in the United States, but not necessarily to be enthusiastic?

- If the French don't view smiles as positively as North Americans do, in what ways should we expect to be disconcerted when we travel to France?

- Might different values placed on codes of behavior explain the frequency with which Americans say that the French are rude?

▶ In our encounters with people from other cultures, we come into contact with many differences in eating, dress, and entertainment habits. Yet as each culture creates its own particular view of the world, we also find ourselves confronting different sets of values and different outlooks on life. In this chapter, we examine American views of the French and French views of Americans in an attempt to see what such comparisons may teach us about cultural values—both our own and those of the French-speaking peoples of the world.

41

Mise en train

Vous aurez besoin de ce vocabulaire pour parler des documents suivants :

Le tourisme

Ce qu'on peut voir/ce qu'on cherche

l'animal *(m.)*, les animaux
crafts l'artisan(e); l'artisanat° *(m.)*
l'aventure *(f.)*
le bâtiment moderne
le champ de bataille
le château
le concert
le désert
la grande ville
le magasin
le match de football/de basketball...
la montagne

le monument historique
le musée
le paysage
la plage
le restaurant
les ruines *(f. pl.)*
la station de ski
l'usine *(f.)*
les vacances *(f. pl.)*
la vie familiale
le village pittoresque

Pour parler des vacances

actif (active)
à l'ancien(ne)
artistique
aventureux (aventureuse)
confortable
providing a sense of change, novelty, or disorientation dépaysant°
historique

impressionnant
indépendant
moderne
paresseux (paresseuse)
rustique
sportif (sportive)
tranquille

Première approche

Regardez ces deux images publicitaires. Ce sont des brochures qui proposent des voyages (A) en France pour les Américains et des voyages (B) aux États-Unis pour les Français.

1. Imaginez un voyage en France, d'après la photo A. *(Pour les Américains, les vacances en France sont... D'abord on visite... Puis...)*
2. Quelle image de la France est présentée ici ? Pourquoi ? *(On présente la France comme un pays...)*
3. Quels aspects de la France un Américain veut-il connaître ?
4. Pour un premier voyage aux États-Unis, la plupart des Français n'ont pas envie de visiter des bâtiments historiques ou les villages de la Nouvelle-Angleterre. Pourquoi ? *(Pour les Français, les vacances aux États-Unis sont...)*
5. Qu'est-ce qui intéresse les Français aux États-Unis, d'après la photo B ? *(Les Français veulent voir... ; Ils veulent des vacances...)*
6. Planifiez un voyage aux États-Unis pour des Français. *(D'abord ils vont visiter... Puis...)*

A.

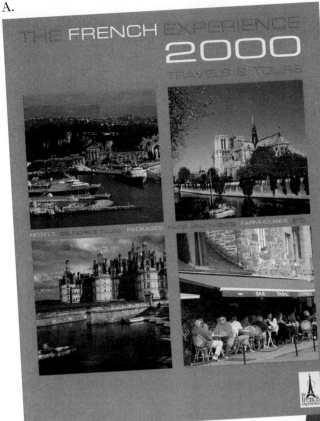

Pour aller plus loin

B.

7. Quelles sont les « légendes » mentionnées dans la publicité ? Comment les
   Français connaissent-ils les USA et ces
   légendes, à votre avis ?

Regardez le dessin à la page suivante. C'est une
œuvre de Sempé, un des plus grands dessina-
teurs de la France actuelle. Ce dessin a paru
dans un livre que l'artiste a publié après un
voyage à New York.

1. Qu'est-ce qu'on voit sur l'image ?
   Que font les Américains du dessin ?
   Notez tous les éléments que le
   dessinateur a choisi de représenter.
2. Qu'est-ce qui a frappé le dessinateur à New York, d'après cette
   image ?
3. À votre avis, quelle est l'attitude
   du dessinateur ? Est-il critique ?
   amusé ? horrifié ? surpris ?
4. Essayez d'expliquer cette attitude. Qu'est-ce qui est probablement différent en France ?

Interaction I

Carol, une Américaine, est dans un petit restaurant de la place Plumereau à Tours, en France. Le serveur arrive pour prendre sa commande.

Réfléchissez

Comment le serveur parle-t-il avec la cliente ? Leur conversation est-elle familière, impersonnelle, professionnelle, chaleureuse, froide… ?

Le serveur	Voilà. Vous êtes prête à commander ? Qu'est-ce que vous désirez ?
Carol	Quel est le plat du jour, s'il vous plaît ?
Le serveur	La truite aux amandes.[1] Je vous la conseille. Elle est délicieuse.
Carol	Est-ce qu'il y a du beurre dans la sauce ?
Le serveur	Ah oui ! Beaucoup de beurre. Du bon beurre de Normandie.
Carol	C'est dommage. Je ne mange pas de beurre.
Le serveur	À la rigueur,[2] je peux vous la faire sans sauce, mais c'est plus fade.[3]

[1] La truite aux amandes = *Trout with almonds*

[2] À la rigueur = *If it's really necessary*

[3] fade = *tasteless*

France : Le déjeuner dans un café parisien

Carol	Vous savez, en Amérique on préfère la margarine. On dit que c'est mieux pour la santé.
Le serveur	Ah… Ici, si on cuisinait avec la margarine, on n'aurait plus de clients !
Carol	Tant pis. Je prendrai une salade.
Le serveur	Bien, Madame.

Réfléchissez à l'attitude de l'Américaine et à celle du serveur à propos du beurre.

Observations

1. Est-ce que le serveur se présente ? Quelle relation a-t-il avec la cliente ?
2. Quelle est sa réaction quand la cliente demande une modification du menu ? Est-ce qu'il essaie de la décourager ?
3. Pourquoi est-ce que les restaurants français ne cuisinent pas avec la margarine ?

Perspectives

1. « Bien manger » en France signifie « manger des choses délicieuses et raffinées ». Que signifie « bien manger » pour un(e) Américain(e) ?
2. La margarine n'a jamais été bien acceptée en France. Pourquoi, d'après vous ?
3. Quelle importance accordez-vous à la cuisine dans votre vie ?

Autrement dit

Les expressions de quantité

Most	**La plupart des°**
The great majority of	**La grande majorité des°**
Many	**Bien des°**
Some	**Certains°**

} Américains préfèrent la margarine.

Pour comparer les quantités

more	**plus°**
as much	**autant°**
less	**moins°**

Il a { plus° / autant° / moins° } de choucroute que moi.

Pratique et conversation

A. Plus ou moins ? Comparez la consommation des produits suivants chez les Français en 1970, 1980 et 1993. Quelles grandes tendances remarquez-vous ? Quels commentaires pouvez-vous faire sur le régime des Français ? Est-ce plus ou moins sain maintenant qu'avant ?

> **Modèle :** Les Français consomment (beaucoup) plus d'eau minérale en 1993 qu'en 1970. Ils boivent moins de lait frais.

B. Sondage. Votre professeur va vous poser des questions sur vos goûts et préférences culinaires. Il/Elle mettra les résultats au tableau. Ensuite, vous analyserez les préférences de la classe en utilisant les expressions de quantité telles que **beaucoup de, la plupart des** et **peu de.**

> **Modèle :** 25 étudiants sur 30 n'aiment pas les escargots.
>
> La plupart des étudiants n'aiment pas les escargots.

Un an de nourriture

Évolution des quantités de certains aliments consommés par personne et par an (en kg) :

	1993	1980	1970
- Pommes de terre (kg)			
- Légumes frais (kg)	72,2	68,0	95,6
- Bœuf (kg)	89,6	68,5	70,4
- Volaille (kg)	17,1	18,5	15,6
- Œufs (kg)	22,2	17,1	14,2
- Poissons, coquillages, crustacés (frais et surgelés, en kg)	14,2	14,7	11,5
- Lait frais (litre)	15,8		10,8
- Huile alimentaire (kg)	73,9	13,4	95,2
- Sucre (kg)	11,0	100,	8,1
- Vins AOC (litre)	9,3	11,5	20,4
- Bière (litre)	24,9	15,0	8,0
- Eaux minérales et de source (litre)	37,9	11,3	41,4
	92,3	44,2	39,9
		47,4	

SOURCE: INSEE

1. Est-ce que vous préférez le pain français ou le pain américain ?
2. À quelle heure est-ce que vous dînez ? Entre 18h00 et 19h00 ? 19h00 et 20h00 ? 20h00 et 21h00 ?
3. Qu'est-ce que vous buvez avec votre dîner ?
4. Comment aimez-vous votre viande ? Bien cuite ? À point ? Saignante ?
5. Quelle cuisine ethnique est-ce que vous préférez ? mexicaine ? italienne ? chinoise ? nord-africaine ? vietnamienne ?

C. Recettes. Voici deux recettes antillaises. Comparez les quantités nécessaires pour les ingrédients indiqués.

> **Modèle :** Il faut plus de navets que de carottes.

Combien d'étudiants dans le cours aiment chaque recette ? La plupart ? Très peu ?

salade de fruits

1 ananas, 1 pamplemousse, 1 orange, 3 bananes, 2 mandarines, 2 pommes-France, 1 abricot-pays, 1/2 pastèque, 2 pommes-d'eau, sirop de sucre de canne,° rhum vieux, pincée° de cannelle,° muscade,° quelques gouttes° d'Angostura.
Pour 6 à 8 personnes.
Coupez tous ces fruits en petits dés,° ou rondelles ;° mettez-les dans un grand saladier° avec un mélange de sirop de sucre et de rhum vieux dosés à votre goût, les pincées de cannelle et de muscade et 5 gouttes d'Angostura.
Laissez reposer au frigidaire pendant 2 h.
Servez très frais : soit dans un ananas dont on a coupé et détaché le « chapeau », puis que l'on a vidé de sa chair (chapeau que l'on remet ensuite par-dessus, pour servir) ; soit dans une pastèque couchée sur un de ses côtés, dont on a enlevé une « joue », puis extrait la chair, chair que l'on remplace par la salade (le couvercle est remis sur l'orifice, pour servir).
Mêmes vins que pour les crêpes.

soupe z'habitants

750 g de bœuf salé, 500 g de navets, 500 g de choux, 500 g de céleri, 500 g de ti-concombres° ou massicis, 500 g de patates douces, 500 g de malanga° ou choux caraïbes, 200 g de saindoux,° 1 piment,° 3 feuilles d'oseille,° 50 g de carottes, poivre et sel.
Pour 6 à 8 personnes.
Coupez menu tous les légumes ci-dessus, y compris le piment, et faites-les dorer° dans le saindoux ; quand tout est doré, laissez chauffer,° sans cuire vraiment et sous couvercle° bien ajusté, dans la vapeur de cuisson ; attention à ne pas laisser attacher au fond.
Après 5 minutes de cette cuisson à l'étouffée,° ajoutez ce qu'il faut d'eau chaude pour donner au tout la consistance d'un potage crémeux, avec sel, poivre (et piment émietté° si, en goûtant, vous avez trouvé que cela en manquait) ; laissez cuire à feu très doux pendant 5 minutes.
Mêmes vins que pour la soupe à l'igname.

sucre de canne *cane sugar* / **pincée** *pinch* / **cannelle** *cinnamon* / **muscade** *nutmeg* / **goutte** *drop* / **dés** *dice* / **rondelles** *slices* / **saladier** *salad bowl* / **ti-concombres (massicis)** nom créole guadeloupéen; sorte de petit concombre / **malanga (choux caraïbes)** nom créole guadeloupéen; sorte de petit concombre d'une variété de racines, appelé « choux caraïbes » en Martinique / **saindoux** *lard* / **piment** *red pepper* / **oseille** *sage* / **dorer** *to brown* / **chauffer** *to heat* / **couvercle** *lid* / **cuisson à l'étouffée** *steaming, braising* / **émietté** *crumbled*

Québec : Un restaurant qui sert des spécialités québécoises

Pour parler des repas

well done / medium rare / three star

Les Américains préfèrent la viande **bien cuite°** ou cuite **à point,°** tandis que les Français aiment la viande **saignante.°** Dans un restaurant **trois étoiles,°** le cadre (le décor) peut être simple ou élégant, mais les plats sont toujours frais et **bien assaisonnés°;** la cuisine est **raffinée°** et les spécialités du chef sont souvent originales et innovatrices. La viande est tendre, les desserts sont **légers°** et jamais trop **sucrés.°** Vous serez tenté d'abuser des plaisirs de la table, mais attention : la **gourmandise°** provoque **des crises de foie.°**

seasoned / sophisticated
light
sweet
overindulgence / indigestion

salty
tough as shoe leather / burned
charred / heavy
to send back / nausea,
heartburn / herb tea

Par contre, si par malheur vous vous trouvez dans un restaurant douteux, la soupe sera trop **salée°** ou servie tiède (ni chaud ni froid); les sauces seront fades (sans goût); la viande sera **dure comme de la semelle,°** **brûlée°** ou même **carbonisée.°** Le dessert sera sans doute lourd.° Vous serez peut-être tenté de **renvoyer°** le plat. Après le repas, vous aurez **mal au cœur°** et vous devrez prendre **une tisane°** ou sortir prendre l'air.

Les spécialités régionales et ethniques et leurs ingrédients

le couscous (spécialité nord-africaine)

semolina wheat / zucchini /
turnips / type of sausage

de la semoule,° **des courgettes°** (*f.*), **des carottes** (*f.*), **des navets°** (*m.*), **des merguez°** (*f.*)

la côte de veau à la crème (Normandie)

du veau, des champignons (*m.*), des pommes (*f.*), des œufs (*m.*), de la crème, du beurre

la carbonnade flamande (Flandre)

du bœuf, du sel, du poivre, des carottes, des oignons (*m.*), de la bière

la choucroute garnie (Alsace)

de la choucroute, des oignons, des carottes, du vin blanc, du bouillon de poulet
la garniture : des saucisses (*f.*), des côtelettes (*f.*) de porc, des pommes de terre (*f.*), du jambon

la tourtière (Québec)

ground pork / pie crust /
spices

du porc émincé,° de la purée de pommes de terre, **de la pâte,°** **des épices°**

le matété de crabes (Guadeloupe)

des crabes (*m.*), du riz, du beurre, des oignons, des tomates (*f.*), du piment, de l'ail (*m.*)

Les boissons

se boivent avant le repas : les apéritifs

white wine with black
currant syrup
vermouth (not an
American "martini")

un kir°   un sherry
un martini°   un cocktail
un whisky

se boivent avec le repas

le vin rouge/blanc/rosé
du bordeaux/bourgogne/beaujolais/champagne
un vin fort/léger/**moelleux°**/sec
une bière brune/blonde
une eau minérale (Évian, Perrier...)

mellow

se boivent après le repas : les digestifs

une liqueur (bénédictine, chartreuse, poire William…)
un alcool (cognac, armagnac, eau-de-vie…)

les boissons chaudes

une tisane
un café

Pratique et conversation

A. Content(e) ou mécontent(e) ? Seriez-vous content(e) ou mécontent(e) si
on vous servait…

1. un bifteck carbonisé ?
2. une sauce fade ?
3. un dessert lourd ?
4. un poulet tendre ?
5. une soupe trop salée ?
6. un plat bien assaisonné ?
7. un poisson frais ?
8. un repas tiède ?

B. Des restaurants à Québec. Lisez rapidement les descriptions des restaurants ci-dessous. Dites s'ils sont remarquables pour :

- la cuisine
- l'ambiance
- le décor
- leurs spectacles

Lequel° choisiriez-vous ? Pourquoi ?

Which one

VIN et BONNE CHÈRE ◆ WINING and DINING

Québec est une ville connue pour ses bons restaurants

À LA BASTILLE CHEZ BAHÜAUD

47, avenue Sainte-Geneviève, tout près des murs de la Citadelle. Du 1er juin au 1er octobre, ouvert tous les jours de 11 h 30 à 23 h 30. L'hiver de 17 h à 24 h 30 et fermé le lundi. Ce restaurant offre une cuisine française raffinée, servie dans un décor superbe et une ambiance reposante. Menus à prix fixes et à la carte. Tél. : 692-2544

AUBERGE DU TRÉSOR

20, rue Sainte-Anne au coin de la célèbre rue du Trésor et face au Château Frontenac. Ouvert tous les jours, tous les soirs. Cuisine romantique française. Mitoyen à la charmante salle à manger prolongée d'une terrasse, le relais propose ses fameux déjeuners et des repas copieux, midi et soir, dans un menu plus familial. L'Auberge du Trésor, 21 chambres à la bohème, le rendez-vous romantique des amoureux et des artistes. Réservations : 694-1876

BISTANGO

1200, rue Germain des Prés. Ouvert tous les jours de 7 h à 10 h, de 11 h 30 à 15 h et de 17 h 30 à 23 h 30. Bistango le plaisir en trois dimensions : visuelle, l'harmonie des assiettes—auditive : jazzée en semaine, live le dimanche —gustative, cuisine sympathique faite avec application à partir de produits bien choisis. Cuisine raffinée et ambiance assurée. Tél. : 658-8780. Principales cartes de crédit

AU PARMESAN

38, rue St-Louis dans le Vieux-Québec. Ouvert tous les jours de 11 h 30 à 23 h 30. Cuisine française et italienne. Le meilleur « Surf & Turf » en ville, veau, fruits de mer et pâtes maison. Chansonnier ou accordéoniste sept soirs sur sept. Stationnement gratuit avec valet. Tél. : 692-0341. Principales cartes de crédit

C. Interview. Demandez à votre partenaire...

1. comment il/elle aime sa viande.
2. quelle cuisine régionale/ethnique il/elle préfère.
3. quel est le meilleur restaurant de la ville et pourquoi.
4. s'il/si elle préfère recevoir à la maison ou aller au restaurant avec ses amis.
5. quelle boisson il/elle préfère avant/avec/après son dîner.

D. Descriptions. En deux ou trois phrases, décrivez à votre partenaire...

1. le repas idéal.
2. un restaurant que vous aimez beaucoup.
3. un repas ou un plat que vous avez dû renvoyer.

E. Jeu de rôle. Vous n'êtes pas du tout content(e) du repas que vous avez commandé. Expliquez le(s) problème(s) au serveur (joué par votre partenaire). Essayez de résoudre la situation.

Étude de vocabulaire

Le genre des substantifs

Parfois, la terminaison d'un mot indique son genre grammatical. Étudiez le tableau suivant.

si le mot se termine en...	il est...	exemples
-eau	masculin	le tableau[4]
-age	masculin	le potage[5]
-isme	masculin	le socialisme
-ment	masculin	le gouvernement
-tion/sion	féminin	une élection
-té	féminin	la liberté[6]
-ie	féminin	la monarchie
-ance/ence	féminin	la ressemblance

Pratique et conversation

Le genre. Donnez le genre des substantifs suivants.

1. croyance
2. oppression
3. technologie
4. suffrage
5. château
6. égalité
7. racisme
8. expérience
9. élément
10. démocratie

---

[4] Exceptions : l'eau, la peau (féminin)

[5] Exceptions : la page, l'image, la cage, la rage, la plage (féminin)

[6] Exception : l'été (masculin)

Grammaire de base

1.1 To form the plural of most nouns in French, add **-s** to the singular.

le restaurant → les restaurants   le client → les clients

1.2 Some nouns form their plurals in other ways.

■ If a noun ends in an **-s, -x,** or **-z,** no change is made to form the plural.

le cours → les cours   le gaz → les gaz

■ If a noun ends in **-eu, -au,** or **-eau,** the plural is formed by adding an **-x.**

l'eau → les eaux   le tuyau → les tuyaux

■ Nouns ending in **-ail** or **-al** change to **-aux** in the plural.

l'animal → les animaux   le journal → les journaux

■ Note the following irregular plurals.

un œil → des yeux

monsieur, madame, mademoiselle → messieurs, mesdames, mesdemoiselles

2.1 Review the forms of the definite article.

	singulier	**pluriel**
masculin	le stylo l'étudiant	les stylos les étudiants
féminin	la table l'étudiante	les tables les étudiantes

3.1 Review the following quantifiers.

Dans ce restaurant, il y a toujours
$\begin{cases} \text{tellement}° \\ \text{beaucoup}° \\ \text{très peu}° \\ \text{trop}° \\ \text{assez}° \end{cases}$
de monde.

so many
a lot
very few
too many, too much
enough

Au marché, j'ai acheté
$\begin{cases} \text{500 grammes} \\ \text{un litre} \\ \text{deux kilos} \end{cases}$
$\begin{cases} \text{de farine.} \\ \text{de lait.} \\ \text{de sucre.} \end{cases}$

4.1 Certain verbs that end in **-er** have two different but predictable stems in the present tense. The usual **-er** verb endings are added to these stems. Study the following tables.

préférer *(to prefer)*			
je	préfère	nous	préférons
tu	préfères	vous	préférez
il/elle/on	préfère	ils/elles	préfèrent

[conjugated like **préférer** are **répéter** and **suggérer**]

acheter *(to buy)*			
j'	achète	nous	achetons
tu	achètes	vous	achetez
il/elle/on	achète	ils/elles	achètent

payer *(to pay)*			
je	paie	nous	payons
tu	paies	vous	payez
il/elle/on	paie	ils/elles	paient

[conjugated like **payer** are **balayer** and **essayer**]

appeler *(to call)*			
j'	appelle	nous	appelons
tu	appelles	vous	appelez
il/elle/on	appelle	ils/elles	appellent

[conjugated like **appeler** is **jeter**]

4.2   Note the **nous** form of verbs that end in **-cer** and **-ger**.

manger :   nous mangeons
partager :   nous partageons
commencer :   nous commençons

5.1   Review the following two irregular verbs.

boire *(to drink)*			
je	bois	nous	buvons
tu	bois	vous	buvez
il/elle/on	boit	ils/elles	boivent

prendre (to take, to eat [a meal], to drink)			
je	prends	nous	prenons
tu	prends	vous	prenez
il/elle/on	prend	ils/elles	prennent

Structure I

Pour parler des quantités indéfinies : L'emploi de l'article indéfini et du partitif

(Grammaire de base 3.1)

a. In both English and French, nouns can be broadly divided into two categories: those you can count using cardinal numbers, such as *dish* (*one dish, two dishes*; **une assiette, deux assiettes**), and those that cannot be counted in this way, such as *salt* and *meat*.

b. Nouns that cannot be counted with cardinal numbers are called noncount or mass nouns. Such nouns may be counted by means of counters: *a grain of salt*, **un grain de sel**; *a veal cutlet*, **une côtelette de veau.**

c. The categories of count and noncount nouns roughly correspond between the two languages: A count noun in English is usually a count noun in French, and vice versa.[7]

d. To express the notion of nonspecificity (*a, an, any, some*) before count nouns, French uses the indefinite articles. Before count nouns, the indefinite article emphasizes the nonspecificity (**une pomme**) or indefinite quantity (**des pommes**) of the noun.

	masculin	féminin
singulier	un	une
pluriel	des	des

Je prendrai une salade.	*I'll have a salad.*
Vous avez des hotdogs ?	*Do you have (any, some) hot dogs?*
On a acheté des poires.	*We bought (some) pears.*

As the last two examples illustrate, the indefinite article is not always expressed in English.

e. To express the notion of indefinite quantity before noncount nouns, French uses the partitive articles.

---

[7] A notable exception is *grape*, which is a count noun in English but a noncount noun in French; **du raisin, une grappe de raisins.**

	masculin	féminin
singulier	du, de l'	de la, de l'

du bon beurre de Normandie   *good butter from Normandy*

Once again, the partitive article may be unexpressed in English.

f. The indefinite article and the partitive article become **de** in quantifiers.

beaucoup de beurre   *lots of butter*

g. The indefinite article and the partitive article also become **de** after a negative expression.

Je ne mange pas de beurre.   *I don't eat butter.*

However, no such change takes place after the verb **être** in the negative.[8]

Ce n'est pas un repas américain !

h. Recall that **en** can replace objects preceded by expressions of quantity (the indefinite and partitive noun markers, comparative terms, a number, or a quantifier containing the preposition **de**). The complement can be a person or a thing. Note that in the last three examples below, the quantifier remains.

J'ai des amis.	→	J'en ai.
Il commande deux bières.	→	Il en commande deux.
Nous avons beaucoup d'argent.	→	Nous en avons beaucoup.
J'ai très peu de choucroute.	→	J'en ai très peu.

i. The following table summarizes the use of the indefinite and partitive articles.

Indefinite quantities			
With . . .	**Use . . .**	**Forms**	**Examples**
count nouns	indefinite noun marker	**un, une, des**	Je prendrai une salade.
noncount nouns	partitive noun marker	**du, de la, de l'**	Il y a du beurre dans la sauce.
quantifiers	**de**		Ah oui, beaucoup de beurre.
negative expressions (except after **être**)	**de**		Je ne mange pas de beurre. Ce n'est pas de la margarine.

---

[8] Note that no changes take place after the expression **ne... que: Je n'ai que des fraises.** See page 64.

Pratique et conversation

A. Quels ingrédients ? Faites précéder les ingrédients dans les plats suivants par la forme correcte de l'article.

> **Modèle :** le bœuf bourguignon (bœuf, vin, carottes, pommes de terre)
>
> **Vous :** Il y a du bœuf, du vin, des carottes et des pommes de terre.

1. une omelette (œufs, lait, jambon, fromage)
2. une mousse au chocolat (œufs, chocolat, crème chantilly)
3. un pain de campagne (levain° *[m.]*, eau, farine, sel, beurre, œufs)   *yeast*
4. des artichauts froids à la vinaigrette (artichauts, vinaigre, huile d'olive, sucre, sel, poivre, ail)

B. Au régime. Selon vous, qu'est-ce que les personnes suivantes mangent ? Qu'est-ce qu'elles ne mangent pas ?

1. un athlète qui s'entraîne°   *is in training*
2. une femme enceinte
3. un adolescent
4. un homme de 80 ans
5. un végétarien

C. Mon plat préféré. Quels ingrédients sont nécessaires pour préparer votre plat préféré ? Identifiez-les et donnez la quantité approximative.

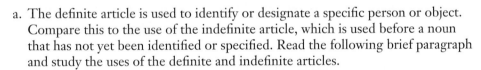
Structure II

Désigner et généraliser : L'emploi de l'article défini

(Grammaire de base 2.1)

a. The definite article is used to identify or designate a specific person or object. Compare this to the use of the indefinite article, which is used before a noun that has not yet been identified or specified. Read the following brief paragraph and study the uses of the definite and indefinite articles.

> J'ai vu un touriste à la terrasse d'un café. Un serveur est venu prendre sa commande *[indefinite article: the story opens with unidentified, nonspecific characters and locales]*. Le touriste *[definite article: the tourist has now been identified in context]* a commandé un hotdog avec une bière *[indefinite article: nonspecific object]*. Le serveur lui a apporté la bière d'abord, et le hotdog après *[definite article: the waiter, hot dog, and beer have now also been identified in context]*.

b. The definite article is also used when making generalizations. Study the following examples.

> Les touristes sont souvent fatigués à la fin de la journée.
> Les Français pensent que les digestifs aident la digestion.

c. In the same way, the definite article is used to express likes, dislikes, and preferences with such verbs as **aimer, adorer, préférer, détester,** and **plaire.**

> J'adore la choucroute garnie.
> Tu n'aimes pas le couscous ? C'est délicieux !

d. Note the use of the definite article in such expressions as **aller au restaurant/ à l'église/au cinéma.**

Ce soir, on va au restaurant et après, au cinéma.

e. Note also the frequent use of the definite article with abstract nouns.

Il vaut mieux éviter la gourmandise.
La culture française accorde beaucoup d'importance à la bonne table.

f. The definite article is used before names of languages, except after the verb **parler** or the preposition **en.**

Au lycée, j'étudie le latin et l'anglais; le latin est difficile, mais l'anglais est facile.
Notre professeur parle anglais, mais il nous parle en français.

Pratique et conversation

A. Une soirée inoubliable. Remplissez le blanc avec l'article défini, indéfini ou partitif. Justifiez votre choix.

Hier soir, je voulais aller _____ restaurant. D'abord, je suis allé « Chez Jenny », mais c'est fermé le lundi. Alors, j'ai essayé _____ nouveau restaurant du quartier, « Au signe du coq électrique ». Ce restaurant est connu pour sa cuisine originale. Quel mauvais repas et quelle mauvaise soirée ! D'abord, j'ai commandé _____ soupe aux **reins°** de girafe, mais le serveur m'a dit qu'il n'y en avait pas. J'ai demandé quelles soupes ils avaient, et il m'a répondu qu'ils n'avaient plus _____ soupes. Alors, j'ai commandé _____ pâté de **sauterelle.°** Comme viande, je voulais _____ filet *(m.)* d'hippopotame, mais je ne savais pas quel vin commander. Le serveur m'a dit : « _____ vin rouge va très bien avec _____ hippopotame. » Alors, j'ai commandé une bouteille _____ vin rouge. Il était imbuvable. Et l'hippopotame était dur comme de la semelle. Comme dessert, j'ai pris _____ mousse au cactus, qui ressemblait à _____ eau salée. Et _____ service était mauvais ! J'étais furieux et j'ai dit au serveur : « Je vois que _____ efficacité et _____ rapidité n'ont pas beaucoup d'importance dans votre établissement. » Comme il n'a pas répondu, j'ai continué : « Vous ne comprenez pas _____ français ? Apportez-moi _____ addition ! »

kidneys

grasshopper

B. Goûts et préférences. Interviewez votre partenaire sur son régime alimentaire. Ensuite, décrivez-le aux autres : est-ce un régime sain ? Y a-t-il trop de gras, cholestérol, sucre, caféine ? Quels changements lui conseillez-vous ?

Demandez-lui :

1. ce qu'il/elle aime prendre d'habitude au petit déjeuner/déjeuner/dîner.
2. s'il/si elle aime les fruits et les légumes; lesquels° ?
3. combien de tasses de café il/elle prend par jour.
4. s'il/si elle prend souvent un dessert.
5. s'il/si elle mange beaucoup de viande; quelle sorte préfère-t-il/elle ?

which ones

C. Généralisations. Quelles généralisations est-ce qu'on emploie pour caractériser les Français ? Et les Américains ? Formulez-en cinq et ensuite, dites si vous êtes d'accord ou pas d'accord.

> **Modèle:** Les Français aiment la bonne cuisine.
>
> Les Américains préfèrent le fast-food.

Lecture 1

Le texte que vous allez lire est composé d'extraits d'un guide touristique écrit pour les Français qui veulent visiter les États-Unis. Les passages choisis identifient certains plats et boissons trouvés aux États-Unis; les auteurs conservent certaines expressions américaines dans le texte.

Avant de lire

A. Prédictions. Avant de lire le texte, essayez d'imaginer son contenu en répondant aux questions suivantes.

1. En général, quelles sortes de conseils est-ce que les guides touristiques donnent ?
2. Nommez deux contrastes entre le petit déjeuner français et le petit déjeuner américain.
3. Qu'est-ce que les Français aiment boire ? Quand ? Quelles différences existent entre la boisson en France et la boisson aux États-Unis ? Est-ce que la consommation de boissons alcoolisées est contrôlée en France ?
4. Pensez-vous que le ton de ce texte sera critique ou favorable ? Pourquoi ?

B. Lecture sommaire. Lisez le texte rapidement en cherchant la réponse aux questions suivantes.

1. Le ton est-il plutôt critique ou plutôt favorable ? Donnez quelques expressions de jugement qu'on trouve dans le texte.
2. Quelles boissons et quels plats sont mentionnés dans le texte ? Nommez-en au moins deux.

C. Les mots apparentés. Employez vos connaissances des mots apparentés en italique pour répondre aux questions.

1. « Vous serez frappé à New York par le nombre de gens cachant leur cannette° de bière dans des *sachets* en papier. » Dans quoi met-on une cannette de bière pour la cacher?   *paper bag*
2. « … on peut *s'attaquer* à un T-bone… » Quel verbe anglais est-ce que vous voyez dans le verbe *s'attaquer* ? A-t-il un sens littéral ou figuré dans le texte ?
3. « Si vous achetez du pop-corn, *précisez* si vous le voulez avec du sucre… » À quel mot anglais est-ce que ce verbe français vous fait penser ? Quel verbe anglais pouvez-vous employer pour en donner le sens ?

D. Le contexte. Regardez le contexte pour déterminer le sens des mots en italique.

1. « ... pour éviter que le *jaune* de votre œuf ne soit trop cuit, demandez-le easy over (légèrement)... »
2. « On peut aussi demander du pop-corn avec du beurre *fondu.* »
3. Les petits *restes* : « demandez un sachet plastique pour emporter le reste de vos plats. » (N.B. : **Reste** est un nom dérivé du verbe **rester.**)

E. Les suffixes et les préfixes. Le préfixe **dé- (dés-** ou **des-** devant une voyelle) transforme souvent un verbe en son contraire.

faire :	*to do*	défaire :	*to undo*
servir :	*to serve*	desservir :	*to clear (the table)*

Que veulent dire les mots suivants ?

1. [bouteilles] décapsulées (capsulés = *capped off, closed*)
2. déconseillé (conseillé = *advised*)
3. déconcerté (concerté = *well-planned, certain, clear*)

Le préfixe **re- (ré-, r-)** peut signifier « encore une fois ».

chauffer :	*to heat*	réchauffer :	*to reheat*
lire :	*to read*	relire :	*to reread, proofread*

Que veut dire le verbe **renouveler** ?

Le Guide du Routard : États-Unis

La nourriture

De quel repas est-ce que le texte parle ?

Pourquoi parle-t-on beaucoup des œufs ? Est-ce que toutes ces variétés d'œufs existent aussi en France, selon vous ?

Quelle sorte de nourriture ce passage décrit-il ?

Quelles différences importantes sont mentionnées ?

L'opinion donnée est-elle positive ou négative ? Trouvez des phrases ou mots précis pour justifier votre opinion.

Quelle sorte de nourriture ce passage décrit-il ?

L'opinion donnée est-elle positive ou négative ?

Si vous commandez un œuf, la serveuse vous demandera comment vous le désirez. **Brouillé** ou **sur le plat.** Sur le plat, il peut être **ordinaire** ou retourné et **cuit des deux côtés°** comme une crêpe. Dans ce cas, pour **éviter** que le jaune ne **soit** trop cuit, demandez-le *easy over* (légèrement). On peut aussi y **ajouter** du jambon, du bacon, des saucisses, beaucoup de ketchup, quelques *buttered toasts*, des *French fried* [sic] (frites françaises !).

La viande de bœuf est **de premier ordre.** Comme les animaux sont de plus petite **taille** que **les nivernais** ou **les charolais**, on peut s'attaquer à un *T-bone*, c'est-à-dire la double **entrecôte** avec **l'os** en « T ». Quand on **souhaite** un steak « bien cuit », on le demande *well-done*. Par contre *medium* signifie normal, et saignant se dit *rare*. Enfin, ça c'est la traduction littérale car, en fait, les Américains **cuisent** beaucoup plus la viande que les Français : souvent *well-done* signifie carbonisé et *rare* très cuit. Si vous aimez la viande saignante, insistez **lourdement** sur *rare*, ou mieux encore, demandez l'animal vivant [...] On trouve du pain qui a la consistance du marshmallow, mais on peut acheter du **pain d'orge, complet ou de seigle** [...] Choisir son pain quand on vous propose un sandwich est du domaine du possible. Les *submarines* sont des sandwiches un peu plus élaborés que les autres [...] Si vous achetez du *pop-corn*, précisez si vous le voulez avec du sucre, sinon ils vous le serviront salé. On peut aussi le demander avec du beurre fondu. Enfin, dernière spécialité américaine : le *peanut butter*; beurre de cacahuètes. **Le Nutella** des petits Américains, des grands aussi [...]

France : Un restaurant
McDonald's

Les petits restes

Si dans un restaurant vos yeux ont vu plus grand que votre estomac, **n'ayez pas de scrupule** à demander un sachet plastique pour **emporter** le reste de vos plats. **Jadis** on disait **pudiquement** « c'est pour mon chien », et il était alors question de *doggy-bag*. Aujourd'hui n'hésitez pas à demander : « *Would you wrap this up for me ?* » […]

La boisson

D'abord, il est strictement **interdit** de boire de l'alcool (de la bière en particulier) dans la rue. Vous serez frappé à New York par le nombre de gens cachant leur cannette de bière dans des sachets en papier. Il est fortement déconseillé d'avoir des bouteilles décapsulées en voiture en cas de contrôle par **les flics**. Dans les bars, on ne vous servira pas d'alcool si vous n'êtes pas **majeur**. Le *drinking age* est 21 ans. Mais il suffit que vous ne compreniez pas très bien lorsqu'on vous demande votre âge et on vous servira normalement. Certains bistrots **exigeront** votre carte d'identité […] Si vous voulez faire une expérience intéressante, goûtez de la *rootbeer*, vous verrez qu'il y a moyen de faire pas mal de choses avec un goût de chewing-gum. Oui, c'est une expérience culturelle à ne pas manquer, à condition de ne pas la renouveler souvent. Ce sinistre breuvage est adoré des kids américains. **Exercez-vous** longtemps pour prononcer le mot (dire bien « rout bir »), sinon le visage profondément déconcerté de la serveuse vous fera **reporter votre choix sur** un coke banal […] bon, si vous voulez prendre un Coca,° demandez-le sans glace. En effet, il est servi **à la pression** : il sera tout aussi frais et il y en aura plus.

Les Français ont-ils l'habitude de demander des « doggy-bags » ? Comment est-ce que vous le savez ?

Quelles restrictions sur la consommation d'alcool sont mentionnées dans le texte ?

Quelles suggestions pratiques le texte fait-il ?

Quelles boissons sont décrites dans ce passage ?

Quelles sont les recommandations du texte ?

brouillé *scrambled* / **sur le plat** *fried* / **ordinaire** *common, ordinary* / **cuit** *cooked* / **des deux côtés** *over* / **éviter** *to avoid* / **soit** *will be* / **ajouter** *to add* / **de premier ordre** *of the highest quality* / **taille** *size* / **les nivernais, les charolais** *types of cattle typical of Europe* / **entre-côte** *meat chop* / **l'os** *the bone* / **souhaite** = *désire* / **cuisent** *cook* / **lourdement** *heavily* / **pain d'orge, complet ou de seigle** *barley, whole wheat, or rye bread* / **Le Nutella** *a hazelnut and chocolate spread popular with European children* / **n'ayez pas de scrupule** *don't be embarrassed* / **emporter** *to take out* / **Jadis** *Formerly* / **pudiquement** *discreetly* / **interdit** *forbidden* / **les flics** *the police (informal)* / **majeur** *of legal age* / **exigeront** *will demand* / **Exercez-vous** *Practice* / **reporter votre choix sur** *change your selection to* / **Coca** *Coke* / **à la pression** *on tap, from a fountain*

Après avoir lu

A. Le bilan. Faites un résumé du texte en remplissant la grille suivante.

	Déscription	Différences France/ États-Unis	Opinion du Guide	L'Opinion du Guide est juste	L'Opinion du Guide n'est pas juste	Recommandations du Guide
Les œufs						
La viande						
Le pain						
Les sandwiches						
Le pop-corn						
Le beurre de cacahuètes						
Les boissons alcoolisées						
La rootbeer						
Le coca						

B. Synthèse. Remplissez les tirets par la forme correcte de l'article approprié ou par le vocabulaire tiré de la partie « Pour parler des repas » dans *Autrement dit* (page 47).

_____ cuisine américaine est variée. _____ viande est de premier ordre, mais elle est toujours *well done* car _____ Américains préfèrent _____ viande _____ et non pas _____ comme _____ Français. Si vous aimez _____ viande saignante, insistez lourdement sur *rare*, ou mieux encore, demandez _____ animal vivant.

Si vous commandez _____ œuf, la serveuse vous demandera comment vous le désirez. Sur le plat, il peut être retourné et cuit des deux côtés comme _____ crêpe. On peut ajouter _____ jambon, _____ bacon, _____ saucisses, beaucoup _____ ketchup, et/ou _____ frites.

On trouve _____ pain qui a la consistance du marshmallow mais on peut acheter _____ pain d'orge, complet ou de seigle.

Si vous achetez _____ pop-corn, précisez si vous le voulez avec _____ sucre, sinon ils vous le serviront _____. On peut aussi le demander avec _____ beurre fondu.

Attention ! Il est strictement interdit de boire _____ alcool (_____ bière en particulier) dans _____ rue. Dans _____ bars, on ne vous servira pas _____ alcool si vous n'êtes pas majeur.

C. Lecture critique. Donnez votre opinion en répondant aux questions suivantes.

1. Qu'est-ce qu'il y a de suprenant dans le texte ?
2. Quelles observations du texte sont justes à votre avis ? Est-ce qu'il y a des erreurs ?
3. Breuvage : En France, ce terme désigne une boisson d'une composition spéciale ou ayant une vertu particulière. Pourquoi est-ce qu'on emploie « breuvage » et non pas « boisson » pour décrire la rootbeer ?

D. Analyse. En petits groupes, trouvez trois différences culturelles implicites dans le texte entre les Français et les Américains. Ensuite, présentez votre liste à la classe et discutez des différences que vous avez trouvées.

Interaction II

La fête de fin d'année chez Rhône-Poulenc, une grande société française de chimie, à Grenoble. Bill est un Américain qui travaille chez Rhône-Poulenc depuis deux mois.

Martine	Vous aimez travailler en France ?
Bill	En général, oui. Mais j'ai eu des surprises au début.
Martine	Ah oui ?
Bill	Par exemple, j'ai essayé d'appeler ma secrétaire par son prénom[10] et j'ai vu qu'elle n'aimait pas ça.
Martine	Ah non, ça ne se fait pas souvent en France.
Bill	Oui, j'ai compris… Et puis, c'est agréable de s'arrêter deux heures pour le déjeuner, mais c'est un peu une perte de temps,[11] non ?
Martine	Ah oui, aux États-Unis, « le temps, c'est de l'argent ».
Bill	Non, mais dans les affaires,[12] c'est l'efficacité qui compte.
Martine	Chez nous aussi, ça compte, mais on veut quand même profiter de la vie.[13]

Réfléchissez

Réfléchissez à l'impression donnée par les Américains dans le domaine du travail. Sont-ils vus comme des travailleurs, paresseux, efficaces, décontractés, impersonnels, directs, sérieux, farceurs[9]… ?

Le dialogue suggère une différence entre la France et les États-Unis dans les relations entre collègues. Laquelle ?

---

[9] farceurs = *jokers*

[10] prénom = *first name*

[11] une perte de temps = *a waste of time*

[12] les affaires = *business*

[13] profiter de la vie = *to enjoy life*

France : Un employée

Observations

1. Qu'est-ce qui a surpris Bill dans ses relations avec la secrétaire ?
2. Est-ce que Bill est pour ou contre la pause de deux heures pour le déjeuner ?
3. Quelle image Martine a-t-elle des affaires en Amérique ?

Perspectives

a lack

1. Pour un(e) Français(e), être appelé(e) par son prénom dans le monde du travail peut signifier un manque° de respect. Comparez avec les États-Unis.
2. Pourquoi est-ce que les Français s'arrêtent de travailler pendant deux heures pour le déjeuner ?
3. D'après le dialogue, quel(s) conseil(s) pouvez-vous donner à un(e) Américain(e) qui va travailler en France ?
4. D'après vous, est-ce qu'on peut être efficace et profiter de la vie en même temps ?

Autrement dit

Pour décrire les personnes

De quelle couleur sont vos cheveux ?

Moi, j'ai les cheveux
- blonds.
- **bruns.**°   *dark brown*
- noirs.
- **châtain.**° (invariable)   *light brown*
- **roux.**   *red*
- gris.
- blancs.

Ils sont
- **frisés.**°   *curly*
- longs.
- courts.

Et vos yeux ?

J'ai les yeux
- bleus.
- noirs.
- **marron.**° (invariable)   *brown*
- **noisette.**° (invariable)   *hazel*

J'ai le teint
- foncé.
- olivâtre.
- pâle.
- clair.

L'homme { moustachu/aux (grandes) moustaches / barbu/à la barbe (blanche) / aux cheveux gris } est français.

La { petite / grande / grosse } { femme / dame / fille } { **mince**° / imposante } est américaine.   *slim*

Pour décrire le caractère

Vous, les Américains, on vous accuse d'être matérialistes (≠ ascètes).
extrovertis (≠ introvertis).
naïfs (≠ malins).
travailleurs (≠ paresseux).
efficaces (≠ inefficaces).
hypocrites (≠ sincères).
pratiques (≠ théoriques).

Et vous, les Français, on vous accuse d'être sentimentaux (≠ terre à terre).
agressifs (≠ timides).
snob (≠ naturels).
arrogants (≠ humbles).
froids (≠ chaleureux).
intellectuels (≠ bornés).
égoïstes (≠ désintéressés).

Pratique et conversation

A. La perfection. Décrivez :

1. l'ami(e) idéal(e).
2. l'homme/la femme de vos rêves.
3. l'époux/épouse idéal(e).
4. le professeur idéal.

mismatched

B. Mal assortis.° Pour chaque personne mentionnée, décrivez quelqu'un qui aurait des traits complètement opposés.

1. un homme snob
2. un homme égoïste
3. une femme timide
4. une femme pratique
5. une femme travailleuse

C. Encore des stéréotypes. À l'intérieur des pays, il y a aussi des stéréotypes régionaux. Quels sont les stéréotypes des régions suivantes aux États-Unis et en France ?

1. les sudistes aux États-Unis
2. les Californiens
3. les Parisiens
4. les **méridionaux°** en France
5. les New-Yorkais

residents of the south

Étude de vocabulaire

La négation *ne... que*

The expression **ne... que** means *only*. In both simple and compound tenses, **ne** precedes the verb, whereas **que** precedes the expression that is being restricted.

Nous n'avons que des billets de cinq cents francs.	*We have only 500 franc notes.*
Il ne veut acheter qu'une bouteille de vin.	*He wants to buy only a bottle of wine.*
Quand tu étais à Paris, tu n'as vu que la tour Eiffel ? C'est incroyable !	*When you were in Paris, you saw only the Eiffel Tower ? That's incredible!*

Pratique et conversation

Répondez. Répondez aux questions suivantes en utilisant **ne... que.**

1. Avez-vous un million de dollars dans votre poche ?
2. Buvez-vous dix tasses de café le matin ?
3. Prenez-vous trois salades au dîner ?
4. Y a-t-il six mois de vacances à l'université ?
5. Suivez-vous cinq cours de français ?

Grammaire de base

6.1 Adjectives change form depending on the gender and number of the persons or things being described.

6.2 Adjectives can be classified according to the sound and spelling of the masculine and the feminine singular forms.

Group I: masculine and feminine sound alike and are spelled alike.

masculin	féminin
sympathique	sympathique

Similar to **sympathique** are: **sociable, mince, agréable, aimable, responsable, difficile, facile, timide, jeune, riche.**

Group II: masculine and feminine sound alike but have different spellings. The feminine is formed by adding an **-e** to the masculine.

masculin	féminin
joli	jolie

Similar to **joli** are: **poli, impoli, fatigué.**

Group III: masculine and feminine sound different and have different spellings. The feminine is formed by adding an **-e** to the masculine, sometimes involving a change of the final consonant. The final consonant is pronounced only in the feminine.

masculin	féminin
grand	grande
heureux	heureuse

Similar to **grand** are: **blond, laid, court, content, charmant, froid, patient, intéressant, intelligent.**

Similar to **grand** but with changes are:

gros	grosse
gentil	gentille
long	longue

Similar to **heureux** are: **curieux, mystérieux, généreux, paresseux.**

6.3 To form the plural of adjectives, add an **-s** to the singular, except where the singular already ends in an **-s** or **-x.** The plural **-s** is pronounced only in **liaison.**

groupe	masculin singulier	féminin singulier	masculin pluriel	féminin pluriel
I	sympathique	sympathique	sympathiques	sympathiques
II	poli	polie	polis	polies
	grand	grande	grands	grandes
III	gros	grosse	gros	grosses
	heureux	heureuse	heureux	heureuses

6.4 The adjectives **beau** and **bon** are unlike the preceding adjectives. (See also Structure IV.) When beau precedes a masculine singular noun beginning with a vowel or a mute **h,** use the form **bel.**

	singulier	pluriel
masculin	beau, bel	beaux
féminin	belle	belles
masculin	bon	bons
féminin	bonne	bonnes

6.5 The question **Comment est... ?/Comment sont... ?** asks for a description.

Comment est le professeur de français ?
Elle est patiente, intelligente, généreuse...

6.6 Most adjectives follow the noun they describe. Exceptions are discussed later in the chapter.

6.7 To compare adjectives, use the following expressions.

Ce restaurant est { plus / aussi / moins } cher que « Chez Jenny ».

Note the irregular comparative of **bon.**

Ce restaurant est { meilleur / aussi bon / moins bon } que « Chez Jenny ».[14]

---

[14] After **que,** use emphatic pronouns in comparisons: **je → moi; tu → toi; il → lui; ils → eux.** For example: **Tu es plus travailleur que lui.**

6.8 To indicate the superlative, add the definite noun marker to the comparative. Note that the group or context you are using as your framework for comparison is introduced by the preposition **de.**

Ce restaurant est le $\left\{ \begin{array}{l} \text{plus} \\ \text{moins} \end{array} \right\}$ cher de la ville.

C'est le meilleur restaurant de la ville.

Structure III

Pour décrire : La forme des adjectifs

(Grammaire de base 6.1 → 6.8)

a. In French, most adjectives change in spelling and pronunciation according to the number and gender of the noun they modify. Refer to the *Grammaire de base* to review the formation of adjectives.
b. Here are some other classes of adjectives.

masculin singulier	féminin singulier	masculin pluriel	féminin pluriel	d'autres exemples
premier	première	premiers	premières	dernier
actif	active	actifs	actives	naïf, sportif
intérieur	intérieure	intérieurs	intérieures	supérieur, extérieur, inférieur
public	publique	publics	publiques	turc
blanc	blanche	blancs	blanches	franc

c. Note that **premier** and **dernier** generally precede the noun they modify.[15]

As-tu vu le dernier film d'Almodóvar ?
Son premier film ne vaut pas la peine d'être vu.

d. A few adjectives are invariable: They have only one form for masculine and feminine, singular and plural. These include **chic, sympa, snob, bon marché,** and **cochon.°**

dirty, filthy

Ses enfants sont vraiment cochon !
Je n'aime pas cette femme : elle est très snob.

e. Color adjectives that are derived from names of fruits and gems are invariable. The most common of these are **châtain, noisette, orange, marron,** and **émeraude.**

La femme aux yeux marron porte des chaussures orange.

---

[15] See page 69 for a full explanation of their placement.

light / dark

f. When color adjectives are modified by **clair**° or **foncé,**° they become invariable.

Il porte une cravate bleu foncé.

Pratique et conversation

clash

A. Conseiller/ère de mode. En mettant l'adjectif à la forme correcte, dites si les couleurs et les motifs iraient bien ensemble ou jureraient.°

Modèle: un pantalon (gris) / une veste (bleu marine)

Vous : Un pantalon gris irait très bien avec une veste bleu marine.

1. des chaussettes (orange) / des chaussures (rouge foncé)
2. une cravate (vert) / une chemise (blanc)
3. une jupe (noir) / une blouse (rose)
4. une veste (bleu clair) / une chemise (violet)

B. Le courrier du cœur. Complétez les paragraphes suivants en mettant la forme correcte de l'adjectif entre parenthèses.

Chère Mimi,

J'ai un grand problème. Toutes les filles de mon âge sont très

_____ (snob) et se moquent de moi, parce que je ne suis

pas très _____ (beau) ni très _____

(chic). Elles disent aussi que je suis _____ (naïf). Qu'est-ce

que je pourrais faire pour devenir plus _____ (attirant) et

_____ (élégant) ?

Claudie, 13 ans

Chère Claudie,

N'écoute pas tes (méchant). _____ (petit) copines

_____ Cultive tes qualités _____ (intérieur) et

ta beauté _____ (extérieur) suivra.

C. Interview. Demandez à votre partenaire…

1. si les Américains sont naïfs en général.
2. s'il/si elle était naïf/naïve quand il/elle a commencé ses études.
3. s'il/si elle est sportif/sportive.
4. qui est plus cochon, lui/elle ou son/sa camarade de chambre.
5. s'il/si elle a beaucoup d'amis snob.

D. Jeu de rôle. Vous voulez vous marier et vous avez essayé tous les moyens. Finalement, vous allez à l'agence matrimoniale « Mariage-Éclair ». L'employé(e), joué(e) par votre partenaire, vous pose des questions sur votre personnalité, vos préférences chez un homme/une femme, etc. Jouez la scène.

E. Difficultés. Vous vous disputez constamment avec votre mari/femme : questions de goûts, personnalités, habitudes… Finalement, vous décidez d'aller chez un(e) conseiller/ère matrimonial(e). Expliquez-lui le(s) problème(s) et il/elle vous conseillera.

Structure IV

Pour décrire: La forme et la position des adjectifs

(Grammaire de base 6.1 → 6.8)

a. In French, most adjectives follow the noun they modify.

   Un touriste américain est assis dans un café parisien.
   Il porte un tee-shirt ridicule. Il commande un thé glacé.

b. A small group of adjectives precedes the noun. These adjectives include:

petit	grand
jeune	vieux
bon	mauvais
nouveau	joli
autre	beau

   Comment va-t-on éduquer les petits enfants ?
   Je viens d'acheter un nouveau guide touristique.
   Les Américains ont la réputation d'être de grands enfants.

c. **Nouveau, beau,** and **vieux** have special forms that are used only before a masculine singular noun that begins with a vowel or vowel sound.

   Son nouvel appartement n'est pas très grand.
   Ce vieil artiste ne travaille plus.
   C'est un bel homme.

d. Some adjectives can precede or follow the noun. Their meaning is different depending on their position.

	preceding	following
ancien	un ancien collègue *a former colleague*	un bâtiment ancien *an old building*
cher	un cher ami *a dear friend*	un restaurant cher *an expensive restaurant*
dernier	le dernier train *the last train (in a series)*	l'année dernière *last year (preceding)*
même	la même chose *the same thing*	la chose même *the very thing*
pauvre	le pauvre enfant *the unfortunate (poor) child*	la femme pauvre *the poor (≠ rich) woman*
prochain	le prochain avion *the next plane (in a series)*	l'année prochaine *next year (following)*
propre	ma propre voiture *my own car*	ma voiture propre *my clean car*
seul	la seule chose *the only thing*	l'homme seul *the lonely man*

Pratique et conversation

A. Une publicité. Mettez l'adjectif entre parenthèses devant ou après le substantif, selon le sens de la phrase.

_____ amis _____ (cher) ! Le
_____ insecticide _____ (nouveau) « Débarrasse », c'est le _____ produit _____ (seul) anti-cafard destiné aux _____ bâtiments _____ (ancien) où les cafards sont difficiles à tuer. Vous pouvez passer toute la journée à nettoyer et vous ne vous débarrasserez pas de ces _____ bêtes _____ (petit). Même les _____ appartements _____ (le plus propre) peuvent en être infestés. Les _____ insecticides _____ (autre) sont lents à agir. « Débarra-Cafard » tue en un clin d'œil ! La _____ famille _____ (pauvre) qui n'aura pas découvert « Débarra-Cafard » ! Madame, la _____ fois _____ (prochain) que vous irez au magasin, demandez « Débarra-Cafard » !

B. Comment sont…? Comment sont les objets suivants ? Employez les adjectifs présentés dans cette leçon pour les décrire.

> **Modèle:** un restaurant où un repas coûte $200
>
> C'est un restaurant cher.

1. un monument qui date du XIIème siècle°
2. un professeur qui n'a pas beaucoup d'argent
3. un ordinateur qui vous appartient°
4. une amie que vous aimez beaucoup
5. une femme qui était votre patronne° dans le passé, mais qui ne l'est plus
6. un verre que vous venez de laver

century

that belongs to you

boss

C. Interview. Demandez à votre partenaire…

1. s'il/si elle préfère les bâtiments anciens ou modernes.
2. s'il/si elle reste en contact avec ses anciens amis de lycée.
3. s'il/si elle s'est fait de nouveaux amis récemment.
4. s'il/si elle va voyager l'été prochain.
5. s'il/si elle a sa propre voiture.

D. La dernière fois… et la prochaine. Racontez la dernière fois que vous avez fait les activités suivantes. Et quelle sera la prochaine fois ?

> **Modèle :** La dernière fois que j'ai fait la lessive était jeudi dernier. La prochaine fois sera jeudi prochain.

1. aller au cinéma
2. aller au restaurant
3. visiter New York/Paris/ ? ? ?
4. faire de la gymnastique
5. danser

Lecture II

L'extrait suivant est tiré des Journaux de voyage *d'Albert Camus. Dans ce passage, Camus décrit ses premières impressions de New York lors de sa visite en 1946. À l'époque, la France souffrait toujours du besoin alimentaire° et du manque° général de provisions causés par la Deuxième Guerre mondiale. Par contre, les États-Unis étaient beaucoup plus prospères.*

food / lack

Camus, l'auteur de L'Étranger *et de* La Peste, *a passé son enfance en Algérie. En 1939, il est allé à Paris comme journaliste. Il a reçu le prix Nobel en 1957, et il est mort d'un accident de voiture en 1960 à l'âge de 47 ans.*

Camus est connu comme un écrivain psychologique et moraliste. Son œuvre° exprime un sentiment de l'absurde (une notion proche par certains aspects de l'existentialisme). Selon Camus, l'expérience de l'absurde ressemble à une aliénation; l'homme n'a plus de valeurs claires et certaines. Cette attitude n'est pas entièrement pessimiste. Cependant,° elle est teintée d'amertume,° d'incertitude et d'autres sentiments négatifs.

work

Nevertheless
bitterness

Avant de lire

A. Prédictions. Avant de lire le texte, essayez d'imaginer son contenu et sa perspective en répondant aux questions suivantes.

USA : Times Square à New York après la Deuxième Guerre mondiale

1. Les photos de New York (voir les pages 71–74) datent des années 40, à peu près la même époque que la visite de Camus. En les regardant, quels objets ou quelles caractéristiques de New York trouvez-vous les plus frappants ? **Vocabulaire utile :** bâtiment, gratte-ciel, lumière, bruit, foule, circulation

2. Les portraits qu'on fait sont souvent un reflet de soi-même.° D'après ce que l'introduction dit de la philosophie de Camus, quelle sorte de portrait de New York et des New-Yorkais est-ce qu'il aurait fait ? Positif ? Négatif ? Critique ? Subtil ? Généralisé ?

3. Venant d'une Europe détruite et appauvrie,° comment Camus aurait-il réagi devant la richesse à New York ? Serait-il choqué ? déçu ? jaloux ? triste ?

oneself

impoverished

USA : La Ville de New York après la Deuxième Guerre mondiale

B. Associations. Réfléchissez à l'association entre les mots soulignés pour choisir la définition correcte du mot indiqué.

flu
blow, force

1. «Ma grippe° revient. Et c'est les jambes flageolantes que je reçois le premier coup° de New York. »

   flageolantes = *feverish/shaky*

traffic

2. « … la circulation° est disciplinée, sans intervention d'agents aux carrefours… »

   aux carrefours = *at intersections*

smoke

3. « … un G.I. bouche grande ouverte laisse échapper d'énormes bouffées de vraie fumée.° »

   bouffées = *puffs/smoke*

windshield wipers

4. « Les essuie-glaces° rapides et monotones balaient une eau sans cesse renaissante. »

   balayer = *to dry up/to sweep away*

C. Familles de mots. Employez votre connaissance de la racine pour deviner le sens des mots soulignés.

1. « Le soir, traversant Broadway en taxi, fatigué et fiévreux… »

   fiévreux [la fièvre = *fever*]

2. « J'admire les femmes dans les rues, les coloris des robes, ceux des taxis qui ont tous l'air d'insectes endimanchés; rouges, jaunes, verts. »

   endimanchés [dimanche = *Sunday*]

3. « Grande campagne propre et aérée avec les petites et grandes maisons à colonnes blanches… »

   aérée [pensez aux mots comme **aéroport** et **aérogramme**]

4. « Bizarre sentiment d'éloignement dans le taxi dont les essuie-glaces rapides et monotones balaient une eau sans cesse renaissante. »

   éloignement [loin = *far away*]

D. Faites un plan. Lisez rapidement les douze paragraphes et choisissez un sujet approprié pour chacun. (Il y aura des réponses multiples et/ou des répétitions.)

a. la mort	e. la nourriture	h. les premières impressions
b. la générosité	f. une arrivée	i. la nature
c. le temps	g. les préjugés	j. la tristesse
d. l'abondance		

E. Lecture sommaire. Lisez les paragraphes 2, 9 et 11. Faites une liste des adjectifs que vous trouvez. Classez les adjectifs comme négatifs, positifs ou neutres. Selon les adjectifs que vous avez trouvés, est-ce que vous pensez que ces paragraphes sont plutôt favorables ou critiques ?

Journaux de voyage

[1] Lundi. Coucher très tard **la veille.** Lever très tôt. Nous remontons le port de New York. Spectacle formidable malgré ou à cause de **la brume.** L'ordre, la puissance, la force économique sont là. Le cœur tremble devant tant d'admirable inhumanité […]

Quelles sont les premières impressions que Camus forme de New York ?

[2] Fatigué. Ma grippe revient. Et c'est les jambes flageolantes que je reçois le premier coup de New York. Au premier regard, hideuse ville inhumaine. Mais je sais qu'on change d'avis. Ce sont des détails qui me frappent : que **les ramasseurs d'ordures** portent des gants, que **la circulation** est disciplinée, sans intervention d'agents aux carrefours, etc., que personne n'a jamais de **monnaie** dans ce pays et que tout le monde a l'air de sortir d'un film de série. Le soir, traversant Broadway en taxi, fatigué et fiévreux, je suis littéralement **abasourdi** par la **foire** lumineuse. Je sors de cinq ans de nuit[16] et cette orgie de lumières violentes me donne pour la première fois l'impression d'un nouveau continent (une énorme **enseigne** de 15 **m** pour les Camel : un G.I. bouche grande ouverte laisse échapper d'énormes bouffées de vraie **fumée.**) Le tout est jaune et rouge.

Quels détails remarque-t-il ?

Avez-vous l'impression que son opinion est flexible ou rigide ? Pourquoi ?

[3] Mardi […] Je remarque que je n'ai pas remarqué les sky-scrapers, ils m'ont paru naturels. C'est une question de proportions générales. Et puis aussi on ne

Qu'est-ce que Camus remarque le deuxième jour de sa visite ?

---

[16] Camus is referring to the blackouts of World War II.

USA : Harlem en 1939

Sa description est-elle plutôt positive ou plutôt négative ?

Quelle remarque Camus fait-il sur l'attitude américaine vis-à-vis de la mort ?

peut pas toujours vivre la tête levée. On n'a donc dans **le champ de sa vue** qu'une proportion raisonnable d'étages. Magnifiques boutiques d'**alimentation.** De quoi faire **crever** toute l'Europe. J'admire les femmes dans les rues, les coloris des robes, ceux des taxis qui ont tous l'air d'insectes endimanchés; rouges, jaunes, verts. **Quant aux** magasins de cravates, il faut les voir pour les croire. Tant de mauvais goût **paraît à peine imaginable** [...]

[4] Mercredi [...] Une des façons de connaître un pays, c'est de savoir comment on y meurt. Ici tout est **prévu.** « You die and we do the rest », disent les affiches publicitaires. Les cimetières sont des propriétés privées : « Dépêchez-vous de **retenir** votre place. » Tout se passe dans le magasin, transport, cérémonies, etc. Un homme mort est un homme fini[17] [...].

---

[17] In France, arrangements for the dying and the dead are more of a family concern and far less commercial. Funeral homes are unusual in France.

[5] Question nègre. Nous avons envoyé un **Martiniquais en mission** ici. On l'a logé à Harlem.[18] Vis-à-vis de ses collègues français, il **aperçoit** pour la première fois qu'il n'est pas de la même race.

[6] Observation contraire : dans le bus, un Américain moyen se lève devant moi pour céder sa place à une vieille dame nègre.

[7] Jeudi [...] La journée passée à dicter ma conférence. Le soir un peu de **trac**, mais j'y vais tout de suite et le public **a « collé »**. Mais pendant que je parle on **barbote** la caisse dont le produit est destiné aux enfants français. O'Brien annonce la chose à la fin et un spectateur se lève pour proposer que chacun redonne à la sortie la même somme qu'il a donnée à l'entrée. À la sortie, tout le monde donne beaucoup plus et **la recette** est considérable. Typique de la générosité américaine. Leur hospitalité, leur cordialité est du même goût, immédiate et **sans apprêt**. Ce qu'il y a de meilleur en eux.

[8] Vendredi [...] Nous allons à Tryon Park au-dessus de Harlem d'où nous dominons le Bronx d'un côté, l'Hudson de l'autre. Des magnolias éclatent un peu partout. Je digère un nouvel **exemplaire** de ces ice-cream qui font ma joie. Encore un bon moment [...]

[9] Grande campagne propre et aérée avec les petites et grandes maisons à colonnes blanches et les grands arbres bien bâtis et les **pelouses** qui ne sont jamais séparées par des barrières **si bien que** c'est une seule pelouse qui appartient à tout le monde et où de beaux enfants et des adolescents **souples** rient à une vie remplie de bonnes choses et de crèmes riches. La nature ici contribue au beau **conte de fées** américain [...]

[10] Pluie sur New York. Elle coule **inlassablement** entre les hauts cubes de ciment. Bizarre sentiment d'éloignement dans le taxi dont les essuie-glaces rapides et monotones balaient une eau **sans cesse renaissante**. Impression d'être **pris au piège** de cette ville et que je pourrais me délivrer des blocs qui m'entourent et courir pendant des heures **sans rien retrouver que** de nouvelles prisons de ciment, sans l'espoir d'une **colline**, d'un arbre vrai ou d'un visage **bouleversé** [...]

[11] Pluies de New York. Incessantes, balayant tout. Et dans la brume grise les gratte-ciel se dressent **blanchâtres** comme les immenses **sépulcres** de cette ville habitée par les morts. À travers la pluie, on voit les sépulcres vaciller sur leur base.

[12] Terrible sentiment d'abandon. Quand même je **serrerais** contre moi tous les **êtres** du monde, je ne serais défendu contre rien.

Qu'est-ce que ces anecdotes de Camus nous révèlent sur la nature des relations entre les races à cette époque ?

Pourquoi Camus fait-il une conférence publique à New York ?

Quelle caractéristique des Américains remarque-t-il ?

Quelles opinions ou réactions positives trouve-t-on dans ce passage ?

Qu'est-ce qui évoque un ton de tristesse dans ce passage ?

la veille *the night before* / **la brume** *fog* / **les ramasseurs d'ordures** *garbage collectors* / **la circulation** *traffic* / **monnaie** *small change* / **abasourdi** *dazed* / **foire** *fair, spectacle* / **enseigne** *sign* / **m = mètre (abréviation)** / **fumée** *smoke* / **le champ de sa vue** *his field of vision* / **alimentation** *food* / **crever** *to burst [with jealousy]* / **Quant aux** *As for* / **paraît à peine imaginable** *hardly seems possible* / **prévu** *taken care of, arranged* / **retenir** *reserve* / **Martiniquais** *a person from the island of Martinique* / **en mission** *on an official visit* / **aperçoit** *notices* / **trac** *stage fright* / **a « collé »** *was enthusiastic* / **barbote** *rob* / **la recette** *the revenues* / **sans apprêt** *spontaneous* / **exemplaire** *sample* / **pelouses** *lawns* / **si bien que** *such that* / **souples** *supple, agile* / **conte de fées** *fairy tale* / **inlassablement** *steadily* / **sans cesse renaissante** *that keeps reappearing* / **pris au piège** *trapped* / **sans rien retrouver que** *without finding anything but* / **colline** *hill* / **bouleversé** *distressed* / **blanchâtres** *whitish* / **sépulcres** *tombs* / **serrerais** *would hug, would hold tightly* / **êtres** *beings*

Source:
Albert CAMUS, *Journaux de voyage*, © Éditions GALLIMARD

---

[18] There was considerable segregation in New York in 1946, particularly with regard to hotels, places of residence and schools.

Après avoir lu

A. Étude thématique. Regardez tous les sujets ou thèmes que vous avez choisis pour chaque paragraphe dans l'exercice D, p. 73. Voyez-vous des répétitions ? À quels thèmes est-ce que Camus donne le plus d'attention ?

B. Jugements. Quelles remarques Camus fait-il sur les sujets suivants ? Son opinion est-elle favorable, défavorable ou neutre ? Quelle(s) expression(s) emploie-t-il pour communiquer son point de vue ? Remplissez la grille suivante.

	Opinion favorable	Opinion négative	Opinion neutre	Expression(s)
Sa première impression de la ville de New York				
Les gratte-ciel				
Les magasins d'alimentation				
Les magasins de cravates				
Les glaces américaines				
Son impression finale de la ville de New York				

C. Des photos. Regardez de nouveau les photos (pages 71–74). Dites quel(s) paragraphe(s) du texte correspond(ent) à quelle photo.

D. Le point principal. Choisissez le meilleur titre pour les paragraphes indiqués. Défendez votre choix.

  1. Pour les paragraphes 1–3 :
      a. un écrivain malade dans une ville horrible
      b. les richesses et la société de consommation en Amérique
      c. le demi-choc devant l'expérience américaine
  2. Pour les paragraphes 4–7 :
      a. un effort de comprendre la mentalité américaine
      b. des observations diverses
      c. la mentalité contradictoire et bizarre des Américains
  3. Pour les paragraphes 8–9 :
      a. les plaisirs
      b. la beauté de la nature
      c. le rêve américain
  4. Pour les paragraphes 10–12 :
      a. une ville laide
      b. la dépression
      c. du mauvais temps à New York

E. Synthèse. Cherchez dix adjectifs dans le texte qui sont placés devant le nom qu'ils modifient. Reconnaissez-vous la forme de chaque adjectif ? Connaissez-vous toutes les autres formes possibles (masculin, pluriel, etc.) ? Est-ce que la place de ces adjectifs est conforme aux règles expliquées dans ce chapitre ?

F. Lecture critique. En petits groupes, répondez aux questions suivantes. Justifiez vos réponses.

  1. Pensez-vous que les jugements de Camus soient justes ? Est-ce que vous les trouvez trop sévères ? Est-ce que toutes ses observations sont démodées ?

2. Comment la société américaine a-t-elle changé depuis la visite de Camus ? Qu'est-ce qui n'a pas changé ?

3. Avez-vous remarqué quelques exemples de l'ironie dans le texte de Camus ? Lesquels ?

4. Dans le deuxième paragraphe, Camus parle de la « foire lumineuse ». Dans les phrases qui suivent, quels mots et expressions est-ce qu'il utilise pour évoquer la lumière, le mouvement et l'immensité de la ville ?

5. Trouvez des exemples où les phénomènes de la nature reflètent l'état d'esprit de l'auteur et/ou le caractère de la ville.

6. Voyez-vous un rapport entre la ville dans le dessin de Sempé à la page 44 et le portrait que Camus fait de New York ?

G. Portraits. En vous servant des adjectifs présentés dans l'*Autrement dit* à la page 63, écrivez deux portraits : 1) un portrait du caractère de Camus comme vous l'imaginez, et 2) un portrait d'un New-Yorkais en 1946 selon les descriptions dans le texte de Camus.

H. Premières impressions. Décrivez vos impressions d'une grande ville ou d'un pays étranger à l'occasion de votre première visite. À votre avis, quelles seraient les premières impressions d'un Français à l'occasion de sa première visite dans votre ville ou dans votre région natale ? Qu'est-ce qui le frapperait le plus ?

Compréhension auditive

L'Amérique, qu'est-ce que c'est ?

Qu'est-ce que l'Amérique représente pour les Français ? Dans les interviews suivantes, on a demandé à deux Français d'exprimer leurs opinions sur les États-Unis.

Texte 1 : Extrait d'une interview : Une femme, 50 ans, habitant Paris, de famille bourgeoise provinciale, sans profession

Avant d'écouter

A. Impressions. Même les Français qui n'ont jamais visité les États-Unis ont une image particulière de notre pays. Selon vous, d'où viennent ces impressions ? D'après les dessins et les lectures de ce chapitre, quelles sont les impressions les plus courantes ? Sont-elles plutôt justes ou fausses ?

B. Pour ou contre ? Classez les expressions suivantes selon qu'elles indiquent une opinion positive ou une opinion négative.

je suis révolté(e) / ce qui m'agace / j'adore ça / je suis contre / ça ne me plaît pas du tout / je suis pour / ça m'horripile / ça me plaît énormément

opinion positive	opinion négative
_____	_____
_____	_____
_____	_____
_____	_____

C. Vocabulaire. Que veulent dire les mots suivants ? À l'aide d'un dictionnaire, donnez une définition ou un synonyme en français.

1. méli-mélo
2. bouffer
3. abruti
4. mitron
5. usine

D. Conseils pratiques. Le français familier supprime très souvent le **ne** de la négation. Par conséquent, l'expression **(ne)... plus** pourrait être ambiguë. Le contexte vous aidera à déterminer s'il s'agit d'une expression négative ou positive.

Écoutons

A. En général. Écoutez la première interview une fois. En écoutant, essayez de dégager le sens global de l'interview : est-ce que la locutrice a une opinion positive ou négative ? Quelle est cette opinion ? Quels exemples est-ce qu'elle donne ?

B. Le contexte. En écoutant une conversation en français, vous allez sans doute entendre des mots que vous ne comprendrez pas. Parfois, la signification précise du mot n'est pas importante; ce qui compte, c'est le sens général, qui sera déterminé par le contexte. Voici une petite liste de mots que vous ne connaissez peut-être pas. Après avoir écouté l'interview une deuxième fois, dites si ce sont des termes positifs ou négatifs, en vous basant sur le contexte.

	positif	négatif
1. ogre	☐	☐
2. crapaud	☐	☐
3. infâme	☐	☐

C. Contente ou mécontente ? En vous basant sur le contexte, dites si la locutrice est contente ou en colère quand elle dit :

	contente	mécontente
1. ça me met hors de moi	☐	☐
2. j'ai cette hargne contre l'Amérique	☐	☐

Pratique et conversation

A. Questions. Écoutez l'interview une autre fois, si nécessaire, pour trouver la réponse aux questions suivantes.

1. Est-ce que la femme a déjà visité les États-Unis ? Si oui, quand ?
2. Quels sentiments est-ce qu'elle exprime d'abord sur les États-Unis ? Est-ce que ces sentiments sont positifs ou négatifs ?
3. Qu'est-ce qu'elle reproche aux États-Unis ?
4. Comment est-ce qu'elle s'est informée sur l'éducation des enfants américains ?
5. Selon elle, pourquoi est-ce que les enfants américains sont mal élevés ?
6. Expliquez pourquoi elle est contre les usines à pain.

B. Réfléchissons. En petits groupes, répondez aux questions suivantes.

1. Cette critique des États-Unis est aussi une critique des Français. Comment ?

2. Qu'est-ce que vous pourriez dire sur l'éducation des enfants français, en vous basant sur cette critique des enfants américains ?

3. Pourquoi est-ce que cette femme a choisi les usines à pain comme exemple de l'influence américaine sur la culture française ? Quelle est l'importance du pain pour les Français ?

4. Quelles valeurs culturelles américaines est-ce que McDonald's pourrait représenter pour un Français ? En quoi est-ce que ces valeurs pourraient aller à l'encontre° des valeurs françaises ?

to go against

5. Selon vous, est-ce que l'âge de cette femme influence ses jugements ?

Texte II : Extrait d'une interview : Un homme, 23 ans, habitant la province, de famille modeste. Profession : serveur de restaurant

Avant d'écouter

A. Vocabulaire. Que veulent dire les mots suivants ? Dites quel mot dans la colonne I est l'équivalent approximatif de quel mot dans la colonne II.

I	II
1. un bouquin	a. les environs
2. économiser	b. un grand bâtiment
3. le paysage	c. un livre
4. une tour	d. mettre de l'argent de côté
5. les alentours	e. la campagne

B. Conseils pratiques. Dans la conversation naturelle, on répète très souvent la même idée en utilisant des expressions synonymes, des explications, des descriptions, etc. Même si vous ne comprenez pas la signification d'une expression, continuez à écouter. Le texte qui suit peut rendre le sens plus clair.

Écoutons

A. En général. Écoutez la seconde interview une fois. En écoutant, essayez de dégager le sens global de l'interview : est-ce que le locuteur a une opinion positive ou négative ? Quelle est cette opinion ? Quels exemples est-ce qu'il donne ?

B. Répétition. En écoutant une autre fois, trouvez les expressions qui répètent ou expliquent les idées suivantes.

1. c'est une vie qui me plaît
2. ça revient cher
3. le paysage est beau
4. c'est des tours

Pratique et conversation

A. Questions. Répondez aux questions suivantes.

1. Comment est-ce que le locuteur s'est informé sur les États-Unis ?
2. Est-ce qu'il a déjà visité les États-Unis ? Si oui, quand ? Si non, pourquoi pas ?
3. Qu'est-ce qui l'a impressionné le plus dans les livres qu'il a lus sur les États-Unis ?

B. Réfléchissons. Quelle est votre opinion ?

1. Est-ce que vous pensez que ce jeune homme réagirait de la même façon que la femme de la première interview en parlant des usines à pain et de McDonald's ? Pourquoi ou pourquoi pas ?
2. Que pensez-vous des impressions du locuteur sur les États-Unis ? Sont-elles réalistes ? superficielles ? bien réfléchies ?

C. À vous la parole. On vous demande de faire partie d'une discussion sur les différences culturelles entre les Américains et les Français, qui sera diffusée par France 2 ! Parmi les participants, il y a un(e) Français(e) qui critique les Américains. Essayez de répondre à ses critiques en soulignant les différences culturelles.

Journal

Quels plats représentent un repas typiquement américain pour vous ?

Ce repas est-il typiquement américain ? Quelles valeurs représente-t-il ? Quels plats français connaissez-vous ? Savez-vous si ces plats sont typiques de la cuisine française ? Écrivez vos réflexions dans votre journal, selon les indications de votre professeur.

À votre tour

Quels endroits représentent les valeurs de votre pays ? Dans cette composition, vous allez faire visiter votre pays (province, état, ville) à un étranger, en lui expliquant ce qu'il signifie pour vous.

Faites les activités suivantes pour enrichir votre expression.

A. Les valeurs. Quelles valeurs définissent votre pays ? Identifiez-en quatre. Voici quelques possibilités : la justice, l'indépendance, l'histoire, la puissance, la religion, la beauté naturelle, la modernité, ? ? ?

B. Quatre endroits à visiter. Quels endroits dans votre pays représentent ces valeurs ? Pourquoi avez-vous choisi ces endroits ? Où se trouvent-ils ? Précisez la préposition à employer devant ces noms géographiques.

Endroit	Symbolise… / Pourquoi ?	Il/Elle se trouve…

C. Votre itinéraire. Combien de temps passerez-vous à montrer ces endroits à votre visiteur de l'étranger ? Comment allez-vous organiser le voyage ? Comment allez-vous faire le voyage (en voiture, en avion) ? Où allez-vous loger ? manger ?

Maintenant, faites votre plan. Pour chaque paragraphe, précisez un centre d'intérêt que vous allez développer. Voici des suggestions : valeurs que mon pays représente; endroits qui symbolisent ces valeurs; description des endroits; organisation du voyage.

Écrivez la première version de votre composition. Faites attention à bien expliquer le rapport entre la valeur et l'endroit choisis. La logique de vos choix et de l'organisation de votre voyage devrait être évidente au lecteur.

Révisez votre première version en tenant compte des commentaires/corrections de votre lecteur. Comparez votre voyage à ceux de vos camarades de classe. Discutez des différences. Qui a le mieux représenté votre pays par son voyage ?

Hypothèses

A 1982 City of Miami report warned that "Edison/Little River could become a Haitian slum." Instead, within five years it became a thriving commercial area known as "Little Haiti" with more than 300 small businesses. There were some interesting facts buried in that 1982 study. Although the income and employment levels were lower in Little Haiti than the county average, the number of households receiving welfare, social security, and other forms of assistance were below average . . . The one public service that Haitians did use heavily was public school, both for children and adult education. The study showed that one-third of adults in Little Haiti attended school, and the attendance rate among high school students was 25 percent higher than the county average. For poor Haitians free public education was something of which they had always dreamed.

JACK KURLANSKY, *A CONTINENT OF ISLANDS: SEARCHING FOR THE CARIBBEAN DESTINY*

Chapitre 3

Accès à la formation de l'esprit

L'enseignement

- French parents take elementary and secondary education extremely seriously. What was your family's attitude toward your early education? toward the kind of performance you demonstrated in school? Were these attitudes different from those of other families you knew?

- Education in most French-speaking cultures (including Haiti) tends to be somewhat more abstract and intellectual than the American system. Can you think of advantages and disadvantages of this difference?

- What do you think the function of education should be? To what extent should it provide general culture? job-related skills? training in values and citizenship? critical thinking?

- In what ways did your elementary and secondary education prepare you well for life? Are there any areas in which you feel it was weak?

▶ The role of formal education varies across the French-speaking world. Some programs are designed to produce an elite group of cultured and technologically sophisticated citizens. Others aim to provide a broad range of training possibilities for the entire population. Most combine these goals in one way or another. In this chapter, we will see how the concept of education in French-speaking cultures can differ from traditional American conceptions.

Ouverture culturelle

Mise en train

Vous aurez besoin de ce vocabulaire pour parler des documents :

Aspects de l'enseignement

Niveaux et gens

Niveau
élémentaire	>	l'élève	le professeur des écoles (l'instituteur/l'institutrice)
secondaire	>	l'élève	le professeur/l'enseignant(e)
universitaire	>	l'étudiant(e)	le professeur

Pour décrire l'érudition

l'apprentissage *(m.)* en groupe   organisé/désorganisé
le calcul/les mathématiques   rigoureux/décontracté
la discipline   sévère/libre
l'écriture *(f.)*   soigné/négligé
la mémorisation

Activités

apprendre   copier   étudier   travailler

Première approche

Dans l'enseignement en France et dans la plupart des pays francophones d'Afrique, tout le travail scolaire doit être conservé sous forme de cahier. L'élève apprend très jeune à « bien tenir son cahier ». Prenons l'exemple d'une petite Française de 5 ans qui était en dernière année d'école maternelle en 1988. Voici deux pages de son cahier.

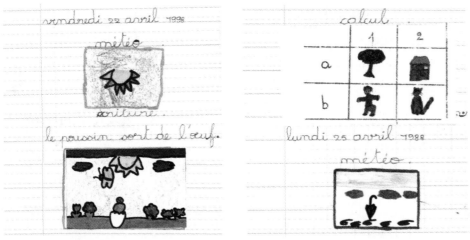

1. Que signifient « météo », « écriture », « calcul » ?
2. Complétez les instructions de l'institutrice pour la leçon de calcul.
   —Mettez un _____ à la case b2.
   —Mettez un _____ à la case a1.

—Mettez une _____ à la case b1.

—Mettez une _____ à la case a2.

3. Décrivez les autres dessins. (*Ils représentent… ; Ils sont…*)

4. Quel temps a-t-il fait le 22 avril ? le 25 avril ?

5. Quand l'élève écrit « le poussin sort de l'œuf », elle copie l'écriture de l'institutrice, car elle ne sait pas encore lire. Cette méthode pour apprendre l'écriture est la même que dans le livre à colorier. Expliquez. (*D'abord… Après…*)

6. En montrant aux enfants comment tenir ce cahier, l'institutrice veut apprendre à ses élèves à faire un travail _____.

7. Une institutrice américaine qui a vu ce cahier a dit : « On ne peut absolument pas demander cela à nos élèves. » Qu'en pensez-vous ?

Pour aller plus loin

La petite fille dont nous avons regardé le cahier est maintenant au lycée, en troisième.[1] Voici son bulletin de notes.

LYCÉE DESCARTES	Échelle des notes de 0 à 20		Mésil	Classe	☐	PENS.
	Note de l'élève	Moyenne de la classe	Stéphanie	630	☑	1/2 PENS.
	Note la plus haute	Note la plus basse		SÉRIE S	☐	EXT.
1er TRIMESTRE					☐	REDOUBLANT
DISCIPLINES Noms des professeurs			APPRÉCIATIONS DES PROFESSEURS Connaissance de base – Application – Initiative – Expression orale			
MATHÉMATIQUES Mme Deschamps	16 16,5	10,8 4,5	Bon trimestre à l'écrit comme à l'oral.			
SCIENCES PHYSIQUES M. Longet	17,5 17,5	11,8 11,8	Très bonne élève avec une bonne attitude en classe.			
SCIENCES NATURELLES M. Bodin	17,1 17,1	12 8	Appliquée. Travail sérieux. Très bien. Continuez.			
HISTOIRE-GÉOGRAPHIE M. _____	13,3 16,6	12,4 9	L'ensemble est satisfaisant.			
INITIATION ÉCONOMIQUE M. _____						
FRANÇAIS-PHILOSOPHIE M. Calvin	12,5 14	11,1 8,5	Résultats convenables. J'attends mieux cependant.			
LANGUE I-Angl.-All.-Esp M. Luisetto	13,5 16	11 7	Bonne élève qui participe activement à l'oral.			
LANGUE II-Angl.-All.-Esp M. Corsetti	12,5 15,5	11,8 7,5	Élève sérieuse. Résultats satisfaisants.			
ÉDUCATION PHYSIQUE M. Dupont	16	12,5	Bons résultats. Continuez.			
LANGUE III-All.-Esp.-Latin-Grec M. _____						
ARTS PLASTIQUES M. _____						
OPTION M. _____						

Prendre rendez-vous avec les professeurs en cas de difficultés scolaires.

SYNTHÈSE DU CONSEIL DE CLASSE	
Résultats tout à fait satisfaisants. Poursuivez vos efforts, en particulier en français.	A mérité pour ce trimestre Les félicitations .... ☑ Les encouragements .... ☐ A encouru un avertissement .... ☐ (travail insuffisant - discipline ....
Ce bulletin doit être conservé par les familles. Il ne sera établi ni copié ni photocopié par l'établissement.	

---

[1] Pour la classe équivalente dans le système américain, voir le tableau à la page 101.

1. Les élèves reçoivent des notes qui peuvent aller de « 0 » à « 20 ». Mais on dit quelquefois que « 20 est pour le Bon Dieu et 19 pour ses anges ». Une note de « 10 » est passable. Stéphanie a-t-elle de bons résultats ?

   Comparez ses résultats avec ceux des autres élèves (« moyennes de la classe »). Dans quelles disciplines Stéphanie a-t-elle fait mieux/moins bien que les autres ?

2. Lisez les commentaires des professeurs. Sont-ils gentils, critiques, encourageants, décourageants ? Quel conseil donnent-ils à Stéphanie ? *(Ils lui conseillent de…)*

3. Que pensez-vous de ce bulletin de notes ? Comparez-le avec un *report card* américain.

À la fin de l'école secondaire, les élèves de beaucoup de pays francophones passent l'examen du *baccalauréat*. Il faut avoir réussi le « bac » pour entrer à l'université. Certains employeurs le demandent aussi. Il détermine donc l'avenir économique (et même social) d'un individu. C'est à cause de cela que les jeunes qui vont passer *nervous, tense* le bac sont toujours très tendus° !

La partie écrite du bac dure à peu près une semaine. L'épreuve d'histoire/géographie, par exemple, consiste en une « dissertation » de quatre heures sur un sujet donné. Voici deux sujets récents :

- Comparez l'agriculture américaine et l'agriculture russe.
supremacy - La puissance économique japonaise dans le Pacifique : une prépondérance° menacée ?

1. Ce sont des sujets que les élèves ont étudiés pendant l'année. À votre avis, ces questions sont-elles extrêmement difficiles, assez difficiles, assez faciles ou très faciles ?

2. Ces questions ne concernent pas la France. Qu'est-ce que cela indique sur *goals* les buts° de l'éducation en France ? *(L'éducation en France donne à l'élève des connaissances…)*

boring 3. Comment trouvez-vous cette sorte d'éducation ? *(intéressante, ennuyeuse,° utile, inutile, pratique, intellectuelle,…)*

4. Expliquez les dessins de Plantu ci-dessous :

France : Un cours à l'université

Interaction I

Rodez, dans le sud du Massif central, en France. À la fin de l'année scolaire, deux ly-céennes, Anaïs et Nicole, se sont réunies chez Thomas pour réviser une dernière fois en-semble, avant les épreuves[2] du baccalauréat.

Anaïs	Si j'échoue,[3] c'est fini pour moi. Tiens, passe-moi le café, s'il te plaît, Thomas.
Thomas	Mais non, tu ne vas pas échouer. Tu as bien travaillé pendant toute l'année.
Anaïs	Malheureusement, tout ce qui compte, c'est cette petite semaine en juin. Finalement, c'est une question de chance.
Nicole	Oui et non. Regarde ce qui est arrivé à mon cousin Robert, l'année dernière. Il m'a dit qu'il avait travaillé, mais en fait, il sortait tout le temps. Résultat : il s'est planté.[4]

Réfléchissez

Pourquoi Anaïs est-elle stressée ?

Qu'est-ce qui ne plaît pas aux jeunes Français dans le bac, d'après le dialogue : l'examen lui-même, l'incertitude, la signi-fication des résultats… ?

---

[2] les épreuves = *tests, testing sessions*
[3] j'échoue = *I fail*
[4] il s'est planté = *he flunked*

Anaïs	Il redouble,[5] alors ?
Nicole	Eh oui !
Thomas	Je le plains,[6] mais il l'a un peu mérité, non ? Il n'a rien fait pendant toute l'année.
Anaïs	Tu me passes le café, oui ou non ?
Thomas	Oh oui, pardon. Voilà… Bon. Où en étions-nous ?
Nicole	Page 394. Vas-y Anaïs, pose-nous une autre question.

Observations

1. Qu'est-ce qui est arrivé à Robert, le cousin de Nicole ?
2. Pourquoi Nicole raconte-t-elle cette histoire ?
3. Quelles sont les émotions éprouvées par Anaïs ? (la peur, l'angoisse, la nervosité, le découragement, l'hystérie, l'impuissance[7]…)

Perspectives

1. Est-ce que les lycéens américains éprouvent la même émotion devant un examen important ? devant le SAT ?
2. Quel genre de préparation est nécessaire pour réussir à un examen comme le bac français ? *(travail intensif dans les semaines avant l'examen, travail régulier pendant toute l'année, les deux)*
3. Pour la réussite à un examen important comme le SAT ou le bac français, est-ce que la chance joue un grand rôle ?
4. Est-ce que ces examens qui provoquent tellement d'angoisse sont vraiment nécessaires ?

Saint-Martin (Antilles) : La sortie de l'école

---

[5] il redouble = *he's getting left back/he's repeating*

[6] Je le plains = *I feel sorry for him*

[7] l'impuissance = *powerlessness*

Autrement dit

Pour parler des études

Tu
$\begin{cases} \text{vas à} \\ \text{fréquentes} \\ \text{fais tes études à} \end{cases}$
quelle université ?

Tu es en quelle année à l'université ?   *What year are you in?*

Tu te spécialises en quoi ?   ⎫
Quelle est ta spécialisation ?   ⎬   *What do you major in?*

Tu suis quels cours ?   *What courses are you taking ?*

Ce sont des cours obligatoires ou   *Are they required or elective courses?*
   facultatifs ?

Quel est ton programme d'études ?

Quelle matière/discipline est-ce que
   tu préfères ?

Tu aimes ton prof ?

Quand vas-tu obtenir ton diplôme ?   *When are you going to graduate?*

La vie des étudiants

Aujourd'hui,
je dois   rendre
$\begin{cases} \text{un devoir.} \\ \textbf{un mémoire.} \end{cases}$
   a paper

      faire
$\begin{cases} \textbf{un exposé oral.} & \textit{an oral presentation} \\ \text{une communication.} \\ \text{une présentation.} \\ \text{des lectures.} \end{cases}$

      assister à   **une conférence.**   *attend a lecture*

Hier, j'avais trop de travail.

Alors, j'ai décidé de
$\begin{cases} \textbf{sécher}° \\ \textbf{manquer}° \end{cases}$
mon cours d'anglais.   *to skip*

Les facultés et les matières

À la Faculté des Lettres et Sciences   l'histoire, la géographie (◇ la
   Humaines, on étudie…   géo), la littérature, les langues
                              étrangères, la philosophie (◇ la philo) et
                              la sociologie.

À la Faculté des Sciences,   la biologie, la chimie, la géologie,
   on étudie…   les mathématiques (◇ les maths) et la
                              physique.

À la Faculté de Droit et Sciences   le **droit,**° les relations   *law*
   Économiques, on étudie…   internationales, les sciences
                              économiques et les sciences politiques
                              (◇ sciences po).

À l'École de Commerce,   l'administration des affaires, le
   on étudie…   commerce, la **gestion,**° le marketing et   *management*
                              la publicité.

Pour parler des épreuves

(re)take
competition

Quand vas-tu   **(re)passer°**   l'examen ?
          te présenter   au **concours°** ?

memorized
at his fingertips

studied hard

Mon cousin m'a dit
qu'il avait vraiment
{
travaillé
préparé
tout **appris par cœur°**
savait tout **sur le bout des doigts°**
révisé
◇ **bûché°**
◇ **bossé°**
}

he failed

… mais quand même,
{
il a échoué.°
il n'a pas été reçu.°
il s'est fait coller.°
il a été recalé.°
}

to pass

to get good grades
to win first prize

Allons, tu ne vas pas
échouer, tu vas
{
réussir.°
être reçu(e).°
**recevoir/obtenir de
bonnes notes.°**
gagner le premier prix.°
}

Les expressions temporelles

Aujourd'hui, c'est le 5 août.
Par rapport à aujourd'hui, le 4 août, c'est hier.
                        le 6 août, c'est demain.
Hier, c'était le 14 janvier.
Par rapport à hier, le 13 janvier, c'est la veille.
                le 15 janvier, c'est le lendemain.
C'est la semaine du 21 octobre.
La semaine du 28 octobre, c'est la semaine prochaine.
La semaine du 14 octobre, c'est la semaine dernière.
Quels cours est-ce que vous allez suivre l'année prochaine (l'an prochain) ?
Quels cours avez-vous suivis l'année dernière (l'an dernier) ?

Pratique et conversation

A. Complétez. Complétez la phrase d'une façon logique.

1. À la Faculté de Commerce, on étudie _____ et

   _____.

2. —Je suis vraiment nerveuse; demain, je _____ mon
examen de chimie.

3. —Ne sois pas nerveuse ! Tu vas sûrement _____ à ton
examen.

4. Moi, je me spécialise en histoire. Et toi, quelle est ta

   _____ ?

5. À la Faculté des Lettres, on étudie _____ et

   _____.

**France : La cité
universitaire à Orléans**

6. Est-ce que le français est un cours obligatoire ou un cours

_____ ?

7. À la bibliothèque, je _____ et je _____.

B. Le jeu des signatures. Votre professeur va distribuer une feuille qui ressemble à celle qui suit. Pour chaque qualité ou caractéristique recherchée, circulez dans la classe et posez une question à vos camarades pour trouver la personne qui pourra donner une réponse affirmative. Quand vous aurez trouvé cette personne, elle signera dans la deuxième colonne. Faites la même chose pour les questions qui suivent. Le premier à obtenir cinq signatures a gagné.

Trouvez une personne qui...	Signature
1. se spécialise en biologie.	
2. est en troisième année.	
3. obtient de bonnes notes en français.	
4. vient de faire une présentation.	
5. a séché un cours hier.	

C. Interview. Demandez à un(e) partenaire…

1. quand il/elle va obtenir son diplôme.
2. quelle est sa spécialisation.

3. où il/elle étudie.
4. quand il/elle va passer un examen.
5. s'il/si elle va réussir cet examen.

D. Quels cours ? Quels cours est-ce que les étudiants ci-dessous devraient-ils choisir ?

1. Jean-Marc : il aimerait travailler dans une grande société d'ordinateurs avec des filiales aux États-Unis.
2. Annick : elle aimerait devenir professeur de littérature comparée.
3. Judith : elle veut devenir avocate.
4. Christophe : il adore la poésie et l'art.
5. Lise : elle s'intéresse plutôt à la politique.

units of time

Étude de vocabulaire

Pour parler du temps : La distinction entre *matin/matinée; soir/soirée; jour/journée; an/année*

a. Les mots **matin, soir, jour** et **an** représentent des unités temporelles.° Ils font référence à un moment précis et peuvent être comptés.

Je l'ai rencontré il y a deux jours.	*I met him two days ago.*
Ce soir, je vais bûcher.	*I'm going to study hard this evening.*
Elle a passé cinq ans à faire ses études universitaires.	*It took her five years to do her studies at the university.*

b. Pour souligner la durée d'une action, on emploie les mots **matinée, soirée, journée** et **année.** Ces mots sont souvent précédés par l'adjectif **tout**, les nombres ordinaux (**première, deuxième...**) ou des expressions indéfinies telles que **quelques.**

J'ai passé toute la journée à réviser.	*I spent the whole day reviewing.*
Elle est dans sa troisième année à l'université.	*She's in her third year (a junior) at the university.*
Il y a quelques années, le bac était beaucoup plus difficile.	*Several years ago, the bac was a lot more difficult.*

Pratique et conversation

A. Complétez. Complétez la phrase en choisissant l'expression qui convient.

1. Je viens de passer **un jour / une journée** atroce ! J'étais tellement occupé(e) que je n'ai même pas eu le temps de déjeuner.
2. Le paresseux ! Il a regardé la télé **tout le jour / toute la journée.**
3. **Ce matin / cette matinée**, j'ai révisé avec des amis.
4. Il étudie la philosophie depuis **trois ans / trois années.**
5. Qu'est-ce que vous allez faire **ce soir / cette soirée** ?

B. Interview. Demandez à un(e) partenaire...

1. comment il/elle va passer la soirée.
2. comment il/elle a passé la matinée hier.
3. depuis combien de temps il/elle étudie le français.

4. ce qu'il/elle aime faire le samedi matin.
5. quels cours il/elle va suivre l'année prochaine.
6. quelles sortes d'épreuves il/elle a ce semestre/trimestre.

Grammaire de base

1.1   Review the forms of the following irregular verbs in the present tense.

dire (to say, to tell)

je	dis	nous	disons
tu	dis	vous	dites
il/elle/on	dit	ils/elles	disent

lire (to read)

je	lis	nous	lisons
tu	lis	vous	lisez
il/elle/on	lit	ils/elles	lisent

écrire (to write)

j'	écris	nous	écrivons
tu	écris	vous	écrivez
il/elle/on	écrit	ils/elles	écrivent

mettre (to place, to put)

je	mets	nous	mettons
tu	mets	vous	mettez
il/elle/on	met	ils/elles	mettent

recevoir (to receive)

je	reçois	nous	recevons
tu	reçois	vous	recevez
il/elle/on	reçoit	ils/elles	reçoivent

1.2   The verb **s'inscrire (à/pour)** is conjugated like **écrire**.

2.1 The **passé composé** has two parts: an auxiliary verb and a past participle.

2.2 For most verbs, the auxiliary is the present tense of the verb **avoir.**

2.3 The following verbs use the present tense of the verb **être** as their auxiliary when they are not followed by a direct object.

aller	mourir[8]	retourner
arriver	naître[9]	revenir
descendre	partir	sortir
devenir	passer	tomber
entrer	rentrer	venir
monter	rester	

2.4 The past participle of regular verbs is formed according to the following model.

fermer → fermé   finir → fini   répondre → répondu

2.5 Review the following irregular past participles.

Infinitive	Past participle
boire	bu
connaître	connu
découvrir	découvert
dire	dit
écrire	écrit
faire	fait
lire	lu
mettre	mis
offrir	offert
ouvrir	ouvert
pouvoir	pu
prendre	pris
recevoir	reçu
venir	venu
vouloir	voulu

3.1 Review the position of the negative elements in compound tenses.

Negation: Compound Tenses					
	ne	auxiliary	second term	past participle	
Je	n'	ai	pas	préparé	mon cours.
Je	ne	suis	jamais	allé(e)	à Québec.

---

[8] The full conjugation of the verb **mourir** is presented in the appendix.
[9] The full conjugation of the verb **naître** is presented in the appendix.

Structure I

Pour narrer au passé : L'emploi du passé composé

(Grammaire de base : 2.1 → 2.5)

a. Use the **passé composé** to state what happened in the past, that is, to talk about a completed past event.

Regarde ce qui est arrivé à mon cousin Robert l'année dernière.	*Look what happened to my cousin Robert last year.*
Il s'est fait recalé.	*He failed.*
Il n'a rien fait pendant toute l'année.	*He didn't do anything all year.*

b. As the first and third examples above illustrate, with time expressions that define the beginning and/or end of an action, the **passé composé** must be used to indicate a completed past action. Here is another example.

Hier, il a révisé et ce matin, il a passé son bac.

c. In a narration, a series of events are reported in the **passé composé,** advancing the story by telling what happened next.

Il a commencé ses études universitaires à l'âge de 18 ans. Après quatre ans, il a reçu son diplôme. Il a décidé de voyager un peu avant de commencer à chercher du travail. Il est allé partout en Europe, puis il est retourné aux États-Unis…

d. The placement of the negations **ne… personne** and **ne… ni… ni** differs from that of the negation **ne… pas** and others in the **passé composé** (*Grammaire de base* 3.1). The second part of **ne… personne** follows the past participle, taking the place of a noun object.

Je n'ai pas vu leurs amis au café.	Je n'ai vu personne.
Nous n'avons pas parlé à Charles.	Nous n'avons parlé à personne.

In the negation **ne… ni… ni, ni** follows the past participle and directly precedes the noun objects it qualifies.

Il n'est allé au cinéma ni avec Marie, ni avec Jean.
Je n'ai parlé ni au serveur ni au gérant.

e. To express the idea of time gone by, use the structure **il y a** + time expression + verb in the **passé composé.** This is translated *ago.*

Il a commencé à étudier la philosophie il y a trois ans.	*He began to study philosophy three years ago.*
J'ai passé mon examen il y a deux jours.	*I took my exam two days ago.*

f. You have learned that the verbs **passer, sortir, monter,** and **descendre,** when used without an object, are conjugated with the auxiliary **être** in the **passé composé.** However, these verbs can be followed by a direct object, with a resultant change in meaning. They are then conjugated with **avoir** in the **passé composé.**

présent	passé composé
Je sors ce soir.	Hier soir, je suis sorti(e).
I'm going out tonight.	*Last night, I went out.*
Je sors la poubelle.	J'ai sorti la poubelle.
I'm taking out the garbage (can).	*I took out the garbage (can).*
Tu montes ?	Tu es monté(e) ?
Are you going up?	*Did you go up?*
Est-ce que tu montes ma valise ?	Est-ce que tu as monté ma valise ?
Are you taking up my suitcase?	*Did you take up my suitcase?*
Je descends.	Je suis descendu(e).
I'm coming down.	*I came down.*
Tu descends l'escalier ?	Tu as descendu l'escalier ?
Are you coming down the stairs?	*Did you come down the stairs?*
Je passe devant sa maison tous les jours.	Je suis passé(e) devant sa maison il y a deux jours.
I pass by his/her house every day.	*I passed by his/her house two days ago.*
Je passe trois examens aujourd'hui.	J'ai passé trois examens hier.
I'm taking three tests today.	*I took three tests yesterday.*

g. The following rules govern the agreement of the past participle in compound tenses.

Verbs conjugated with *avoir*

The past participle agrees with a preceding direct object. This direct object can take the form of an object pronoun, a relative clause, or a noun modified by **quel:**

Je <u>les</u>	ai	<u>vus</u> au cinéma.
d.o. (m. pl.)		*m. pl.*
<u>Les photos</u>	qu'il a	<u>faites</u> sont très réussies.
d.o. (f. pl.)		*f. pl.*
<u>Quelles robes</u>	as-tu	<u>achetées</u> ?
d.o. (f. pl.)		*f. pl.*

Verbs conjugated with *être*

The past participle agrees with the subject of the sentence. Rules for past participle agreement with reflexive verbs are presented in **Chapitre 7.**

<u>Elles</u> sont	<u>venues</u> en retard.
f. pl.	*f. pl.*
<u>Nous</u> sommes	<u>sortis</u> vers neuf heures.
m. pl.	*m. pl.*

Pratique et conversation

A. Démarches. Vous souvenez-vous de votre décision d'étudier dans cette université ? Quelles démarches avez-vous suivies ? Transformez les phrases suivantes au passé composé et indiquez ensuite lesquelles reflètent votre propre expérience.

1. Un an en avance, j'écris aux universités pour obtenir une demande d'inscription.
2. Je téléphone aux universités pour parler aux représentants.
3. Je considère les programmes d'études à toutes ces universités.
4. Je choisis deux ou trois universités.
5. Je remplis les formulaires et je leur envoie mes demandes d'inscription.
6. Mes parents et moi, nous visitons ces universités.
7. Nous arrivons et je vais à quelques cours.
8. Nous y restons deux jours et puis nous partons.
9. J'attends quelques mois et enfin je reçois la réponse à mes demandes.
10. Je sors la lettre de l'enveloppe et je lis les réponses.
11. Je réfléchis et je prends une décision.

B. L'inspecteur Maigret. On a découvert le corps d'une femme morte. On n'a trouvé aucune trace du meurtrier sur les lieux, sauf des empreintes digitales° sur un verre. Complétez l'histoire suivante en mettant les verbes entre parenthèses au passé composé.

fingerprints

L'inspecteur	Racontez-moi vos actions le jour du crime.
Le suspect	Je ne me souviens pas très bien…
L'inspecteur	Allons, un peu d'effort…
Le suspect	Ah, je me rappelle maintenant. Voici ce qui _____ (arriver). Je _____ (décider) de rendre visite à ma copine, et on _____ (aller) au café du coin. On _____ (prendre) un cognac… non, je me trompe, nous _____ (boire) un petit rouge et puis nous _____ (monter) chez elle…
L'inspecteur	Vous _____ (passer) la nuit chez elle ?
Le suspect	Monsieur, vous me posez une question très indiscrète.
L'inspecteur	La vérité est plus importante que la discrétion. Continuez…
Le suspect	Elle m'_____ (embrasser) et je _____ (partir).
L'inspecteur	C'est tout ?
Le suspect	Non, je _____ (oublier) un détail. Avant mon départ, elle m'_____ (offrir) un verre d'eau…
L'inspecteur	Arrêtez cet homme tout de suite.

C. Une journée à l'université. Pensez à une journée récente à l'université. Dites…

1. à quelle heure vous êtes descendu(e) de votre chambre.
2. à quels cours vous êtes allé(e).
3. trois choses que vous avez faites dans ces cours.
4. une chose que vous avez faite que vous avez beaucoup aimée/que vous n'avez pas du tout aimée.
5. si vous êtes sorti(e) le soir.

D. Qu'est-ce qui s'est passé ? Prenez le rôle de chaque personne interpellée et expliquez ce qui s'est passé.

1. « Sylvie, qu'est-ce que tu as fait dans ma cuisine ? Il y a de l'eau partout ! »
2. « Chéri, quelle est cette tache° rouge sur le col de ta chemise ? »

stain

3. « Philippe, ta mère m'a dit que tu étais rentré à trois heures du matin. Qu'est-ce qui s'est passé ? On t'a bien dit de rentrer avant minuit. »
4. « Catherine, tu n'as pas rappelé. Pourquoi ? Je voulais aller au cinéma avec toi hier soir. »
5. « Dupont, tu m'as promis ce rapport avant midi. Il est où ? »

E. Préparatifs. Quelles questions est-ce que vous poseriez aux personnes suivantes pour vérifier si elles sont bien préparées ?

Modèle : un pilote avant un vol

Est-ce que vous avez vérifié les instruments ?

Est-ce que vous avez déjà fait ce voyage ?

Est-ce que les mécaniciens ont fait leur travail ?

Est-ce qu'on a inspecté l'avion ? etc.

1. un athlète avant une compétition
2. un(e) étudiant(e) avant un examen
3. un médecin avant une intervention chirurgicale
4. une actrice avant une pièce

F. Ma semaine. Posez une question à votre partenaire, qui répondra en utilisant **il y a** + le passé composé. Demandez-lui…

1. quand il/elle est allé(e) au labo.
2. quand il/elle a téléphoné à son/sa meilleur(e) ami(e).
3. quand il/elle a révisé les verbes irréguliers au passé composé.
4. quand il/elle a fait un voyage.
5. quand il/elle est rentré(e) chez lui/elle.

G. La semaine dernière. Racontez à votre partenaire ce que vous avez fait dans vos cours la semaine dernière. Indiquez quels devoirs vous avez rendus, quels examens vous avez passés, etc. Votre partenaire vous posera des questions et ensuite vous décrira sa semaine.

Structure II

Pour narrer au passé : Le plus-que-parfait

a. The **plus-que-parfait** is formed by conjugating the auxiliary verb (**avoir** or **être**) in the imperfect and adding the past participle.

j'	avais fini	nous	avions fini
tu	avais fini	vous	aviez fini
il/elle/on	avait fini	ils/elles	avaient fini

j'	étais allé(e)	nous	étions allé(e)s
tu	étais allé(e)	vous	étiez allé(e)(s)
il/elle/on	était allé	ils/elles	étaient allées

b. The **plus-que-parfait** is used to relate a past event that occurred before another past event.

Quand il est arrivé, le film avait déjà commencé.	*When he arrived, the film had already begun.*

c. Although the **plus-que-parfait** may be translated by the past tense in English, you must use the **plus-que-parfait** in French whenever you are relating an action that occurs before another past action.

Avant de passer son bac, il avait beaucoup bûché.	*Before taking the bac, he (had) studied very hard.*
Il m'a dit qu'il avait travaillé, mais ce n'était pas vrai du tout.	*He told me that he (had) worked, but it wasn't at all true.*

d. The same rules you have learned for the **passé composé** regarding past participle agreement, negation, and placement of adverbs apply to the **plus-que-parfait** as well.

Quand Thomas a téléphoné, nous étions déjà sortis.
Deux jours avant de partir, il n'avait pas encore réservé.

Pratique et conversation

A. Quelle organisation ! Vous êtes très bien organisé(e). Avant de faire les activités suivantes, vous aviez déjà fait vos préparatifs. Lesquels° ? Suivez le modèle.

Which ones

Modèle : Avant de partir en vacances…

Vous : Avant de partir en vacances, j'étais déjà allé(e) à la banque, j'avais déjà réservé…

1. Avant de passer l'examen de français…
2. Avant de rendre visite à un ami malade…
3. Avant de recevoir° mes amis chez moi…
4. Avant d'acheter un cadeau pour mon cousin…
5. Avant de sortir ce matin…

entertain

B. Seule à Paris. Une jeune fille à Paris doit être très prudente. Complétez l'histoire suivante en mettant les verbes entre parenthèses au passé composé ou au plus-que-parfait, selon le contexte.

suspect

Avant mon départ, on m'_____ (dire) de me méfier° de tout. On m'_____ (conseiller) de ne pas sortir le soir, de ne pas prendre le métro, et d'éviter certains quartiers. Quand je _____ (arriver) à Paris, je _____ (découvrir) qu'il fallait être prudente, comme dans toutes les grandes villes, mais que les conseils qu'on m'_____ (donner) étaient exagérés. Un soir, cependant, je _____ (rentrer) à mon appartement assez tard. En longeant le couloir, je _____ (remarquer) une lumière dans mon appartement. Est-ce que je _____ (oublier) d'éteindre la lampe avant de partir ? Est-ce que quelqu'un _____ (entrer) pendant mon absence ? Peut-être qu'on m'_____ (bien conseiller) après tout ! Je n'aurais jamais dû° quitter mon appartement ! Et tout d'un coup, je _____ (entendre) des pas.° On a _____ (ouvrir) la porte… et j'_____ (reconnaître) mon voisin, à qui j'_____ (donner) une clé, en lui demandant d'allumer une lumière chez moi si je _____ (ne… pas rentrer) avant dix heures.

I should never have

footsteps

C. Interview. Demandez à votre partenaire…

1. s'il/si elle avait bien révisé avant le dernier examen.
2. s'il/si elle avait préparé la leçon avant de venir en classe aujourd'hui.
3. s'il/si elle est allé(e) en France récemment, et s'il/si elle y était déjà allé(e) avant.
4. s'il/si elle avait déjà étudié le français à l'université avant de suivre ce cours.
5. s'il/si elle avait prévenu° le professeur avant sa dernière absence.

notified

Lecture I

François Truffaut, mort en 1984, était un grand cinéaste français, un des fondateurs de la « Nouvelle Vague » dans le cinéma de la fin des années 50. Il s'est intéressé en particulier aux problèmes des enfants, et son film L'Argent de poche *est devenu un classique sur ce sujet. Le texte que vous allez lire est tiré d'une adaptation en prose du film, faite par Truffaut lui-même. Bien que l'adaptation ait été écrite pendant les années 70, certaines méthodes pédagogiques qui y sont décrites, telles que l'interrogation orale illustrée dans ce passage, sont toujours très fréquentes.*

Avant de lire

outlines

A. Le système d'enseignement en France. Le tableau suivant ébauche° le système d'enseignement français. Étudiez-le bien et mettez le terme qui représente l'équivalent approximatif du système américain en dessous de la description française.

Système français			
Non-obligatoire	**L'éducation obligatoire de 6 ans à 16 ans**		

L'école maternelle	L'école primaire		
de 2 ans à 6 ans	Cours préparatoire	Cours élémentaire 1ère année	Cours élémentaire 2ème année
	6–7 ans	7–8 ans	8–9 ans
	Cours moyen 1ère année	Cours moyen 2ème année	
	9 ans	10 ans	

Collège			
Sixième	Cinquième	Quatrième	Troisième
11–12 ans	12–13 ans	13–14 ans	14–15 ans

Lycée		
Seconde	Première	Terminale
15–16 ans	16–17 ans	17–18 ans

B. Parcourez. Parcourez le début du texte pour déterminer :

1. où se passe l'histoire
2. de quelle sorte de leçon il s'agit
3. combien de minutes restent dans le cours
4. ce que Patrick fait pendant ces dernières minutes

C. Un peu d'histoire. En parcourant le texte, cherchez l'événement, le lieu ou la date qui correspond aux descriptions suivantes.

1. L'assassinat d'un roi par un fanatique religieux.
2. L'accord qui a mis fin à la guerre de Sept Ans avec l'Angleterre.
3. Une déclaration de tolérance du protestantisme en France proclamée par Henri IV.
4. La date de la découverte de l'Amérique.
5. Une ville italienne où les Français ont remporté une victoire importante sur les Suisses.
6. L'accord qui a mis fin à la guerre de Trente Ans.
7. L'exécution systématique d'environ 3 000 protestants sur l'ordre de Charles IX, à l'instigation de Catherine de Médicis.
8. La date du traité° de Paris.

treaty

L'argent de poche

« Patrick lutte° contre la montre »

Quelle heure est-il ? Pourquoi ce détail est-il important à l'histoire ?

D'après ce passage, quelle sorte de professeur est Mlle Petit ? Et quelle sorte d'élève est Patrick ? Comment le savez-vous ?

Qu'est-ce que Patrick fait pendant que l'autre élève répond ? Pourquoi le fait-il ?

Quel est son état d'esprit (state of mind) à ce moment ?

Pourquoi Patrick consacre-t-il toute son attention à l'horloge ? Quelle émotion éprouve-t-il ?

Quel est le problème avec Leclou ? Qu'est-ce que vous pensez de la réaction de Mlle Petit ? Choisissez un ou plusieurs adjectifs pour décrire son comportement (behavior).

Dans la classe des grands. C'est la fin de l'après-midi. Il ne reste plus que **dix minutes à tirer,** pense Patrick Desmouceaux **en lorgnant l'horloge** de la **cour** par la fenêtre ouverte.

Mais Mlle Petit est décidée à faire travailler ses grands jusqu'à la dernière minute.

« **Révision** des dates importantes du XVe au XVIIIe siècles », écrit-elle[10] au tableau.

—Phalippou : 1572 ?

—Massacre de la Saint-Barthélemy.

—1610 ?

—Mort de Henri IV.[11]

—1648 ?

—Traité de Westphalie. L'Alsace[12] devient française.

Il s'en tire bien, Phalippou, et sur la grosse horloge **l'aiguille** est passée à 16 heures 24.[13]

Il y a un instant de suspense pour Patrick, avant que Mlle Petit **enchaîne.**

—Kéraghel ! 1685 ?

—Louis XIV révoque l'Édit de Nantes.

—1763 ?

—Traité de Paris, **perte** de l'Inde et du Canada.

La grande aiguille vient encore d'avancer d'une minute. Il est 16 heures 26 à l'horloge, Patrick se demande s'il est le seul à **se faire du mauvais sang.**

—Leclou !

Eh bien, lui, il **ne s'en fait pas.** Il dort, tout simplement… Mais Mlle Petit n'a pas l'air d'apprécier.

—Leclou ! Excuse-moi de te réveiller. Tu as l'air complètement hagard. Tu ne sais pas ce que ça veut dire, hagard ?

En fait, il a surtout l'air de **s'en moquer pas mal.** Mais Mlle Petit va toujours **au bout** de sa pensée :

—Avoir l'air hagard, c'est avoir l'air **égaré** ! Exactement comme toi en ce moment… Allez, passons à un autre…

La grosse horloge marque à présent 16 heures 28.

Ce serait trop bête de **se faire piéger** maintenant; Patrick **retient** sa respiration.

—Jalla ! 1492 ?

Patrick **reprend espoir.**

—Euh… Christophe Colomb découvre l'Amérique.

—1515 ?

---

[10] On fait l'inversion du sujet et du verbe après les citations.

[11] Roi de France (1589–1610). Un roi populaire qui a mis fin aux guerres de religion en accordant la liberté religieuse aux protestants.

[12] Région de l'est de la France qui a été conquise par la France pendant la guerre de Trente Ans (en 1648) mais qui est devenue de nouveau allemande entre 1871 et 1918.

[13] L'heure officielle s'utilise pour les emplois du temps et les horaires en France.

Une photo du film
L'Argent de poche
de François Truffaut

Il **sèche**, Jalla. Heureusement son voisin lui **souffle** : « François Ier vainqueur à Marignan », ce qui lui permet de se croire **tiré d'affaire**... jusqu'à ce que Mlle Petit intervienne :

—Oui, c'est pas mal, mais on te l'a soufflé.

16 heures 29. Plus qu'une minute, tout va…

—Desmouceaux ! 1685 ?

Voilà, **tout est foutu** ! Patrick reste les yeux **rivés** sur l'horloge, bien décidé à **gagner** contre la montre.

—Eh bien, Desmouceaux, tu m'entends ?

Patrick préfère rester assis et regarder vers l'horloge.

—Desmouceaux, debout s'il te plaît.

Il se lève, mais sans cesser de **fixer** cette **fichue** aiguille qui ne veut pas descendre.

—Desmouceaux, c'est par ici que ça se passe ! Regarde-moi, tu comprends, regarde-moi.

C'est pas possible que la demie n'arrive pas. Une minute ne fait, après tout, que soixante secondes. Il faut tenir encore un peu.

—Mais enfin, Desmouceaux, tu es sourd ou quoi ? Tu n'as pas entendu ma question ?

En tout cas, quelqu'un a entendu la prière muette de Desmouceaux, la grande aiguille **s'élance** sur le milieu du **cadran** et la **sonnerie** de fin de classe le délivre.

Avec un air de **déception** hypocrite et une joie sincère, Patrick regarde Mlle Petit, lève les bras au ciel dans un **geste** d'**impuissance** et part en galopant avec ses camarades loin de la classe, loin de tout ça.

Comment Jalla arrive-t-il à répondre à la deuxième question ?

Quelle est la réaction de Patrick quand Mlle Petit appelle son nom ? Quelle est sa stratégie ?

Qu'est-ce qui arrive à la fin ? Patrick a-t-il gagné ?

lutte *struggles* / **dix minutes à tirer** *ten minutes to get through* / **en lorgnant** *looking indirectly, but intently at* / **l'horloge** *clock* / **cour** *school courtyard* / **Révision** *Review* / **Il s'en tire bien** *He pulls it off* / **l'aiguille** *clock hand* / **enchaîne** *continues* / **perte** *loss* /

se faire du mauvais sang *to worry* / il ne s'en fait pas *he doesn't worry* / s'en moquer pas mal *not to care at all* / au bout *to the end* / égaré *disoriented* / se faire piéger *to get oneself trapped* / retient *keeps in, holds back* / reprend espoir *regains hope* / sèche *is unable to answer* / souffle *whispers* / tiré d'affaire *out of danger* / tout est foutu *everything is lost* / rivés *riveted, fixed on* / gagner *to win* / fixer *to stare at* / fichue *damned* / s'élance *leaps* / cadran *clock face* / sonnerie *bell* / déception *disappointment* / geste *gesture* / impuissance *powerlessness, impotence*

SOURCE:

Avec l'aimable autorisation des Éditions Flammarion, *L'Argent de poche*, François Truffaut, ©.

Après avoir lu

A. Un résumé. Faites un résumé du texte, à l'écrit ou à l'oral : décrivez la leçon, Mlle Petit et aussi la préparation des élèves, y compris Patrick.

B. Appréciation. Répondez aux questions suivantes.

1. Quels mots et quelles actions révèlent la nervosité de Patrick ?
2. Selon vous, est-ce que la classe passe vite ou lentement pour Patrick ?
3. Quelle émotion la répétition de l'heure suscite-t-elle chez le lecteur ? Calme ? Nervosité ? Frustration ?
4. À quels moments est-ce que Patrick se croit délivré ?
5. Quelle est la perspective de Truffaut ? Pour qui montre-t-il le plus de sympathie ?
6. Quel est le ton du professeur en interrogeant les élèves ?
7. Comment décririez-vous les méthodes de Mlle Petit ? Est-elle traditionnelle, innovatrice ? Quelles techniques utilise-t-elle pour faire apprendre ?

C. Synthèse. Racontez la journée de Patrick au passé composé et au plus-que-parfait. Qu'est-ce qui s'est passé dans la classe de Mlle Petit ? Qu'est-ce que Patrick avait fait (ou n'avait pas fait) avant la classe ?

D. Critique pédagogique. Comparez la classe de Mlle Petit avec vos classes à l'école primaire. Est-ce que vous avez étudié la même matière ? Est-ce que vous avez fait les mêmes activités en classe ? Selon vous, est-ce que Mlle Petit est un bon ou un mauvais professeur ? Justifiez votre réponse.

E. « Poursuite triviale ». Chaque étudiant prépare une question concernant l'histoire, la géographie ou la culture françaises. Le professeur divise la classe en deux équipes. Un étudiant de l'équipe « A » pose une question à l'équipe « B ». L'équipe « B » 20 secondes pour y répondre. Ensuite, le tour passe à l'équipe « B », qui pose une question à l'équipe « A » et ainsi de suite. L'équipe qui aura le mieux répond après dix essais a gagné.

Interaction II

C'est la rentrée. Anaïs et Nicole, ayant été reçues au bac, commencent leurs études universitaires. Anaïs vient de s'installer à la cité universitaire de Chapou à Toulouse. Elle parle avec Nicole, qui y est déjà depuis deux jours et qui a invité Anaïs à prendre le café dans sa chambre.

Anaïs	J'aime bien ta chambre, elle est très jolie. On peut aller dîner ensemble au Resto U[14] ?
Nicole	Bien sûr. De toute façon, je refuse d'y aller toute seule.
Anaïs	Ah bon, tu ne l'aimes pas ?
Nicole	C'est bien parce que c'est vraiment pas cher, mais on te bouscule[15] drôlement dans la queue. Je suppose que les étudiants ont tellement faim qu'ils n'ont pas la patience d'attendre.
Anaïs	Moi, je les comprends. Il faut être patient ici. Ce matin, j'ai essayé d'obtenir ma carte, et j'ai eu des problèmes terribles avec l'administration. J'y suis restée cinq heures à attendre et à remplir des papiers. Et je ne sais pas encore quels cours je vais suivre. Et toi, lesquels vas-tu choisir ?
Nicole	Tu parles ! Moi aussi, j'ai dû me battre avec l'administration de la Fac, leur paperasserie, le Minitel[16]… Pas de chance.
Anaïs	Ah, les beaux jours… du lycée !

Réfléchissez

Quels sont les deux problèmes que les étudiantes rencontrent à la rentrée universitaire ?

Les problèmes des jeunes Français(es) sont-ils différents de ceux des jeunes Américain(e)s ?

Observations

1. Pourquoi Nicole ne veut-elle pas aller au Resto U toute seule ?
2. Pourquoi Anaïs est-elle si mécontente de l'Administration universitaire ?
3. Comment les deux étudiantes voient-elles maintenant leur vie de lycéennes?

Perspectives

1. Les étudiants français ont, en général, une chambre individuelle à la Cité U. Est-ce une meilleure solution que les chambres à deux personnes ?
2. Les Français ont l'habitude de se plaindre de la bureaucratie. Est-ce que les étudiant(e)s américain(e)s ont aussi des problèmes avec la bureaucratie universitaire ?

Autrement dit

La bureaucratie

Pour m'inscrire, j'ai dû me battre avec	la **paperasserie**° les **règlements**° la bureaucratie les formalités	de l'administration

paperwork
regulations

et j'ai dû	**remplir des formulaires.**° **payer les frais d'inscription.**° **me faire prendre en photo pour obtenir une carte d'identité.**°

to fill out forms
to pay registration fees
to have a picture taken in order
to get an identification card

---

[14] Resto U = restaurant universitaire

[15] bouscule = *shoves*

[16] le Minitel = *French national online information system*

Pratique et conversation

Questions. Répondez aux questions suivantes.

1. Qu'est-ce qu'il faut faire pour s'inscrire aux cours à votre université?
2. D'habitude, est-ce que vous pouvez vous inscrire aux cours qui vous intéressent ?
3. Regrettez-vous vos années au lycée ? Pourquoi ou pourquoi pas ?
4. Est-ce que vous avez déjà dû vous battre avec l'Administration ? Racontez.
5. Quelles démarches faut-il faire pour obtenir une carte d'étudiant(e) dans votre université ?

Pour manifester l'impatience

Mais qu'est-ce qui se passe ? Qu'est-ce qu'il y a ?	*But, what's going on?*
Vous ne pourriez pas vous dépêcher, Monsieur/Madame ?	*Could you please hurry up?*
Je suis pressé(e). C'est (extrêmement) important/urgent.	*I'm in a hurry.*
Ça ne peut pas attendre.	*It can't wait.*

Pour exprimer l'exaspération

unbearable

C'est
- **insupportable.°**
- inadmissible.
- inacceptable.
- **incroyable.°**
- scandaleux.

unbelievable

Ce n'est pas
- vrai.
- croyable.

Pratique et conversation

A. Complétez. Complétez les phrases suivantes avec une expression appropriée présentée dans la section *Autrement dit*. (Choisissez une expression différente pour chaque phrase.)

1. Quand je suis impatient(e), je dis _____.
2. Quand je suis exaspéré(e), je dis _____.
3. Dans la bureaucratie, il y a beaucoup de _____.
4. Pour s'inscrire à l'université, on doit _____.

B. Situations. Quelle expression présentée dans la section *Autrement dit* emploieriez-vous dans les situations suivantes ?

stand in line

1. Vous **faites la queue°** depuis une demi-heure pour vous faire prendre en photo pour votre carte d'étudiant(e). Vous avez rendez-vous dans cinq minutes. Qu'est-ce que vous dites au photographe ?
2. On annonce au dernier moment que l'université va augmenter ses frais d'inscription de 30 %.

3. Vous venez de passer quarante-cinq minutes à remplir des formulaires. Puis, l'employé vous dit qu'il vous avait donné ceux de l'année dernière, et vous donne cinq nouveaux formulaires à remplir.

4. L'administration a perdu le **relevé de notes°** de votre ami. Il ne sait pas s'il pourra obtenir son diplôme en juin.

transcript

C. À l'inscription. Vous essayez de vous inscrire à un cours de philosophie. Les autres membres du groupe jouent le rôle des fonctionnaires qui vous placent devant des obstacles (des formulaires à remplir, une photo à prendre, etc.) et vous envoient à un autre endroit. Vous vous impatientez, vous exprimez votre exaspération et vous vous plaignez de la bureaucratie.

Grammaire de base

4.1 Review the forms of the following irregular verbs.

croire (to believe)

je	crois	nous	croyons
tu	crois	vous	croyez
il/elle/on	croit	ils/elles	croient

participe passé : cru

devoir (must, to have to; to owe)

je	dois	nous	devons
tu	dois	vous	devez
il/elle/on	doit	ils/elles	doivent

participe passé : dû

savoir (to know a fact; to know how to do something)

je	sais	nous	savons
tu	sais	vous	savez
il/elle/on	sait	ils/elles	savent

participe passé : su

suivre *(to follow; to take [a course])*			
je	suis	nous	suivons
tu	suis	vous	suivez
il/elle/on	suit	ils/elles	suivent
participe passé : suivi			

4.2 When expressing either necessity or probability, the **passé composé** of the verb **devoir** can be translated as either *had to* or *must have*, depending on context.

Il a dû choisir d'autres cours.
> *He had to choose other courses.*
> *He must have chosen other courses.*

J'ai dû laisser mon devoir à la maison.
> *I must have left my assignment at home.*
> *I had to leave my assignment at home.*

4.3 Contrast the meaning of **savoir** with that of **connaître**,[17] *to be acquainted with (a person, a place):*

Je ne connais pas bien ce quartier, mais je sais qu'il habite tout près d'ici.
> *I don't know (am not acquainted with) this neighborhood very well, but I know he lives close by.*

Tu connais Élizabeth ? Elle sait faire le bon pain français.
> *Do you know (are you acquainted with) Elizabeth? She knows how to make a good French bread.*

Structure III

Pour lier les éléments de la phrase: verbe + infinitif

a. The verb form following a conjugated verb will always be the infinitive. For many verbs, this infinitive will follow the conjugated verb directly.

Je préférerais repasser le bac avant de refaire tout ça.
J'ai dû assister à une conférence.

b. Some verbs introduce a following infinitive with the preposition **à.**

Elle a hésité à continuer ses études.
Est-ce que vous avez réussi à trouver un autre cours ?

---

[17] Presented in **Chapitre 1.**

c. Other verbs introduce a following infinitive with the preposition **de.**

J'ai décidé de suivre un cours d'informatique.
Il a essayé de s'inscrire sans succès.

d. The following chart classifies verbs according to how a following infinitive is introduced. The only way to learn to use these verbs correctly is through practice and memorization.

Verbs that do not use a preposition before an infinitive

aimer	devoir	penser
aller	écouter	pouvoir
croire	espérer	préférer
désirer	faire	savoir
détester	falloir (il faut)	vouloir

Verbs that introduce an infinitive with the preposition _à_

aider à	encourager à	inviter à
commencer à	hésiter à	réussir à
continuer à		

Verbs that introduce an infinitive with the preposition _de_

avoir besoin de	décider de	parler de	
avoir envie de	empêcher de°	refuser de	*to prevent*
avoir l'intention de	essayer de	regretter de	
avoir peur de	finir de	venir de°	*to have just*
choisir de	oublier de		

Pratique et conversation

A. Formulez une phrase. Formulez des phrases en utilisant les éléments ci-dessous.

Je	détester	faire mes devoirs…
Les étudiants	réussir	obtenir mon diplôme…
Mon/Ma meilleur(e)	oublier	s'inscrire au cours de français…
ami(e)	essayer	trouver un emploi d'été…
	hésiter	téléphoner à ses parents…
	venir	payer les factures°… *(bills)*
	avoir envie	rendre visite à…
	commencer	se battre avec l'administration
	avoir besoin	

B. Une histoire. Remplissez les blancs avec la préposition qui convient ou mettez un X si une préposition n'est pas utilisée.

Hier, j'ai essayé _____ m'inscrire à l'université. Quel cauchemar ! D'abord,

j'avais oublié _____ remplir un formulaire. J'avais l'intention _____ le faire,

receipt

mais comme je déteste _____ remplir les formulaires, je l'avais mis de côté. Ensuite, j'ai dû _____ payer mes frais d'inscription, alors, il fallait _____ aller chez
l'intendant. Mais, l'employé a oublié _____ me donner un reçu° et quand je me
suis présenté pour m'inscrire, on a refusé _____ accepter mon explication et j'ai
dû _____ retourner chez l'intendant chercher un reçu. L'employé m'a dit qu'il
regrettait vraiment _____ m'avoir causé tous ces problèmes. Avec le reçu, j'ai
pu _____ m'inscrire, et j'ai même réussi _____ obtenir tous les cours que je
voulais _____ suivre.

C. Interview. Posez des questions à votre partenaire. Demandez-lui…

1. s'il/si elle va réussir à obtenir son diplôme.
2. s'il/si elle a envie de continuer ses études après son diplôme.
3. ce qu'il/elle a besoin de faire pendant le week-end.
4. quand il/elle a commencé à étudier le français.
5. ce qu'il/elle doit faire aujourd'hui.

D. Vérité ou mensonge. Préparez des questions à poser à votre professeur en
employant les verbes présentés à la page 109. Votre professeur dit la vérité ou un
mensonge. Après sa réponse, vous devez décider si sa réponse est la vérité ou non.
Si le professeur réussit à tromper la classe, il/elle reçoit un point. Si la classe
devine bien, elle reçoit le point. Qui est le plus fin, le professeur ou la classe ?
N.B. : Le professeur reçoit automatiquement un point pour chaque question
posée avec la mauvaise préposition.

Structure IV

*Pour poser une question : L'adjectif interrogatif **quel** et le pronom interrogatif **lequel***

a. A question with the interrogative adjective **quel** asks for a specific item or items
selected from a larger group of similar items. Review the forms of **quel.**

Quel cours est-ce que tu préfères ?
Tu es en **quelle** année à l'université ?
Quels cours vas-tu suivre l'année prochaine ?
Quelles matières est-ce que tu trouves les plus difficiles ?

b. As the preceding examples indicate, questions with **quel** follow the same patterns as other questions you have learned.
c. **Quel(s) est/sont** corresponds to the English question *What is/are . . . ?* In
this question, **quel** agrees in gender and number with the noun following **être.**
When forming questions using **quel** and the verb **être,** the usual structure is
quel + **être** + noun with **quel** preceding the verb.

Quelle est ta spécialisation ?
Quelles sont les dates de l'inscription ?

d. If a verb introduces its object with a preposition, that preposition will precede **quel.**

s'inscrire à/pour :	À pour quels cours est-ce que tu t'inscris ?
penser à :	À quelle conférence penses-tu ?

e. **Lequel** is an interrogative pronoun meaning *which one/ones?* It is used in place of a noun modified by **quel** and agrees in gender and number with the noun to which it refers and that it replaces.

Il y a tant de **cours de philosophie.**	*There are so many philosophy courses.*
Quel cours vas-tu suivre ?	*Which course are you going to take?*
Lequel vas-tu suivre ?	*Which one are you going to take?*
Quels cours vas-tu suivre ?	*Which courses are you going to take?*
Lesquels vas-tu suivre ?	*Which ones are you going to take?*
Il y a beaucoup d'**universités** aux États-Unis.	*There are many universities in the United States.*
Quelle université est la meilleure ?	*Which university is the best?*
Laquelle est la meilleure ?	*Which one is the best?*
Quelles universités sont les meilleures ?	*Which universities are the best?*
Lesquelles sont les meilleures ?	*Which ones are the best?*

f. Use the question patterns you have already learned to form questions with **lequel.**

g. If a verb introduces its object with a preposition, that preposition will precede **lequel.** Note that **lequel** contracts with **à** and **de** in the same fashion as the definite article.

parler à :	Elle parle à un de ces professeurs.
	Auquel est-ce qu'elle parle ?
avoir besoin de :	—Tu as un feutre° ?
	—En voilà de toutes les couleurs. **Duquel** as-tu besoin ?

felt-tip pen

Pratique et conversation

A. Pour s'inscrire. Vous voulez vous inscrire aux cours à l'université. Formulez des questions avec l'adjectif interrogatif **quel,** en utilisant les éléments donnés. Un(e) autre étudiant(e) essaiera d'y répondre.

Modèle : quel / bâtiment / devoir / aller ?

Vous : À quel bâtiment doit-on aller ?

1. quel / conseiller / devoir / parler ?
2. quel / formulaires / il est nécessaire de / remplir ?
3. quel / règlements / falloir / suivre ?
4. quel / horaire des cours / devoir / consulter ?
5. quel / brochure / falloir / lire ?
6. quel / numéro de téléphone / il est nécessaire de / appeler ?

B. Recommandations personnelles. Vous allez commencer des études à l'université et vous demandez des conseils à une amie. Elle vous fait des recommandations; ensuite, vous lui demandez de préciser. Suivez le modèle.

> **Modèle :**   Il faut suivre un cours de langues / des cours de langues.
>
> **Vous :**   Lequel ? (OU : Lesquels ?)

to join

1. Il faut adhérer° à un club.
2. Il faut habiter dans les résidences.
3. Il faut aller aux matchs.
4. Il faut prendre des repas dans les cafétérias.
5. Il faut bien choisir les professeurs.
6. Il faut aller en boîte en ville.

C. Entre amis. Complétez le dialogue suivant par la forme appropriée du pronom **lequel.**

Didier   Oh, là, là. J'ai un boulot monstre cette semaine. J'ai trois examens à passer et je suis sûr que je vais en rater un.

Marie   _____ vas-tu rater ?

Didier   Mon examen de géo, c'est sûr. Le prof est si dur !

Marie   Moi aussi j'ai un prof exigeant.

Didier   _____ ?

Marie   Celui de français. Elle nous donne plein de devoirs à faire.

Didier   Ah, là, là, qu'est-ce que la vie d'un lycéen est dure ! Tu veux aller au café avec moi ?

Marie   D'accord. _____ veux-tu aller ? Au Café Bleu ou au Café de la Place ?

Didier   Allons au Café Bleu, nous y verrons certainement mon ami.

Marie   _____ parles-tu ?

Didier   De Bruno, voyons ! Tu sais bien que c'est mon meilleur ami.

Marie   Mais hier je t'ai vu avec un groupe de filles. En fait, tu semblais très intéressé par l'une d'elles !

Didier   _____ ?

Marie   La blonde, je crois qu'elle s'appelle Isabelle.

Didier   Isabelle ! ? Tu es folle, c'est la copine de Bruno.

D. Préférences. Votre camarade de chambre est très snob. Il/elle n'aime pas vos choix. Formulez une question selon le modèle.

> **Modèle :**   Je n'aime pas ce vin.
>
> **Vous :**   Alors, lequel aimes-tu ?

1. Je déteste cette voiture.
2. Je ne veux pas ce plat.
3. Je n'aime pas ce parfum.
4. Je n'ai pas envie d'aller à ce spectacle.
5. Ce livre est nul.

E. Un tour du campus. Vous faites un tour de votre campus avec un groupe de lycéens qui vont y étudier en automne. Indiquez les bâtiments principaux et où se trouvent les différentes facultés. Les étudiants vous posent des questions sur vos études et sur le campus et vous demandent ce que vous pensez de l'université.

Lecture II

L'article que vous allez lire est tiré d'une édition spéciale du Monde de l'Éducation *qui analyse l'enseignement dans le monde du français. Cet article remet en question le système d'enseignement au Sénégal, où les élèves arrivent à l'école incapables de comprendre le français, qui est pourtant la seule langue d'instruction. Pour faire comprendre la situation au lecteur, l'auteur de l'article imagine un scénario équivalent hypothétique : la réaction confuse des élèves français devant une institutrice qui enseigne en wolof, une des langues sénégalaises.*

Avant de lire

A. Réfléchissez. Avant de lire le texte, anticipez son contenu en répondant aux questions suivantes.

1. Pourquoi tout l'enseignement au Sénégal est-il en français ? Consultez le *Répertoire géographique* pour mieux comprendre l'implantation du français au Sénégal ainsi que° la situation linguistique dans ce pays.

   as well as

2. Selon vous, quels problèmes les élèves auraient-ils si leur enseignement n'était pas dans leur langue maternelle° ? Avez-vous des solutions à proposer ?

   native

3. Existe-t-il des élèves aux États-Unis qui ne sont pas éduqués dans leur langue maternelle ? Lesquels ?

B. Mots dérivés. Parfois il est possible de comprendre le sens d'un mot en identifiant une autre forme dont° il est dérivé. Que veulent dire les mots soulignés dans les phrases suivantes ?

   from which

1. « L'école française », comme on l'appelle ici, n'a rien à faire de° la personnalité de la société sénégalaise, où la relation au sacré,° l'univers chargé de symboles, le <u>maintien</u> de liens° sociaux... gardent encore tout leur sens.

   has nothing to do with
   sacred
   links

   maintenir = *to maintain*

   le maintien = _____

2. Quand l'école fait l'apologie de° <u>la réussite</u> par le mérite, de la performance individuelle...

   defends

   réussir = _____

   la réussite = _____

3. Alors que le français signifiait un <u>déracinement</u> vers la ville, les langues locales associées à une <u>reconnaissance</u> des valeurs rurales...

   racine = _____

   dé + racine + ment = _____

   reconnaître = _____

   reconnaissance = _____

C. L'organisation logique. Certaines expressions en français signalent l'organisation logique d'un passage. Quelques-unes de ces expressions sont illustrées dans les phrases suivantes.

1. L'expression « à l'inverse » signale la présence de deux pensées contraires. Identifiez-les dans cette phrase : « Dès les débuts de la colonisation, les langues africaines ont souvent été favorisées dans les pays anglophones. *À l'inverse*, la France s'est toujours distinguée en missionnaire de la langue. »

2. L'expression « d'un côté » suggère une division en deux. Trouvez cette division dans la phrase suivante : « Avec, *d'un côté*, le français comme langue obligatoire dans le système formel [...] et de l'autre, le wolof, le peul, le sérère, le diola, le mandingue, le sarakolé... à la maison. »

3. L'expression « bien que » veut dire *although*. Elle signale un contraste. Qu'est-ce qui est contrasté dans la phrase suivante ? Pourquoi ? « *Bien que* la langue hexagonale soit introduite depuis plus de cent cinquante ans au Sénégal, on peut dire aujourd'hui que seuls 1 à 2 % de ses habitants pensent en français, 10 % sont de vrais locuteurs de la langue française et 90 % restent analphabètes.° »

   illiterate

4. L'expression « alors que » suggère un contraste. Trouvez les éléments contrastés dans la phrase suivante : « *Alors que* le français signifiait un déracinement vers la ville, les langues locales associées à une reconnaissance des valeurs rurales pourraient peut-être contribuer à une plus grande autosuffisance alimentaire° au Sénégal. »

   self-sufficiency of the food supply

D. Parcourez. Lisez rapidement le texte pour trouver les parties indiquées. Citez les phrases exactes qui marquent le début et la fin de la partie. Trouvez le passage où :

1. l'auteur imagine une école en France où l'institutrice parle en wolof.
2. on parle de conflits culturels entre les leçons de l'école française et celles de la société sénégalaise.
3. des statistiques représentant la compétence de la population sénégalaise en français on donne.
4. on propose un système d'enseignement qui intègre le français aux langues locales.
5. on parle des implications culturelles de l'approche plurilingue.

Au Sénégal

Quid du wolof ?°

Quelles langues favorisait-on dans les colonies anglaises en Afrique ? Et dans les colonies françaises ?

Quel est le statut de la langue française au Sénégal ? Où est-ce qu'on la trouve ?

Dès les débuts de la colonisation, les langues africaines ont souvent été favorisées dans les pays anglophones. À l'inverse, la France **s'est toujours distinguée** en **missionnaire de sa langue, écartant** toute émancipation des langues locales. Trente-six ans après l'indépendance du Sénégal, le français reste la langue officielle, inscrite dans la Constitution, obligatoire dans l'enseignement. Et les langues nationales ne sont pas **prises en compte.** Autrement dit, l'école y enseigne en français à des enfants qui ne parlent pas français !

Maa ngiy dem ca daara ja. Maa ngiy jëmbët garab gi ci ëtt bi. Maa ngiy jox xale yi mango bi.[18]

Dans ce petit village près de Toulouse, au premier jour de la **rentrée scolaire,** l'institutrice vient d'**accueillir** les petits écoliers français par ces mots de wolof. Pendant toute l'heure de cours, et même durant toute leur **scolarité,** ils n'entendront plus parler que wolof. Imaginez leurs réactions : incompréhension, **mutisme, blocage.** [...] Mais **s'il s'agit bien d'une fiction** en France, c'est pourtant la réalité que vivent chaque année les 999.208 élèves du Sénégal. Avec, d'un côté, le français comme langue obligatoire dans le système formel [...] et de l'autre, **le wolof, le peul, le sérère, le diola, le mandingue, le sarakolé**... à la maison.

Dès l'âge de trois ans, le petit écolier sénégalais **semble partagé** entre ces deux mondes. Obligé de naviguer entre deux systèmes de valeurs souvent en totale opposition. « *L'école française* » comme on l'appelle ici, **n'a rien à faire de** la personnalité de la société sénégalaise, où la relation au **sacré,** l'univers **chargé** de symboles, le maintien de **liens sociaux** et **la gestion de systèmes de parenté complexes** gardent encore tout leur sens. Quand l'école **fait l'apologie de** la réussite par le mérite, de la performance individuelle, de l'**émulation, voire** de la **concurrence,** la famille lui répond que la notion de destin individuel n'existe pas **en dehors de** la collectivité. Face à de **tels enjeux,** le petit Sénégalais peut devenir presque étranger à sa propre culture, s'il la regarde avec **le recul** des principes français !

Un résultat cruel

Bien que la **langue hexagonale** soit introduite depuis plus de cent cinquante ans au Sénégal, on peut dire aujourd'hui que seuls 1 à 2 % de ses habitants pensent en français, 10 % sont de vrais **locuteurs** de la langue française et 90 % restent **analphabètes.**[19] À l'exception d'une élite urbaine, la grande majorité des familles sénégalaises ne peuvent donc pas **assurer l'encadrement et le suivi des études** de leurs enfants dans une langue qu'elles ne connaissent pas. Le résultat est cruel : seuls 10 % des jeunes **arrivent à « tirer leur épingle du jeu »** scolaire, quand 90 % sortent du système sans instruction, incapables de **se servir du** français, et **sans disposer d'un outil linguistique** plus accessible **pour accéder à une formation professionnelle.**

Une approche plurilingue°

En tout cas, la méthode d'enseignement [des langues africaines] qui **fait l'unanimité des** linguistes ne semble pas représenter un investissement considérable. **Et pour cause,** elle a déjà été **expérimentée** au Mali et se développe depuis plusieurs années au Niger,[20] deux pays parmi les plus pauvres de la planète.

---

[18] Traduction du wolof. « Je vais à l'école. Je plante l'arbre dans la cour. Je donne la mangue aux enfants. »

[19] A noter que l'analphabétisme s'entend ici *(is understood here)* par rapport à la langue française. On trouve au Sénégal une part non négligeable de la population alphabétisée en langue arabe.

[20] Le Mali et le Niger sont des pays francophones en Afrique.

Marginal notes:

Dans quel pays la scène se passe-t-elle ? Quelle langue parle l'institutrice fictive ? Et les élèves ? Quelles sont les réactions des élèves ?

Les élèves sénégalais, où parlent-ils français ? Où parlent-ils leur langue maternelle ?

Faites une liste des valeurs « françaises » enseignées à l'école et des valeurs de la culture sénégalaise.

Quel risque l'auteur voit-il pour un élève sénégalais divisé entre ces deux mondes ?

Depuis combien de temps parle-t-on français au Sénégal ?

Combien de Sénégalais pensent en français ? parlent couramment français ? sont analphabètes en français ?

Quel problème se présente aux parents sénégalais par rapport aux études de leurs enfants ?

Combien d'élèves sénégalais sortent de l'école primaire parlant bien le français ?

Quel risque l'auteur voit-il pour ces élèves ?

Cette méthode est-elle contro-versée ? Pourquoi ou pourquoi pas ?

À quelle objection l'auteur répond-il ? Quelle preuve fournit-il ?

Écrivez une petite description de l'approche plurilingue.

Quels exemples du plurilinguisme l'auteur donne-t-il ? Quel est son but ?

Quels avantages résulteraient si on donnait un plus grand rôle aux langues maternelles ?

Selon l'auteur, suffit-il d'introduire les langues maternelles dans les écoles ? Que veut-il voir un jour ?

Elle consiste à **jouer la complémentarité** entre français et langues africaines : de la première à la deuxième année de primaire, toutes les matières sont enseignées exclusivement en langue maternelle : dès la troisième année, le français est introduit comme langue « étrangère », **à raison de** deux heures par semaine uniquement à l'oral : en quatrième année, on passe au français écrit : en cinquième année, la langue française devient **véhicule d'enseignement** et la langue maternelle devient une langue spécifique représentant quatre heures d'étude par semaine.[…]

Cette méthode **fera d'autant plus ses preuves que** la jeunesse sénégalaise est **rodée** depuis longtemps à cette approche plurilingue. En **Casamance,** les enfants de douze à quinze ans peuvent souvent parler de deux à six langues. Dans certains quartiers de Dakar, un enfant peut par exemple parler peul dans sa famille, wolof pour jouer dans la rue avec ses camarades et français à l'école.

Au-delà, on sait que **le rapprochement** avec sa langue maternelle et donc de son **milieu social d'origine,** favorise le développement rural. Les enfants apprennent à connaître leur environnement, à aimer leur terre, à rester dans leur région natale, et **se rendent progressivement compte** de l'utilité de leur langue.

Alors que le français signifiait un déracinement vers la ville, les langues locales associées à une reconnaissance **des valeurs** rurales pourraient peut-être contribuer à une plus grande **autosuffisance alimentaire** au Sénégal. Mais ces langues n'existeront vraiment qu'à **travers** leur **débouché** social. **Point de salut** sans professionnels **exerçant dans leur langue:** médecins en wolof, enseignants en sérère, **agronomes** en peul…

Quid du wolof ? *What is Wolof's situation?* / **Dès les débuts** *From the beginning* / **s'est toujours distinguée** *has always set itself apart* / **missionnaire de sa langue** *spreading its language* / **écartant** *excluding* / **prises en compte** *taken into account* / **rentrée scolaire** *start of the new school year* / **accueillir** *to welcome* / **la scolarité** *schooling, education* / **mutisme** *silence* / **blocage** *blocking, lack of progress* / **s'il s'agit bien d'une fiction** *if it's a fictitious scene* / **le wolof…** *all languages native to Senegal* / **semble partagé** *seems to be divided* / **n'a rien à faire de** *has nothing to do with* / **sacré** *sacred* / **chargé** *full of, rich with* / **liens sociaux** *social relationships* / **gestion de systèmes de parenté complexes** *management of a complex system of extended family relations* / **fait l'apologie de** *justifies, defends* / **l'émulation** *imitation born out of admiration* / **voire** *even* / **concurrence** *competition* / **en dehors de** *outside of* / **tels enjeux** *such stakes* / **le recul** *distance* / **langue hexagonale** *French (because France has roughly the shape of a hexagon)* / **locuteurs** *speakers* / **analphabètes** *illiterate* / **assurer l'encadrement et le suivi des études** *to supervise (their children's) studies* / **arrivent à** *manage to (do something)* / **tirer leur épingle du jeu scolaire** *to emerge from their schooling in an advantageous position* / **se servir de** *to use* / **sans disposer d'un outil linguistique** *without possessing linguistic tools or skills* / **pour accéder à une formation professionnelle** *in order to have access to professional instruction or development* / **plurilingue** *multilingual* / **fait l'unanimité des** *has the consensus of* / **Et pour cause** *For good reason (because)* / **expérimentée** *tried* / **jouer la complémenta-rité** *to create a complementary relationship* / **à raison de** *at the rate of* / **véhicule d'enseignement** *the language of instruction* / **fera d'autant plus ses preuves que** *will be all the more successful because* / **rodé(e)** *adapted to* / **Casamance** *southern region of Senegal* / **Au-delà** *Beyond this* / **le rapprochement** *the act of bringing closer together* / **milieu social d'origine** *social class* / **se rendent progressivement compte** *realize (understand) bit by bit* / **les valeurs** *values* / **autosuffisance alimentaire** *self-sufficiency with regard to food supply* / **à travers** *through* / **le débouché** *(potential) use* / **Point de salut** *No salvation, no hope* / **exerçant dans leur langue** *using their native language* / **agronomes** *agricultural specialists*

A. Vérifiez. Regardez les questions que vous avez considérées avant de lire le texte. Quels problèmes et quelles solutions avez-vous bien prévus ?

B. Statistiques. Remplissez la grille suivante en donnant les statistiques trouvées dans le texte.

Nombre d'élèves au Sénégal :	
Pourcentage de la population qui pense en français :	
Pourcentage de la population qui parle bien français :	
Pourcentage de la population qui reste analphabète en français :	
Pourcentage des élèves qui sortent de l'école analphabètes en français :	

C. Résumé. En vous aidant des statistiques de l'exercice précédent, faites un résumé du texte dans lequel vous indiquerez :

1. les problèmes ou les inconvénients créés par le français comme langue d'enseignement.
2. une description de la solution proposée.
3. les raisons pour lesquelles on peut espérer que cette solution aura du succès.
4. les avantages qu'on envisage avec l'introduction de cette solution.

D. Synthèse. Complétez les questions suivantes en mettant la forme correcte de l'adjectif interrogatif **quel**. (Pouvez-vous répondre à toutes ces questions ?)

1. _____ langues parle-t-on au Sénégal ?

2. _____ langue est enseigne-t-on dans les écoles ?

3. _____ problèmes créé-t-il l'emploi du français dans les écoles, selon l'article ?

4. _____ différences entre l'ouest et l'Afrique est-ce que le français et les langues africaines représentent, selon l'auteur de l'article ?

5. _____ solution l'auteur propose-t-il ?

6. _____ objections peut-on faire devant cette solution ?

7. _____ avantages et _____ promesses est-ce que l'auteur voit dans la solution proposée ?

E. Débat. Le point de vue présenté par l'auteur ne fait pas l'unanimité parmi les enseignants. Certains pédagogues pensent qu'il est important de préserver le français comme langue d'enseignement. En petits groupes, faites une liste de raisons pour maintenir le statut actuel du français au Sénégal. Comparez cette situation à l'enseignement bilingue/plurilingue proposé. Quels sont les avantages et les inconvénients des deux systèmes ?

Compréhension auditive

Avant d'écouter

Texte 1 : Interview avec Mlle Fourtier, âgée de cinq ans

Avant l'âge de la scolarité obligatoire (six ans en France), l'enfant peut aller dans une école maternelle. Dans cette école facultative, les enfants de deux à six ans font des activités « d'éveil » qui les préparent à l'école primaire. Dans cette interview, Mlle Fourtier va parler de son école.

A. La vie d'enfant. Décrivez les dessins suivants. Qui est sur le dessin ? Où est-on ? Qu'est-ce qu'on fait ?

Vocabulaire utile

l'orthographe *(f.)*	*spelling*
l'écriture *(f.)*	*writing*
découper	*to cut out*
le chant	*singing*

Écoutez l'interview une fois. Ensuite, regardez les questions dans la partie A *(Précisions)* suivante. Maintenant, écoutez l'interview encore une fois pour trouver les réponses.

Pratique et conversation

A. Précisions. Répondez aux questions suivantes.

1. Quel est le nom de l'école de Mlle Fourtier ?
2. Dans quelle classe est-elle ?
3. Qui est Benjamin ?
4. Comment est-ce qu'on l'appelle ? Pourquoi ?
5. Qu'est-ce qu'il fait bien ?
6. Qui est Renan ?

B. Dessins. Regardez de nouveau les dessins. Utilisez-les pour raconter ce que Mlle Fourtier fait à l'école.

C. Le poème. Qu'est-ce que vous avez compris du poème ? En voici le texte :

Je sais enfin pourquoi ma poupée est malade.
Chaque nuit en cachette
Elle fait sa toilette
Et court au bal masqué
Où les Pierrots et les Polichinelles°
Ne dansent qu'avec elle.
C'est un chat du quartier
Qui me l'a raconté.
C'est bien, mademoiselle,
Avec une ficelle°
Je vous lierai la nuit
Au pied de votre lit.

puppet characters

string

Après avoir lu le texte, expliquez pourquoi la poupée est malade et la solution pro-posée pour la « guérir ». Est-ce qu'une telle solution serait acceptable dans un poème pour enfants aux États-Unis ?

Texte II : Interview avec Mlle Chambon (seize ans)

Dans cette interview, une lycéenne va parler du système universitaire français.

Avant d'écouter

Que savez-vous ? Que savez-vous déjà du système universitaire en France ? Répondez aux questions suivantes.

1. Qu'est-ce qu'il faut faire pour aller à l'université en France ? Faut-il passer un examen ? envoyer des lettres ? être interviewé ?
2. Quelles sortes de cours existe-t-il ?
3. Est-ce qu'on est obligé d'aller en cours ?
4. Comment sont les rapports entre professeur et étudiant ? Chaleureux ? Distants ?
5. Quelles sortes de contrôles existe-t-il ?

Écoutons

Regardez les questions dans la partie A ci-dessous pour vous donner une idée générale du contenu du texte. Ensuite, écoutez l'interview.

Pratique et conversation

A. Précisions. Répondez aux questions suivantes.

1. Quels jugements est-ce que Mlle Chambon émet sur les universités françaises ?
2. Comparez les Grandes Écoles aux universités.
3. Comment est-ce qu'on choisit une Grande École ?
4. Avant d'aller aux Grandes Écoles, quel cours est-ce qu'on suit ?

B. Comparaisons. En réfléchissant à l'interview, répondez aux questions sui-vantes.

1. Mlle Chambon fait la distinction entre les universités, qui à son avis « ne sont pas bien » et les Grandes Écoles, qui sont plus « intéressantes ». Est-ce qu'on a un système hiérarchique similaire aux États-Unis ?
2. Est-ce que l'université américaine prépare bien l'étudiant à un métier ?
3. Dans une université américaine, il y a souvent des cours dits « cours de rattrapage ». Est-ce qu'on devrait avoir des cours préparatoires obligatoires avant d'aller à l'université pour assurer un bon niveau parmi tous les étudiants ?

C. Interview. Interviewez un(e) étudiant(e) qui a étudié à l'étranger. Quelles différences est-ce qu'il/elle a remarquées ? Quel système est-ce qu'il/elle préfère ?

D. Jugements. Êtes-vous content(e) de votre vie à l'université ? Qu'est-ce que vous aimez ? Qu'est-ce que vous n'aimez pas ? Avez-vous des solutions à proposer ?

Journal

Dans ce chapitre, vous avez analysé certains aspects du système d'enseignement français. Comparez-les avec le système d'enseignement américain. Qu'est-ce que vous préférez dans le système français ? Et dans le système américain ? Quel système semble le plus rigoureux ? juste ? Écrivez vos réflexions dans votre journal, selon les indications de votre professeur.

À votre tour

Quel est le rôle de l'université, selon vous ? Devrait-elle préparer un étudiant à trouver un emploi ? Ou s'agit-il d'une expérience purement intellectuelle ?

Enrichissez votre expression

Faites les activités suivantes pour enrichir votre expression.

A. Vos intérêts. Quelle matière vous intéresse le plus à l'université ? Quelles qualités intellectuelles cette matière exige-t-elle ? Logique ? Précision ? Créativité ? ? ? ?

B. Votre avenir. À quelle carrière vous destinez-vous ? Quelles aptitudes/compétences sont nécessaires pour exercer cette profession ? **Vocabulaire utile :** mémoire, talent, précision, créativité, initiative, aptitude à…

C. Votre programme à l'université. Quels cours sont obligatoires pour votre spécialisation ? En quoi ces cours vont-ils contribuer à votre formation professionnelle ? à votre épanouissement° intellectuel ?

growth

Cours	Connaissances/compétences acquises
cours de chimie	connaissances techniques; précision; concentration

D. Les activités extra-scolaires. À quelles activités extra-scolaires participez-vous ? Comment ces activités contribuent-elles à votre développement intellectuel/professionnel ?

Activité	Connaissances/compétences acquises

E. Pour donner votre opinion. Quelles expressions peut-on utiliser pour donner une opinion ? pour dire ce qui est important/essentiel ? pour parler de ce qui n'est pas nécessaire ?

Ébauchez votre plan

Répondez à ces questions pour bien structurer votre composition.

Partie I

Depuis quand êtes-vous à l'université ?
Pourquoi avez-vous choisi cette université ?
Quel est le rôle de l'université, selon vous ?

goals

Votre université vous offre-t-elle la possibilité d'avancer vers vos buts° professionnels/intellectuels ? Comment ?

Partie II

Quels cours sont obligatoires pour votre spécialisation ?
Êtes-vous satisfait(e) de ces cours ?
Ces cours répondent-ils à votre conception de l'université ?

Partie III

Qu'est-ce qu'il faut changer à votre université, selon vous ?
Comment ces changements vont-ils améliorer votre formation intellectuelle/professionnelle ?

Écrivez la première version de votre composition. Organisez vos pensées en paragraphes qui ont chacun un seul thème/centre d'intérêt. Faites attention à bien présenter votre point de vue et à le soutenir en formulant des arguments bien précis.

Révisez votre première version en tenant compte des commentaires/corrections de votre lecteur.

Hypothèses

I was subject to discrimination [in Salem] as a small boy because my father bought a house on a Yankee street: Ocean Avenue. There were no French there, just pure Yankees, and the people on the street were outraged. They had a petition to try to keep him from acquiring that property. I took a beating; one kid organized all the others . . . they'd all rush out to try to seize me to beat me up . . . I became the trickiest runner in town! I've felt this discrimination lifelong. I thought of changing my name to say, something like Scott . . . and to escape this persecution by marrying a Yankee girl.

RUDOLPHE TURCOTTE, *FRANCO-AMERICAN VIEWPOINTS*

Chapitre 4

Perspectives sur l'exil

L'Immigration et l'assimilation

Immigration is often the result of a prosperous culture's need for a cheap labor force. This is the reason for most of the immigration from North Africa to France, and it was the motivation for the immigration of French Canadians to New England in the first half of the twentieth century. Despite their usefulness to the host society, immigrants in most cultures face problems of isolation and discrimination. Although few "Yankees" remember it now, the Franco-Americans of New England were no exception.

- As the text shows, segregation in housing was a general phenomenon in the United States in the recent past. What minorities in your region have suffered from it?

- Why had they come there in the first place?

- What are some ways in which immigrants have tried to escape discrimination in the United States?

- What is it about immigrants that seems threatening to certain groups in mainstream society?

▶ Immigration to developed countries like Canada, France, Belgium, and the United States is a phenomenon of massive proportions. In general, those who have immigrated to these countries have eventually become assimilated into the mainstream population. However, in periods when one group has arrived in very large numbers, its existence has often been seen by some as a danger to the established order of the host society. This chapter will explore questions related to mass immigration and the anxieties it provokes.

Ouverture culturelle

Mise en train

Vous aurez besoin de ce vocabulaire pour parler des documents :

L'immigration

taxes	l'immigré/l'immigrant (*m.*)	les impôts° (*m.*)
	un clandestin = un sans papiers	le système politique/économique
	le pays d'accueil/le pays d'origine	légal/illégal
	le préjugé	égal/inégal
unemployment	le travail/le chômage°	isolé/intégré
right	un droit°	l'intégration (*f.*)
state of living together	la cohabitation°	le Maghreb = l'Algérie, le Maroc,
family and child benefits	les allocations familiales°	la Tunisie
residence permit	la carte de séjour°	un Maghrébin
enfant d'immigrés maghrébins,	le permis de travail	un beur°

*enfant d'immigrés maghrébins,
né en France (this expression
originated in the slang known as
verlan, as a transformation of
the word **arabe**)*

Réactions

s'adapter   adopter   se convertir   cohabiter   s'intégrer   tolérer

Première approche

Regardez la couverture de la revue américaine *Reason* à droite. C'est une publication de tendance conservatrice. Dans l'article de Peter Salins, l'auteur écrit « Assimilation might be viewed as more akin to religious conversion than anything else . . . Converts do not have to change their behavior in any respects other than those that relate to the new religion. »

1. De quels pays viennent les immigrés qui inquiètent les Américains ?

2. Peter Salins dit que les immigrés aux États-Unis doivent « se convertir ».
   Dans quels domaines, à votre avis ? *(la langue, les relations familiales, les principes économiques, les vêtements, les habitudes quotidiennes, les principes politiques…)*
3. Êtes-vous d'accord avec son idée de « conversion » ?

Regardez maintenant la première page d'un article qui a paru dans la revue *l'Express* en France. Dans l'article, un Marseillais dit « La richesse de Marseille c'est cette identité métissée°… Aujourd'hui encore, celui qui débarque d'Italie ou du Maghreb n'est pas dépaysé.° »

cross-bred, of mixed origin
feeling a sense of foreignness

1. De quels pays viennent les immigrés qui inquiètent les Français ?
2. À quelles autres villes est-ce que Marseille ressemble, d'après la photo ?
3. L'image de la conversion ne peut pas s'appliquer en France. Être Français ne signifie pas l'adhésion à un système politique ou économique particulier. Regardez les grands titres de l'article. Ils proposent une autre solution pour les immigrés : « la cohabitation ». Quelle est la définition qu'ils en donnent ?
4. Qu'est-ce que le mot « black » semble signifier en français ? Ce n'est pas un synonyme exact de « noir ».
5. L'image américaine et l'image française proposent deux solutions différentes à l'intégration des immigrés : « la conversion » et « la cohabitation ». Quelles sont les différences entre elles ? Quelles sont les difficultés de chaque solution ?

madly

Pour aller plus loin

Regardez la bande dessinée de Plantu.

1. Dans la première image, qu'est-ce que le professeur apprend à ses élèves ?
2. Les élèves ont-ils bien appris la leçon ? Comment le savez-vous ?
3. Dans la quatrième image, pourquoi l'agent de police demande-t-il au père de montrer ses papiers ?
4. Pourquoi emploie-t-il **toi** et **tes** au lieu de **vous** et **vos** ? *(Il traite l'arabe comme un...)*

5. Racontez l'histoire au passé : *(Le professeur a appris à ses élèves que...)*
6. Qu'est-ce que ce dessin de Plantu suggère sur les relations entre les Français et les immigrés arabes ?

Interaction I

À Lyon, en France. Un ouvrier d'origine algérienne est au bureau des Allocations familiales. Il a été convoqué[1] pour présenter un document.

Ahmed	Pardon, Monsieur...
L'employé	C'est à quel sujet ?
Ahmed	J'ai reçu un papier. On me demande mon certificat de mariage. Je crois que je l'ai déjà envoyé.
L'employé	Si vous avez été convoqué, c'est que nous ne l'avons pas.
Ahmed	Mais, je vous jure que si. Je l'ai envoyé.
L'employé	Je vous dis que nous ne l'avons pas.
Ahmed	Le voilà. Vous pouvez me le rendre assez vite ?
L'employé	Vous n'avez même pas fait de photocopie ?
Ahmed	Excusez-moi. Je ne savais pas. Il y a toujours des problèmes ici.
L'employé	Ah ! Ne vous plaignez pas. Vous profitez assez de la générosité de la France. Et qui sait combien vous avez de femmes là-bas[2] !
Ahmed (en sortant)	Celui-là, il doit sûrement être au Front national.[3]

Observations

1. Pourquoi Ahmed est-il au bureau des Allocations familiales ?
2. Les deux hommes se méfient° l'un de l'autre. Est-ce que l'employé croit Ahmed ? Est-ce qu'Ahmed a confiance dans l'administration ? Comment le savez-vous ?
3. Pourquoi Ahmed pense-t-il que l'employé doit être au Front national ?
4. La tension monte petit à petit dans la conversation. Qu'est-ce qui met l'employé en colère ?

mistrust

Perspectives

1. Pourquoi est-ce que les immigrés suscitent la méfiance ? *(isolement du reste de la population, habitudes différentes, jalousies professionnelles, manières de parler...)*

---

[1] convoqué = *summoned*

[2] « là-bas » signifie « dans votre pays d'origine »

[3] Front national = un parti politique d'extrême droite en France, qui s'oppose à l'immigration

2. Les immigrés qui travaillent légalement en France ont droit aux allocations familiales comme les citoyens français. Dans certaines villes de France, ils peuvent même voter. À votre avis, les immigrés qui ont des cartes de séjour doivent-ils avoir les mêmes droits que les citoyens d'un état ?

Autrement dit

D'autres problèmes sociaux

La question des immigrés est un problème social parmi d'autres qui concernent les gens de notre époque. En voici les plus importants :

le crime	un(e) criminel(le)
l'**agression°**	un **agresseur°**
le **vol°**	un(e) **voleur/euse°**
le meurtre	un(e) meurtrier/ière
la **toxicomanie°**	un(e) toxicomane
la drogue	un(e) drogué(e)
le racisme	un(e) raciste
la délinquance	un(e) délinquant(e)
la pauvreté	un(e) pauvre; un(e) sans-abri, un(e) SDF (sans domicile fixe)
l'alcoolisme	un(e) alcoolique
l'**ivresse au volant°**	
l'ivresse publique	
la pollution	un pollueur de l'eau, de l'air, de l'environnement
la maladie (le **SIDA,°** la tuberculose, le cancer, les épidémies)	un(e) séropositif/ive, un(e) sidéen(ne)
le chômage	un(e) chômeur/euse

Marginal glosses:
mugging / mugger
theft / thief
drug addiction
drunk driving
AIDS

Pratique et conversation

A. Quel est le problème ? D'après la description des personnes et des situations suivantes, dites quel est le problème.

1. Cette personne se drogue tous les jours.
2. L'air et l'eau ne sont pas propres.
3. C'est la haine contre les gens d'une autre race.
4. Cette personne boit trop.
5. C'est une personne sans travail.

B. Statistiques. Répondez aux questions suivantes après avoir analysé le tableau à la page suivante.

1. Quel est le crime le plus souvent commis en 1995 ?
2. Le taux° de quel crime a augmenté le plus depuis 1994 ?
3. Le taux de quel crime a baissé le plus depuis 1994 ?

Marginal gloss:
rate

	1994	1995	Variation
• Vols à main armée	10 243	9 147	− 10,7 %
• Autres vols avec violence	63 067	65 400	+ 3,7 %
• Vols avec entrée par effraction	15 998	17 005	+ 6,3 %
• Cambriolages	468 903	433 266	− 7,6 %
• Vols liés à l'automobile et aux deux-roues à moteur	1 305 616	1 198 555	− 8,2 %
• Autres vols simples au préjudice de particuliers	515 953	496 862	− 3,7 %
• Autres vols simples (étalage,) chantiers…)	155 429	137 710	− 11,4 %
• Recels	37 865	42 699	+ 12,8 %
Total des vols	**2 573 074**	**2 400 644**	**− 6,7 %**

4. En général, est-ce que le taux des crimes violents a augmenté ou a baissé depuis 1994 ?
5. Quelles grandes tendances est-ce que vous remarquez dans ce tableau ?

Les principaux Partis politiques en France

GAUCHE	CENTRE	DROITE
PCF	PS	UDF[4]	FN

Les Verts   RPR

Les résultats approximatifs aux élections récentes

PCF	=	Parti communiste français	9 %
PS	=	Parti socialiste	21 %
UDF	=	Union pour la démocratie française	20 %
RPR	=	Rassemblement pour la République	20 %
FN	=	Front national	14 %
		Les Verts (= écologistes, écolos)	6 %

(Un peu en dehors des classements traditionnels)

Les programmes politiques (très approximatifs) de ces partis

GRAND SUJET	POINTS DE VUE	PARTIS POLITIQUES
Immigration	limitation des droits, expulsion, contrôle, limitation de l'immigration	FN RPR
	assimilation progressive	UDF
	extension des droits des immigrés	PS, PCF

---

[4] L'UDF n'est pas un parti au sens strict du terme, mais une association de petits partis politiques et de mouvements divers.

Économie	réduction du rôle de l'État, privatisations	FN, RPR
	maintien du système actuel	UDF, PS (une partie)
	extension du rôle de l'État, nationalisations	PS (une partie), PCF
Sécurité sociale	réductions	FN
	maintien de la situation actuelle	RPR
	extensions (plus ou moins grandes)	UDF, PS, PCF
Union européenne	priorité à l'indépendance nationale	FN, RPR
	accélération de la construction européenne	UDF, PS (une partie)
	rejet de l'Europe capitaliste	PS (une partie), PCF
Relations avec les États-Unis	méfiance, accent sur l'indépendance nationale	FN, RPR
	coopération	UDF, PS
	rejet de la collaboration avec le capitalisme	PCF

Pratique et conversation

A. Quelle tendance ? D'après la description des personnes suivantes, dites quelle est leur tendance politique (de droite, de gauche ou centriste).

1. M. S. : Il est pour le maintien de la structure économique actuelle.
2. Mme B. : Elle aimerait accorder plus d'influence à l'État. Elle est pour la nationalisation et elle aimerait voir aussi une Europe unifiée.
3. M. et Mme N. : Ils sont contre tout ce qui est capitaliste; ils sont surtout contre une collaboration avec les États-Unis.
4. Mlle T. : Son souci principal est l'environnement.
5. M. O. : Il aimerait voir l'expulsion de tous les immigrés; il est pour une réduction de la Sécurité sociale.

B. Un homme politique. Choisissez une personnalité politique et décrivez sa position sur les questions sociales et politiques qui sont importantes actuellement. Êtes-vous pour ou contre cette personne ?

C. Et vous ? Où est-ce que vous vous situeriez dans la gamme politique ? Pourquoi ?

Pour dire que l'autre a raison

I agree completely.

Je suis (tout à fait) d'accord.°
C'est vrai/exact.
C'est ça.

Je $\left\{ \begin{array}{l} \text{crois} \\ \text{pense} \\ \text{trouve} \end{array} \right\}$ que vous avez (tout à fait) raison.

Pour dire que l'autre a tort

Je ne suis pas d'accord.
Ce n'est pas vrai.
Je n'en suis pas convaincu(e).

Je $\begin{Bmatrix} \text{pense} \\ \text{crois} \\ \text{trouve} \end{Bmatrix}$ que $\begin{Bmatrix} \text{vous vous trompez.} \\ \text{vous avez tort.} \\ \textbf{vous êtes complètement fou/folle.}° \end{Bmatrix}$

you're crazy

Pratique et conversation

Raison ou tort ? Donnez vos réactions aux commentaires suivants en utilisant une expression de la section *Autrement dit*.

1. La toxicomanie est un problème important aux États-Unis.
2. Les conducteurs en état d'ivresse devraient être emprisonnés.
3. Le racisme n'existe pas aux États-Unis.
4. Le SIDA représente un grave problème médical et social.
5. On fait tout ce qu'on peut pour lutter contre la pollution.
6. Il y a plus de crime en temps de grand chômage.

Les minorités en France

minorité	pays d'origine	
les Algériens	l'Algérie	
les Marocains	le Maroc	le Maghreb
les Tunisiens	la Tunisie	
les Espagnols	l'Espagne	
les Portugais	le Portugal	
les Ivoiriens	la Côte-d'Ivoire	
les Zaïro-Congolais	la République démocratique du Congo	
les Sénégalais	le Sénégal	
les Vietnamiens	le Viêt-nam	

Pratique et conversation

A. Repérez. Repérez les pays identifiés dans la liste précédente sur les cartes au début du livre. Précisez : où se trouvent-ils ?; quels sont les pays voisins; quel est le statut du français (ou : quelle est la langue officielle).

Modèle :   le Portugal

Le Portugal est un pays de l'Europe du sud. L'Espagne se trouve à l'est et au nord. Le Portugal est bordé par l'océan Atlantique. La langue officielle est le portugais.

B. Pourquoi sont-ils en France ? Pourquoi est-ce que les personnes des nationalités suivantes se trouvent-elles en France ? **Pour en apprendre davantage,°** consultez le *Répertoire géographique* à la fin du livre. Ensuite, choisissez parmi les raisons données et ajoutez des détails basés sur vos connaissances historiques/politiques. Votre professeur vous demandera peut-être de faire des recherches plus approfondies.

To learn more

1. les Maghrébins	a. réfugiés/habitants des anciennes colonies françaises
2. les Vietnamiens	
3. les Portugais	b. conditions économiques difficiles dans le pays d'origine
4. les Ivoiriens	
5. les Espagnols	c. guerre civile dans le pays d'origine
	d. discrimination dans le pays d'origine

C. Un sondage. Parcourez le passage et dites si les commentaires suivants sont vrais ou faux.

1. Plus de 50 % des Français pensent que les immigrés aident l'économie.
2. Beaucoup de Français sont pour le mariage entre Français et immigrés.
3. La majorité des Français veulent fermer les frontières aux immigrants.
4. La moitié des Français aimeraient voir l'assimilation des immigrés.
5. Plus de 50 % des Français trouvent les immigrants antipathiques.

La majorité des Français sont favorables à l'arrêt de l'immigration.

59 % des Français considèrent que les immigrés sont plutôt une charge pour l'économie française (sondage CSA de mai 1995). 54 % des Français placent les beurs parmi les personnes les moins sympathiques, devant les homosexuels (49 %) et les Maghrébins (47 %). Plus des deux tiers se prononcent en faveur d'une fermeture des frontières destinée à empêcher l'entrée de nouveaux immigrés. Ce front du refus se retrouve aussi contre l'affirmation des convictions religieuses à l'école et contre le droit de vote des étrangers aux élections municipales.

Persuadés que les différences de coutumes, de religion et, à un moindre degré, de langue, rendront la cohabitation difficile, les Français sont à peu près également partagés entre la possibilité d'intégrer les immigrés et le souhait de voir partir un grand nombre d'entre eux au cours des prochaines années. Mais ils mettent en doute la possibilité de faire coexister des modes de vie dérivés des préceptes de l'islam dans une société qui se veut fondamentalement laïque. Beaucoup considèrent que les différences entre les religions islamique et catholique rendent l'intégration des musulmans impossible.

L'immigration, qui a souvent été une chance pour la France au cours de son histoire, apparaît aujourd'hui comme un problème pour les Français.

SOURCE:
Gérard Mermet, *Francoscopie* 1997, © Larousse-Bordas 1996

D. Et votre famille ? Quand et pourquoi est-ce que votre famille (vos parents, vos grands-parents) est venue aux États-Unis ?

Étude de vocabulaire

Les sigles°

Les sigles s'emploient beaucoup en français. Ils sont formés par la première lettre de chaque mot de l'expression : le Parti communiste = le PC ; le Front national = le FN. Parfois, le sigle se prononce comme un mot : le SIDA = le Syndrome d'immuno-déficience acquise. Notez qu'en général, le genre du sigle dépend du genre du premier mot de l'expression.

initials

Pratique et conversation

Sigles. À quelles définitions dans la colonne II correspondent les sigles de la colonne I ? Pour vous aider, chaque définition utilise un ou plusieurs mots du sigle. Ces mots sont en caractères gras.° Après avoir trouvé les correspondances, essayez de « déchiffrer » le reste du sigle.

boldface

company

I	II
1. la RATP	a. C'est la **société**° qui régit les **chemins de fers** français.
2. un PDG	b. C'est l'**organisation** des pays du monde dont le quartier général est à New York.
3. la SNCF	
4. l'ONU	c. C'est le **président** d'une société.
5. la EU	d. C'est la société qui régit les **transports parisiens.**
6. une HLM	e. C'est une **habitation** où les **loyers** ne sont pas chers.
	f. C'est l'union de quinze pays indépendants qui augmenter les opérations politiques, economiques, et sociales.

Grammaire de base

1.1 You have learned that some verbs introduce their object by means of a preposition. Review the following tables.

Verbs that introduce an object with the preposition *à*

téléphoner à qqn[5]	Je téléphone à mes parents le week-end.
obéir à ⎫ qqn/qqch[6] penser à ⎭	Nous obéissons à notre professeur. Elle pense souvent à son pays.
dire ⎫ donner ⎪ expliquer ⎬ qqch à qqn raconter ⎪ rendre ⎪ servir ⎭	Le professeur donne des devoirs aux étudiants.

---

[5] **qqn** signifie **quelqu'un**

[6] **qqch** signifie **quelque chose**

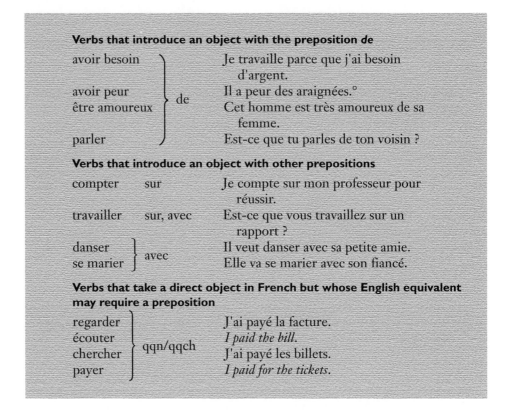

spiders

Verbs that introduce an object with the preposition *de*

avoir besoin		Je travaille parce que j'ai besoin d'argent.
avoir peur	de	Il a peur des araignées.°
être amoureux		Cet homme est très amoureux de sa femme.
parler		Est-ce que tu parles de ton voisin ?

Verbs that introduce an object with other prepositions

compter	sur	Je compte sur mon professeur pour réussir.
travailler	sur, avec	Est-ce que vous travaillez sur un rapport ?
danser	avec	Il veut danser avec sa petite amie.
se marier		Elle va se marier avec son fiancé.

Verbs that take a direct object in French but whose English equivalent may require a preposition

regarder		J'ai payé la facture.
écouter	qqn/qqch	*I paid the bill.*
chercher		J'ai payé les billets.
payer		*I paid for the tickets.*

Structure I

Pour faire référence à un élément du discours déjà mentionné : Les compléments d'objet direct et indirect

(Grammaire de base 1.1)

Study the following sentences, paying attention to the object pronouns in italics. Can you identify who or what they refer to?

> —J'ai reçu un papier. On *me* demande mon certificat de mariage. Je crois que je *l'*ai déjà envoyé.
> —Si vous avez été convoqué, c'est que nous ne *l'*avons pas.
> —Mais, je *vous* jure que si. Je *l'*ai envoyé.
> —Je *vous* dis que nous ne *l'*avons pas.
> —*Le* voilà. Vous pouvez *me le* rendre assez vite ?

a. Direct object pronouns refer to or replace direct object nouns that represent people or things. The direct object pronoun precedes the verb of which it is the object. The negation surrounds the object pronoun and the verb. Further examples follow.

direct object pronouns

Il *me* regarde.	Il faut venir *nous* voir.
Je ne *t'*aime pas.	Elle *vous* cherche.

Je vais *le* voir demain.　　Il ne *les* achète pas.
Je *la* vois.

b. Indirect object pronouns replace the phrase **à** + noun when the noun refers to a person. Study the forms of the indirect object pronouns.[7]

indirect object pronouns

Il *me* parle.　　　　　　　Tu *nous* rends le livre.
Je *te* dis la vérité.　　　　Elle *vous* explique la leçon.
Je ne *lui* fais pas confiance.　　Il va *leur* acheter un cadeau.

Note again the position of the pronoun: It precedes the verb of which it is the object; the negation surrounds the object pronoun and the verb.

c. In the affirmative imperative, object pronouns follow the verb form. Note that after the verb, **me** becomes **moi** and **te** becomes **toi**. One uses a hyphen between the verb and the pronoun.

Regardez-le !　　Téléphone-moi ce soir !

d. In the negative imperative, object pronouns precede the verb form.

Ne le regardez pas ! Ne me téléphonez pas ce soir.

e. In compound tenses, the object pronoun precedes the auxiliary. The negation **ne… pas** surrounds the object pronoun and auxiliary.

Il m'a servi un bon repas.
Nous ne l'avons pas trouvé.

f. In compound tenses, the past participle agrees in gender and number with a preceding direct object pronoun.

J'ai acheté la lampe. Je l'ai <u>achetée</u>.
　　　　　　　　 f.s.　　 f.s.

Pratique et conversation

A. Pour obtenir un visa de travail. Vous voulez travailler dans un pays étranger. Qu'est-ce qu'il faut faire pour obtenir un visa de travail ? Refaites les phrases suivantes en remplaçant les mots en italique par des pronoms.

required

1. Il faut remplir *les formulaires requis.*°
2. Parfois, on demande *la signature de votre employeur prospectif.*
3. Vous envoyez ces formulaires *à un fonctionnaire de l'État.*
4. Quelquefois, on attend longtemps *la réponse.*
5. En cas de réponse positive, communiquez la nouvelle *à l'employeur prospectif.*
6. N'oubliez pas de régler toutes vos affaires avant de partir : donnez votre nouvelle adresse *à vos amis.*
7. Prévenez *la banque;* écrivez *à votre propriétaire.*
8. Maintenant, vous êtes prêt(e) à faire *vos valises* !

---

[7] Exceptionally, indirect object pronouns are not used with the verb **penser à** and **rêver à** when referring to people. Rather, **à** + stressed pronoun is used: **Je pense à mon père. Je pense à lui.** See page 139.

B. Interview. Interviewez votre partenaire au sujet de l'immigration. Notez ses réponses et faites le profil de ses tendances politiques. (N.B. : Répondez aux questions en utilisant un pronom complément d'objet direct ou indirect, si possible.) Demandez-lui…

should grant

1. s'il faut limiter l'immigration aux États-Unis.
2. si on devrait accorder° la citoyenneté américaine aux immigrants clandestins déjà installés aux États-Unis.
3. si on devrait instruire les enfants des immigrés en anglais ou dans leur langue maternelle.
4. si les immigrants prennent le travail des autres Américains.
5. quels avantages l'immigration nous donne.

C. Jeu de rôle. Vous êtes l'enfant d'un(e) Portugais(e) qui a immigré en France il y a vingt ans. Posez des questions à votre père ou à votre mère sur ses expériences en arrivant dans son nouveau pays. Essayez d'employer des pronoms dans vos questions et vos réponses.

welcomed

Modèle :   Papa, est-ce qu'on t'a bien accueilli° ? Est-ce qu'on t'a menacé d'expulsion ? Est-ce qu'on te comprenait quand tu parlais français ?

Structure II

*Pour faire référence à un élément du discours déjà mentionné : Les pronoms **y**, **en**; les pronoms toniques après les prépositions*

(Grammaire de base 1.1)

a. Use the pronoun **y** to replace **à** + noun, when the noun refers to a thing.

Elle a répondu à la question. → Elle y a répondu.
Nous obéissons aux lois. → Nous y obéissons.

b. Use the pronoun **en** to replace **de** + noun, when the noun refers to a thing.[8]

Nous avons besoin d'un nouvel appartement. → Nous en avons besoin.
Vous parlez de votre maison. → Vous en parlez.

c. Review the forms of the stressed pronouns.

je	→	moi	nous	→	nous
tu	→	toi	vous	→	vous
il	→	lui	ils	→	eux
elle	→	elle	elles	→	elles

---

[8] Recall that **en** may replace objects preceded by expressions of quantity. The complement may be a person or a thing. See *Grammaire de base*, page 54.

d. These stressed pronouns are used to replace a noun that refers to a person after **de** and all prepositions other than **à.** Remember that **à** + person is usually replaced by an indirect object pronoun.

J'ai besoin de mon père. → J'ai besoin de lui.
Nous comptons sur nos collègues. → Nous comptons sur eux.
Tu danses avec Annick ? → Tu danses avec elle ?

e. Exceptionally, the verb **penser à** uses stressed pronouns to replace human complements.

Je pense à M. Ahmed. Je pense à lui.

Pratique et conversation

A. Les immigrés. Que savez-vous de la vie des immigrés ? Répondez aux questions suivantes en employant un pronom.

1. Est-ce que les immigrés ont besoin de logement ?
2. Est-ce qu'ils obéissent à leurs traditions ?
3. Est-ce qu'ils ont peur du racisme ?
4. Est-ce qu'ils comptent beaucoup sur leurs compatriotes ?
5. Est-ce qu'ils ont besoin d'emploi ?
6. Est-ce que les immigrés ont peur de la politique américaine d' l'immigration ?
7. Est-ce que les Américaines reprochent aux immigrées de se marier avec les Américains ?
8. À votre avis, est-ce que les Américains profitent de l'immigration ?
9. Est-ce qu'il y a beaucoup d'immigrés en Californie ?
10. Est-ce qu'il existe des groupes racistes aux États-Unis ?

B. Une interview. Complétez l'interview par les pronoms personnels appropriés.

La journaliste	Bonjour. Vous êtes marocaine, mais vous vivez aux États-Unis depuis une dizaine d'années. Est-ce que vous pensez souvent à votre pays ?
Layla	Oui, j(e) _____ pense souvent parce que j(e) _____ suis née.
La journaliste	Est-ce que vous voyez souvent vos parents ?
Layla	Oui, bien sûr, j(e) _____ vois tout le temps puisqu'ils habitent aux États-Unis.
La journaliste	Est-ce qu'ils habitent chez vous ?
Layla	Oui, ils habitent chez _____.
La journaliste	Est-ce qu'ils sont fiers de vous ?
Layla	Au début, c'était difficile pour _____ (les parents de Layla) mais maintenant ils sont fiers d(e) _____.

C. Le bonheur. De quoi/De qui est-ce que vous avez besoin pour être heureux/euse ? De quoi êtes-vous fier/fière ? De quoi n'êtes-vous pas satisfait(e) ? Comparez vos réponses à celles de votre partenaire. Êtes-vous d'accord tous les deux ? Sur quels points est-ce que vous n'êtes pas d'accord ?

Ce texte est tiré d'une série d'interviews avec des Africains qui ont immigré en France des anciennes colonies françaises et belges.

Avant de lire

A. Réfléchissez. Quelles sortes de difficultés est-ce que les immigrés éprouvent aux États-Unis aujourd'hui ? Pourquoi viennent-ils ? Est-ce qu'ils sont toujours contents d'avoir immigré ? Quelle image avaient-ils des États-Unis avant de venir ? Comment est-ce qu'ils ont formé cette image ? Quelles déceptions° éprouvent-ils après leur arrivée ?

disappointments

B. Prédictions. Regardez les quatres questions posées pendant cette interview et, sans lire le texte, essayez d'imaginer comment l'homme interviewé répondrait. Pourriez-vous imaginer quelle sorte d'image il avait de l'Europe avant d'y arriver ? Selon vous, quelles différences entre son image de l'Europe avant et après son arrivée l'auraient surpris ? Qu'est-ce qui lui aurait plu et qu'est-ce qui lui aurait déplu ? Quelles sortes de difficultés aurait-il eues ?

C. Vrai ou faux ? Lisez rapidement le texte pour déterminer si les phrases suivantes sont vraies ou fausses. Si la phrase est vraie, citez les phrases et mots exacts du texte pour justifier votre réponse. Réfléchissez un peu sur l'idée ou l'information exprimée par la phrase. Si la phrase est fausse, corrigez-la en indiquant les phrases et mots exacts du texte qui la contredisent.

1. L'image de l'Europe que les colonisateurs lui avaient donnée n'était pas juste.
2. Les Africains colonisés détestent toujours leurs colonisateurs européens.
3. L'interviewé n'était pas curieux de voir l'Europe.
4. L'interviewé n'aime ni l'Europe ni les Européens.
5. L'interviewé n'est pas à l'aise avec les Européens.

D. Parcourez. En citant des phrases précises, trouvez les passages où le texte parle…

1. de la bonté des colonisateurs.
2. de la vie européenne.
3. de l'accueil en Europe de la personne interviewée.
4. des monuments européens.
5. de l'adaptation culturelle.

Rêves d'en France : Des Africains parlent, qui les écoute ?

Pourquoi l'interviewé est-il venu en France ? Depuis combien de temps habite-t-il en France ? Quel pays a colonisé son pays natal ?

*Vous, vous êtes arrivé en France il y a quelques années pour faire des études de journaliste. Vous parliez l'autre jour de l'image qui avait été formée par les **colons** dans la tête des colonisés, l'image de l'Europe qu'on leur avait **inculquée**; qu'est-ce qui vous a surpris* *quand vous êtes arrivé en Europe **par rapport à** l'image qu'on vous avait présentée de la Belgique, puisque vous étiez colonisé par les Belges ?*

D'abord, l'Europe m'a **déçu**; je cherche encore cette Europe-là, l'Europe que je vis et que je vois, ce n'est pas cette Europe-là et je cherche toujours.

Quelle était sa première réaction à l'Europe ?

L'Europe, c'était quoi ?

C'était la bonté, la générosité; l'Europe était présentée comme **le ciel** : on a tout et on **ramasse,** on ne tue pas, on ne **vole** pas, **la haine** est inconnue; c'était là l'image du Blanc, du colonisateur. Vous n'avez pas de père, vous colonisés, je vous en donne un, c'est moi votre père, je vous donne tout. Voilà pourquoi quand **un boy** est **engagé** par un colonisateur, il transfère tout ce sentiment de sécurité à travers son nouveau maître : « **Je lui dois tout, la vie** ». Alors il y avait cette curiosité : comment est l'Europe ?

L'image qu'il avait formée de l'Europe avant d'y aller était-elle réaliste ou idéaliste ?

Nous nous posions cette question quand nous étions petits : comment est le ciel de l'Europe, comment vivent les Blancs chez eux, comment est cette partie du monde qui nous donne des hommes aussi bons ? C'est le colonisateur qui inculque cet esprit-là : le paternalisme. Il a fait le Noir dépendant; on est toujours **habité** par le souci de connaître l'Europe; quand on vous annonce que vous allez partir en Europe, on ne pleure pas, on sourit, on va satisfaire ce besoin que d'autres n'ont pas pu satisfaire, on va découvrir l'Europe, ce pays d'où viennent les Blancs.

Selon l'homme interviewé, quelle est l'émotion dominante pour un(e) Africain(e) colonisé(e) avant de partir pour l'Europe ? Pourquoi éprouve-t-il/elle ces émotions ? Les Africains colonisés ont-ils une meilleure opinion des Européens avant de venir en Europe ou après l'avoir vue ?

Alors, on arrive en Europe et on voit que l'Europe c'est encore **la terre,** ce n'est pas le ciel ! où il faut travailler aussi dur qu'en Afrique, sinon plus; en Europe, il faut travailler, on ne ramasse pas. Les Blancs que je vois en Europe ne sont

France : Au café.

Quelle est la base de la déception des Africains colonisés quand
ils arrivent en Europe ? Faites une
liste des contrastes entre l'Europe
imaginée et l'Europe vécue.

pas ceux que je voyais au Zaïre[9] qui disaient bonjour à dix mètres, qui **souriaient.** Ici, les visages sont graves, il y a de l'indifférence, on est déçu. Ce n'est pas ça l'Europe et on cherche toujours. Et ce qui est encore grave : on est étonné de voir que vous êtes étonné de n'avoir pas de présence en Europe. Ce pays où je croyais que l'on allait m'**accueillir** les bras ouverts, où on allait m'inviter à manger, où on allait m'ouvrir toutes les portes, on se demande pourquoi je suis ici. Où est cette Europe généreuse, bonne, on cherche toujours.

Cette image-là, ce n'est pas l'image du naïf; non, c'est l'image d'un homme formé par l'école coloniale.[10] Les pays africains ont **accédé** à l'indépendance, mais les Européens qui sont encore en Afrique noire ne veulent pas que l'image de l'ancienne Europe disparaisse. Dans tous ses anciens pays, le colonisateur a installé des structures qui permettent de **faire briller** cette ancienne image de l'Europe. Il y a des centres culturels où l'on ne montrera jamais **les clochards,** où l'on vous montre les belles images de B. Bardot, c'est la grande Europe; on vous montre la tour Eiffel, les Champs-Élysées, la Grande-Place de Bruxelles, la tour de Londres… C'est cette belle Europe qu'on vous montre, celle qui attire… Qui ne serait pas attiré par des images aussi belles ? d'un tel idéal ? L'Europe pour moi a symbolisé **ce que l'on peut atteindre.** On dit qu'un Zoulou qui n'a pas lavé sa lance dans le sang, n'est pas un homme,[11] c'est la même chose en Afrique : qui n'a pas encore vu l'Europe, n'est pas un homme, il faut voir l'Europe, je l'ai vue.

Quels genres d'obstacles concrets avez-vous rencontrés en arrivant en Europe, en dehors de l'image que vous aviez à l'esprit ? Pratiquement, qu'est-ce qui s'est passé et qu'est-ce qui a fait obstacle ?

Dans un sens général, quelle était
la plus grande difficulté rencontrée par l'Africain après son
arrivée en France ? Quelle explication donne-t-il pour cette
difficulté ?

Quelles différences remarque-t-il
entre la culture européenne et la
culture africaine (ou zaïroise/con-
golaise) ? L'interviewé semble-t-il
accepter l'idée de l'adaptation ou
de l'assimilation ?

D'abord, la difficulté de m'intégrer. Je suis venu en Europe pour vivre ici; pour vivre ici, il faut s'intégrer aux gens, s'ouvrir à eux, qu'ils vous acceptent, et c'est ça le problème ! Là, s'est posé le problème de la collision de deux cultures. Ma culture… c'est là où je me suis découvert, la différence avec l'autre…

Cette différence, elle se marque par quoi, par exemple ?

La spontanéité… Ici, les gens sont réservés, tandis que chez nous les gens sont spontanés, on **se lie** facilement d'amitié, on parle facilement. Ici, il faut aller avec beaucoup de tact, l'Européen on ne l'**aborde** pas n'importe comment, c'est tout un art pour aborder un homme, pour obtenir sa parole, on n'y va pas n'importe comment. Quand j'oubliais de l'aborder d'une façon propre à ici, on ne me répondait pas, il fallait toujours avoir à l'esprit la manière d'aborder d'ici, c'est ça le problème, donc il fallait apprendre à vivre.

Quand je suis reçu, **je ne ris plus à gorge déployée,** il faut sourire; vous vous étonnez et moi aussi je suis étonné de voir que j'étonne parce que je ris à gorge déployée; ici, on sourit, on crie pas ici, on **parle à voix basse;** on est obligé de se dépasser, d'oublier ce qu'on était et c'est ce qui est difficile, surtout quand on arrive dans un pays avec **un noyau** culturel résistant.

---

[9] Zaïre is now known as **la République démocratique du Congo.**

[10] l'école coloniale : *does not refer literally to a school, but figuratively to the experience of colonization and the indoctrination that takes place by virtue of that experience.*

[11] Thus glory or the height of manhood was reached through battle; or a "bloody lance."

colons *colonizers* / **inculquée** *instilled* / **par rapport à** *in relation to* / **déçu** *disappointed* / **le ciel** *paradise* / **ramasse** *accumulates* / **vole** *steal* / **la haine** *hatred* / **un boy** *a black servant in a white colonist's home* / **engagé** *hired* / **Je lui dois… la vie** *I owe him my life* / **habité** *obsessed* / **la terre** *the Earth as opposed to paradise* / **souriaient** *smiled* / **accueillir** *to welcome* / **accédé** *achieved* / **faire briller** *to show off* / **les clochards** *the homeless, drunkards, street bums* / **ce que l'on peut atteindre** *the heights that [mankind] can reach* / **se lie** *makes close ties or bonds* / **aborde** *address* / **je ne ris plus à gorge déployée** *I no longer laugh heartily (out loud)* / **parle à voix basse** *speaks softly* / **un noyau** *a center, a kernel*

SOURCE:

ed. Jean-Yves Carfantan, Éditions L'Harmattan

Après avoir lu

A. Vérifiez et comparez. Est-ce que les réponses de l'interviewé vous ont surpris(e) ? Est-ce que vous pensez que ses expériences seraient les mêmes aux États-Unis ? Pourquoi ou pourquoi pas ?

B. Classez. Classez les phrases suivantes dans la catégorie appropriée.

	les colons européens en Afrique	les Européens en Europe
généreux		
fraternels		
graves		
chaleureux		
indifférents		
égocentriques		

	le rêve de l'Europe	la réalité de l'Europe
les monuments		
les clochards		
travailler dur		
on ne tue pas		
le préjugé		
le paradis terrestre		

C. Résumé du texte. Faites un résumé à l'écrit ou à l'oral dans lequel vous aurez les quatre parties suivantes.

1. le portrait de l'homme interviewé
   - d'où il vient
   - quel pays a colonisé son pays natal

- pourquoi il est venu en France
- depuis combien de temps (à peu près) il est en France

2. les contrastes entre l'Europe rêvée et la réalité de l'Europe
3. son explication de l'existence d'un « rêve d'Europe »
4. les difficultés qu'il a rencontrées en France et son explication de l'existence de ces difficultés

D. Synthèse. Récrivez le paragraphe en remplaçant les compléments soulignés par le pronom correct.

Les Africains des anciennes colonies européennes viennent en Europe pour plusieurs raisons. Tout est nouveau <u>aux immigrés</u>, le climat, la nourriture, peut-être même la langue. Ils sont souvent choqués par la différence entre l'Europe comme ils ont imaginé <u>l'Europe</u> et l'Europe réelle. Ils sont peut-être aussi déçus de l'accueil qu'ils <u>reçoivent en Europe</u>. Malgré toutes ces difficultés, ils veulent, en général, s'habituer <u>à la vie en Europe</u>. Ce n'est pas rare qu'ils commencent à aimer les valeurs de <u>leur nouveau pays</u>. Il arrive même, peut-être, un moment où ils embrassent <u>les valeurs de leur nouveau pays</u>. Néanmoins, ils aiment toujours leur ancien pays et ont peur d'oublier <u>leur ancien pays</u>. Ils chérissent leurs traditions et veulent préserver <u>ces traditions</u> pour leurs enfants. Peut-être qu'ils insistent pour que leurs enfants gardent et respectent <u>les traditions</u>. Les immigrés ont souvent besoin <u>de traditions</u> pour maintenir leur identité face à l'assimilation culturelle.

E. L'interaction culturelle. En petits groupes, discutez des difficultés de la rencontre entre deux cultures. Quels comportements chez les Français rendent les immigrants mal à l'aise et vice-versa ? Avez-vous des expériences personnelles à raconter ?

Interaction II

Bulent Erim, un jeune Alsacien d'origine turque, s'occupe du magasin d'alimentation de son père dans le petit village d'Avolsheim. Pierre Schneider, son voisin, vient acheter des légumes.

Réfléchissez

Très souvent, les villages français restent assez fermés à ceux qui viennent de l'extérieur (même ceux qui viennent d'autres régions de France). Comment la famille de Bulent a-t-elle réussi à s'intégrer ?

Pierre   Oh, vous avez fait des transformations ![12]

Bulent   Bonjour, Monsieur Schneider. Eh bien, oui ! Au début, ce magasin répondait parfaitement à nos besoins, mais finalement, nous avons trouvé qu'il n'y avait pas assez d'espace. Oui, et nous avons agrandi l'appartement de mon oncle en même temps. Ça va aujourd'hui ? Et votre fils ?

Pierre   Ça va, mais Jean-Marc n'a toujours pas trouvé de logement à Strasbourg. C'est dur pour les jeunes aujourd'hui.

Bulent   Ah, vous savez, Madame Winkler est passée ce matin pendant qu'elle faisait ses courses. Elle m'a parlé d'un appartement dans le quartier de la gare.

---

[12] vous avez fait des transformations = *you've remodeled*

Pierre   Je vais lui en parler. Mais, vraiment, vous avez bien réussi ici. Vous savez, autrefois, le village n'avait pas de magasin. En quinze ans, votre père a transformé le village avec son épicerie et votre oncle avec la sienne.

Bulent   Ah oui, leur vie n'était pas facile au début. Mon père a travaillé très dur. Il a économisé pendant cinq ans avant de nous faire venir.

Pierre   Vous n'avez pas envie de repartir en Turquie un jour pour être parmi les vôtres ?

Bulent   C'est très beau là-bas, mais vous savez, c'est la campagne… De toute façon, j'ai mes amis ici, et mes cousins sont en Allemagne. On est habitué à l'Alsace maintenant. Nous avions raison de vouloir immigrer en France.

Quels conflits est-ce qu'il peut y avoir dans les sentiments d'un immigré quand il pense à son pays d'origine et à son pays d'adoption ?

Observations

1. Pourquoi est-ce que le village a bien accepté la famille de Bulent ?
2. Pourquoi est-ce que le père de Bulent est venu seul en France avant les autres membres de sa famille ?
3. Pourquoi Bulent ne veut-il pas retourner vivre en Turquie ?

Perspectives

1. Quels mythes sur les immigrés peuvent empêcher les gens de les accepter *(isolement du reste de la population, habitudes bizarres, manque de propreté, paresse…)* ? Comment la famille de Bulent a-t-elle surmonté les préjugés qu'on a très souvent envers les immigrés ?
2. Quelles difficultés y aurait-il pour la famille de Bulent si elle décidait de retourner définitivement dans leur village d'origine en Turquie *(langue, traditions, éducation, vie quotidienne…)* ?
3. Aux États-Unis, est-ce que les immigrés peuvent s'intégrer plus facilement dans un village ou dans une grande ville ? Pourquoi ?

France : La clientèle multiculturelle d'un marché parisien

Autrement dit

Les logements

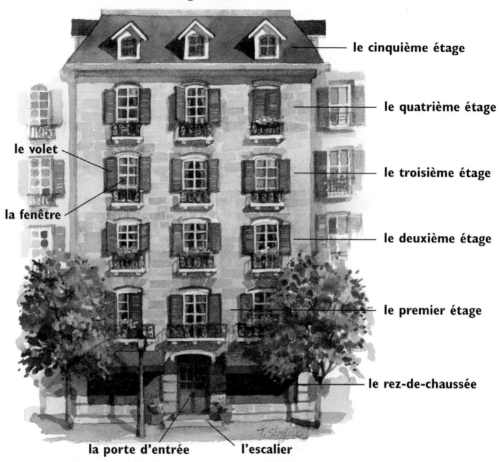

Les logements

le cinquième étage

le quatrième étage

le volet

le troisième étage

la fenêtre

le deuxième étage

le premier étage

le rez-de-chaussée

la porte d'entrée   l'escalier

Pour décrire le logement

qualités positives	qualités négatives
bien situé	mal situé
calme	bruyant
grand	petit
spacieux	étroit
clair	sombre
propre	sale

Les pièces et les aménagements

Je cherche
{ un studio
un deux-pièces
(= avec une
chambre) }
{ charges
comprises
chauffé
meublé }
avec
{ une cuisine / un coin-
cuisine / une
kitchenette
une salle de séjour }

un trois-pièces
(= avec deux
chambres)
{ à louer
à acheter }

{ une salle de bains
une douche
des placards
des penderies
une salle de bains
une machine à laver
un sous-sol / une cave
un grenier }

Pour parler de l'excès

Notre premier appartement était

+	−
fabuleux	lamentable
extraordinaire	épouvantable
fantastique	affreux
merveilleux	vilain
◇ extra	◇ minable
◇ super	◇ moche

Pratique et conversation

A. Deux appartements bien différents. Décrivez les appartements suivants. Lequel préféreriez-vous louer ? Expliquez.

B. Annonces immobilières. Regardez les trois annonces suivantes. Pour quelle sorte de personne ou famille ces logements seraient-ils appropriés ?

174/1POL802 - **18e** Bon 18e. Immeuble récent, soleil, verdure. Possibilité parking. **Meublé**, studio, 20 m2, moquette, coin-cuisine entièrement équipé, belle salle de bains, baignoire, douche, lave-linge. 3.100 F charges et chauffage compris. Références demandées. Salaire 10.000. Préférence célibataire. (1) 42.23.15.08 à 18 h le 20/8 et à partir du 24/8.

172/DSO758 - **GUADELOUPE** A partir de septembre, à 35 km de Pointe-à-Pitre. Loue en meublé. Rez-de-chaussée de villa, face mer à 50 m. 3 pièces, 54 m2, terrasse privée, cuisine toute équipée, téléphone privé, télévision, radio-cassettes. Toilette avec douche. Pour 4 personnes. (19) 590.28.49.92 ou écrire : Mme GOUBIN, Plage de Rifflet, 97126 Deshaies.

172/MBVR920 - **BREUILLET PORT SUD (91)** Résidence lac, piscine, tennis, télévision 11 chaines. Pavillon 5 pièces 100 m2. Sans vis-à-vis. Terrasse, jardin clos devant rivière. Entrée, penderie, séjour double cheminée, cuisine équipée, wc, cellier, garage, chaudière gaz neuve. Etage : 3 chambres, placards, salle de bains, salle d'eau, wc, grenier. Partiellement aménagé. 7 mn RER C. 980.000 F. Libre rapidement. (1) 64.58.50.36 ou (1) 40.65.49.59 bureau.

Variation : Vous êtes agent immobilier et vous essayez de louer une de ces propriétés à un(e) client(e). Il/Elle est très exigeant(e) et vous pose beaucoup de questions.

C. Un appartement à louer. Vous serez en vacances pendant l'été, et vous voulez louer votre appartement. Décrivez-le à un(e) partenaire, qui vous posera des questions.

D. Un service d'accueil. Vous travaillez dans un service d'accueil pour les immigrés haïtiens qui viennent d'arriver aux États-Unis. Ils vous posent des questions sur les possibilités de logement et de travail. Ils vous posent aussi des questions sur la vie aux États-Unis. Vous y répondez de votre mieux !

Étude de vocabulaire

Sortir, partir, quitter et laisser

Les quatre verbes **sortir, partir, quitter** et **laisser** signifient en général *to leave*, mais ils s'emploient chacun de façon différente.

a. Le verbe **sortir** signifie *to go out of*. C'est le contraire du verbe **entrer dans.** Il s'emploie seul, ou accompagné d'une préposition.

Il sort de son appartement.
Si seulement je pouvais sortir de cette prison !
Tu sors ? Ferme la porte derrière toi !

b. Le verbe **sortir (avec)** signifie aussi *to go out socially, on a date.*

Où vas-tu, Nicole ? Je sors avec Henri ce soir.
Tu es sorti(e) hier soir ? Oui, je suis allé(e) au restaurant.

c. Le verbe **partir** signifie *to leave (from, for)*. Il s'emploie seul ou suivi de la préposition **de** ou **pour.** Le contraire de **partir de** est **arriver à;** le contraire de **partir pour** est **arriver de.**

Tu pars maintenant ? Attends, je t'accompagne.
Le train part à douze heures trente.
Je pars pour New York. (≠ J'arrive de New York.)
Nous sommes partis de Paris.[13] (≠ Nous sommes arrivés à Paris.)

d. Le verbe **quitter,** *to leave a person or a place,* s'emploie toujours avec un complément d'objet direct.

Elle quitte son mari.
J'ai quitté l'appartement à trois heures de l'après-midi.
Je quitte Paris pour Lyon.

e. Le verbe **laisser** signifie *to leave behind.*

J'ai laissé mes affaires à la maison.

---

[13] Les verbes **sortir** et **partir** se conjuguent avec **être** aux temps composés; les verbes **quitter** et **laisser** se conjuguent avec **avoir.**

Pratique et conversation

Remplissez. Remplissez le blanc avec le verbe **sortir, partir, quitter** ou **laisser.**
Attention : parfois, il y a plus d'une réponse correcte.

1. Philippe vient d'appeler. On va _____ ce soir.
2. « Où est le patron ? » « Il est déjà _____. »
3. À quelle heure _____ l'avion pour Chicago ?
4. Il a _____ son poste d'administrateur pour devenir professeur.
5. La pauvre ! Son mari l'a _____ pour une autre femme.
6. Elle est _____ de son bureau vers 17h00.
7. Je n'ai pas du tout aimé le film. Alors, je suis _____.
8. Tu n'as pas ton parapluie ? Où l'as-tu _____ ?

Grammaire de base

2.1 To form the imperfect of any verb except **être**, drop the **-ons** of the **nous** form in the present tense, and add the imperfect endings.

The Imperfect				
			stem +	ending
J'	avais	l'air timide.	av	ais
Tu	avais	peur.	av	ais
Il	avait	besoin de conseils.	av	ait
Nous	avions	soif.	av	ions
Vous	aviez	l'air relax.	av	iez
Elles	avaient	chaud.	av	aient

2.2 Note the forms of stem-changing verbs in the imperfect.

Je préférais…
Je payais…
J'achetais…

2.3 **Être** has an irregular stem in the imperfect, **ét-**, to which the regular imperfect endings are added: **j'étais, tu étais,** etc.

2.4 In the conjugations of **manger** and **commencer**, the final consonant of the stem is modified before endings that begin with **a**.

Je mangeais…   Tu commençais…
Ils mangeaient…   Elle commençait…

but:

Nous mangions…   Nous commencions…
Vous mangiez…   Vous commenciez…

3.1 Review the forms of the possessive adjectives.

possessor		possessive adjective	
je		mon livre	*my book*
		ma table	*my table*
		mes livres	*my books*
		mes tables	*my tables*
tu		ton livre	*your book*
		ta table	*your table*
		tes livres	*your books*
		tes tables	*your tables*
il elle on		son livre	*his/her/one's/its book*
		sa table	*his/her/one's/its table*
		ses livres	*his/her/one's/its books*
		ses tables	*his/her/one's/its tables*
nous		notre livre	*our book*
		notre table	*our table*
		nos livres	*our books*
		nos tables	*our tables*
vous		votre livre	*your book*
		votre table	*your table*
		vos livres	*your books*
		vos tables	*your tables*
ils elles		leur livre	*their book*
		leur table	*their table*
		leurs livres	*their books*
		leurs tables	*their tables*

3.2 The forms **mon, ton,** and **son** are used before a feminine singular noun that begins with a vowel sound: **mon amie**, *my friend (f.)*.

Structure III

Pour décrire au passé : L'Imparfait

(Grammaire de base 2.1 → 2.4)

a. The imperfect is used to describe people and places in the past.

Au début, ce magasin répondait parfaitement à nos besoins, mais finalement, nous avons trouvé qu'il n'y avait pas assez d'espace.	*At the beginning, this store filled our needs perfectly, but after a while, we found that we didn't have enough space.*

b. Not only is the imperfect used for physical descriptions, but it is used also to describe states of mind in the past.

Nous avions raison de vouloir immigrer en France.	*We were right to immigrate to France.*

c. Another use of the imperfect is to tell how things used to be, or what you used to do in the past.

Ah oui, sa vie n'était pas facile au début.
Avant l'arrivée de votre famille, je faisais mes courses dans un autre village.

d. The imperfect is frequently used with adverbs that suggest habitual past action, such as **autrefois, toujours, souvent, tout le temps,** and **fréquemment.**

Vous savez, autrefois, les habitants du village achetaient leurs provisions ailleurs.	*You know, in the past, the residents of the village used to buy their groceries elsewhere.*

e. The imperfect is also used to talk about actions in progress in past time, that is, what was happening.

Ah, vous savez, Madame Winkler est passée ce matin pendant qu'elle faisait ses courses.	*Oh, you know, Madame Winkler passed by this morning while she was doing her errands.*

f. Here is a summary of the uses of the imperfect you have seen so far.
   - Descriptions of people, places, and states of mind in the past—what was the state of affairs, the state of mind
   - Habitual past action—what used to happen
   - Ongoing past action—what was happening

g. The verb **devoir** in the imperfect can mean *supposed to* or *was to.*

Nous devions retourner en Turquie cet été.	*We were supposed to go back to Turkey this summer.*

Pratique et conversation

A. Autrefois. En utilisant un élément de chaque colonne, formulez des phrases pour parler de votre jeunesse. N'oubliez pas d'employer l'imparfait pour décrire au passé, ou pour parler des actions habituelles.

Modèle :   Quand j'étais jeune, mes parents étaient très sévères.

I	**II**
il	y avoir
les gens	faire
mes parents	être
mes amis et moi	prendre
je	regarder
notre maison	pouvoir
	jouer
	avoir besoin

B. Interview. Demandez à votre partenaire...

1. s'il/si elle était heureux/euse à l'âge de deux ans.
2. ce qu'il/elle aimait faire quand il/elle était au lycée.
3. s'il/si elle avait beaucoup d'ennuis pendant son adolescence.
4. si ses parents étaient très sévères avec lui/elle quand il/elle avait seize ans.
5. s'il/si elle était plus actif/ive quand il/elle avait dix ans.

C. Changements. Prenez le rôle d'un(e) immigré(e) et dites comment votre vie était dans votre pays d'origine, et comment elle est actuellement. A-t-elle changé pour le mieux ?

D. Souvenirs de jeunesse. Connaissez-vous quelqu'un qui a passé sa jeunesse dans un pays étranger ? Demandez-lui de vous raconter sa jeunesse et parlez-en à la classe.

Structure IV

Pour exprimer la possession : Les pronoms possessifs

a. Possessive pronouns replace a possessive adjective and the noun it modifies.

En quinze ans, votre père a transformé le village avec son épicerie et votre oncle avec la sienne.	*In fifteen years, your father transformed the village with his grocery store and your uncle with his.*

b. Study the forms of the possessive pronouns.

possessor	possessive pronoun	
je	le mien la mienne les miens les miennes	*mine*

possessor	possessive pronoun	
tu	le tien la tienne les tiens les tiennes	*yours*
il elle on	le sien la sienne les siens les siennes	*his/hers/one's*
nous	le nôtre la nôtre les nôtres	*ours*
vous	le vôtre la vôtre les vôtres	*yours*
ils elles	le leur la leur les leurs	*theirs*

c. Choose the form of the possessive pronoun according to the gender and number of the noun that is referred to.

Mon appartement est très spacieux. Est-ce que le tien [= ton appartement : *m.s.*] est spacieux aussi ?

Ma famille est d'origine marocaine. La sienne [= sa famille] est d'origine espagnole.

d. The first element of the masculine and the plural forms will contract with the prepositions **de** and **à.**

Je n'ai pas mon stylo. Avez-vous besoin du vôtre ?

Je vais répondre à ses commentaires, et aux tiens aussi.

e. Note the use of possessive pronouns to refer to one's family.

Vous n'avez pas envie de repartir en Turquie un jour pour être parmi les vôtres ?

Pratique et conversation

A. Camarades de chambre. Vous avez un nouveau/une nouvelle camarade de chambre, et vous lui parlez de ses responsabilités. Remplacez les mots soulignés par un pronom possessif.

Modèle : Toi, tu nourris ton chat et moi, je nourris <u>mon chat</u>.

Toi, tu nourris ton chat et moi, je nourris le mien.

1. Tu fais ton lit et je fais <u>mon lit</u>.
2. J'arrose mes plantes et tu arroses <u>tes plantes</u>.
3. Les voisins sont en vacances. Quand tu nourris ton chat, est-ce que tu pourrais nourrir <u>le chat des voisins</u> aussi ?
4. Si tu laves ma voiture cette semaine, je laverai <u>ta voiture</u> la semaine prochaine.
5. Je répondrai à ton coup de téléphone si tu réponds à <u>mon coup de téléphone</u>.

B. Les immigrés. Remplacez les mots soulignés par un pronom possessif.

1. Mon père a immigré d'Algérie; <u>son père</u> a immigré de Tunisie.
2. Cette HLM ne répond plus à mes besoins; elle ne répond pas <u>à vos besoins</u> non plus.
3. Ma génération n'a pas confiance en l'avenir; <u>leur génération</u> avait plus de confiance en l'avenir.
4. Je ne réussis pas dans mes études; tu ne réussis pas dans <u>tes études</u> non plus.
5. Vous obéissez à vos traditions; nous obéissons <u>à nos traditions</u>.
6. Tu as besoin de mon aide; j'ai besoin <u>de ton aide</u> aussi.

C. Opinions. Donnez votre opinion en employant un pronom possessif.

Modèle : Est-ce que votre maison est plus grande que la maison de vos voisins ?

La mienne est plus grande que la leur. (*ou :* La leur est plus grande que la mienne.)

1. Est-ce que votre voiture est plus chère que la voiture de votre professeur ?
2. Est-ce que votre travail est plus dur que le travail de votre professeur ?
3. Est-ce que vos notes sont meilleures que les notes de vos amis ?
4. Est-ce que notre génération est plus altruiste que la génération de nos parents ?
5. Est-ce que vos goûts sont plus raffinés que les goûts de vos amis ?

Lecture II

Entre les années 1830 et 1962, l'Algérie a été administrée par la France. (Voir la rubrique « Algérie » dans votre Répertoire géographique.) Le nombre de colons français et de pieds-noirs[14] dépassait un million d'habitants au moment de l'indépendance. Les années cinquante ont vu la rébellion armée de la population musulmane, conflit qui a abouti à l'indépendance du pays, le 3 juillet 1962.

La guerre en Algérie était extrêmement sanglante : terrorisme pratiqué par le FLN (Front de libération nationale), groupe d'indépendantistes algériens, torture et politique

---

[14] pieds-noirs = Français d'origine européenne, installés en Algérie jusqu'au moment de l'indépendance

Algérie : Les pieds-noirs se préparent à quitter Oran en 1962

de la terre brûlée[15] de l'OAS (*Organisation armée secrète*) formée de colons extrémistes et de militaires français. L'armée française a commencé à recruter parmi la population algérienne. Appelés « harkis », ces « volontaires » avaient des motivations diverses : la brutalité du FLN, pression de la part de l'armée française et besoin alimentaire, parmi d'autres. En fait, c'était souvent la nécessité qui avait déterminé leur choix.

Pendant la révolution et après l'indépendance, les pieds noirs, dont la plupart étaient nés en Algérie, sont partis pour la France. Les harkis, c'est-à-dire, des soldats musulmans qui combattaient pour la France, ont quitté le pays en même temps.

Ce roman raconte l'histoire d'Azzedine, un harki, sa femme, Meriem, et leurs fils Sélim et leur fille, Saliha. Azzedine, fils de paysans pauvres, a besoin de gagner de l'argent pour soutenir sa famille. La seule solution pour lui est de s'engager dans l'armée française. Il ne sait pas que cet acte va bouleverser sa vie; il ne sait pas qu'on va lui demander de tirer sur ses compatriotes. Enfin, il ignore qu'il sera obligé de quitter son pays pour la France. L'extrait que vous allez lire décrit un événement qui est arrivé à ses enfants quelques années après leur installation en France.

Avant de lire

A. Hypothèses. Avant de lire le texte, essayez d'imaginer son contenu en répondant aux questions suivantes.

1. Quelles différences existe-t-il entre la culture française et la culture musulmane en ce qui concerne le rôle de la femme ? le régime alimentaire ? le rôle du destin ?
2. Quels souvenirs la famille aurait-elle de la guerre en Algérie ? Quels espoirs aurait-elle pour sa nouvelle vie en France ?
3. Quelles difficultés est-ce que les enfants d'un harki auraient à l'école en France ?

B. Les temps littéraires. Dans la langue écrite et littéraire, le passé composé est souvent remplacé par le passé simple. Les formes de ce temps verbal sont

---

[15] politique de la terre brûlée = *the policy of destroying land and property upon retreating from a village or region falling into enemy hands in order to render it useless to them*

présentées dans l'*Appendice*. Étudiez-les avant de lire le texte. Ensuite, trouvez des exemples du passé simple dans le texte et conjuguez-les au passé composé.

C. Parcourez. Trouvez le passage où…

1. Sélim explique à Saliha ce qu'est qu'un harki.
2. Saliha est très surprise.
3. l'institutrice de Saliha parle des immigrés maghrébins en France.
4. Sélim se bat avec ses copains à l'école coranique.
5. le maître de Sélim essaie de le rassurer.

Le Harki de Meriem

—Sélim, c'est quoi un harki ? demanda le même jour Saliha à son frère. Il était plongé dans ses devoirs, elle finissait les siens.

—J'ai demandé à Maman, mais je n'ai pas compris ce qu'elle a dit, en tout cas elle, elle est fière qu'on soit harki !

—Fière non, dit Sélim, de quatre ans son aîné. Elle n'a pas honte d'être femme de harki, c'est différent !

—Mais c'est quoi un harki ?

—C'est un arabe qui, pendant la guerre entre les Français et les Algériens, **s'est battu** contre les arabes.

—Contre nous ! pourquoi ?

Elle avait eu un choc. Elle **revoyait** le graffiti sur le mur de l'école : « Les Arabes dehors ».

—Peut-être parce qu'il pensait que pour son pays un gouvernement français c'était peut-être mieux ! supposa Sélim.

—Alors Papa n'aimait pas les Arabes ?

Elle pensa à son institutrice : « Les Arabes **ce n'est que des problèmes. Ils n'arrivent pas à suivre** et **du coup ils freinent** les autres élèves. » C'était ce que Mademoiselle Le Goff avait dit un jour en classe. Saliha **s'était sentie visée,** et elle pensa que son père avait peut-être les mêmes raisons d'**en vouloir** aux Arabes : ne voulait-il pas qu'elle soit la première ?

—Mais si, Papa aime les Arabes, **puisque** nous le sommes ! Je pense que ce qu'il voulait, c'était que les Français restent en Algérie avec les Arabes, pour travailler ensemble.

—Alors pourquoi à l'école Zahia et Nourredine ne veulent plus jouer avec moi ?

—Parce qu'ils sont jaloux que tu partes en **colo** et pas eux !

Ce que Sélim savait des harkis, c'est son maître de l'école coranique, Si Ali, qui le lui avait appris. Azzedine avait inscrit son fils en cours du soir **en vue de** lui donner aussi une éducation musulmane. Là, ses petits copains le **surnommaient** « le Français » et, pendant la pause, **les coups de poing** étaient fréquents.

—**Ould** harki ! fils de harki, si tu veux jouer au foot avec nous tu seras dans les buts. Devant y'a pas de place pour toi.

Et Sélim **retroussait ses manches, crachait dans ses pognes. L'intégriste** de maître les séparait.

—Si Ali, c'est quoi un harki ?

Le maître lui avait répondu :

—**T'occupe pas** d'eux, ce sont des idiots, applique-toi à ton travail, je connais ton père, c'est un brave homme.

Qu'est-ce que Saliha apprend dans ce passage ? Quelle est sa réaction ? Pourquoi ? À quelle question est-ce que Sélim répond avec certitude et à laquelle répond-il avec moins de certitude ? Comment expliquez-vous cette différence ?

Quelle attitude envers les Arabes est-ce que Saliha a rencontrée en France ? Cherchez des exemples précis. Qu'est-ce que les amis de Saliha, Zahia et Nourredine, ont fait récemment ? Pourquoi Saliha a-t-elle des problèmes avec ses copains à ce moment-là ?

Quelles sortes d'expériences Sélim a-t-il à l'école coranique ? Pourquoi ?

s'est battu *fought* / **revoyait** *pictured again* / **ce n'est que des problèmes** *they are only trouble* / **Ils n'arrivent pas à suivre** *They can't keep up* / **du coup ils freinent** *consequently they hold back* / **s'était sentie visée** *had felt targeted* / **en vouloir** *to resent* / **puisque** *since* / **colo** *summer camp* / **en vue de** *with the goal of* / **surnommaient** *nicknamed* / **coups de poing** *punches* / **Ould** *Son of* / **retroussait ses manches** *rolled up his sleeves* / **crachait dans ses pognes** *spit in his hands* / **L'intégriste** *The religious fundamentalist* / **T'occupe pas = Ne t'occupe pas**

Après avoir lu

A. Vérifiez. Est-ce que les prédictions que vous aviez faites avant de lire le texte étaient justes ? Quelles phrases précises du texte les confirment ? les contredisent ?

B. Portraits. Faites un résumé du texte à l'oral ou à l'écrit dans lequel vous décrivez…

    1. l'attitude des Français envers les immigrés arabes en France.
    2. la conversation entre Sélim et Saliha.
    3. la vie à l'école de Sélim et Saliha.

C. L'éducation des enfants. Quelle sorte d'éducation les parents de Sélim et Saliha donnent-ils à leurs enfants ? Veulent-ils que leurs enfants gardent une identité arabe ou plutôt qu'ils s'assimilent à la société française ? Êtes-vous d'accord ?

D. Imaginez. Imaginez que vous êtes Sélim. Écrivez un paragraphe dans votre journal personnel qui décrit une journée difficile à l'école.

E. Synthèse. Essayez d'imaginer la vie de Meriem et d'Azzedine en Algérie avant et pendant la guerre, c'est-à-dire avant leur arrivée en France et avant la naissance de leurs enfants. Composez un paragraphe à l'imparfait où vous décrivez leur vie. Voici quelques thèmes possibles : état d'esprit avant et pendant la guerre; espoirs et peurs; la vie quotidienne; la souffrance.

Compréhension auditive

Texte 1 : Les immigrés de France—Extrait d'une interview avec M. Olivier

Quelles sont les attitudes des Français envers les étrangers ? Dans cette interview, vous allez entendre un point de vue.

Avant d'écouter

A. Les immigrés et le travail. Quelles sortes de problèmes est-ce qu'un immigré rencontrerait en cherchant du travail ? Quelle sorte de travail est-ce que les immigrés cherchent en général ? Est-ce que tout le monde serait d'accord pour embaucher un immigré ? Pourquoi ou pourquoi pas ?

France : Un marché parisien

France : Une manifestation antiraciste du groupe SOS Racisme

B. Vocabulaire. Essayez de deviner la signification des expressions soulignées en faisant bien attention au contexte.

1. Les fabricants japonais de voitures sont en concurrence avec les fabricants américains, et la compétition est intense.
2. Il veut trouver un emploi comme ingénieur ? Ah non, c'est impossible, il n'a pas le grade.
3. Pendant qu'on était en grève,[16] on a embauché des remplaçants qui nous ont piqué le boulot.
4. Est-ce que c'est vrai que les immigrés qui travaillent prennent la place d'un Français ?
5. Il est de souche arabe : ses parents viennent d'Algérie.

C. Conseils pratiques. Le rôle d'un intervieweur est de poser des questions précises et pénétrantes, pour que l'interviewé élabore et raffine son point de vue. Par conséquent, les opinions exprimées au début pourraient être modifiées ou rejetées à la fin. Écoutez toute l'interview avant de répondre aux questions.

Écoutons

Avant d'écouter l'interview, regardez les questions qui suivent. Ensuite, écoutez l'interview en essayant d'en saisir le sens global. Écoutez une deuxième fois pour comprendre les détails.

Pratique et conversation

A. Vrai ou faux ? Après avoir écouté l'interview, indiquez si les phrases suivantes sont vraies ou fausses.

Selon M. Olivier...

1. les immigrés représentent un problème pour les Français.
2. les immigrés sont mal payés.
3. les immigrés prennent la place des autres Français.
4. les immigrés ne sont pas de bons travailleurs.
5. les enfants des immigrés sont toujours des immigrés.
6. il y a trop d'immigrés en France.

B. Que pensez-vous ? Quelle est l'attitude générale de M. Olivier envers les immigrés ? Est-il hostile, accueillant ou ambivalent ? Justifiez votre opinion en vous basant sur ses réponses aux questions de l'intervieweur.

C. Autres questions. Quelles autres questions est-ce que vous aimeriez poser à M. Olivier ? Quelles seraient ses réponses, d'après vous ?

[16] en greve = *on strike*

Texte II : extrait d'interview avec une Franco-Américaine, élevée dans le quartier « français » de Salem, Massachusetts, pendant les années 50

Avant d'écouter

A. La question linguistique. Connaissez-vous des immigrés ou des enfants d'immigrés ? D'habitude, où et à qui est-ce qu'on parle sa langue maternelle ? À la maison ? En dehors de la maison ? Avec les amis ?

B. École ou Église ? Avec quelle institution, l'école ou l'église, est-ce que vous associez les mots suivants ?

1. le curé
2. la cour de récréation
3. la paroisse
4. une messe
5. les maths
6. un prix religieux

C. Conseils pratiques. Très souvent, dans la conversation normale, on répète la même idée plusieurs fois et de plusieurs façons. Si vous ne comprenez pas un mot ou une idée, continuez à écouter : vous comprendrez mieux par la suite.

Écoutons

Regardez les questions dans la partie *Pratique et conversation* pour avoir une idée générale de l'interview. Ensuite, écoutez l'interview et répondez aux questions.

Pratique et conversation

A. Questionnaire. Répondez aux questions suivantes.

1. Comment est-ce que cette femme a appris l'anglais ?
2. Combien de messes y avait-il en français ? en anglais ?
3. Quelles matières étaient enseignées en français à l'école ? en anglais ?
4. Expliquez le système des jetons.
5. Décrivez le curé de sa paroisse.

B. Anglais ou français ? Dans lesquelles des situations suivantes est-ce qu'elle parlait français ? et anglais ? Élaborez votre réponse, si nécessaire.

1. à la maison
2. avec les enfants de son âge
3. à l'église
4. à l'école en de hors de la maison

C. Interview. Interviewez votre professeur en lui demandant quand et comment il/elle a appris le français (ou l'anglais, s'il/si elle est francophone). Demandez-lui aussi de raconter des anecdotes sur ses expériences en apprenant une langue étrangère.

Québec : Une église du village

Journal

Analysez bien ces trois tracts politiques. Selon vous, ces tracts représentent la plate-forme de quels partis politiques ? Quels partis politiques/groupes soutiendraient ces points de vue aux États-Unis ? Quels points de vue représentent le plus vos tendances politiques ? Écrivez vos réflexions dans votre journal, selon les indications de votre professeur.

SIX PROPOSITIONS POUR LA FRANCE

1. L'emploi prioritaire. Le progrès social comme critère de développement économique.

2. Les acquis sociaux ne sont pas un luxe mais une nécessité. L'expérience le montre.

3. La croissance doit aller de pair avec l'environnement.

4. L'expression des intéressés eux-mêmes, des salariés, est un gage d'efficacité.

5. La construction européenne doit être démocratisée.

6. Le développement ne peut être pensé en laissant le tiers monde dans la misère.

LE SOCIALISME, ÇA SUFFIT !

—4,5 MILLIONS DE CHÔMEURS
—4 MILLIONS DE DÉLITS ET DE CRIMES
—7 MILLIONS D'IMMIGRÉS
—500 000 SANS-ABRI !
—500 000 SÉROPOSITIFS

ECOLOGISTES, ATTENTION DANGER !

Partout où les écologistes sont élus, ils veulent augmenter les impôts, encourager l'immigration et persécuter les automobilistes. Dans les régions, ils se vendent toujours au plus offrant : en Lorraine à l'UDF, dans le Nord au PS, en Ile-de-France au RPR .

RPR-UDF, ILS VOUS TROMPENT!

ILS VOUS DISENT...	EN RÉALITÉ...
Qu'ils sont contre l'immigration.	Avec le PS et le PC, le RPR et l'UDF ont voté la carte de séjour de 10 ans renouvelable pour les immigrés.
Qu'ils vont réformer le Code de la Nationalité.	Ils l'avaient déjà promis en 1986, ils n'en ont rien fait.
Qu'ils vont rétablir la sécurité.	Les élus du RPR et de l'UDF se refusent encore aujourd'hui à rétablir la peine de mort.
Qu'ils vont sauver l'agriculture.	Le RPR et l'UDF ont approuvé la PAC 92 et ont dit OUI au Traité de Maastricht.

Pour l'homme: Les conventions internationales doivent veiller à ce que les aspirations naturelles et fondamentales de l'être humain soient respectées.
Cela suppose: La création d'un Temps Minimun de Travail Garanti, l'accès généralisé à la propriété, une nouvelle répartition des richesses et un renouveau des valeurs spirituelles.

Pour la Nature: Dans tous les secteurs d'activités techniques, scientifiques et industrielles, les Etats doivent prévoir l'existence d'organismes écologiques de contrôle, disposant du droit de veto. Ainsi, tout risque de pollution sera écarté.

Pour les Animaux: Interdiction de la vivisection, pratiquée uniquement pour des questions d'argent. Amélioration de leurs conditions d'existence. Lutte contre les abus de la chasse, les corridas, les massacres dans les abattoirs, les abandons et les mauvais traitements.

À votre tour

Pour cette composition, vous allez interviewer quelqu'un qui a dû faire face à une nouvelle situation culturelle. Quelles étaient ses expériences ? Comment s'est-il/elle adapté(e) ?

Enrichissez votre expression

A. Identifiez. D'abord, identifiez la personne que vous allez interviewer. Est-ce un immigrant récemment arrivé ou un étranger qui habite dans votre communauté depuis longtemps ? Est-ce un étudiant d'échange ou est-ce un étudiant d'une autre région du pays qui vient d'arriver sur le campus ?

B. Les questions. Pour chacune des catégories suivantes, pensez à deux ou trois questions que vous aimeriez poser à cette personne.

- décision de changer de pays, région, situation
- impressions
- adaptation
- état d'esprit
- avenir

Écrivez

Interviewez la personne choisie en prenant des notes. Ensuite, organisez votre composition en paragraphes selon les catégories établies dans l'exercice précédent. Rapportez les expériences et les impressions de l'interviewé en ajoutant votre propre perspective : selon vous, cette personne a-t-elle pris une bonne décision quand elle a décidé de changer de pays ou de région ? Comment sera son avenir ? Faites un portrait vivant de cette personne.

Révisez

Révisez votre première version en tenant compte des commentaires/corrections de votre lecteur.

Hypothèses

Along the well-paved southern coastal road between St. Anne and St. François, Guadeloupe, where tidy little not-quite-French towns spread out between the cane fields, and the Caribbean at its most radiant blue, six lightly dressed men, some with no shirt, drifted into an outdoor restaurant just before the sun set. One started playing a large drum. Another responded with livelier rhythms on a smaller drum. There was a lead singer and the others responded in chorus, chanting in Creole about work being done. One man danced and there was a lot of white rum, some of which the drummers poured on their hands and then resumed playing. [...] Guadeloupians have been performing this music called gwoka in more or less this way for three centuries. When Guadeloupian planners speculate on the limited economic potential of this multi-island département of France, the sugar mills that are no longer profitable, the lovely but limited land, the undesirability of industry, the infeasibility of farming, they do not even think about the music. Caribbean music, an integral part of culture and tradition, makes money in New York, London, Paris, and Amsterdam. More Caribbeans have earned international recognition from music than from any other pursuit. Living in small countries of little fame, Caribbeans are proud of their music stars. A few have earned millions from recordings that have brought in billions. But so far, this hasn't made their countries any less poor, and the lucrative Caribbean music business has remained far away and out of Caribbean control.

MARK KURLANSKY, *A CONTINENT OF ISLANDS*

Chapitre 5

Révélations audiovisuelles

Les médias et les valeurs

- According to the author, what are some of the economic problems that plague Guadeloupe?

- In what ways could popular music contribute to the prosperity of the Caribbean lands? Why doesn't it at present?

- *Gwoka*, *zouk*, and other types of music from the French Caribbean are sung in Creole, which has many words of French origin but is incomprehensible to French speakers. Why are these types of music popular in France (and the rest of Europe and Japan), in your opinion?

- The popularity of World Music is increasing in the United States. Do you listen to popular music sung in a language other than English? What forms of Caribbean music are familiar to you?

▶ Over the past half century, the mass media have dramatically transformed communication among the cultures of the world. As we see in this chapter, the power of the media seems to signal the gradual homogenization of cultures, but, at the same time, these media are generating new and influential forms of cultural expression in all parts of the world.

Ouverture culturelle

Mise en train

Vous aurez besoin de ce vocabulaire pour parler des documents suivants :

La musique et les médias

l'animation *(f.)*
l'émission *(f.)*
l'industrie de la musique *(f.)*
les multinationales *(f.)*
les informations *(f.)*
la presse
un quotidien°
les instruments de musique *(m.)*
le jazz
la musique rock, la musique
  classique

l'exotisme *(m.)*
l'habitude *(f.)*
la nouveauté
les paroles *(f.)* d'une chanson
le rythme
la voix
Internet *[sans article]*
le Web
la page Web

daily newspaper

Apprécier la musique

chanter   écouter   faire de la musique   apprécier   comprendre   chercher

Première approche

Le programme de la radio Sud-FM (Dakar), une station privée, pour une partie de
la journée :

Heures	Musique	Informations
9 h 00		
9 h 30	Musique (sénégalaise et africaine)	Informations brèves en français
10 h 00		
10 h 30		
11 h 00		Xibar Diamono°
11 h 30		
12 h 00	Animation°	Midi Info
12 h 30		
13 h 00		Journal en wolof
13 h 30		
14 h 00	Folklore — Bégal°	
14 h 30		

Xibar Diamono (wolof) =
News of the Times

Animation = Hosting (of
a TV/radio program). Here
it suggests that the host is
free to arrange a program
of his choice.

Bégal (wolof) = Entertainment

Heures	Musique	Informations
15 h 00	Musique (dominante anglo-saxonne)	
15 h 30		Informations brèves en français
16 h 00		
16 h 30		Informations brèves en français
17 h 00	Animation libre (musique anglo-saxonne, rétro, années 60, blues, funk, classique)	
17 h 30		Revue de presse en wolof
18 h 00		
18 h 30		

1. À quelles heures y a-t-il des émissions d'informations en français ?
2. À quelles heures y a-t-il des émissions d'informations en wolof ?
3. Quelles sortes de musique entend-on sur Sud-FM ?
4. Quelle est l'importance de la musique anglaise et américaine sur Sud-FM ? Comparez avec la musique africaine. *(On entend de la musique anglo-saxonne pendant…)*
5. Écoutez-vous une station de radio qui passe différentes sortes de musique, comme Sud-FM ?

Pour aller plus loin

Voici les CD de trois chanteurs qui ont beaucoup de succès en France :

Faudel = Français d'origine algérienne; chante en arabe et en français

David Hallyday = Français; fils d'un chanteur célèbre; chante en français

Wes Madiko = Camerounais; chante en bafoun

1. Quels aspects de la musique appréciez-vous le plus ? (*J'apprécie… ; le plus important c'est…*)
2. À votre avis, pourquoi les Français aiment-ils Faudel ou Wes Madiko s'ils ne comprennent pas les paroles ? (*Ils apprécient…*)
3. Pourquoi la musique cajun, qui est chantée en français, a-t-elle beaucoup de succès aux États-Unis ?
4. Écoutez-vous des chansons dans une langue que vous ne parlez pas ? Lesquelles ?
5. Est-ce que les goûts° musicaux des jeunes d'aujourd'hui sont plus variés que les goûts de leurs parents ?

tastes

Interaction I

À Toulouse, en France. Jean-Marc et Véronique sont étudiants en Lettres Modernes[1] à l'université de Toulouse-Le Mirail. C'est le week-end.

Réfléchissez

Quelles connaissances les jeunes Français ont-ils du cinéma mondial ?

Comment parlent-ils des films ? Comment choisissent-ils un film ?

Quelle est la fonction du café pour ces deux jeunes ?

Jean-Marc	Qu'est-ce qu'on fait ce soir ?
Véronique	Les étudiants en médecine organisent une boum.[2] On y va ?
Jean-Marc	Moi, ça ne me dit rien. J'aimerais mieux aller au cinéma. Pourquoi pas le dernier film de Téchiné[3] qui passe à l'Impérial ?
Véronique	C'est le film dont tu m'as parlé hier ? Il est bien ?
Jean-Marc	Je ne sais pas. Téchiné fait de bons films d'habitude. Sinon, à l'ABC, il y a le festival de films de John Huston.[4]
Véronique	Je ne sais pas. J'aimerais bien voir *le Faucon maltais…* Allons au café voir le journal.
Jean-Marc	D'accord, mais le film de Téchiné commence dans une heure. Il faut décider vite.

Observations

1. Pourquoi Jean-Marc veut-il voir le film de Téchiné ?
2. Qu'est-ce que les jeunes Français savent sur le cinéaste américain John Huston ?
3. Pourquoi Jean-Marc et Véronique vont-ils au café ?

Perspectives

1. Quels facteurs déterminent votre choix de film quand vous allez au cinéma ? Comparez avec les Français du dialogue. (*Je choisis un film à cause de… [les vedettes,° le sujet, le cinéaste, l'intrigue, le genre]. Un Français choisit…*)

stars

---

[1] Lettres Modernes = *Modern Languages and Literatures*

[2] une boum = *a party*

[3] Téchiné = *André Téchiné, one of the best French film directors of the 90s. His 1994 work* Les Roseaux sauvages *was highly acclaimed in both Europe and the United States.*

[4] John Huston = *American film director, whose major works range from* The Maltese Falcon (1941) *to* The Dead (1987)

2. Les Français parlent du cinéma comme ils parlent de la littérature (l'auteur et les œuvres). Comment les Américains voient-ils un film ? Est-ce un événement culturel, un divertissement, de l'art, un passe-temps, un événement social ?

3. Connaissez-vous les classiques du cinéma américain ? Connaissez-vous le cinéma étranger ? Donnez des exemples.

4. Quelles sont les différentes fonctions du café en France ? *(On y va pour boire, pour…)*

5. Où vont les Américains pour faire ces différentes choses ?

Autrement dit

Pour inviter

avant d'inviter	**l'invitation**	
Tu es libre ce soir ?	Tu veux dîner au restaurant avec moi ?	
Qu'est-ce que tu fais samedi ?	**Ça te dirait d'aller au cinéma ?**	*Would you like to go to the movies?*
Tu fais quelque chose de spécial ?	On va au cinéma ?	
	Si on allait au cinéma demain ?	*How about going to the movies tomorrow?*
	Je t'invite à dîner.	

pour accepter	**pour refuser**
Oui, avec plaisir !	Je regrette, mais je ne peux pas.
Oui, je veux bien.	Je suis désolé(e), mais je ne suis pas libre.
C'est une bonne idée.	C'est gentil, mais j'ai du travail.
D'accord.	Merci, mais ce n'est pas possible.

Maroc : Affiches de films à Meknès

Juliette Binoche, actrice française, remporte un Oscar (1997)

dubbed

Pour parler des films

avant le film

Qu'est-ce qu'on fait ce soir ? Si on allait au cinéma ?
Tu préfères quelle sorte/quel genre de film ?

J'adore les films	d'aventure.
	d'amour.
	de science-fiction.
	d'épouvante.
	d'horreur.
	d'espionnage.
	historiques.
	policiers.
Je n'aime pas les	drames (psychologiques).
	comédies (dramatiques/musicales).
	westerns.
	dessins animés.

Je crois que le Régent passe un film chinois
- sous-titré.
- avec sous-titres.
- en version originale (v.o.)
- en version française (v.f.)/**doublée.°**

Ça passe où ?/C'est à quel cinéma ?	*What movie theater is it at?*
Tu veux aller à quelle séance ?	*What showing do you want to go to?*
C'est combien la place ?	*How much are the tickets?*

Y a-t-il une réduction/ un tarif réduit	pour les étudiants ?	*Is there a discount for students?*
	pour chômeurs ?	*for the unemployed?*
	pour les plus de 65 ans ?	*for senior citizens?*

C'est interdit aux moins de 18 ans.	*Under the age of 18 not admitted.*

pour parler du film

it's about
takes place

The plot / the end / wonderful

Dans ce film, **il s'agit d'°** un couple marié et de leurs problèmes…
L'action **se déroule°** en 1972 à Chicago…
Plusieurs scènes se passent à Paris…
L'intrigue° était intéressante et **le dénouement°** surtout était **génial.°**

après le film

C'est un acteur/une actrice/un metteur en scène/une metteuse en scène/un réalisateur/une réalisatrice/un(e) cinéaste extraordinaire.

J'ai adoré : c'était	marrant. **rigolo.°**	*funny*
	très bien fait/joué/ interprété.	

C'est un film à ne pas manquer.   *It's a film you don't want to miss.*

Je n'ai pas aimé
du tout. C'était   ennuyeux.
                    embêtant.
                    atroce.
                    une catastrophe.
                    un désastre.
                    un **navet.**°   *a bomb*

		+	−	
La mise en scène		magnifique.		
La cinématographie		splendide.	**mal conçu(e)°.**	*poorly conceived*
Le scénario	était	super.	mal fait(e).	
L'interprétation		génial(e).	médiocre.	
Le jeu°		passionnant(e).		*The acting*

Pratique et conversation

A. Des films. Regardez les photos suivantes. Avez-vous déjà vu ces films ? Racontez un peu l'intrigue et donnez votre opinion sur le jeu et la cinématographie.

B. Invitations. Invitez votre partenaire à faire les activités suivantes. Il/Elle acceptera ou refusera selon les indications. Invitez-le/la à…

1. aller au cinéma. Il/Elle acceptera.
2. aller en discothèque. Il/Elle refusera, en donnant de bonnes raisons.
3. aller au restaurant. Il/Elle hésitera, mais après beaucoup de persuasion, acceptera.
4. passer un week-end à Paris. Il/Elle est tenté(e), mais il/elle refuse finalement.
5. aller à un concert de musique algérienne. Il/Elle acceptera.

C. Interview. Demandez à votre partenaire…

1. quel genre de film il/elle préfère.
2. quel film il/elle a vu récemment.
3. si ce film lui a plu et pourquoi (pourquoi pas).

4. s'il/si elle aime les films étrangers.

5. s'il/si elle préfère les films doublés ou sous-titrés et pourquoi.

agree on

D. Invitation au cinéma. Votre ami(e) vous invite au cinéma. Vous lui posez toutes sortes de questions sur le film qu'il/elle veut voir. Finalement, vous acceptez, et vous **convenez°** de l'heure et du lieu de votre rendez-vous.

E. Après le film. Votre ami(e) a adoré le film mais vous ne l'avez pas du tout aimé. Il/Elle va donner ses réactions et vous donnerez une réaction contraire. Convainquez votre ami(e) de la justesse de votre opinion.

A review

F. Un compte rendu.° Faites un petit compte rendu d'un film que vous avez vu récemment. Dites :

- le genre du film
- de quoi il s'agissait dans le film
- qui jouait les rôles principaux
- ce que vous avez pensé de l'intrigue/du jeu/de la cinématographie
- si vous recommanderiez ce film aux autres et pourquoi (pourquoi pas)

Grammaire de base

1.1 Review the conjugation of the following irregular verbs in the present indicative.

mettre			
je	mets	nous	mettons
tu	mets	vous	mettez
il	met	elles	mettent
participe passé : mis			

ouvrir			
j'	ouvre	nous	ouvrons
tu	ouvres	vous	ouvrez
elle	ouvre	ils	ouvrent
participe passé : ouvert			

tenir			
je	tiens	nous	tenons
tu	tiens	vous	tenez
elle	tient	elles	tiennent
participe passé : tenu			

1.2 Compounds of these verbs are conjugated in the same way as the simple forms, with the addition of a prefix or an initial consonant. Learn the following compounds.

mettre			**ouvrir**[5]
admettre	*to admit*	couvrir	*to cover*
commettre	*to commit*	découvrir	*to discover*
omettre	*to omit*		
permettre	*to permit*		
promettre	*to promise*		

tenir	
maintenir	*to maintain*
obtenir	*to get, obtain*
retenir	*to retain*
appartenir à	*to belong to*

2.1 Review the following time expressions.

to express habitual actions	to express a moment in the past	to narrate a sequence of events
d'habitude	hier (matin, après-	d'abord
fréquemment	midi, soir)	au début
toujours	la semaine dernière/	pour commencer
souvent	l'an dernier	puis
tout le temps	ce matin-là/cette	alors
	nuit-là	ensuite
	à ce moment-là	tout de suite après
		en même temps
		enfin
		finalement
		à la fin

3.1 Adverbs of frequency tell how often an action is performed. Some common adverbs of frequency are:

toujours	*always*
souvent	*often*
quelquefois	
parfois	*sometimes*
rarement	*rarely*

3.2 The adverbs **toujours, souvent,** and **rarement** usually follow the verb directly. The others may also come at the beginning or the end of a sentence.

Il arrive toujours à l'heure.
Elle travaille rarement le samedi.
Quelquefois, il arrive en retard.
Je vais souvent au café.

---

[5] The verb **souffrir** is also conjugated like **ouvrir.**

3.3 Adverbs of manner modify a verb or another adverb, and tell how an action is performed. Most adverbs of manner are derived from adjectives by adding the ending **-ment** to the feminine singular form of the adjective.

sérieux → sérieuse → sérieusement
lent → lente → lentement
difficile → (difficile) → difficilement

3.4 If an adjective ends in **-i** or **-u** in the masculine singular, the adverb is derived from this form.

poli → poliment   vrai → vraiment
absolu → absolument   résolu → résolument

3.5 If an adjective ends in **-ant** or **-ent,** these endings are dropped and **-amment** or **-emment** is added to form an adverb.

constant → constamment
patient → patiemment

3.6 Some adverbs are not derived from adjectives: **bien, mal, très, vite.**

3.7 Many adverbs of time are presented in *Grammaire de base 2.1.*

3.8 You have also seen many adverbs of place: **ici, là-bas, près, loin, devant, derrière,** etc.

3.9 Adverbs are compared like adjectives (see pages 66–67).

Bernard travaille $\left\{ \begin{array}{l} \text{plus} \\ \text{aussi} \\ \text{moins} \end{array} \right\}$ rapidement que Thomas.

The irregular comparative of **bien** is **mieux.**

Didier parle mieux anglais que Philippe.

3.10 The definite article **le** is always used in the superlative.

Nicole écoute $\left\{ \begin{array}{l} \text{le moins} \\ \text{le plus} \end{array} \right\}$ attentivement.

Structure I

Pour narrer au passé : Les temps du passé (suite/résumé)

a. You have now practiced three past tenses: the **passé composé,** the imperfect, and the pluperfect. These tenses are all used for talking about past time, but each has different functions. The following chart summarizes these functions.

plus-que-parfait	passé composé	imparfait
• Talking about an event that occurred before another event in past time: what had happened.	• Talking about a completed past event or series of events: what happened.	• Describing in past time: what the state of affairs was. • Talking about habitual past action: What used to happen. • Talking about ongoing past action: what was happening.

b. The imperfect is often used in conjunction with the **passé composé** to describe how things were or to relate an action that was in progress (the imperfect) when another action interrupted it (the **passé composé**). In other words, the imperfect sets the scene, whereas the **passé composé** advances the action of the narration.

Nous faisions la queue pour entrer quand il est arrivé.	*We were standing in line to go in [ongoing past action: what was happening] when he arrived [event: what happened].*
Elle finissait son travail quand il est passé.	*She was finishing up her work when he stopped by.*

c. Because the **passé composé** and the imperfect are used to talk about different aspects of past time, some verbs are translated differently, depending on the tense used.

	imparfait *(state of mind)*	passé composé *(state of affairs, event)*
avoir	j'avais = *I had*	j'ai eu = *I got*
devoir	je devais = *I was supposed to*	j'ai dû = *I had to, must have*
pouvoir	je pouvais = *I could, was able to*	j'ai pu = *I succeeded in, I managed to*
savoir	je savais = *I knew*	j'ai su = *I found out*
vouloir	je voulais = *I wanted to*	j'ai voulu = *I tried to* je n'ai pas voulu = *I refused to*

d. You have seen that **depuis** + time expression + verb in the present is used for an action that begins in past time and continues into the present. **Depuis** + time expression + verb in the imperfect expresses an action that had been going on for a period of time before another action interrupted it.

Elle s'inquiétait depuis des semaines quand finalement la lettre est arrivée.	*She had been worrying for weeks when the letter finally came.*
Il y travaillait depuis des années quand on l'a viré.	*He had been working there for years when they fired him.*

Pratique et conversation

A. Interruptions. Vous racontez l'intrigue d'un film policier à un(e) ami(e). Inventez un début de phrase en mettant le verbe à l'imparfait. Employez votre imagination !

> **Modèle :** … quand un ami est passé.
>
> **Vous :** Il lisait quand un ami est passé.

1. … quand son chien a commencé à aboyer.° *to bark*
2. … quand un agent de police a frappé à la porte.
3. … quand soudain, il a entendu un bruit.
4. … quand finalement, sa complice a téléphoné.
5. … quand il a commencé à pleuvoir.

B. Encore des interruptions. Hier soir, vous avez essayé d'accomplir beaucoup de choses, mais vous n'avez pas réussi à cause de toutes les interruptions. Formulez des phrases à partir des éléments donnés.

> **Modèle :** faire / mes devoirs / quand…
>
> **Vous :** Je faisais mes devoirs quand mon ami m'a appelé(e).

1. faire / la lessive / quand…
2. payer / les factures° / quand…   *bills*
3. sortir / la poubelle° / quand…   *garbage can*
4. faire / mon lit / quand…
5. préparer / le dîner / quand…

C. Interview. Posez les questions suivantes à un(e) camarade de classe. Demandez-lui…

1. s'il/si elle a pu sortir ce week-end.
2. quelle bonne idée il/elle a eue récemment.
3. ce qu'il/elle a dû faire hier soir, et ce qu'il/elle voulait faire.
4. ce qu'il/elle devait faire récemment qu'il/elle n'a pas fait.
5. à quel moment il/elle a su que le père Noël n'existe pas.

D. Une histoire. Complétez l'histoire du film français *Love* en mettant le verbe entre parenthèses au temps convenable.

Deux amis qui _____ (s'appeler) Benoît et Pierre _____ (tomber) amoureux de la même femme. La femme, qui _____ (s'appeler) Marie, _____ (aimer) les deux hommes, mais elle _____ (choisir) de se marier avec Benoît. Après le mariage, Pierre _____ (continuer) à professer son amour pour Marie. Un jour, il _____ (proclamer) son amour à Marie quand son mari _____ (rentrer). Cet événement _____ (créer) une crise après laquelle elle _____ (quitter) son mari pour être avec l'autre homme. Néanmoins, tous les trois _____ (rester) amis.

E. Anecdotes. Dans les anecdotes suivantes, mettez le verbe entre parenthèses au temps du passé convenable.

Marius « On me _____ (dire) que tu étais allée voir un psychiatre. Ça te _____ (faire) du bien ? »

Olive « Drôlement ! Avant, quand le téléphone _____ (sonner), je _____ (avoir) peur de répondre. Maintenant, je réponds même quand il ne sonne pas ! »

• • •

Un prêtre arrive au paradis et constate° qu'on lui _____ (donner) une moins bonne place qu'à un chauffeur de taxi. « Je ne comprends pas, se plaint-il à saint Pierre. Je _____ (sacrifier) toute ma vie à mes ouailles.° »

notes

flock, congregation

« Nous avons pour règle de récompenser les résultats obtenus, lui explique saint Pierre. Dites-moi, mon père, que _____ (se passer)-il à chacun de vos sermons ? »

Le bon prêtre reconnaît qu'il y _____ (avoir) toujours quelques personnes qui _____ (s'endormir).

« Exact, reprend saint Pierre. En revanche, quand les gens _____ (monter) dans le taxi de ce chauffeur, non seulement ils _____ (ne... pas s'endormir), mais en plus, ils _____ (faire) leurs prières. »

F. Votre propre anecdote. Racontez une anecdote à la classe. Voici des possibilités : une soirée inoubliable (catastrophique, amusante…); un accident; une journée de travail frustrante; un quiproquo,° etc. Faites attention à l'emploi des expressions temporelles (voir *Grammaire de base 2.1*).

mix up

G. Un événement de jeunesse. Racontez une expérience de votre jeunesse qui vous a beaucoup marqué(e) : un événement qui a changé la direction de votre vie, une personne qui a exercé une influence importante sur vous, une révélation, etc.

H. Répondez. Répondez aux questions suivantes en employant **depuis** + l'imparfait.

1. Depuis combien de temps étiez-vous en classe quand le professeur est entré ?
2. Depuis combien de temps étiez-vous à l'université quand vous êtes rentré(e) chez vous pour la première fois ?
3. Depuis combien de temps aviez-vous votre ancienne voiture quand vous avez décidé d'en acheter une autre ?
4. Depuis combien de temps étudiiez-vous le français quand vous vous êtes inscrit(e) dans ce cours ?
5. Depuis combien de temps étiez-vous en cours quand le professeur vous a interrogé(e) la première fois ?

Structure II

Pour narrer : Les adverbes

a. Some adverbs do not follow the rules of formation given in the *Grammaire de base*. You will need to learn these forms.

adjectif	adverbe
précis	précisément
profond	profondément
énorme	énormément
bon	bien
gentil	gentiment
mauvais	mal
meilleur	mieux
petit	peu

b. In the following expressions, an adjective is used as an adverb. Note that in this use, the adjective does not change form.

chanter faux	*to sing off key*
coûter cher	*to be expensive, cost a lot*
sentir bon/mauvais	*to smell good/bad*
travailler dur	*to work hard*

Nous essayons de travailler dur dans le cours de français.	*We try to work hard in French class.*
Ils ont hué la soprano : elle a chanté faux pendant tout l'opéra.	*They booed the soprano: She sang off key during the entire opera.*

c. Sometimes, an adverb in English is expressed by an adverbial phrase in French. Learn the following expressions.

en colère	*angrily*
avec confiance	*confidently*
avec hésitation	*hesitatingly, haltingly*
avec plaisir	*gladly*

—Veux-tu aller au cinéma avec moi ce soir ?
—Avec plaisir !

d. The rules for adverb placement are not hard and fast. However, the following generalizations can be made.

- In simple tenses, adverbs generally follow the verb they modify.

  Tu apprendras facilement si tu t'appliques à la matière.
  Il chante bien s'il n'est pas nerveux.

- Adverbs of time and place, and adverbs such as **heureusement, malheureusement,** and **évidemment** can begin or end a sentence.

  Hier, nous sommes allés écouter un chanteur ivoirien.
  Elle va le faire tout de suite.
  Qu'est-ce qu'ils font là-bas ?

- In compound tenses, common adverbs such as **bien, mal, trop, déjà, vraiment, certainement, probablement, presque,** and **sûrement** are usually placed between the auxiliary and the past participle.

  Il est sûrement rentré avant minuit.
  J'ai mal compris.
  As-tu vraiment préparé la leçon ?

- Other adverbs follow the past participle.

  Il a répondu sérieusement à la question.
  En attendant, elle a lu patiemment un journal.

- Common adverbs are also placed between a conjugated verb and a following infinitive.

  J'ai dû constamment corriger son travail.
  Elle peut sûrement venir avec nous.

Pratique et conversation

A. Une publicité. Transformez le mot entre parenthèses en adverbe (si possible) et, ensuite, mettez-le à la place correcte dans la phrase.

1. Un groupe de chercheurs européens vient de découvrir une nouvelle méthode amincissante.° (accidentel)   *slimming*
2. Voici les résultats des tests : « Le poids a diminué… » (net)
3. « … alors que les utilisateurs et utilisatrices n'avaient rien changé à leurs habitudes alimentaires. » (strict)
4. Cette nouvelle formule porte le nom de SVELTALIGNE et est disponible dans toutes les pharmacies. (actuel)
5. Elle permet à votre corps de brûler la graisse que vous avez accumulée et de supprimer l'absorption de calories. (déjà; immédiat)
6. Vous pouvez perdre jusqu'à 7 kilos dès la première semaine ! (facile)
7. Si jamais, après vos 30 jours d'essai, vous n'étiez pas satisfait(e) des résultats obtenus (total)…
8. … il vous suffirait de nous retourner votre formule amincissante SVELTALIGNE pour être remboursé(e). (immédiat)

B. Interview. Demandez à un(e) camarade de classe…

1. quelle activité il/elle fait régulièrement.
2. s'il/si elle va souvent aux concerts de musique vocale. Au dernier concert, est-ce qu'on a bien chanté ou est-ce qu'on a chanté faux ?
3. s'il/si elle est déjà allé(e) en Europe, et ce qu'il/elle a fait là-bas.
4. s'il/si elle a bien compris l'exercice précédent. Est-il/elle absolument certain(e) de l'avoir compris ?
5. s'il/si elle parle toujours gentiment à ses parents/amis.
6. si les repas à la cafétéria sentent plutôt bon ou mauvais.

C. Je n'aime pas me plaindre… Vous correspondez avec un ami qui se plaint constamment. Voici sa lettre. Ajoutez des adverbes pour la rendre encore plus plaintive ! Voici quelques possibilités, mais vous êtes libre d'en ajouter d'autres : **patiemment, constamment, régulièrement, énormément, souvent, rarement, toujours, malheureusement, ici, presque, soudain, maintenant, ? ? ?**

Cher Marc,

Comment vas-tu ? Je vais plutôt mal. Je suis malade et je dois aller chez le médecin. Il ne sait pas me guérir. Il me conseille de rester au lit et de boire des liquides. Par conséquent, je ne sors que très peu et je n'ai pas de visiteurs. Pour me distraire, je parle au téléphone et je lis. Quand est-ce que j'aurai de tes nouvelles ? Je n'aime pas me plaindre, mais autrefois tu m'écrivais toutes les deux semaines; je n'ai plus de lettres de toi. J'attends.

D. Chez le médecin. Vous avez des symptômes de stress et vous allez chez le médecin pour des conseils. Il vous pose des questions. Répondez en employant un adverbe.

1. Comment dormez-vous ?
2. Faites-vous de la gymnastique ?
3. Buvez-vous ?
4. Sortez-vous (au cinéma, aux concerts) ?
5. Êtes-vous content(e) de votre vie conjugale ?
6. Comment travaillez-vous ?

Lecture I

Vous allez lire un article qui parle d'une immigrée africaine qui a organisé un festival de films africains à New York. Cet article est tiré d'un magazine français, L'Autre Afrique, qui examine la vie des Africains dans la diaspora.

Avant de lire

A. Réfléchissez. Avant de lire le texte, essayez d'anticiper son contenu en répondant aux questions suivantes.

1. Quels spectateurs s'intéresseraient à un tel spectacle ? Le grand public américain ? Les spécialistes en cinéma africain ? Les francophones ? D'autres ?
2. Pourquoi un magazine français ferait-il un article sur un festival de films africains à New York ? Qu'est-ce qu'un tel article suggère sur la globalisation des médias ?

B. Parcourez. Lisez rapidement les textes pour trouver les détails suivants.

1. Qui est Mahen Bonetti ? D'ou vient-elle ? En quelle année est-elle venue aux États-Unis ? Pourquoi y est-elle venue ? Qu'avait-elle fait avant d'avoir organisé le festival de films ?
2. Qui est Paulin Vieyra ? Qu'est-ce qu'il a fait ?
3. En quelle année ce festival de films s'est-il passé ?
4. Qu'est-ce qui est arrivé à Mahen Bonetti en 1989 ?

C. Les mots apparentés. Employez vos connaissances de l'anglais et du contexte pour deviner le sens des mots en italique.

1. « *Ambassadrice* dans l'âme, Mahen (un nom mende qui signifie « l'esprit du chef ») a gardé de l'Afrique ses *souvenirs d'enfance.* »
2. « ... pour *se lancer* dans *l'effervescence* artistique des années quatre-vingt. »
3. « Période à la fois *excitante et décadente,* pense-t-elle rétrospectivement... »
4. « ... elle pense avoir trouvé *le support* idéal. »
5. « Un *contrepoint* à l'image *désastreuse* qui prévaut de l'Afrique. »
6. « Ils se conduisent tellement mal qu'ils ne font que *renforcer la perception* d'un continent qui se résumerait à un immense bordel », *fulmine*-t-elle.

« Mahen Bonetti, Sierraléonaise, mère du New York African Film Festival »

Tiré de *L'Autre Afrique* du 2 au 8 juillet 1997

Pour Mahen, pas question de se rejouer l'*Afrique sur Seine*, le tout premier film africain qu'**avait tourné** Paulin Vieyra à Paris. New-Yorkaise **jusqu'au bout des ongles**, Mahen Bonetti a plutôt fait de son histoire celle de l'Afrique upon Hudson, la rivière qui **coule** à l'ouest de Manhattan. **Fondatrice,** en 1993, du New York African Film Festival, **elle se débat pour que** la voix des Africains, « au nom desquels tout le monde parle », puisse porter aux États-Unis.

Ambassadrice dans l'âme, Mahen (un nom **mende** qui signifie « l'esprit du chef ») a gardé de l'Afrique ses **souvenirs** d'enfance. En 1970, deux ans après **le coup d'état** qui **a destitué son oncle,** le premier président du Sierra Leone indépendant, elle a débarqué aux États-Unis. Elle avait seize ans. À New York, elle n'arrive pas en territoire inconnu : dans ce pays où son père a été l'un des premiers Africains à avoir étudié dans les années trente, elle retrouve cousins et **grands frères.** Quelques années plus tard, elle **laisse tomber** ses études à l'École de Communication de l'université de New York pour se lancer dans l'effervescence artistique des années quatre-vingt. « Période à la fois excitante et décadente », pense-t-elle rétrospectivement, pendant laquelle elle a certes rencontré son mari, Lucas Bonetti, un peintre suisse installé à Chelsea, tout en finissant par se demander si elle passerait sa vie dans les **boîtes de nuit**...

Un **déclic** se produit en 1989. Au Festival de Lugano (**Suisse romande**), Mahen Bonetti découvre une cinématographie dont elle **ne soupçonnait pas** même l'existence : celle de l'Afrique.

Impressionnée par la **fierté,** la noblesse et la magie qui **émanent de** ces films, elle pense avoir trouvé le support idéal.

Les dirigeants° donnent une mauvaise image du continent

Un contrepoint à l'image désastreuse qui **prévaut** de l'Afrique—une image dont elle tient les dirigeants africains pour les principaux responsables. « Ils se conduisent tellement mal qu'ils ne font que renforcer la perception d'un continent **qui se résumerait** à un immense **bordel** », fulmine-t-elle. Pendant quatre ans, elle a défendu son projet, écrit partout et multiplié les démarches pour trouver des financements. Le Lincoln Center et la Fondation Ford lui ont finalement donné les moyens d'organiser, en avril 1993, la première édition de ce qui deviendra un rendez-vous **biennal.**

Qui est Mahen ? À qui la compare-t-on et pourquoi ? Pourquoi le texte mentionne-t-il la Seine et la rivière Hudson ?

Quel était le projet de Mahen et pourquoi voulait-elle le faire ?

Quand et dans quelles circonstances Mahen est-elle partie du Sierra Leone ?

Pourquoi la destination de New York était-elle un choix logique pour Mahen ? Qu'apprenons-nous de son père ?

Qu'a-t-elle fait à New York après son arrivée ? Que faisait-elle pendant les années quatre-vingt ?

Qu'est-ce qui s'est passé en 1989 ? Où cela s'est-il passé ? Quelle impression le cinéma africain lui a-t-il faite ?

Quelle opinion Mahen a-t-elle des chefs africains ? A son avis, quelle influence ont-ils eue sur l'image de l'Afrique ?

Qu'a-t-elle fait pour faire réussir son projet ? Quelles organisations ont soutenu son projet ?

*Comment est Mahen ? Lesquels
de ses talents et qualités l'ont
aidée à faire réussir son projet ?*

*Où se passe le festival ? Est-il un
grand succès ?*

*Est-elle encouragée ou dé-
couragée ?*

La scène new-yorkaise, Mahen la **connaît comme sa poche.** Toujours **branchée**, elle a conservé ses talents de « PR » (relations publiques) des années quatre-vingt. Son festival marche mieux dans la salle du Brooklyn Museum que dans le quartier chic du Walter Reade theater (Lincoln Center). Mais il **ne déplace pas encore les foules** auxquelles elle pouvait **s'attendre.** Au pays où « seul l'argent parle », Mahen Bonetti ne vit pas de ses activités. Mais elle **n'en démord pas** : « Si les perceptions de l'Afrique ont changé, grâce aux films montrés, alors je suis millionnaire ! »

avait tourné *had made* / **jusqu'au bout des ongles** *right down to her fingertips* / **coule** *runs, flows* / **fondatrice** *founder* / **elle se débat pour que** *she struggles so that* / **mende** *an adjective used to refer to the African language that her name comes from* / **souvenirs** *memories* / **le coup d'état** *the overthrow of the government* / **a destitué son oncle** *removed her uncle from power* / **laisse tomber** *gives up, abandons* / **boîtes de nuit** *night clubs* / **déclic** *literally, "click"; used here metaphorically to refer to the sudden arrival of an idea* / **Suisse romande** *the French-speaking regions of Switzerland* / **ne soupçonnait pas** *didn't suspect* / **fierté** *pride* / **émanent de** *emanates from, is expressed by* / **dirigeants** *leaders* / **prévaut** *prevails* / **qui se résumerait** *that would seem to be summed up as* / **bordel** *a disorganized mess* / **biennal** *biennial* / **connaît comme sa poche** *knows like the back of her hand* / **branchée** *well connected* / **ne déplace pas encore les foules** *isn't attracting the crowds* / **s'attendre** *to expect* / **n'en démord pas** *hasn't renounced [her project]*

Après avoir lu

A. Vérifiez. Après avoir lu le texte, revoyez l'exercice A à la page 178. Avez-vous bien deviné le caractère et les mobiles° de Mahen ?

B. Un bon résumé. Écrivez un résumé du texte en décrivant :

1. quelques détails sur l'identité et la vie de Mahen Bonetti.
2. les étapes° de son projet.
3. le succès de son projet et sa réaction à son succès.

C. Synthèse. Mettez votre résumé de l'exercice B ci-dessus dans une narration au passé en employant l'imparfait, le passé composé et le plus-que-parfait.

D. Opinions. Considérez les citations suivantes de Mahen tirées de l'article. Ensuite, écrivez un résumé de ses opinions sur l'Afrique et les États-Unis.

L'Afrique

1. (… la voix des Africains) « au nom desquels tout le monde parle… »
2. « Les dirigeants donnent une mauvaise image du continent. »
3. « Ils se conduisent tellement mal qu'ils ne font que renforcer la perception d'un continent qui se résumerait en un immense bordel… »
4. « Si les perceptions de l'Afrique ont changé, grâce aux films montrés, alors je suis millionnaire ! »

Les États-Unis

5. « … l'effervescence artistique des années quatre-vingt. Période à la fois excitante et décadente… »
6. (Au pays où) « seul l'argent parle… »

Interaction II

Julie et Laura habitent à Cergy-Pontoise, une ville nouvelle à 38 km
(24 mi.) de Paris. Elles parlent de musique.

Julie Qu'est-ce que
tu écoutes ? Je
ne connais pas
cette musique.

Laura C'est une
cassette[6] des
Cranberries.

Julie De qui ?

Laura Des Cranber-
ries. C'est un
groupe irlandais.

Julie Ah ? C'est
pas mal ! Moi,
je viens de
m'acheter un CD
de Céline Dion.

Laura Elle chante en
français ou en
anglais ?

Julie Son dernier CD est
en français. Tu as vu
son clip ? Elle est
drôlement sexy. Et
j'ai trouvé aussi un
truc formidable. C'est
de Salif Keïta, du Mali. Tu connais ?

Laura Oui, je l'ai entendu à la radio. Il passe à Paris le mois prochain.

Julie J'aimerais aller l'entendre. Sais-tu dans quelle salle ?

Laura Au Zénith,[7] sans doute.

Réfléchissez

*Quels sont les goûts musicaux de
Julie et de Laura ?*

*Les Français écoutent-ils la
même sorte de musique que les
Américains ?*

**Céline Dion, chanteuse
québécoise**

Observations

1. Qu'est-ce que Julie a acheté ?
2. De quels pays viennent les trois musiciens mentionnés dans le dialogue ?
3. Où les deux amies veulent-elles aller ? Pourquoi ?

Perspectives

1. À votre avis, pourquoi les Français écoutent-ils la musique de beaucoup
de pays étrangers ? *(la curiosité, la mode, le manque de chanteurs français,*

---

[6] Une **cassette** is often abbreviated **K7** on signs and advertisements.
[7] le Zénith = *6,000-seat concert hall in northeast Paris, used mainly for popular music*

la puissance des maisons de disques multinationales, l'ouverture d'esprit, le snobisme…)

2. Peut-on apprécier une chanson dans une langue qu'on ne comprend pas ?

Autrement dit

Pour parler de la musique

fans

Les **amateurs**° de musique classique adorent les concerts, les récitals et les opéras. Chacun a sa diva, son compositeur ou son orchestre préféré. Certains artistes (surtout les violonistes, pianistes, ténors et sopranos) ont un véritable culte d'admirateurs. Pour ceux qui aiment le jazz, c'est l'improvisation, le rythme et la ligne *keyboard* des divers instruments tels que le saxophone, la clarinette et le **clavier**° qui les attirent. Le rock a ses enthousiastes, surtout parmi les jeunes. Ses détracteurs cri-*drums* tiquent sa monotonie, les paroles insipides des chansons, le volume de la **batterie**° *feelings / powerful* et des guitares électriques… mais pour ses amateurs, le rock exprime des **senti-ments**° intenses, **puissants**° et personnels.

Khaled, chanteur algérien

Pratique et conversation

A. Des annonces. Regardez les annonces qui sont reproduites ici. Identifiez le genre de musique. Connaissez-vous déjà le compositeur ? Donnez-en votre opinion. Ensuite, invitez un(e) camarade de classe à vous accompagner à un des événements. Il/Elle acceptera ou refusera selon ses goûts.

B. Interview. Demandez à votre partenaire…

1. quelle sorte de musique il/elle aime et pourquoi.
2. qui est son chanteur/sa chanteuse préféré(e) et pourquoi.
3. s'il/si elle va souvent aux concerts.
4. s'il/si elle connaît des musiciens du Tiers Monde.
5. quelle sorte de musique/quels artistes il/elle aimait quand il/elle était plus jeune.

C. Un concert. Décrivez un concert auquel vous avez assisté récemment. Racontez tous les détails : avec qui y êtes-vous allé(e) ? Quelle était votre opinion du concert ? Qu'est-ce que vous avez fait après ?

Étude de vocabulaire

Les emprunts[8]

Le français a emprunté beaucoup de mots à l'anglais, parfois avec un léger changement de sens.

Tu as vu son clip ? Elle est drôlement sexy.

En connaissez-vous d'autres ?

---

[8] borrowings

Pratique et conversation

Devinez. Devinez le sens du mot en italique en vous basant sur le contexte.

1. Elle nous a dit que ce serait une soirée habillée. J'ai porté ma robe noire, très chic, très élégante, et mon mari, son *smoking*.
2. C'est un écolo; tu n'as pas lu tous ses *badges* ? Pour la Terre, pour les droits des animaux, contre la pollution…
3. Elle est allée chez le coiffeur pour une coupe et un *brushing*.
4. Mets ta voiture sur le *parking* près du *pressing* et monte vite.
5. À sa *surprise-party*, il va servir des *chips* et du *punch*.

Grammaire de base

4.1 Review the conjugation of pronominal verbs in the present indicative.

se sentir *(to feel)*		
subject pronoun	**reflexive pronoun**	**verb**
je	me	sens
tu	te	sens
elle	se	sent
nous	nous	sentons
vous	vous	sentez
ils	se	sentent

4.2 Pronominal verbs are conjugated with the addition of a pronoun known as a reflexive pronoun. This pronoun refers to the subject of the verb and in many cases "reflects back" to it, indicating that the action is performed on the subject.

4.3 The English equivalent of a pronominal verb is not usually translated with a pronoun.

Je me lave.   *I wash, wash up. (NOT: I wash myself)*
Je m'habille.   *I get dressed. (NOT: I dress myself)*

4.4 You have learned the following pronominal verbs.

s'amuser	*to have a good time, have fun*
s'appeler	*to be named*
se brosser (les dents)	*to brush (one's teeth)*
se coucher	*to go to bed*
se dépêcher	*to hurry*
s'endormir	*to fall asleep*
s'habiller	*to get dressed*

se laver	*to wash up*
se lever	*to get up (conjugated like* **acheter**)
se passer	*to happen*
se rappeler	*to remember, recall*
se raser	*to shave*
se reposer	*to rest*
se réveiller	*to wake up*
se sentir (bien/mal)	*to feel (well/ill) (conjugated like* **partir**)

4.5 In the affirmative imperative, the reflexive pronoun follows the verb. Note that **te** becomes **toi.**

Dépêche-toi !
Dépêchons-nous !
Dépêchez-vous !

4.6 In the negative imperative, the reflexive pronoun is in its normal position before the verb.

Ne te dépêche pas.
Ne nous dépêchons pas.
Ne vous dépêchez pas.

5.1 Review the forms and functions of the interrogative pronouns.

function	persons	things
subject	qui	qu'est-ce qui
direct object	qui est-ce que	qu'est-ce que
	qui	que

For further details, review *Structure I,* **Chapitre 1.**

Structure III

Pour narrer au présent : Les verbes pronominaux

(Grammaire de base 4.1 → 4.6)

a. Pronominal verbs are defined as all verbs that are conjugated with a pronoun that refers back in some way to the subject. Yet, pronominal verbs fall into different classes, depending on their meaning.
b. With the *reflexive* class, the action "reflects back" to the subject. Most of the verbs given in the *Grammaire de base* are of the reflexive type.

Nous nous levons à 8 h 00.
Il se rase tous les jours.
Vous vous couchez tard.

c. In addition to those in the *Grammaire de base*, learn the following reflexive verbs.

s'arrêter	*to stop*
se débrouiller	*to manage, get along*
se demander	*to wonder*
se détendre	*to relax*
s'habituer à	*to get used to*
s'inquiéter de	*to worry about* (*conjugated like* **préférer**)
s'intéresser à	*to be interested in*
se moquer de	*to make fun of*

d. *Reciprocal* verbs describe an action that two or more people perform with or for each other. These verbs can be used only in the plural.

Les Français et les Américains ne se comprennent pas très souvent.	*The French and the Americans do not understand each other very often.*
Eux, nous nous écrivons et nous nous téléphonons tous les jours.	*We write and we call each other every day.*

e. Some verbs change meaning when they become pronominal. These are the *idiomatic* pronominal verbs. Study the following list.

nonpronominal		**pronominal**	
aller	*to go*	s'en aller	*to go away*
douter	*to doubt*	se douter de	*to suspect*
ennuyer	*to bother*	s'ennuyer	*to be bored*
entendre	*to hear*	s'entendre (avec)	*to get along (with)*
mettre	*to put, place*	se mettre à	*to begin*
rendre	*to return*	se rendre compte de	*to realize*
servir	*to serve*	se servir de	*to use*
tromper	*to deceive*	se tromper (de)	*to be mistaken (about)*

f. Some verbs are *inherently* pronominal; they exist only in the pronominal form.

se souvenir de	*to remember*
se spécialiser en	*to major in*

Pratique et conversation

A. Synonymes. Remplacez le verbe en italique par un verbe pronominal.

1. Vous *faites erreur*. Je ne suis pas M. LeGrand.
2. J'*utilise* des cassettes pour apprendre le français.
3. Je dois *partir*. Je suis en retard.
4. Est-ce que tu *te rappelles* ce qu'il a dit ?
5. Elle *commence* à travailler dès le lever du soleil.°

as soon as the sun rises

B. Complétez. Remplissez le blanc avec le verbe pronominal convenable, en vous basant sur le contexte.

1. Lui et son camarade de chambre, ils font beaucoup de choses ensemble. Ce sont de très bons amis et ils ne se disputent jamais. Ils _____ très bien.

2. Elle adore l'étude des langues. Après avoir suivi beaucoup de cours de littérature française, elle a finalement décidé de _____ en français.

3. Quand il est allé en France, il n'avait ni argent ni logement. Après deux jours, il a trouvé un job et un appartement super ! Il sait _____.

4. Son mari est parti à la guerre. Elle n'a pas de ses nouvelles depuis trois semaines. Elle _____ beaucoup.

5. « Qu'est-ce que tu vas faire à la plage ? » « Je vais lire beaucoup de livres, je vais oublier mes soucis et surtout, je vais _____. »

C. Interview. Demandez à votre partenaire...

1. de qui il/elle se moque et pourquoi.
2. ce qu'il/elle fait quand il/elle veut se détendre.
3. s'il/si elle se souvient très bien de son enfance.
4. avec qui il/elle s'entend bien/mal et pourquoi.
5. en quoi il/elle se spécialise/va se spécialiser à l'université et pourquoi.

D. Chez le médecin. Vous travaillez trop, vous vous inquiétez beaucoup, vous n'avez jamais l'occasion de vous détendre... Alors, vous décidez d'aller chez le médecin. Vous lui expliquez le problème et il/elle vous pose des questions sur votre routine quotidienne. Finalement, il/elle vous donne des conseils que vous promettez de suivre. Jouez la scène.

E. Un mariage troublé. Vous ne trouvez plus de satisfaction dans votre mariage. Votre mari/femme se moque de vous, vous vous ennuyez, vous êtes très stressé(e). En plus, il y a des lettres et des coups de téléphone mystérieux. Vous soupçonnez une liaison. Expliquez vos ennuis à un(e) bon(ne) ami(e) qui vous donnera des conseils.
VARIATION : Vous et votre mari/femme, vous allez chez un(e) conseiller/ère matrimonial(e) qui vous conseille.

Structure IV

Pour poser une question : Les pronoms interrogatifs (II)

(Grammaire de base 5.1)

a. You have already practiced asking information questions using some forms of the interrogative pronouns. As a brief review, identify the form and function of the interrogative pronouns in the following examples.

Qu'est-ce que tu écoutes ? Je ne connais pas cette musique.
Qui sont les Cranberries ?
Qu'est-ce qui te plaît comme musique ?

b. You have learned that some verbs introduce a complement by means of a preposition (see *Grammaire de base 1.1*, **Chapitre 4**). Some examples of reflexive verbs that use a preposition before a complement are given in *Structure III*, points c and e.

Je dîne *avec* un musicien québécois.
Je pense *à* la chanson rendue célèbre par Piaf, *La vie en rose*.
Je m'intéresse *à* la musique sénégalaise.

c. To ask questions about these nouns, use the following forms of the interrogative pronoun.

function	person	thing
object of a preposition	qui Avec qui est-ce que tu dînes ? Avec qui dînes-tu ? De qui est-ce que vous parlez ? De qui parlez-vous ?	quoi De quoi est-ce que tu as besoin ? De quoi as-tu besoin ? À quoi est-ce que vous vous intéressez ? À quoi vous intéressez-vous ?

d. Like other interrogative pronouns, there are two forms for interrogative pronouns serving as the object of a preposition. When using the longer form that contains **est-ce que**, the subject and verb are not inverted. When using the short form, inversion of the subject and verb is required.

e. In French, questions about objects of prepositions always begin with the preposition. Compare this to colloquial English.

De quoi parles-tu ?   *What are you talking about?*

Pratique et conversation

A. Un étudiant étranger. Le journal de l'université a interviewé un(e) étudiant(e) étranger/ère qui fait ses études à votre université. Ses réponses sont données ici. Formulez les questions en remplaçant les éléments en italique par un pronom interrogatif.

Modèle :   Je pense souvent *à ma famille à Dakar*.

Vous :   À qui pensez-vous souvent ?

1. Je me suis difficilement habitué *aux repas servis dans la cafétéria*.
2. Je m'intéresse beaucoup *aux questions de diversité sur le campus*.
3. J'ai besoin *d'un four à micro-ondes* pour ma chambre.
4. À la fin de l'année, j'ai envie *de traverser le pays en voiture*.
5. Je m'associe principalement *avec les autres étudiants étrangers*.
6. On parle *des problèmes posés par les conflits culturels*.
7. J'aimerais faire la connaissance *de plus d'étudiants américains*.

B. Révision. Le pauvre Philippe ! Ses problèmes l'accablent.° Verra-t-il la vie en rose un jour ? Posez-lui une question sur la partie de la phrase en italique en employant un pronom interrogatif.

overwhelm him

1. *Ma vie* est ratée.°
2. Je vois *un psychologue* tous les deux jours.
3. Il me donne *des conseils*.
4. J'ai besoin *de ma mère*.
5. Je me dispute *avec ma copine*.
6. Je bois *du vin* pour me consoler.
7. *Mes amis* ne m'appellent pas.
8. J'ai perdu *mes amis*.
9. *La vie* est vraiment difficile.
10. Pourtant, j'aime *la vie* !

ruined

C. Interview. Formulez des questions avec les éléments suivants et posez-les à un(e) camarade de classe.

1. se spécialiser
2. avoir envie / faire / pendant le congé scolaire
3. parler / souvent / avec ses amis
4. avoir peur / faire
5. s'intéresser / à l'université
6. s'entendre bien avec

D. Un sondage. Vous préparez un sondage pour mieux connaître les habitudes et les préférences des étudiants sur votre campus. Formulez les questions que vous allez poser en vous servant des verbes suivants et les pronoms interrogatifs de la *Structure IV*.

Modèle :   se servir de

Vous :   De quoi est-ce que tu te sers pour écrire tes mémoires, un stylo ou d'un ordinateur ?

s'inquiéter de
s'intéresser à
se moquer de
s'entendre avec
se spécialiser en
se souvenir de

Lecture II

L'extrait suivant de Sons d'Afrique, *de François Bensignor, décrit la carrière de deux musiciens africains dont la musique devient de plus en plus populaire dans le monde entier. Leurs enregistrements sont en vente dans les magasins américains fréquentés par les fanatiques de la « World Music ».*

Avant de lire

A. Hypothèses. En vous basant sur le titre et la courte description qui précède, essayez de deviner le contenu du texte.

1. D'habitude, quelles sortes de détails personnels met-on dans un article sur un(e) musicien(ne) ?
2. Quelles sortes de détails professionnels met-on dans un article sur un(e) musicien(ne) ?
3. Que voulez-vous apprendre quand vous lisez un article sur un(e) musicien(ne) ? Préférez-vous lire un article sur un(e) artiste que vous connaissez ou sur un(e) artiste inconnu(e) ?
4. Étant donné que ces deux musiciens sont africains et font partie de la « World Music », quelles prédictions pouvez-vous faire en ce qui concerne leur style de musique, les instruments dont ils jouent, où ils donnent leurs concerts, etc. ?

B. Les emprunts. Le français a emprunté beaucoup de vocabulaire à l'anglais pour parler de la musique contemporaine, par exemple, « le rap », « la country » et « le rock ». Lisez rapidement le texte pour trouver six mots empruntés à l'anglais.

C. Lecture sommaire. Lisez rapidement les paragraphes ci-dessous et choisissez le meilleur titre. Justifiez votre réponse.

1. Le paragraphe qui commence par « Initié dès son enfance... »
   a. l'enfance de Mory Kanté
   b. son apprentissage musical
   c. son rejet de la musique traditionnelle
2. Le paragraphe qui commence par « En 1984,... »
   a. le début de sa carrière à Paris
   b. sa dette envers ses précurseurs dans la musique africaine
   c. la réponse initiale à sa musique est froide
3. Le paragraphe qui commence par « Né le premier octobre... »
   a. le succès à un jeune âge pour Youssou Ndour
   b. l'enfance de Youssou Ndour
   c. la conquête des obstacles familiaux
4. Le paragraphe qui commence par « Deux ans plus tard... »
   a. Youssou Ndour est sur le point d'entrer dans la scène internationale
   b. le succès de Youssou Ndour
   c. Youssou Ndour n'est pas bien connu hors d'Afrique

5. Le paragraphe qui commence par « Les studios y sont performants... »
   a. les désavantages de la production musicale en Afrique
   b. les avantages et les limites de la production musicale à Paris
   c. les avantages de la production musicale à Paris

D. Parcourez. Lisez rapidement le texte pour trouver les détails suivants.

1. a) Une influence traditionnelle et b) une influence innovatrice sur la musique de Mory Kanté.
2. Le nom de trois instruments africains.
3. L'année où Mory Kanté est allé à Paris.
4. Le nom de deux musiciens africains qui ont introduit la musique africaine à Paris.
5. L'année de naissance de Youssou Ndour.
6. Le nom de groupes dont Youssou Ndour fait ou a fait partie.

Mory Kanté, le griot[9] électrique

L'extraordinaire succès **remporté** en Europe par Mory Kanté semble particulièrement symbolique de ce supra-pouvoir conféré aux griots. S'il a su profiter de la **brèche** ouverte par les précurseurs de la mode africaine, le « griot électrique » est parvenu à **propager,** de manière **abordable** pour toutes les oreilles la parole ancestrale, le message profond de toute une civilisation.

Après avoir lu ce paragraphe, que savez-vous de l'identité de Mory Kanté ? Pourquoi est-il appelé le « griot électrique » ?

Initié dès son enfance à l'art griotique, Mory Kanté chante et joue du balafon[10] depuis l'âge de sept ans. Son instrument de prédilection devient vite la guitare. Entre onze et dix-sept ans il lui faut rester **auprès de** son père pour suivre son enseignement dans toutes les fêtes rituelles, familiales ou populaires. Mais dès qu'il peut voler de ses propres ailes, Mory Kanté s'intéresse à la musique moderne. C'est la période clé de la fin des années soixante, où le boum du Rhythm & Blues, du Rock & Roll, de la musique cubaine et de la pop occidentale **se répercute** dans une Afrique décolonisée.

De quelle sorte d'instrument a-t-il joué au début ? Quel était son instrument préféré ?

Quelle sorte de musique a influencé Mory Kanté pendant les années 60 ?

Cette folle période terminée, son approche musicale devient plus sérieuse : « J'ai opté pour les recherches sur **le son** des instruments traditionnels africains : le balafon, le violon, le bolon (une basse à trois cordes) et surtout la cora.[11] Alors que tous les orchestres s'équipaient d'instruments modernes (guitares, claviers...), je pensais qu'il était dommage de laisser cette richesse de côté. »

Ce paragraphe décrit une deuxième période de transition dans la carrière de Mory Kanté. Comment sa musique a-t-elle changé ?

Quelle impression le texte donne-t-il sur la carrière de Mory Kanté ?

La suite de sa carrière lui donnera raison. À trente-sept ans, Mory Kanté est un musicien moderne, d'autant plus respecté qu'il conserve son aura de griot dans les pays où il **séjourne.**

En 1984, lorsqu'il arrive à Paris, les portes du showbiz se sont déjà entrouvertes à la musique africaine grâce aux pionniers : Toure Kunda, Xalam, et ceux qui essayent de suivre leurs traces. Excepté dans la communauté africaine, personne n'a la moindre idée de l'influence du griot, ni du respect qui lui est dû. Mory doit donc batailler durement, cora **brandie,** pour imposer son style.

---

[9] griot = *a person from an artistic social caste whose members are typically poets or musicians*

[10] balafon = *an African percussion instrument consisting of a series of gourds struck with a mallet*

[11] cora = *a West African string instrument played by plucking*

Où est-ce que Mory Kanté a eu son plus grand succès ?

En juin 1988, la musique de Mory Kanté, propulsée en tête des ventes en Hollande, en Italie, en Espagne, au Brésil, en Allemagne, faisant craquer les marchés anglais, canadien et australien, prouvait qu'elle valait aussi de l'or. Le griot était devenu alchimiste.[12]

Youssou Ndour, le prodige

Qu'est-ce que vous apprenez de Youssou Ndour et de sa famille dans ce passage ?

Quel conflit existait entre Youssou Ndour et son père ? Que s'est-il passé entre eux ? Comment ce conflit a-t-il été résolu ?

Né le premier octobre 1959, l'aîné d'une famille modeste de neuf enfants, Youssou Ndour **de par son ascendance maternelle,** est « gawlo » (griot), « Un état qui fait que **le don** de chanter **lui est parvenu** par le sang. » Toute son enfance est ainsi marquée par son attirance **forcenée** pour la musique. Il chante déjà divinement bien et ne **rate** aucune occasion de se produire sur scène. **Mais son père ne l'entend pas de cette oreille.** À deux reprises, son fils s'en va chanter avec le Diamono, à deux reprises il le fait ramener de force. Une **fugue** à treize ans, une autre à quinze, par amour pour la musique ! Quel père ne craquerait pas devant une vocation si tenace, surtout quand elle s'annonce très lucrative ? Youssou Ndour devient donc à quinze ans le chanteur du Star Band.

Quels sont les noms de tous les groupes musicaux dont Youssou Ndour a fait partie ?

Deux ans plus tard, il forme l'Étoile de Dakar, qui **cartonne** et se transforme bientôt en Youssou Ndour et Super Étoile de Dakar. À vingt-deux ans, le jeune prodige est non seulement le leader du groupe, mais aussi le propriétaire de son

Youssou Ndour au Wembley Stadium

---

[12] alchimiste = *a fictional sorcerer/scientist with the ability to turn ordinary substances such as lead into gold*

club et le patron d'une entreprise de trente salariés. Le vaste monde lui tend les bras. Les rares disques de lui **disponibles** sont assez peu représentatifs de l'extraordinaire qualité de sa musique, sortie sur de nombreuses cassettes dans son pays. Mais maintenant qu'il est allé apprendre le langage des autres, ce jeune homme qui n'a pas trente ans devrait porter le message de sa terre natale aux quatre coins du monde.

Quelle est la deuxième carrière de Youssou Ndour ?

Paris est devenue **la plaque tournante** de la musique africaine. Toutes les communautés francophones y sont représentées. **Qu'il s'agisse** de production ou de distribution, il est souvent plus pratique aux Africains de tout centraliser à Paris.

Les studios y sont performants et le distributeur évite bien des **tracasseries** administratives, ainsi que l'abondant **graissage de patte** nécessaire à tous les **niveaux** des services des **douanes**, s'il veut diffuser son produit **depuis** son propre pays dans d'autres pays d'Afrique. **En revanche,** ce qu'il est généralement incapable d'éviter, même en prenant des précautions, c'est **le flot** de cassettes pirates qui s'y déverse parfois même bien avant la diffusion du produit original sur disque.

Quels avantages Paris a-t-il comme centre de musique pour les musiciens africains ? Quels sont les problèmes qui existent pour les musiciens en Afrique ?

Quel problème n'est pas résolu par une production et distribution situées à Paris ?

remporté *achieved, won* / **brèche** *opening, crack* / **propager** *to disseminate* / **abordable** *accessible* / **auprès de** *with, at the side of* / **se répercute** *reverberates (figuratively)* / **le son** *sound* / **séjourne** *resides, stays* / **brandie** *brandished (as if it were a weapon)* / **de par son ascendance maternelle** *on his mother's side* / **le don** *gift* / **lui est parvenu** *came to him* / **forcenée** *passionate* / **rate** *miss* / **Mais son père ne l'entend pas de cette oreille** *But his father had other ideas* / **fugue** *the action of running away from home* / **cartonne** *has great success* / **disponibles** *available* / **la plaque tournante** *center, capital* / **Qu'il s'agisse de** *Whether it's a question of* / **tracasseries** *headaches, bothersome obstacles* / **graissage de patte** *greasing of the palm, i.e., payoffs and bribes* / **niveaux** *levels* / **douanes** *customs, control of products crossing international borders* / **depuis** *from* / **En revanche** *On the other hand* / **le flot** *the flood*

Après avoir lu

A. Quel chanteur ? Indiquez si les expressions suivantes décrivent Mory Kanté, Youssou Ndour ou les deux.

1. Son père n'a pas voulu qu'il soit musicien.
2. Il chante et joue un mélange de musique traditionnelle et de musique moderne.
3. C'est la superstar de la musique sénégalaise.
4. Il est griot.
5. Sa réputation est déjà établie en Europe.
6. Il est difficile de trouver un disque de ce musicien.
7. Il est propriétaire d'un club.

B. La vie de Mory Kanté. Faites un résumé de la vie de Mory Kanté selon les dates indiquées.

1. à l'âge de sept ans
2. entre onze et dix-sept ans
3. à la fin des années 60
4. vingt ans plus tard
5. en 1984
6. en 1988

C. La carrière de Youssou Ndour. Faites un résumé du texte dans lequel vous décrirez :

- la famille de Youssou Ndour
- les obstacles à sa carrière musicale
- les détails de sa carrière musicale au début
- pourquoi Paris est le centre commercial de la musique africaine

D. Synthèse. Remplacez les tirets par le pronom interrogatif correct. Choisissez parmi **qui, qu'est-ce qui, que** ou **quoi**. Pouvez-vous répondre aux questions posées ?

1. De _____ Mory Kanté a-t-il profité en établissant sa carrière musicale ?
2. De _____ a-t-il appris la musique ?
3. À _____ s'intéressait-il pendant les années 60 ?
4. _____ s'est passé dans la carrière de Mory Kanté en 1988 ?
5. À _____ Youssou Ndour s'intéresse-t-il depuis un très jeune âge ?
6. _____ faisait le père de Youssou Ndour ?
7. De _____ son père se rendait-il enfin compte ?
8. Avec _____ est-ce que Youssou Ndour chante ?
9. De _____ les musiciens africains ont-ils besoin qui n'existe pas en Afrique ?

E. Jeu de rôle. Imaginez que vous avez organisé un concert de Mory Kanté ou de Youssou Ndour à Paris. Qu'est-ce que vous diriez pour les présenter aux spectateurs ? Est-ce que vous pourriez faire une présentation pour votre musicien préféré ? Qu'est-ce que vous diriez ?

Compréhension auditive

Texte 1 : interview avec Lilianne Labbé

Mme Labbé est une franco-américaine du Maine. Son répertoire comprend un grand nombre de chansons nord-américaines traditionnelles françaises. Elle a fait des tournées aux États-Unis, au Canada, en France et en Italie.

Avant d'écouter

A. Les débuts de Lilianne. Quelles sortes de questions aimeriez-vous poser à Lilianne sur sa formation musicale, sa jeunesse et les débuts de sa carrière ?

Lilianne Labbé et Don Hinkley

B. Le langage de Lilianne. Lilianne emploie certaines expressions qui ne sont pas courantes dans le français de France. Quelles expressions « gallo-françaises » correspondent aux expressions franco-américaines suivantes ? Existe-t-il toujours un équivalent ?

une funéraille =
soloist =
high-school =
une affaire franco-américain =

Écoutons

Regardez les questions dans l'exercice suivant *(Chronologie)*. Ensuite, écoutez l'interview pour trouver les réponses.

Pratique et conversation

Chronologie. Quel événement correspond à quel âge/quelle année scolaire ?

événement	âge
chante depuis l'âge de	_____
septième année à l'école	_____
chante son premier mariage	_____
chante à « une funéraille »	_____
prend des leçons de piano	_____

Texte II : une anecdote

Dans la deuxième partie de l'interview, Lilianne raconte une anecdote amusante.

A. Situez. Cette anecdote a lieu dans deux endroits : dans un club à Lafayette, en Louisiane, la « capitale » du pays cajun; et à La Nouvelle-Orléans, dans l'Académie Ursuline, une école privée religieuse. Classez les citations suivantes tirées de l'interview selon l'endroit approprié. Après avoir écouté l'interview, vérifiez vos réponses.

« Puis, c'est les sœurs qui enseignent. »
« On était allé à un club où on danse le *two step.* »
« Il y en avait peut-être vingt-cinq et elles venaient de tous les coins de la salle, cette grande, grande salle. »
« Là on danse avec des étrangers, c'est normal. »
« Enfin, cet homme m'a demandé de danser. »

Lafayette	L'Académie Ursuline

B. Le langage. Encore une fois, Lilianne emploie des expressions particulières au français des Franco-Américains. Quel équivalent proposeriez-vous aux expressions suivantes ?

1. Enfin, cet homme m'a demandé de danser. C'est un écrivain pour les politiciens, qui… il écrit les *speeches…*
2. …il *était rendu* à l'Académie…
3. Puis il était tout habillé très beau, puis tout habillé… très « *en dimanche* ».
4. L'ambiance était vraiment spéciale, parce que tous les gens étaient *focused* sur lui.
5. Si *j'aurais pu* avoir ça sur *videotape…*

Regardez les questions dans la partie **A** qui suit pour vous donner une idée générale du contenu du texte. Ensuite, écoutez l'interview.

Pratique et conversation

A. Complétez les phrases. Complétez les phrases suivantes selon l'interview.

1. Avant de faire son concert à La Nouvelle-Orléans, Lilianne est allée

   _____.

2. Là, _____ lui a demandé de danser.

3. Puis, il lui a dit : « On devrait se rencontrer demain _____. »

4. Le lendemain, à l'Académie, il y avait à peu près cinq cents étudiantes, mais lui, il était _____ homme.

5. On a chanté une chanson qui vient de Louisiane, puis il a commencé à danser avec _____.

6. Elle était _____.

7. Puis, tout à coup, il y a une queue qui s'est formée avec _____.

8. Puis, ce qu'on aimait _____.

9. Puis quand les filles sont sorties, elles ont dit _____.

B. Le portrait de Lilianne. D'après cette anecdote, comment est Lilianne ? Décrivez sa personnalité en vous appuyant sur un passage de l'interview.

Journal

Analysez le document ci-dessous. Qu'est-ce qu'il révèle sur l'influence de la culture américaine en France ? Où voit-on l'influence de la culture française aux États-Unis ? Écrivez vos réflexions dans votre journal, selon les indications de votre professeur.

À votre tour

Vous allez faire un petit compte rendu d'un film que vous avez vu.

Enrichissez votre expression

Faites les activités suivantes pour enrichir votre expression.

A. Goûts et préférences. Qu'est-ce qui vous a plu dans le film ? Trouvez deux adjectifs pour qualifier chaque élément.

> **Modèle :**   le jeu : vraisemblable; émouvant

Qu'est-ce qui vous a déplu dans le spectacle ? Trouvez deux adjectifs pour qualifier chaque élément.

> **Modèle :**   la cinématographie : incohérente; ratée

time frame

B. L'intrigue. Quelles sont les grandes lignes de l'intrigue ? Racontez en précisant bien la chronologie de l'action ainsi que le cadre temporel.° Faites bien attention aux transitions. Référez-vous au tableau de la page 171 pour réviser ces expressions.

> **Modèle :**   *La veille* de son mariage, le personnage décide qu'il n'aime plus sa fiancée. *Alors*, il décide de feindre une maladie. *Ensuite*, il téléphone à son meilleur copain…

C. Recommandations. Donnez deux raisons pour lesquelles vous recommanderiez (ou vous ne recommanderiez pas) ce film.

Ébauchez votre plan

Répondez à ces questions pour bien structurer votre composition.

Partie I : Situez le lecteur

Quel film allez-vous décrire ?
Quel genre de film est-ce ?
Où l'avez-vous vu ?
Comment était l'ambiance dans la salle ?

Partie II : Racontez

De quoi s'agit-il dans ce film ? Racontez l'intrigue, en rajoutant des détails à la description que vous avez déjà ébauchée.

> **Modèle :**   La veille de son mariage, le personnage principal, *fils paresseux d'une famille aisée*, décide qu'il n'aime plus sa fiancée, *qui était sa meilleure amie depuis l'enfance.* Alors, il décide de feindre une maladie *contagieuse.* Ensuite, il téléphone à son meilleur copain…

Partie III : Donnez votre opinion globale

Avez-vous aimé le spectacle ? Pourquoi ou pourquoi pas ?

Partie IV : Approfondissez votre critique

Expliquez votre réaction plus en détail, en vous appuyant sur des exemples précis.

Partie V : Recommandations

Faites des recommandations convaincantes pour persuader votre lecteur d'aller voir ce film, ou pour le lui déconseiller.

Écrivez

Écrivez la première version de votre composition. Organisez vos pensées en paragraphes en suivant le plan établi dans la partie précédente.

Révisez

Révisez votre première version en tenant compte des commentaires/corrections de votre lecteur.

Hypothèses

"Who's this red-headed lady you're standing with in this picture?" I asked. As I asked, I remembered that one of my friends who had been raised in Cajun country warned me to be very careful about asking personal questions. He knew I was prone to pry and he knew that these people hated anybody getting nosy before they knew you real good. If he said it once, he said it twenty times: "Peter, those Cajun people of southern Louisiana aren't like those people you ran into in Alabama, North Carolina or Virginia. You just be very careful and quiet around them for as long as you can possibly stand it so that they can get a feel for you. They are a suspicious people at first, but if they take to you, if you can keep your mouth shut, they'll give you all they have. They can be quick to explode, fast to hate."

"Oh, she's my fourth wife. Dis bar business it awful bad on havin' a wife. You sure heard by now dat we have some a da mos' beautiful womans anywhere in the world in southern Louisiana. I'm on my fourth woman now, back to a natural Cajun girl. She good to me."

PETER AND BARBARA JENKINS, *THE WALK WEST: A WALK ACROSS AMERICA 2*

Chapitre 6

Clés de la vie politique

Identités ethniques et nationales

- According to the text, how do the Cajuns appear to outsiders? How might one explain this impression?

- What aspect of Cajun identity does the cook/bartender choose to single out? Why does he focus on this in the presence of Peter, the stranger?

- Are the traits identified as "Cajun" in this paragraph particular to Cajun culture?

- How might one explain the nonstandard characteristics of the cook's English?

- What do you think might be some of the different levels of identity that a South-Louisiana Cajun feels?

▶ In most cultures, people feel strong attachments to groups that are larger than the local community, groups that may or may not correspond to nations as defined by today's political boundaries. For Americans, patriotism is usually an attachment to the political and economic system of the United States of America. This kind of nationalism, however, is not common around the world. In this chapter, we examine some of the group loyalties that motivate people in the French-speaking world.

Ouverture culturelle

Mise en train

L'identité politique et ethnique

l'autonomie *(f.)*	le drapeau	le nationalisme
autoritaire	fier° (fière)	la pancarte°
la bannière	la fierté°	paternaliste
la centralisation	la frontière	la patrie°
le chauvinisme	le groupe ethnique	le patriotisme
le citoyen	l'identité *(f.)*	la politique
le conflit d'identité	l'indépendance *(f.)*	le séparatisme
la culture	la liberté (individuelle/	la tradition
la décentralisation	politique)	
la démocratie	la manifestation	

proud / poster, sign
pride
fatherland

Réactions identitaires

accepter   rejeter   s'identifier avec   accorder de l'importance à quelque chose

Première approche

Les deux photographies représentent des manifestations politiques (A) aux États-Unis et (B) au Québec.

1. Qu'est-ce qui est écrit sur les pancartes de la photo A ?
2. Qu'est-ce que le drapeau représente pour ces gens ?
3. Quel est le drapeau qu'on voit sur la photo B ?
4. Les pancartes de la photo B disent « Souveraineté » et « Notre vrai pays c'est le Québec ». Qu'est-ce que le drapeau représente pour ces gens ?
5. Que signifie le mot « liberté » pour les gens de la photo A et pour ceux de la photo B ? *(Pour les Américains, la liberté signifie… , pour les Québécois, la liberté signifie…)*

A.

B.

Pour aller plus loin

1. Que signifie le maquillage° de la jeune fille ? *(Le maquillage représente…)*
2. À gauche, c'est le drapeau de l'Union européenne. Que signifie la photographie ? *(La photographie illustre…)*
3. À votre avis, peut-on être un Français patriotique et aimer l'Union européenne aussi ? Pourquoi ou pourquoi pas ?
4. Imaginez un conflit qui peut exister entre l'identité française et l'identité européenne.
5. Quels avantages l'identité européenne présente-t-elle ? *(L'identité européenne permet de… , donne accès à…)*
6. Qu'est-ce qui peut contribuer à maintenir les identités nationales traditionnelles dans l'Europe de demain ?

makeup

La Liberté guidant le peuple
**de Delacroix (1831). Huile
sur toile, 260 × 325 cm.
Louvre, Paris**

Interaction I

Bill, l'Américain qui travaille chez Rhône-Poulenc à Grenoble (voir **Chapitre 2**, *Inter-action II), est invité à prendre l'apéritif chez Martin, un collègue français.*

Réfléchissez

Qu'est-ce que Bill ne comprend pas chez les Français ?

Quelle différence dans la notion d'identité nationale existe-t-il entre un Français et un Américain ?

Bill	Il y a une chose que je ne comprends pas : je me demande pourquoi les Français sont obsédés par la cuisine.
Martin	Obsédés ? Peut-être. C'est très important pour un Français. C'est une institution qui fait partie de notre identité.
Bill	Pour un Américain, c'est difficile à comprendre. La cuisine ne peut pas être un idéal !
Martin	Mais si !
Bill	Ah, non ! Par contre, la liberté… la démocratie… la poursuite du bonheur[1]…
Martin	Ce sont des principes qui sont importants pour nous aussi. Nous sommes fiers d'être le pays de la liberté, l'égalité et la fraternité. Mais on ne s'imagine pas le bonheur sans la bonne cuisine.

Observations

1. Qu'est-ce qui surprend Bill en France ?
2. Quels sont les principes de l'identité américaine selon Bill ?
3. Comment les Français voient-ils la bonne cuisine ?

---

[1] bonheur = *happiness*

1. Bill considère que les Français sont « obsédés » par la nourriture. Pourquoi a-t-il cette réaction ?
2. Bill et Martin ont des conceptions différentes de l'identité nationale. Quelles sont les différences entre les deux conceptions ?
3. Quels sont les principes qu'ils ont en commun ?
4. Comment définissez-vous l'identité nationale américaine ? *(Un Américain croit à l'importance de… Un Américain est quelqu'un qui…)*

Autrement dit

Pour parler des affaires mondiales

Les changements de gouvernement pourraient s'effectuer d'une façon paisible (non-violente) par des élections, où un candidat, nommé par son parti, est **élu°** par une majorité ou une pluralité. À la suite d'une **démission,°** un remplaçant pourrait être désigné.

    Dans une monarchie, c'est le roi ou la reine qui détient le pouvoir. Pourtant, le roi a parfois un rôle purement symbolique. C'est le président ou le premier ministre qui prend les décisions, aidé par le cabinet, le sénat ou un autre corps législatif.

    Par contre, le gouvernement pourrait être renversé à la suite d'une rébellion. Un gouvernement démocratique serait ainsi transformé en dictature ou en état totalitaire.

elected
resignation

Belgique : Un réunion du conseil d'Europe.

Pratique et conversation

A.   Quelle forme de gouvernement ? Nommez un pays qui est gouverné par…

1. un roi
2. une reine
3. un président
4. un dictateur
5. un premier ministre

B.   Expliquez. Donnez une définition en français des mots suivants.

1. une rébellion
2. une élection
3. un remplaçant
4. une dictature
5. un corps législatif

C.   Actualités. Actuellement, quelle région du monde est menacée par un mouvement nationaliste qui essaie de déstabiliser l'équilibre politique ? Où y a-t-il des rébellions ? des dictatures ? des élections ?

Pour dire qu'on n'est pas sûr

Peut-être.

Peut-être $\left\{ \begin{array}{l} \text{que vous avez raison.} \\ \text{avez-vous raison.} \end{array} \right.$

Vous avez peut-être raison.

Je doute

Je ne suis pas sûr(e)/certain(e) $\left. \begin{array}{l} \\ \\ \end{array} \right\}$ que vous ayez raison.

Il est possible

I doubt it. **J'en doute.°**

Je n'en suis pas sûr(e)/certain(e).

Algérie : Une manifestation en faveur de la langue berbère

Pratique et conversation

A. Réactions. Répondez aux jugements suivants, en utilisant une expression pour indiquer votre incertitude, ou pour exprimer que l'autre a raison ou tort (voir *Autrement dit I*, **Chapitre 4**).

1. Les Américains sont obsédés par la poursuite du bonheur.
2. Les Américains se définissent par leur Constitution.
3. Les Français ne parlent que de la bonne cuisine.
4. La Révolution française a eu plus d'influence que la querre de l'Indépendence américaine.
5. La liberté d'expression n'a pas autant d'importance pour les Français que pour les Américains.

B. Le chauvinisme. Pour le/la chauvin(e), son pays est le meilleur en toutes choses. Pas besoin de voyager, pas besoin d'apprendre une autre langue, il/elle a tout ce dont il/elle a besoin dans son propre pays. Jouez le rôle d'un(e) chauvin(e) extrême [américain(e), français(e), québécois(e)...] et exprimez vos opinions sur la supériorité de votre pays/culture. Un(e) camarade de classe répondra en essayant de vous persuader d'être plus raisonnable et ouvert(e) aux différences culturelles.

Étude de vocabulaire

Le verbe *manquer*

Le verbe **manquer** signifie *to miss*. Il s'emploie de plusieurs façons différentes. Étudiez les exemples suivants.

- manquer + complément d'objet direct = *to miss (an occasion)*, *fail to meet a goal*

  J'ai manqué l'avion.   *I missed (failed to catch in time) the plane.*
  J'ai manqué le cours.   *I missed (failed to attend) the class.*

- manquer à = *to miss the presence, feel the absence of somebody/something; to be missed by*

  La France me manque.   *I miss France.*
  Mes amis me manquent.   *I miss my friends.*

  Remarquez que dans ces exemples, l'objet direct en anglais devient le sujet en français et le sujet en anglais devient l'objet indirect en français.

- manquer de = *to be short of something, lack something*

  Le professeur manque de patience.   *The teacher lacks patience.*
  Mon frère manque toujours d'argent.   *My brother is always short of money.*

Pratique et conversation

A. Manques. Qu'est-ce qui manque aux personnes suivantes ?

1. aux prisonniers
2. aux pauvres

3. aux étudiants
4. aux Français qui viennent en visite aux États-Unis
5. aux Américains qui vont en France

B. Interview. Posez les questions suivantes à un(e) camarade de classe. Demandez-lui…

1. si ses parents lui manquent.
2. ce qui lui manque le plus à l'université.
3. quel cours il/elle a manqué récemment.
4. s'il/si elle manquera l'examen final.
5. s'il/si elle manque souvent d'argent/de temps.

Structure I

Pour relier deux propositions : Les pronoms relatifs

a. Two statements can be combined into a single, complex sentence by means of a relative pronoun.

C'est une institution.
(+) Cette institution fait partie de notre identité.
(=) C'est une institution qui fait partie de notre identité.

b. Relative pronouns link the relative clause to the main clause. The relative pronoun has two roles: It refers back to a word in the main clause, and it fills a grammatical slot in the relative clause.

Ce sont des principes **qui** sont importants pour nous aussi.
         └── subject in relative clause, refers back to **principes**

Il y a une chose **que** je ne comprends pas.
         └── object in relative clause, refers back to **chose**

At this point, you may wish to review how verbs introduce their complements in the *Grammaire de base 1.1*, **Chapitre 4.**

c. The relative pronoun **qui** is used for the subject of a relative clause. The relative pronoun **que** is used for the direct object of a relative clause. Both **qui** and **que** are used for referring back to either people or things.[2]

	subject	object
People	qui	que
Things	qui	que

---

[2] **Que** becomes **qu'** before another word beginning with a vowel or vowel sound. **Qui** does not change.

d. The past participle agrees with a preceding direct object represented by the pronoun **que.**

> La **solution** que vous avez **proposée** n'est pas pratique.
> *f.s.*   *f.s.*

e. When the relative pronoun functions as the object of a preposition in the relative clause and refers to a person, use **qui** after the preposition.

> La personnalité politique à qui je parle représente l'extrême droite.
> Un Algérien avec qui je travaille accuse le chef de racisme.

f. When the relative pronoun functions as the object of a preposition in the relative clause and refers to a thing, use **lequel** *(m.s.)*, **laquelle** *(f.s.)*, **lesquels** *(m.pl.)*, or **lesquelles** *(f.pl.)* after the preposition. In the examples that follow, note that these forms contract with the preposition **à.**

> L'aide sur laquelle je comptais ne m'a pas été donnée.
> Le groupe auquel il s'adresse ne s'intéresse pas à son message.

g. If the relative pronoun is the object of the preposition **de**, use **dont** for both people and things. Note the translation of **dont** in the following examples.

L'homme dont il parle est d'origine portugaise.	*The man of/about whom he is speaking is of Portuguese origin.*
Mon père va m'envoyer l'argent dont j'ai besoin.	*My father is going to send me the money (that) I need.*
La femme dont je suis amoureux ne me parle plus !	*The woman I'm in love with doesn't speak to me any longer.*
La pièce dont la porte est ouverte est le bureau de M. Ahmed.	*The room whose door is open is Mr. Ahmed's office.*

h. Whereas **qui** and **que** refer to specific nouns that precede, the forms **ce qui** and **ce que** refer back to previously stated ideas, sentences, or situations. **Ce qui** is used as the subject of the relative clause, **ce que** as the object.

Il ne sait pas **ce qui** est important ! [subject]	*He doesn't know what is important.*
Il est allé au marché aux puces. **Ce qu'**il a acheté est inutile. [object]	*He went to the flea market. What he bought is useless.*

i. **Ce dont** is used in similar cases where the verb in the relative clause introduces its object with the preposition **de.**

Je ne sais pas ce dont j'ai besoin !	*I don't know what I need!*
Le crime violent ? C'est ce dont j'ai peur !	*Violent crime? That's what I'm afraid of!*
Ce dont nous avons besoin, c'est de nouvelles personnalités politiques.	*What we need are new political figures.*

Pratique et conversation

linking

A. Les débuts d'un immigrant. Formulez une nouvelle phrase en reliant° les deux propositions.

> **Modèle :** J'ai pris un bateau. Le bateau était plein de gens. Ces gens voulaient immigrer en France.
>
> Le bateau que j'ai pris était plein de gens qui voulaient immigrer en France.

1. J'ai trouvé un appartement. L'appartement se trouvait dans une H.L.M.
2. J'avais des voisins. Les voisins étaient très sympathiques.
3. Ils m'ont donné des conseils. Les conseils étaient très valables.
4. J'ai trouvé du travail. Le travail était dans une usine.
5. J'avais un patron. Le patron m'a beaucoup aidé.
6. J'ai rencontré ma fiancée. Elle travaillait dans la même usine.

B. Les identités. Remplissez les blancs avec la forme correcte du pronom relatif.

1. —Je ne comprends pas _____ les Québécois veulent.

   —C'est la langue française et leur histoire particulière _____ comptent pour les Québécois. Beaucoup de Québécois sont impatients parce qu'ils pensent que le gouvernement canadien à Ottawa leur refuse l'autonomie _____ ils ont besoin.

2. Pour les Cajuns, c'est la ville de Lafayette _____ est leur capitale. C'est à leur région _____ ils sont les plus attachés. _____ ils veulent faire, c'est préserver leur langue et leurs traditions.

3. Il y a plusieurs valeurs _____ les Américains et les Français partagent comme la démocratie et la liberté, mais il y a aussi pas mal de différences _____ les séparent. Certaines valeurs _____ les Français estiment et _____ ils parlent beaucoup semblent superficielles aux Américains.

C. Réclamations au syndicat. Remplissez le blanc avec la forme correcte du pronom relatif.

Le délégué syndical	Oui, M. Bou. Quel est le problème ?
M. Bou	Voilà : L'équipement _____ nous nous servons n'est pas bien entretenu.° Vous vous souvenez de l'accident _____ est arrivé l'année dernière ?
Le délégué syndical	Vous voulez dire l'explosion _____ a blessé DuPont ?
M. Bou	Oui. L'extincteur _____ Colbert a utilisé n'était qu'à moitié plein. Et la salle dans _____ il se trouvait était fermée à clé. Mais _____ a causé cet accident, c'était un manque d'entretien. Mojeret, _____ est chargé d'huiler° les machines, est négligent.

maintained

to oil

Le délégué syndical	Mojeret ? Mais c'est un homme en _____ j'ai toute confiance.
M. Bou	Mais vous avez tort. C'est un homme sur _____ on ne peut pas compter.
Le délégué syndical	Bon, je vais parler à Mojeret.
M. Bou	Très bien, Monsieur. _____ on a besoin dans cette usine, c'est un sens des responsabilités.

D. Mauvais souvenirs. Vous êtes revenu(e) d'un voyage à l'étranger avec beaucoup de mauvais souvenirs. Rien ne vous a plu ! Racontez votre voyage en parlant des sujets suivants. Utilisez des pronoms relatifs si possible.

> **Modèle :** Les monuments que j'ai vus n'étaient pas impressionnants.

1. les habitants
2. les repas
3. les guides
4. les sites historiques
5. l'hôtel

E. Mauvais souvenirs (suite). Vous continuez à vous plaindre. En utilisant **ce qui, ce que** et **ce dont,** élaborez vos plaintes.

> **Modèle :** (embêter) Ce qui m'a embêté(e), c'était les serveurs.
> (ne... pas plaire) Ce qui ne m'a pas plu, c'était l'hôtel.

1. avoir envie
2. énerver
3. ne... pas comprendre
4. avoir besoin
5. mystifier

Structure II

*Identifier et décrire : L'emploi de **c'est** et de **il/elle est***

a. You have already used **c'est** to identify people and objects.

> Qui est-ce ? C'est le sénateur DuPont.
> Qu'est-ce que c'est ? C'est le journal officiel du gouvernement.

b. You have also used **il/elle est** to describe a person or thing.

> Mme Caillaud ? Elle est petite, brune...
> Le cours de français ? Il est difficile !

c. When identifying a person's profession, the indefinite noun marker is not used after the verb **être.**[3] Study the following examples.

> —Vous êtes professeur ?   *Are you a teacher?*
> —Non, je suis médecin.   *No, I'm a doctor.*

---

[3] Nor is it used after the verbs **devenir** and **rester.**

d. Two patterns are possible in the third person.

> Il est architecte./C'est un architecte.
> Elles sont journalistes./Ce sont des journalistes.

e. Note that the indefinite noun marker MUST be used when an adjective modifies the noun of profession. Note, too, that with a modifying adjective, the **c'est/ce sont** pattern is the most frequently used in the third person.

> Vous êtes des journalistes très expérimentés.
> C'est un agent de voyages compétent.

f. These observations also apply to nouns indicating one's religion, nationality, political beliefs, or family relationships.

> Il est déjà père à son âge ? Oui, c'est un jeune père, mais un bon père.
> Elle n'est pas ivoirienne, elle est sénégalaise; et c'est une Sénégalaise très fière de sa patrie.

g. With other nouns, the indefinite article must be used; thus, only the pattern **c'est un(e)/ce sont des** can be used in the third person.

> Non, je ne participe pas au match. Je suis un spectateur.
> Ce sont des francophiles.

h. Impersonal **il est** can also introduce an adjectival expression.

il est +	*adjectif* +	*de* +	*infinitif*
Il est	facile	de	bien manger en France.
Il est	conseillé	de	réserver à l'avance.
Il n'est pas	recommandé	d'	arriver en retard.

Note that in these impersonal expressions, the adjective is always masculine.

i. **C'est** can be used to refer back to an idea or topic that was just mentioned or discussed.

C'est + adjectif (+ *à* + *infinitif*)

> Trouver un bon restaurant en France ? C'est facile (à faire) !
> Réserver pour le jour même à la Tour d'Argent ? C'est impossible (à faire) !
> Préparer une bonne choucroute garnie ? Ce n'est pas difficile (à expliquer).

The essential difference between these two expressions is that of presenting versus referring back.

Il est impossible de résister à une bonne mousse au chocolat. *[What is impossible is presented in the remainder of the sentence.]*
Résister à une bonne mousse au chocolat ? C'est impossible ! *[What is impossible refers back to or comments on the previously stated idea.]*

Pratique et conversation

A. Profils. Lisez le profil et identifiez la profession, religion ou nationalité de la personne décrite. Ensuite, nuancez votre description en ajoutant un ou plusieurs adjectifs.

> **Modèle :** M. Chavasse enseigne des cours de littérature. Il adore ses étudiants et il prépare bien ses cours. Il passe beaucoup de temps à discuter avec ses étudiants après le cours.

> **Vous :**   M. Chavasse est professeur. C'est un professeur sérieux.
> (ou : C'est un très bon professeur, c'est un professeur dévoué, etc.)

1. M. Piotto travaille dans un restaurant où il sert des repas aux clients. Il est très maladroit; il laisse tomber des assiettes, il renverse des verres, il insulte la clientèle.
2. Mme Vigne va à la messe tous les jours. Elle ne mange jamais de viande le vendredi. Elle se confesse tous les samedis.
3. Les films de M. Coste sont très connus. D'habitude, il joue le rôle du jeune premier.° Il est très beau et talentueux.
4. Mlle Le Tendre est la fille du feu° roi Edgard II de Corsalis. Elle a hérité de son père et dispose de beaucoup d'argent. Elle est encore plus belle que sa mère, dont la beauté est légendaire.
5. M. Cocan gagne sa vie en faisant des tours de magie. Parfois, il est un peu négligent. Par exemple, une fois, il a fait disparaître sa jolie assistante qui n'a jamais été retrouvée. Mais évidemment, son spectacle est convaincant.

leading man
deceased

B. Témoignages. Voici le texte de quelques publicités à la télévision, où des acheteurs satisfaits témoignent de la qualité extraordinaire de la lessive « Lav'tout ». Complétez la phrase en remplissant les blancs avec l'expression correcte (**il/elle est/c'est un,** etc.).

Oui, j'adore « Lav'tout » ! Mon mari, _____ garagiste, et

je vous assure qu'il rentre très sale et couvert de cambouis.° Mais avec

« Lav'tout », j'ai confiance ! _____ lessive puissante, mais

_____ douce aussi.

axle grease

***

« Lav'tout » ? _____ excellent produit, je m'en sers tout le

temps. J'ai deux fils. Robert, l'aîné, _____ joueur de foot, et

son frère, Jean-Philippe, _____ amateur de motos. Alors, c'est

la boue, les taches d'herbe, le cambouis… « Lav'tout » me sauve la vie !

_____ efficace, _____ économe.

_____ miracle !

C. Descriptions. Faites les descriptions suivantes.

1. Décrivez votre meilleur(e) ami(e). Qui est-ce ? Qu'est-ce qu'il/elle fait ? Comment est-il/elle physiquement ? Comment est sa personnalité ?
2. Décrivez une personne que vous admirez. Qui est-ce ? Qu'est-ce que cette personne fait ? Pourquoi est-ce que vous l'admirez ?
3. Décrivez une personne très influente dans la société ou dans le gouvernement. Identifiez-la. Pourquoi est-elle si influente ?

D. Jugements. Formulez quatre phrases avec un élément de chaque liste pour donner des conseils à un touriste français aux États-Unis.

il est préférable de	se promener seul la nuit
il est facile de	avoir l'air américain
il est déconseillé de	voyager en train
il serait utile de	faire une réservation à l'hôtel
il est recommandé de	visiter la Floride en été
	téléphoner à la France

E. Réactions. En utilisant l'expression **c'est** + adjectif (+ **à** + infinitif), complétez les phrases suivantes.

1. Trouver un bon emploi…
2. Bien manger en France…
3. Réparer une voiture…
4. Se brosser les dents après tous les repas…
5. Fumer dans la salle de classe…

F. Opinions. Qu'est-ce qu'il est conseillé ou déconseillé de faire quand on voyage dans un pays étranger ? Qu'est-ce qui est permis ou interdit ? Donnez vos opinions à la classe.

G. Jeu. Faites le « Jeu des Professions ». Un(e) étudiant(e) choisit une profession ou un métier. Les autres essaient de deviner ce qu'il/elle fait en posant des questions auxquelles le/la candidat(e) répond par « oui » ou « non ». Vous n'avez que dix essais pour deviner !

Lecture 1

Vous allez lire un recueil de citations où quatre personnes essaient d'établir leur identité— nationale, régionale, culturelle, continentale.

Avant de lire

A. Réfléchissez. La question d'identité est complexe puisque l'identité de chaque individu est composée de plusieurs éléments. Avant de lire les extraits suivants, réfléchissez à votre propre identité.

1. Dessinez un tableau qui représente le pourcentage de votre identité composé des éléments suivants :

   identité nationale/identité religieuse/identité régionale/identité sexuelle/identité ethnique/identité linguistique/identité individuelle/autre

2. Choisissez un événement historique ou contemporain de la colonne B que vous associez avec les composants de l'identité américaine qui se trouvent dans la colonne A.

A	B	
identité nationale	la guerre de Sécession°	*Civil War*
identité religieuse	l'esprit pionnier	
identité régionale	les deux guerres mondiales	
identité sexuelle	les vagues d'immigration du passé	
identité ethnique	l'industrialisation	
identité linguistique	la guerre de l'Indépendance américaine	
identité individuelle	l'immigration contemporaine	
	l'esprit innovateur	

B. Parcourez. Lisez rapidement les textes en essayant d'associer les identités in-diquées avec les substantifs ou les adjectifs donnés. Soyez prêt(e) à justifier vos as-sociations en citant des phrases ou des mots précis tirés des textes.

Identité	Noms	Adjectifs
Africains (subsahariens)	une région	nationaliste
	un continent	défensive
immigrés	un déracinement/exil	double
maghrébins/beurs	une religion	divisée
pieds-noirs	un pays	unie
Belges	un déplacement	ambiguë
	une expérience en commun	globale
	un groupe de pays	fière
	une langue	

C. Prédictions. Pouvez-vous imaginer en quoi consistera le sentiment d'identité exprimé par chaque groupe représenté dans les textes ? Dans le tableau suivant, cochez la case des deux ou trois composantes de l'identité les plus importantes, selon vous. Quels événements historiques auraient contribué à leur sens d'identité ? Consultez le *Répertoire géographique* pour vous donner une idée de l'histoire perti-nente du pays ou de la région de chaque groupe représenté.

Identité des :	Nationale	Religieuse	Régionale	Sexuelle	Ethnique	Linguistique	Individuelle	Autre
Africains (subsahariens)	☐	☐	☐	☐	☐	☐	☐	☐
immigrés maghrébins/beurs	☐	☐	☐	☐	☐	☐	☐	☐
pieds-noirs	☐	☐	☐	☐	☐	☐	☐	☐
Belges	☐	☐	☐	☐	☐	☐	☐	☐

Identité africaine

Être africain, c'est une manière d'expliquer le monde. C'est entrer dans une logique où la logique des autres n'opère plus… Être africain, c'est entendre le silence du monde, c'est proposer un certain ordre **face au** chaos de l'univers…

Et comment **se sent-on** quand un Kényan gagne le marathon de Boston, quand, même à travers la télévision, on **perçoit** cette odeur âcre **de sueur et de terre** ? Que fait-on devant le regard **éperdu** de ces êtres qui gagnent tout parce qu'ils n'ont rien à perdre ? On rit en pleurant parce qu'on **appartient à** ce peuple qui peine et souffre depuis la Préhistoire. Être africain, c'est pouvoir **regarder le monde en face,** car l'Afrique n'a jamais fait de mal à personne…

L'auteur voit-il l'identité africaine comme unie avec le reste du monde ou en opposition avec le reste du monde ? Comment ex-pliquez-vous cette attitude ?

L'auteur est-il plutôt optimiste ou pessimiste vis-à-vis de l'avenir de l'Afrique ?

Quelle est l'attitude de l'auteur vis-à-vis des pays occidentaux ? Comprenez-vous cette attitude ? De quels aspects de l'Afrique l'auteur est-il fier ?

Quand donc l'Africain reconnaît publiquement qu'il existe des problèmes africains, **c'est qu'**il sait par intuition qu'il existe, **à terme,** des solutions africaines. Nous le **constatons** en Afrique du Sud : nous le vivons dans nos jeunes États... Ce qui est **louche** [du reste] c'est **l'empressement** de l'Occident[4] à **se prétendre nécessaire** à notre **survie.** Nous vivons sur un **socle** solide, ce bon vieux continent ocre, riche et varié, qui se voit distinctement depuis la planète Mars. Nous y sommes depuis que l'humanité existe. Nous avons dû connaître des crises, des spasmes, des catastrophes, mais nous ne sommes pas morts, pas tous. Qui donc nous dira comment nous nous sommes toujours adaptés ? La clé de notre futur n'est-elle pas **enfouie** quelque part, loin dans notre passé ?

face au *in the face of* / **se sent-on** *does one feel emotionally* / **perçoit** *perceives; in this case, smells* / **de sueur et de terre** *of sweat and earth* / **éperdu** *overcome with emotion* / **appartient à** *belongs to* / **regarder le monde en face** *to look the rest of the world straight in the eye, or with head held high* / **Quand donc** *Thus, when* / **c'est qu'** *it's because* / **à terme** *ultimately* / **constatons** *see, have evidence of* / **louche** *suspicious, dishonest* / **l'empressement** *the zeal, eagerness* / **se prétendre nécessaire** *to imagine itself or proclaim itself as necessary* / **survie** *survival* / **socle** *foundation, bedrock* / **enfouie** *buried, hidden*

SOURCE:
Emmanuel Mué, historien, sociologue, « Être africain aujourd'hui ? »

Identité des immigrés ou des beurs

Que pouvez-vous déterminer de l'identité de l'auteur ?

À qui est-ce que l'auteur adresse son « explication » ?

Que veut-il dire par l'expression « un formidable pont humain » ? Pourquoi « un pont » ?

Pourquoi l'auteur parle-t-il de l'addition et de la soustraction ?

... Ce que j'aimerais expliquer en quelques mots c'est que nous n'avons d'animosité envers personne, mais qu'au contraire **en tentant,** de trouver notre place en France (ou tout autre pays d'accueil[5]) tout en maintenant notre **lien** avec le pays d'origine et en faisant fructifier nos **racines,** nous sommes fidèles à ce que nous sommes en réalité, c'est-à-dire Franco-Marocains ou Belgo-Marocains ou Hollando-Marocains... mais que dans un même temps, nous pouvons être un formidable **pont** humain entre nos deux pays d'appartenance.[6] Il s'agit en fait pour nous de marcher sur nos deux jambes et de réussir l'harmonie, la synergie entre nos deux cultures, nos deux **éducations** : pour **notre propre bien** mais aussi pour le bien et l'amitié entre les peuples.

Ne rien **renier** de notre marocanité, de notre attachement au pays d'origine mais ne pas **nier** ou négliger notre identité façonnée **au quotidien** en France, en Allemagne ou en Belgique : procéder par addition plutôt que par soustraction.

en tentant *by trying* / **lien** *connection* / **racines** *roots* / **pont** *bridge* / **éducations** *upbringings* / **notre propre bien** *our own well-being* / **renier** *to repudiate* / **nier** *to deny* / **au quotidien** *by daily life*

SOURCE:
Ahmed Ghayet, *Plaidoyer* 11 août 1996

[4] l'Occident = *the West, commonly referring to Western, industrialized countries as opposed to the "Third World" countries*

[5] pays d'accueil = *country to which one has immigrated*

[6] pays d'appartenance = *country to which one belongs or with which one associates one's identity*

Identité des pieds-noirs

J'écris cette lettre pour toi, ma fille qui dort sagement dans ton lit, et pour vous aussi, petits pieds-gris, enfants issus de pieds-noirs et de métropolitains aux pieds-blancs.[7] Un jour, vous demanderez à vos parents et à vos grands-parents ce qu'ils faisaient, vous serez curieux de l'histoire de votre famille. Alors, ma fille, ton père te parlera de l'Algérie française… Il t'en parlera comme d'un pays où cohabitaient **en bonne intelligence** musulmans, juifs et chrétiens, il te décrira ce pays étonnant, aussi surprenant que la Palestine des Croisés ou l'Andalousie musulmane[8]… Il te dira que, bien sûr, comme dans toute société, il y avait des problèmes et des injustices, mais également une passion, une **chaleur humaine** et un esprit d'entreprise… Il te dira que l'Algérie française était un pays que la France avait construit et qui, au terme de huit ans d'une guerre qui ne voulait pas dire son nom,[9] s'est séparé d'elle. C'est alors que la famille de ton père est partie. Elle[10] se souvient toujours de **l'accueil de chien** qu'elle reçut **en métropole,** et souffre encore du déracinement de cette Algérie qui était devenue sa terre.

Car, sache-le, ma fille : même ton père **a les nerfs à vif!** Il te dira que dans cette triste histoire ceux qui ont le plus souffert sont, de loin, les pieds-noirs et les Harkis[11] ! Eux ont perdu leur pays, et leur mémoire a été longtemps **salie,** voire méprisée par une métropole qui leur était largement hostile… Et c'est pour la réhabilitation de leur mémoire qu'ils agissent aujourd'hui encore.

Cherchez à comprendre leur histoire, avec tout l'amour de votre cœur.

Je vous embrasse, petits trésors.[12]

en bonne intelligence *peaceably* / **chaleur humaine** *warmth, humanity* / **l'accueil de chien** *the unfriendly reception or lack of welcome* / **en métropole** *in France* / **a les nerfs à vif** *is on the edge* / **salie** *dirty, sullied*

SOURCE:
Jean-Louis Donnadieu, *Lettre aux petits pieds-gris*

Qu'est-ce qu'un pied-noir ? et un pied-gris ?

Qui est l'auteur du texte ? À qui parle-t-il ?

De quoi lui parlera-t-il un jour ? Pourquoi ?

Comment l'auteur voit-il l'Algérie française et colonisée ? Quels événements ou caractéristiques mentionne-t-il ?

Quel rôle l'auteur attribue-t-il à la France vis-à-vis de l'Algérie « française » ?

Comment est-ce que l'émotion apparaît dans le passage ?

Que veut-il que sa fille et les autres pied-gris fassent ?

Identité belge

L'amour que j'ai de ce pays **n'est lié en rien** à l'actualité de sa politique. J'ai eu souvent mal de vivre dans une Belgique moquée, méprisée parfois, dont on **souligne** la lourdeur et la vulgarité. Et souvent **autrefois,** j'ai dit « je suis **Flamand** » évitant le mot « Belge » dont j'avais honte. La Belgique semble faire tout pour décourager l'amour que l'on serait **tenté** de lui porter. La Belgique est l'étiquette qui **recouvre** ce qu'il y a de plus **contestable** chez nous, guerre

L'auteur aime-t-il la Belgique ? Nous dit-il tout de suite pourquoi ? A-t-il honte de la Belgique ? Comprenez-vous pourquoi ?

Est-il possible d'aimer un pays, une région ou une culture et en même temps d'en avoir honte ?

[7] The French who lived in France as opposed to those who lived in Algeria.

[8] Palestine during the Crusades or Moorish Spain, historical examples of two divergent cultures living together peaceably (not all would agree with the author's interpretation of these societies as models of peaceful coexistence).

[9] The author is referring to the controversial nature of the Algerian War.

[10] **Elle** = refers to the author's family.

[11] As you may recall from *Le Harki de Meriem* in chapter 4, an **harki** is an Algerian who fought with the French army against the cause of independence. Reread the introduction to *Le Harki de Meriem* in order to refresh your memory about their role in the war and their fate after the war.

[12] petits trésors = *a common term of endearment*

Le conflit linguistique en Belgique : Une manifestation des étudiants flamands à Louvain en 1966

Quels problèmes ou conflits l'auteur voit-il en Belgique ? Quelle est l'origine de ces conflits ? (Consultez votre Répertoire géographique, si nécessaire.)

Les mots « nation » et « pays » sont-ils des synonymes pour l'auteur ? Comment le savez-vous ?

scolaire, question royale, **querelles** communautaires[13] et surtout l'abominable racisme linguistique. L'État-Belgique est comme une femme avec laquelle nous aurions honte de sortir parce qu'elle parle avec vulgarité, qu'elle porte des robes affreuses, et qu'elle ne mange que du bifteck-frites et des tomates aux crevettes…

Oui, j'aime bien vivre ici. Dans un pays qui n'existe presque pas et que je sens si profondément. Oui, c'est ici que je veux vivre. Je n'ai pas la nostalgie d'appartenir à une Nation. Au contraire. Je hais les nations. Oui, j'aime ce pays parce qu'il n'a pas de grande politique, parce qu'il essaye **tant bien que mal** de **régler** les problèmes des gens qui vivent ici et qu'il ne se préoccupe pas de Grandeur. Ces problèmes qui **ne sont pas dûs à nous-mêmes,** mais qui, comme les guerres dont nous avons souffert, sont des problèmes **venant d'ailleurs.**

SOURCE:
Paul Willems, *J'aime le « non-état » qu'est ce pays*

n'est lié en rien *is in no way connected* / **souligne** *emphasizes* / **autrefois** *in the past* / **Flamand** *Flemish* / **tenté** *tempted* / **recouvre** *masks, covers up* / **contestable** *questionable* / **querelles** *quarrels* / **tant bien que mal** *as best it can* / **régler** *to resolve* / **ne sont pas dûs à nous-mêmes** *we did not cause* / **venant d'ailleurs** *originating from other sources*

Après avoir lu

A. Vérifiez. Après avoir lu les passages, répondez aux questions suivantes en comparant vos réponses aux prédictions que vous avez faites dans les exercices B et C à la page 215.

---

[13] The political organization of Belgium is illustrated on page 347.

1. Le sens de l'identité : qu'est-ce qui le définit chez ces individus ? Cochez les facteurs qui le représentent le mieux. Justifiez votre réponse.

	la religion	la culture	la langue	l'histoire	???
les Africains (subsahariens)	☐	☐	☐	☐	☐
les immigrés maghrébins/beurs	☐	☐	☐	☐	☐
les pieds-noirs	☐	☐	☐	☐	☐
les Belges	☐	☐	☐	☐	☐

2. Comment pouvez-vous comparer le sentiment national ou le sens de l'identité de ces individus à celui des Américains ? et à celui des Français ?

B. Résumés. Choisissez le meilleur résumé pour chaque texte. Justifiez votre choix.

1. Identité africaine

   Résumé n° 1

   L'Africain se voit différent du reste du monde. Il est conscient de son innocence face à l'oppression de l'Occident. Les Africains ont survécu aux difficultés du passé et maintenant, pour surmonter les difficultés du présent, ils devraient chercher dans leur histoire.

   Résumé n° 2

   L'Africain se voit différent du reste du monde. Il insiste sur son innocence face à l'oppression de l'Occident. Les difficultés du passé continuent dans le présent, et le manque de coopération politique entre les pays africains suggère que l'Afrique aura un avenir qui ressemblera à son passé.

2. Identité des immigrés ou des beurs

   Résumé n° 1

   Les beurs et les immigrés maghrébins chérissent les deux côtés de leur identité. Ils ne veulent pas être obligés de déclarer une seule loyauté : ils ne veulent ni oublier leurs racines maghrébines ni renier leur identité française, belge, hollandaise, etc. Ils voient dans leur identité double la promesse de plus de compréhension et plus de liens entre leur pays d'origine et leur pays d'accueil.

   Résumé n° 2

   Les beurs et les immigrés maghrébins reconnaissent les deux côtés de leur identité, mais ils veulent surtout garder la culture du pays d'origine. Ce qui leur est difficile, c'est le sentiment qu'ils ne sont jamais « chez eux ». Ils se sentent comme des immigrés dans leur pays d'origine et aussi dans leur pays d'accueil. C'est une identité divisée et pleine de conflits.

3. Identité des pieds-noirs

   Résumé n° 1

   Les pieds-noirs éprouvent toujours du ressentiment dû au traitement qu'ils ont reçu de la part des Français pendant la guerre et après leur retour d'Algérie. Ils veulent faire comprendre, surtout à leurs enfants, leur vision et expérience de l'Algérie française aussi bien que l'amour qu'ils ont toujours pour leur patrie perdue. Ils espèrent que la génération des « pieds-gris » arrivera à concevoir une vision et compréhension plus justes de l'Algérie française et de l'identité des pieds-noirs.

Résumé n° 2

Les pieds-noirs blâment les « pieds-blancs » qu'ils considèrent comme responsables du traitement qu'ils ont reçu après la guerre. Ils veulent faire comprendre à leurs enfants que l'Algérie française était un pays extraordinaire et paisible et qu'ils aiment toujours leur patrie perdue. Ils espèrent que la génération des « pieds-gris » arrivera à corriger les injustices de leur histoire.

4. Identité belge

Résumé n° 1

L'identité belge est double, une combinaison instable d'une culture flamande et d'une culture française. Les Belges s'indignent du ton moqueur que le reste du monde utilise en parlant de leur pays. Les Belges sont fiers du fait qu'il n'existe ni débats sérieux ni divisions intérieures dans leur pays. Malgré le reste du monde, ils savent que la Belgique est une nation forte et importante.

Résumé n° 2

L'identité belge est ambiguë. Les Belges sont conscients d'être méprisés par certains et d'être intérieurement divisés par des débats sérieux, mais ils sont aussi fiers de leur identité. L'auteur est plutôt fier de ce que son pays *n'est pas*. Il aime la Belgique parce que ce n'est pas un pays modelé sur le nationalisme.

C. Synthèse. Remplacez les blancs par le pronom relatif correct.

1. Un symbole _____ les Américains sont fiers, c'est le drapeau. Un symbole _____ les Américains associent à la France, c'est la tour Eiffel.

2. _____ les Africains ont besoin, c'est d'une politique continentale. La solution _____ l'auteur propose est une solution africaine.

3. L'aspect de l'identité des immigrés sur _____ Ahmed Ghayet insiste, c'est sa double nature. Il veut surtout expliquer que les immigrés ne rejettent pas la culture de leur pays d'origine. C'est la raison pour _____ il écrit cet article.

4. _____ les pieds-noirs ont peur, c'est qu'on n'essaie jamais de comprendre leur point de vue. Ils veulent changer la notion _____ la majorité des Français ont de l'Algérie française et de la guerre en Algérie.

5. Une identité _____ est pleine d'ambiguïté, c'est l'identité belge. C'est une identité _____ est plutôt linguistique/régionale.

D. Slogans. Le nationalisme poussé à l'extrême peut devenir du chauvinisme et même de la xénophobie. Avez-vous déjà entendu des slogans tels que « Let's make America great again », « I'm proud to be in America, where at least I know I'm free » ou « America: Love it or leave it » ? En France, il y a le slogan du parti politique de l'extrême droite : « La France aux Français ». Il existe aussi des devises officielles comme celles des États-Unis, « E pluribus unum », « In God We Trust » ou celle de la France, « Liberté, Égalité, Fraternité ». En petits groupes, discutez des questions suivantes.

1. Connaissez-vous d'autres slogans ou devises officiels ? Quels facteurs culturels, historiques (révolution, évolution vers la démocratie, guerre), économiques (concurrence avec le Japon, domination du marché par des produits étrangers), démographiques (immigration), etc., auraient pu inspirer de tels sentiments ?
2. Inventez des slogans ou des devises qui représentent les sentiments et le sens de l'identité exprimés dans les textes que vous avez lus.

E. Différences. En petits groupes, trouvez trois différences entre le sentiment nationaliste américain et celui des peuples représentés dans les extraits. Ensuite, présentez votre liste à la classe et discutez des différences que vous avez trouvées.

Interaction II

John, qui est de Toronto, et Marc, qui est de Montréal, discutent au Marché Byward, à Ottawa.

John Écoute, les Québécois ne sont ni Américains, ni Français. Mais ils ne veulent pas être Canadiens.

Marc De toute façon, être Canadien, qu'est-ce que c'est ? Ça ne veut rien dire. Un Canadien est un Américain qui habite un peu plus au nord.

John Je t'assure que ce n'est pas vrai. Je me sens différent d'un Américain.

Marc En quoi ? En fait, vous avez besoin de nous. Si le Québec n'existait pas, le Canada ressemblerait tout à fait aux États-Unis.

John Tu ne comprendras jamais ! De toute façon, s'il gagne son indépendance, le Québec sera faible. Surtout face à l'Accord de libre-échange nord-américain.[14]

Réfléchissez

Comment un Canadien anglophone voit-il l'identité québécoise ?

Comment un Québécois définit-il l'identité canadienne ?

Observations

1. Selon Marc, quelle est la différence entre un Canadien anglophone et un Américain ?
2. Qu'est-ce que le Québec apporte au Canada, selon lui ?
3. Selon John, pourquoi l'indépendance n'est-elle pas une solution pour le Québec ?
4. Quels sont les trois pays qui ont signé l'Accord de libre-échange mentionné par John ?

[14] l'Accord de libre-échange nord-américain = *NAFTA (North American Free Trade Agreement)*

1. John pense que l'identité québécoise est basée sur des refus, des négations. Lesquels ? *(Pour lui, l'identité québécoise est basée sur le refus d'être...)*
2. À votre avis, quels sont les éléments positifs qui pourraient définir l'identité pour un Québécois ? *(Pour un Québécois, l'identité est basée sur...)*
3. À votre avis, les Canadiens anglophones sont-ils différents des Américains ?
4. L'indépendance du Québec n'est pas seulement une question culturelle ou un problème d'institutions politiques. Pourquoi ? *(Si le Québec était libre...)*

Autrement dit

Pour insister sur le fait qu'on a raison/qu'on est sérieux

Mais je vous assure
je vous jure°
je vous garantis   } que ce n'est pas vrai.
je vous dis

I swear

Ce n'est pas une plaisanterie.°
Je ne plaisante pas.
C'est sérieux.

I'm not joking.

Pour insister sur une réponse négative

Non, je vous l'assure.
je vous le jure.
je vous le garantis.
Non, non et non.
J'ai déjà dit non.
Quand je dis « non », c'est non.
Jamais de la vie.°
Ce n'est pas la peine
Inutile   } **d'insister.°**

Not on your life.
It's not worth insisting.

Pour exprimer du dégoût

Cette idée me dégoûte.
m'écœure.°
me répugne.
C'est dégoûtant.
détestable.
écœurant.
répugnant.
◇ dégueulasse.

makes me sick

Quelques interjections négatives

Bah ! (exprime l'indifférence)
Peuh ! (exprime l'indifférence, le mépris)
Berk (beurk) ! (exprime le dégoût)
Pouah ! (exprime le dégoût)

Pratique et conversation

A. Réactions. En vous servant des expressions de l'*Autrement dit*, exprimez une réaction appropriée aux situations et opinions suivantes.

1. Sophie, tu es sûre que tu ne veuilles plus sortir avec moi ?
2. Ce poisson, **ça sent le pourri.°**   *it smells spoiled*
3. C'est pas vrai ! Le type a dit que les Franco-Canadiens devraient se séparer du reste du pays ?
4. Tu es sérieux ? Tu le crois vraiment ?
5. Regardez tout ce désordre !
6. —Qu'est-ce que c'est ?
   —Mais c'est une salade aux anchois garnie de **poulpe.°** Tu n'aimes pas ma   *octopus* nouvelle création ?
7. C'est la dernière fois que je vais te demander de me rendre ce service. Quelle est ta réponse ?

Étude de vocabulaire

Le préfixe *mal-*

Étudiez les exemples suivants. Que signifie le préfixe **mal-** ?

heureux	*happy*	malheureux	*unhappy*
honnête	*honest*	malhonnête	*dishonest*
adroit	*clever, agile*	maladroit	*awkward*

Pratique et conversation

Définitions. Que veulent dire les mots suivants ?

1. malchanceux
2. malpropre
3. malveillant (≠ bienveillant)
4. malhabile
5. malsain

Les suffixes *-able/-ible*

Les suffixes **-able/-ible** correspondent aux suffixes *-able* et *-ible* en anglais.

souhaitable	*desirable*
préférable	*preferable*
lisible	*legible*

Remarquez cette exception :

responsable   *responsible*

Pratique et conversation

Exercice de vocabulaire. Quel est le sens des mots suivants ?

1. inadmissible
2. croyable
3. faisable
4. certifiable
5. compréhensible

Grammaire de base

1.1 The future tense is formed by adding a special set of endings to a stem, which is the infinitive in most cases. Note that for **-re** verbs, the final **e** of the infinitive is dropped before adding the future endings.

The Future Tense

-er verbs			-ir verbs			-re verbs		
stem	+	ending	stem	+	ending	stem	+	ending
je	parler	ai	je	finir	ai	je	répondr	ai
tu	parler	as	tu	finir	as	tu	répondr	as
il	parler	a	il	finir	a	il	répondr	a
nous	parler	ons	nous	finir	ons	nous	répondr	ons
vous	parler	ez	vous	finir	ez	vous	répondr	ez
elles	parler	ont	elles	finir	ont	elles	répondr	ont

1.2 Following is a list of some verbs that have irregular future stems. The endings, however, are regular.

aller	j'irai	recevoir	je recevrai
avoir	j'aurai	savoir	je saurai
envoyer	j'enverrai	venir	je viendrai
être	je serai	voir	je verrai
faire	je ferai	vouloir	je voudrai
pouvoir	je pourrai		

Note that many verbs that are irregular in the present are regular in the future.

boire	je boirai	mettre	je mettrai
connaître	je connaîtrai	ouvrir	j'ouvrirai
dire	je dirai	prendre	je prendrai

1.3 Although **acheter, payer,** and **préférer** have two stems in the present, in the future, they have only one.

Present	Future
j'achète / nous achetons	j'achèterai / nous achèterons
je paie / nous payons	je paierai / nous paierons
je préfère / nous préférons	je préférerai / nous préférerons

1.4 The essential difference between the future tense and the immediate future (**aller** + infinitive) is like that between "to be going to" and "will" in English. Thus, whereas **aller** + infinitive indicates intention or immediacy in relation to the moment of speaking, the future tense merely indicates the occurrence of an action sometime in the future.

Je vais faire mes devoirs maintenant.	*I am going to do my homework now. [intention, immediacy]*
Je ferai mes devoirs ce week-end.	*I will do my homework this weekend. [a nonimmediate future action]*

The immediate future is gradually replacing the future, especially in spoken French.

2.1 To form the present conditional, add the endings you learned for the imperfect tense to the future stem of the verb.

<table>
<tr><th colspan="6">The Present Conditional</th></tr>
<tr><th colspan="2">-er verbs</th><th colspan="2">-ir verbs</th><th colspan="2">-re verbs</th></tr>
<tr><td>stem +</td><td>ending</td><td>stem +</td><td>ending</td><td>stem +</td><td>ending</td></tr>
<tr><td>je parler</td><td>ais</td><td>je choisir</td><td>ais</td><td>je répondr</td><td>ais</td></tr>
<tr><td>tu parler</td><td>ais</td><td>tu choisir</td><td>ais</td><td>tu répondr</td><td>ais</td></tr>
<tr><td>elle parler</td><td>ait</td><td>elle choisir</td><td>ait</td><td>elle répondr</td><td>ait</td></tr>
<tr><td>nous parler</td><td>ions</td><td>nous choisir</td><td>ions</td><td>nous répondr</td><td>ions</td></tr>
<tr><td>vous parler</td><td>iez</td><td>vous choisir</td><td>iez</td><td>vous répondr</td><td>iez</td></tr>
<tr><td>ils parler</td><td>aient</td><td>ils choisir</td><td>aient</td><td>ils répondr</td><td>aient</td></tr>
</table>

2.2 Note that the same stem is used in the future and in the conditional. Thus, if the stem is irregular in the future, it will be similarly irregular in the conditional.

j'irai / j'irais, je serai / je serais, je verrai / je verrais, etc.

2.3 The conditional of **vouloir, pouvoir,** and other verbs is used for making polite requests; you have already seen examples of this usage. In a store, for example, you might say:

Est-ce que vous pourriez m'aider ?
Je voudrais essayer ce costume.
Est-ce que vous auriez la même chose en bleu ?

2.4 The conditional is also used for expressing actions and states that are hypothetical, that is, that may or may not come true. It is often translated with "would" in English.

Les Canadiens français ne consentiraient jamais à une fédération. Ce serait désastreux.	*Franco-Canadians would never consent to a federation. It would be disastrous.*

2.5 The conditional of **devoir** is translated as "should."

Quand même, ils devraient faire un effort pour s'intégrer à la société canadienne.	*Nonetheless, they should make an effort to integrate themselves into Canadian society.*

Structure III

Pour parler du futur : Le futur et le futur antérieur

(Grammaire de base 1.1 → 1.4)

a. The future perfect **(le futur antérieur)** is used to refer to an event that will take place before another future event.

J'aurai fini avant ton départ.	*I will be finished/will have finished before your departure.*
Elle aura déjà obtenu son diplôme avant de commencer son travail.	*She will have already graduated before beginning work.*

b. The future perfect is formed with the future tense of the auxiliary (either **être** or **avoir**) and the past participle.

	auxiliaire +	participe passé
j'	aurai	terminé
tu	auras	terminé
elle	aura	terminé
nous	aurons	terminé
vous	aurez	terminé
ils	auront	terminé
je	serai	parti(e)
tu	seras	parti(e)
elle	sera	partie
nous	serons	parti(e)s
vous	serez	parti(e)(s)
ils	seront	partis
je me	serai	couché(e)
tu te	seras	couché(e)
elle se	sera	couchée
nous nous	serons	couché(e)s
vous vous	serez	couché(e)(s)
ils se	seront	couchés

when / as soon as / as soon as

c. Use the future tense after **quand, lorsque,° aussitôt que,° dès que,°** and **après que,** when a future action will take place at more or less the same time as another future action. Note that the verb in the second part of the sentence is either in the future or in the imperative.

Quand, etc. +	Futur	Futur ou impératif
Quand nous	serons à Québec,	nous ferons une promenade en calèche.°
Quand tu	verras ta mère,	dis-lui bonjour de ma part.

carriage

d. Use the future perfect tense after **quand, lorsque, aussitôt que, dès que,** and **après que** to refer to an event that will take place before another future event. The verb referring to that second future event will be in the future or in the imperative.

Quand, etc. +	Futur antérieur	Futur ou impératif
Et quand on en	aura discuté, ma conclusion	restera la même.
Aussitôt qu'il	sera parti,	téléphone-moi.

Pratique et conversation

A. Un agenda. Aujourd'hui, c'est lundi, et M. Raymond a une semaine très chargée. Qu'est-ce qu'il aura fait avant le week-end ? Regardez son agenda et formulez cinq phrases.

B. D'ici vingt ans. Demandez à votre partenaire s'il/si elle aura fait les choses suivantes, ou s'il/si elle ne les aura pas encore accomplies dans vingt ans.

1. faire fortune
2. prendre la retraite
3. payer ses dettes
4. obtenir un diplôme
5. maîtriser le français

C. Un parent anxieux. Votre fils/fille va passer l'été en France, seul(e). Vous êtes très anxieux/euse. Exprimez vos inquiétudes en complétant les phrases suivantes.

1. Téléphone-moi dès que…
2. Si tu as des difficultés d'argent…
3. Quand tu auras trouvé du travail…
4. Si tu ne trouves pas d'hôtel…
5. Écris-moi aussitôt que…
6. Si je n'ai pas de tes nouvelles après une semaine…
7. Je t'enverrai encore de l'argent quand…
8. Quand tu seras rentré(e)…

Structure IV

SAM

*Pour parler du temps : Les prépositions **pour, pendant, dans, en** + expression temporelle*

a. **Pour** + time expression refers to time intended rather than time elapsed.

Je serai en France
Je suis allé(e) en France } pour deux ans.

I will be in France
I went to France } *for two years.*

In the preceding examples, **pour** expresses the amount of time the speaker intends or intended to spend in France.

b. **Pendant** expresses the duration of an action.

Pendant que vous dînez,   *While you are having dinner,*
    je vais promener le chien.   *I'm going to walk the dog.*
Il a écouté des cassettes   *He listened to cassettes for*
    pendant deux heures.   *two hours.*

Note that **pendant** + time expression is usually used with a verb in the **passé composé** to express the limits (i.e., beginning and end) of a completed past action.

c. **En** + time expression expresses how long it takes to perform an action.

Je peux le faire en un jour.   *I can do it in one day (it will take me one day to do it).*
Il a appris à réparer sa   *He learned how to fix his car in one*
    voiture en une semaine.   *week (in the course of one week).*

d. **Dans** + time expression gives the ending point for an action.

Je vais sortir dans une   *I'm going out in an hour (at the end*
    heure.   *of an hour).*
Dans combien de temps   *How soon (at the end of how much*
    vas-tu finir ?   *time) are you going to finish?*

Pratique et conversation

A. Complétez. Complétez les dialogues suivants avec **pour, pendant, en** ou **dans.**

(*Devant la loge de la concierge*)
—Bonjour, Madame. Je serai absente _____ quelques jours. Est-ce que vous pourriez surveiller mon appartement _____ ce temps ?
—Oui, d'accord. Pas de problème !

• • •

(*Au pressing*)
—Je viens de renverser un verre de vin sur ma veste et j'ai une réunion _____ une heure ! Est-ce que vous pourriez la nettoyer ?
—Je suis désolée, Monsieur. On ne peut pas nettoyer à sec _____ une heure.

• • •

(*À la bibliothèque*)
—Ah ! C'est toi qui as le livre dont j'ai besoin. Tu l'auras _____ combien de temps ?
—Ne t'affole pas ! Je te le passerai _____ deux ou trois heures.

• • •

(*Conversation au téléphone*)
—Où étais-tu ? Je t'ai attendu _____ deux heures au café et finalement je suis parti !

—J'ai dû passer par l'agence de voyages pour récupérer mon billet d'avion.

—Ce n'est pas possible ! Tu pars ? Quand ? _____ combien de temps ?

—_____ toujours ! Je vais m'installer dans un ashram, en Inde.

—Quoi ? Et _____ tout ce temps, tu m'as déclaré ton amour. On allait se marier…

—Peut-être que _____ quelques années tu comprendras.

B. Interview. Demandez à votre partenaire…

1. en combien de temps il/elle finit ses devoirs, d'habitude.
2. dans combien de temps il/elle aura son diplôme universitaire.
3. pour combien de temps il/elle va partir en vacances cet été.
4. pendant combien de temps il/elle dort chaque nuit.
5. où il/elle sera dans quelques années.

Structure V

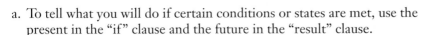

*Pour parler des conditions potentielles : Les phrases avec **si***

(Grammaire de base 1.1 → 1.4, 2.1 → 2.5)

a. To tell what you will do if certain conditions or states are met, use the present in the "if" clause and the future in the "result" clause.

Si	Présent +	Futur
Si vous	allez à Montréal,	vous visiterez sans doute le Vieux Quartier.
Si nous	parlons français au Québec,	nous profiterons plus de notre séjour.

b. To tell what you would do if certain conditions or states were met, use the imperfect in the "if" clause and the present conditional in the "result" clause.

Si	Imparfait +	Conditionnel
Si on	s'unissait, le malaise canadien en général	disparaîtrait.
Si nous	parlions tous la même langue,	nous n'aurions plus de problèmes.

c. Note that the order of the clauses may change, but the tense used within each clause does not.

Si une fédération canadienne existait, est-ce que les Franco-Canadiens seraient contents ?

Est-ce que les Franco-Canadiens seraient contents si une fédération canadienne existait ?

d. **Si** + the imperfect can be used to express an invitation or a suggestion.

Si on allait au cinéma ?   { *How about going to the movies?* / *What if we went to the movies?*

Si on sortait ce soir ?   *How about going out this evening?*

e. This same construction can also be used to express regret.

Si je n'avais pas tous ces devoirs !	*If only I didn't have all this homework!*
Si seulement j'étais riche !	*If only I were rich!*

Pratique et conversation

A. Rêves. Finissez les débuts des phrases suivantes.

1. Si je n'allais pas à l'université…
2. Ma vie serait parfaite si…
3. J'aurais plus de temps libre si…
4. Si mes parents me laissaient faire ce que je voulais…
5. Si je ne faisais pas cet exercice…

B. Gaffes. Qu'est-ce que vous feriez dans les situations suivantes ?

1. Vous arrivez deux heures en retard pour une réception en votre honneur.
2. Vous renversez un verre de vin rouge sur la robe de votre hôtesse.
3. Vous appelez la deuxième femme de votre ami par le prénom de son ex-femme.
4. Vous invitez votre patron au restaurant, mais vous avez oublié votre portefeuille au bureau.
5. Vous oubliez l'anniversaire de votre petit(e) ami(e).

C. Encore des situations. Qu'est-ce que vous diriez dans les situations suivantes ? Employez une phrase avec **si** + l'imparfait.

Modèle : Votre ami(e) vous demande de sortir avec lui/elle ce soir. Mais vous avez un devoir à préparer et vous n'avez pas le temps.

Vous : Si seulement je n'avais pas ce devoir à préparer ! (ou : Si seulement j'avais le temps !)

1. Vous voulez inviter un(e) ami(e) au restaurant ce soir.
2. Vous voulez acheter une chemise, mais le prix est très élevé.
3. Vous voulez rendre visite à un(e) ami(e) mais il/elle habite très loin de chez vous et vous n'avez pas de voiture.
4. Vous proposez à un(e) ami(e) d'aller prendre un pot ensemble.
5. Vous proposez au professeur d'annuler l'examen final.

D. Toujours mécontent(e). On est toujours mécontent de sa situation… c'est la nature humaine. Si vous aviez la possibilité de changer trois choses dans votre vie, qu'est-ce que vous choisiriez ? En quoi est-ce que votre vie serait différente ?

Modèle : Si j'avais un avion personnel, je pourrais faire le tour du monde. Si je n'étais pas étudiant(e), je pourrais travailler et gagner de l'argent.

fortune-teller

F. Chez la diseuse de bonne aventure.° Vous allez chez la diseuse de bonne aventure pour apprendre ce qui va vous arriver dans les prochaines années et ce que vous deviendrez. Elle vous raconte de bonnes nouvelles, mais malheureusement, il y aura aussi de légères contrariétés. Elle vous donne des conseils pour que vous puissiez passer facilement par ces périodes difficiles; elle vous dit aussi ce qui se passera si vous ne suivez pas ses conseils. Jouez la scène.

Québec : Une
manifestation du Parti
québécois

Lecture II

Vous allez lire deux extraits de sources différentes qui traitent de l'attitude des Franco-Canadiens envers le Canada et le Québec. Le premier texte, La souveraineté : Pourquoi ? Comment ? *est un tract politique émis par le Parti québécois en 1990. L'autre représente un extrait de* L'Indépendance *écrit en 1992 par le Québécois Denis Monière.*

Avant de lire

A. Réflexions et prédictions. Avant de lire les textes, réfléchissez à la question de l'identité et du sentiment nationaux au Canada. Considérez les faits suivants :

■ Le Canada est resté une partie de l'empire britannique jusqu'au vingtième siècle.
■ Il n'y a jamais eu de révolution pour mettre fin au gouvernement colonial. Le Canada est devenu une nation plus ou moins indépendante de l'Angleterre avec le « British North America Act of 1867 ». Il a été désigné comme membre du « British Commonwealth » en 1931 et est resté tel jusqu'aux années 60.
■ Le Canada est un pays bilingue.
■ Le Canada subit actuellement une grande influence américaine.

   1. En tenant compte° de ces faits, quelles différences trouveriez-vous entre le sentiment nationaliste des Canadiens et celui des Américains vis-à-vis des catégories suivantes ?

Taking account

- l'empire britannique
- l'importance d'une langue nationale
- les guerres d'indépendance
- les États-Unis
- la monarchie

2. Connaissez-vous quelques symboles de l'identité canadienne ?
3. À votre avis, quels sont les composantes de l'identité québécoise ? Qu'est-ce qui mettra le Québec à part du reste du pays ? Consultez le *Répertoire géographique* pour réviser les faits historiques pertinents.
4. Selon vous, pourquoi existe-t-il un mouvement séparatiste parmi les Québécois ? Pourquoi voudraient-ils être indépendants du Canada ?

B. Les idées principales. Lisez rapidement le texte pour trouver les éléments suivants.

Dans le premier texte :

1. les raisons pour lesquelles les Québécois recherchait la souveraineté
2. deux raisons pour lesquelles la langue française au Canada se trouve dans une position vulnérable

Dans le deuxième texte :

3. deux définitions de l'identité québécoise
4. deux raisons pour lesquelles on peut s'opposer à l'indépendance du Québec
5. quelques conséquences qui résulteraient de l'indépendance du Québec

La souveraineté : Pourquoi ? Comment ?

À qui le texte s'adresse-t-il ?

Quelle est l'idée principale de ces deux premières phrases ?

Qui est « l'autre majorité » ?

Le texte donne-t-il des raisons précises pour justifier la souveraineté ?

Selon le texte, quelles sont les causes de la « position précaire » du français au Québec ?

Comme Québécois et Québécoises nous devons être maîtres chez nous, maîtres de notre destin. Nous devons nous donner tous les instruments pour devenir pleinement responsables de nos décisions face à nous-mêmes et face à la communauté des nations. Pour le faire, il nous faut briser le **carcan** d'un système fédéral qui nous sert mal, qui subordonnera toujours nos intérêts nationaux à ceux d'une autre majorité. L'accession à la souveraineté, c'est un **cheminement** normal, **emprunté** par tous les peuples **ailleurs** dans le monde. Si d'autres ont su devenir souverains, pourquoi pas nous ? Mais fondamentalement, pourquoi faire la souveraineté ?

La langue française est au cœur de notre identité. **Tout au long** de notre histoire, nous avons voulu la protéger et en **promouvoir** l'usage. Mais le français **demeure** toujours dans une position précaire, **compte tenu** de la présence marginale des francophones en Amérique du Nord, du faible **taux de natalité** et de la force d'attraction de l'anglais auprès des nouveaux arrivants. La menace est d'autant plus sérieuse que, dans le **cadre** du régime fédéral, le Québec n'a pas le plein contrôle de son **avenir** linguistique…

carcan *chains, yoke* / **cheminement** *progression* / **emprunté** *taken* / **ailleurse lsewhere** / **Tout au long** *Throughout* / **promouvoir** *to promote* / **demeure** *remains* / **compte tenu** *given* / **taux de natalité** *birth rate* / **cadre** *context, framework* / **avenir** *future*

SOURCE:
Parti québécois, 1990

L'Indépendance

… Est québécois celui qui habite le territoire du Québec, qui **partage** les aspirations du peuple québécois et qui accepte les institutions et les lois qui **régissent** la société. En théorie, tous ceux qui vivent au Québec peuvent se définir comme québécois, même s'ils n'ont pas le français comme langue maternelle et ne sont pas nés sur le territoire du Québec. Il n'y a aucune exclusion dans la définition de l'**appartenance.**

Mais en pratique, tous ceux qui vivent au Québec ne sont pas nécessairement québécois, non pas parce qu'ils sont exclus de la nationalité en vertu de critères ethniques… , mais parce qu'ils préfèrent une autre identité, **c'est-à-dire** qu'ils se définissent **d'abord** et avant tout comme Canadiens. Être québécois, c'est d'abord choisir de s'identifier **comme tel,** ce qui signifie accepter que la majorité du peuple québécois soit de culture et de langue françaises et aspire à vivre conformément à cette spécificité.

Pourquoi ne peut-on pas considérer chaque individu qui habite au Québec comme québécois ?

Tant que le Québec reste un **État provincial,** cette définition peut être contestée et concurrencée par l'identité canadienne, qui sert à définir ceux qui habitent le Québec mais ne considèrent pas que le Québec est leur pays. Nous les appelons des Québécois provincialistes : il acceptent de s'identifier comme québécois à la condition que le Québec reste **une province** à l'intérieur du Canada. Dans ce groupe on trouve, **d'une part,** des Canadiens français qui refusent l'indépendance du Québec parce qu'ils pensent que sans le Québec, le Canada [ne] respecterait plus **les droits** des minorités françaises dans les autres provinces et, **d'autre part,** des **anglophones** et des **allophones** qui ne veulent pas devenir une minorité linguistique dans un pays francophone… on peut comprendre l'angoisse des Anglo-Québécois devant la perspective de devenir minoritaire et de devoir porter le **fardeau** d'une identité problématique…

Qu'est-ce que c'est qu'un Québécois provincialiste ? Comment voit-il le Québec par rapport au Canada ?

Quels trois groupes d'individus composent les « Québécois provincialistes » ?

Lorsque l'identité québécoise deviendra l'identité d'une nation, elle sera ouverte aux **apports extérieurs** puisqu'elle ne **reposera** plus sur l'origine ethnique, sur la langue ou la religion mais sur l'adhésion volontaire à la communauté politique québécoise… [E]n tant que majorité, nous aurons aussi des **devoirs** envers les minorités **que nous pourrons d'autant mieux assumer qu'**il n'y a plus d'ambiguïté sur le sens de la communauté, qu'il n'y aura plus de loyauté divisée.

Selon le texte, quels changements y aura-t-il dans les critères qui composent l'identité québécoise si le Québec devient indépendant ?

Après deux **siècles** de subordination et de résistance à la minorisation, il est inévitable que certains Québécois qui adhèrent au sens national de l'identité québécoise **entretiennent encore**… une conception ethnique de la nation. Mais dans un nouveau contexte politique, cette mentalité défensive de peuple **assiégé** fera place à une plus grande confiance en soi, qui peut seule **contrer** les tendances **xénophobes** et fonder une société pluraliste. Le minoritaire **se protège** des autres, le majoritaire s'ouvre aux autres…

Selon le texte, quelle sorte d'attitude est engendrée par un statut minoritaire ? Et par un statut majoritaire ?

partage *shares* / **régissent** *control, govern* / **appartenance** *belonging* / **c'est-à-dire** *that is to say, in other words* / **d'abord** *first of all* / **comme tel** *as such* / **État provincial** *a state as opposed to a nation* / **une province** *a state, politically, a part of Canada* / **d'une part** *on the one hand* / **les droits** *the (political, civil) rights* / **d'autre part** *on the other hand* / **anglophones** *native English speakers* / **allophones** *speakers of other languages* / **fardeau** *burden* / **apports extérieurs** *external influences* / **reposera** *will rest on, will be built on* / **devoirs** *responsibilities, obligations* / **que nous pourrons d'autant mieux assumer qu'** *that we will be better able to take on because* / **siècles** *centuries* / **entretiennent encore** *keep, maintain, nurture* / **assiégé** *put upon, oppressed* / **contrer** *successfully counter or combat* / **xénophobes** *fearful, suspicious of foreigners or other outsiders* / **se protège** *protects himself*

SOURCE:
Denis Monière, 1992

Après avoir lu

A. Vérifiez. Regardez de nouveau les prédictions que vous avez faites en réfléchissant aux questions de l'exercice A à la page 231. Aviez-vous plutôt raison ou plutôt tort ?

B. Résumé du texte. Faites un résumé écrit ou oral du premier texte en indiquant...

- comment le Parti québécois envisage la question de la souveraineté
- les raisons pour lesquelles il soutient l'idée de la souveraineté pour le Québec
- l'attitude du Parti québécois envers le gouvernement fédéral du Canada
- comment et pourquoi la question linguistique est liée à la question de la souveraineté, selon le Parti québécois

C. Encore un résumé. Faites un autre résumé en choisissant les phrases de la liste suivante qui représentent le mieux les idées du deuxième texte. Discutez de vos choix.

1. L'identité québécoise est plutôt une question basée sur la manière par laquelle on préfère s'identifier.
2. Chaque individu qui habite au Québec devrait être considéré comme québécois.
3. L'identité québécoise est définie selon des critères ethniques.
4. Être québécois, c'est vouloir préserver la culture et la langue françaises comme celles de la majorité.
5. La différence entre un Canadien et un Québécois, c'est que le Canadien place son identité nationale au-dessus de son identité régionale.
6. La double identité canadienne/québécoise représente un conflit pour ceux qui s'identifient d'abord comme Québécois, mais ce n'est pas un conflit pour les « Québécois provincialistes ».
7. Les « Québécois provincialistes » sont opposés à l'indépendance du Québec.
8. Les « Québécois provincialistes » sont tous des anglophones ou des allophones.
9. Le mouvement pour les droits des francophones est limité au territoire du Québec.
10. L'indépendance changerait la nature de l'identité québécoise; elle deviendrait strictement politique.
11. Les populations minoritaires sont plus touchées par les droits des autres que les populations majoritaires parce que, en tant que minorités, elles comprennent mieux les difficultés du statut minoritaire.
12. La conception ethnique de l'identité québécoise est le résultat d'une longue période d'oppression.
13. Après l'indépendance, les Québécois seraient plus ouverts et moins défensifs.
14. L'auteur du texte veut que le Québec soit indépendant.

D. Synthèse. Complétez les phrases suivantes en faisant attention au temps des verbes.

1. Selon le Parti québécois, si les Québécois ne deviennent pas souverains,...
2. Selon le Parti québécois, dès que le Québec sera indépendant,...
3. Selon les Québécois provincialistes, si le Québec était une nation indépendante,...

4. Selon Denis Monière, lorsque le Québec sera indépendant,…
5. Selon Denis Monière, si les Québécois n'étaient plus un peuple minoritaire,…

E. Culture. En petits groupes, répondez aux questions suivantes : Comparez le sentiment national des Québécois au sentiment national des Américains. Comment peut-on expliquer les différences ? Est-ce qu'il existe des groupes aux États-Unis qui ont des sentiments parallèles à ceux des Québécois français ? Qui sont-ils ?

Compréhension auditive

Texte I : interview avec un Sénégalais de Dakar (première partie)

Avant d'écouter

A. Renseignez-vous. Renseignez-vous sur le Sénégal en regardant le *Répertoire géographique* et les cartes au début du livre. Ensuite, répondez aux questions suivantes.

1. Quels pays sont situés près du Sénégal ?
2. Quelle est la capitale du pays ?
3. Quelles sont les dates de la colonisation française ?
4. Quelles langues sont parlées au Sénégal ?

B. Hypothèses. Réfléchissez aux questions suivantes avant d'écouter.

1. Après environ 80 ans en tant que colonie française, quels souvenirs de cette période est-ce que les Sénégalais auraient ?
2. Est-ce que ces souvenirs seraient plus forts chez les jeunes ou chez les vieux ?
3. Quels facteurs contribueraient à un sentiment d'unité nationale ?

Écoutons

Regardez les questions dans l'exercice A, *Pratique et conversation*. Ensuite, écoutez l'interview et répondez-y. Écoutez une deuxième fois si nécessaire pour vérifier vos réponses.

Pratique et conversation

A. Répondez. Répondez aux questions suivantes.

1. Quels liens unissent le Sénégal à la France ?
2. À quelle génération est-ce que l'auteur appartient ?
3. Pourquoi est-ce que les Sénégalais ont un instinct national très fort ?

Sénégal : Panorama sur Dakar

B. Le mot juste. En vous basant sur l'interview, complétez les phrases suivantes.

1. La génération plus âgée se sent encore _____ à la France.
2. Ceux qui étaient nés dans quatre communes particulières du Sénégal étaient considérés commes des _____.
3. Les jeunes sont moins attachés à la France parce qu'ils n'ont pas connu

   _____.

4. Le Sénégal est le pays africain où l'instinct national est le plus

   _____.

Texte II : interview avec un Sénégalais de Dakar (deuxième partie)

Avant d'écouter

Identifications. Dans ce passage, le Sénégalais va faire allusion à Léopold Senghor, le célèbre président du Sénégal (1960–1980), qui était aussi poète et philosophe. Dans quel contexte est-ce qu'il est cité ?

Écoutons

Regardez les questions suivantes pour vous donner une idée générale du texte auditif.

Pratique et conversation

A. L'identité sénégalaise. Qu'est-ce que ça signifie d'être sénégalais ? Répondez aux questions suivantes.

1. Donnez deux raisons pour expliquer pourquoi on considère les Sénégalais comme de grands intellectuels.
2. Donnez une définition pour les mots suivants, en vous basant sur l'interview.

   la teraanga _____

   la kersa _____

   le jom _____

B. D'autres questions. Qu'est-ce que ça signife pour vous d'être américain(e) ? Est-ce que vous pourriez le résumer en trois termes, comme l'a fait le Sénégalais ? Posez la même question à quelqu'un d'une autre nationalité. En quoi est-ce que sa réponse est différente de la vôtre ? Pourriez-vous expliquer cette différence en vous basant sur des facteurs historiques ?

Journal

Lequel des symboles ci-dessous et à la page suivante représente pour vous l'Amérique ? la France ? Pourquoi ? Si aucun n'est représentatif, dites pourquoi et proposez un autre symbole. Expliquez votre choix.

À votre tour

Qui êtes-vous ? Quels événements, quelles personnes ou forces ont créé votre identité ? Votre composition développera le thème de l'identité personnelle et culturelle.

Enrichissez votre expression

Faites les activités suivantes pour enrichir votre expression.

- Quelles valeurs vous définissent ? Nommez-en trois. Voici quelques possibilités : l'honneur, l'honnêteté, le sens des responsabilités…
- Quelle est l'importance des facteurs suivants dans le développement de votre identité ?

	Très important	Important	Pas important
la famille	☐	☐	☐
la religion	☐	☐	☐
la nationalité	☐	☐	☐
le statut social	☐	☐	☐
le système d'enseignement	☐	☐	☐
la langue	☐	☐	☐
une personne	☐	☐	☐
un événement	☐	☐	☐

- En réfléchissant aux facteurs que vous avez considérés très importants dans votre développement personnel, précisez comment chacun contribué à votre identité. Si une personne vous a influencé(e), identifiez ses traits de caractère. Si c'est plutôt un événement, racontez brièvement les circonstances.

Modèle : la religion :   le sens du sacré; la responsabilité sociale

             mon père :   le respect de la tradition; la persévérance

             le mariage :   l'importance de la famille; de la fidélité

■ Comment vous définissez-vous par rapport aux autres ? Avez-vous les mêmes valeurs ? le même point de vue ? Vous considérez-vous comme membre d'une majorité ou d'une minorité ? Complétez les phrases suivantes.

Je me sens pareil(le) aux autres/différent(e) des autres parce que…
Je m'identifie à la majorité/une minorité parce que…

Ébauchez votre plan

Dans votre composition, vous développerez trois centres d'intérêt : la formation de votre identité; votre place dans la société; vos réflexions sur l'importance de l'identité de l'individu par rapport à la société. Pour chacun de ces centres d'intérêt, précisez deux ou trois points dont vous voudriez traiter dans votre composition.

A. La formation de mon identité

Exemple :   Qui suis-je ?

■ ?
■ ?
■ ?

B. Ma place dans la société

Exemple :   Mes valeurs sont différentes de celles de la plupart des étudiants dans ma classe à l'université.

■ ?
■ ?
■ ?

C. L'identité de l'individu par rapport à la société

Exemple :   La société devrait reconnaître les droits de tous les groupes minoritaires.

■ ?
■ ?
■ ?

Révisez

Écrivez la première version de votre composition. Organisez vos pensées en paragraphes en suivant le plan établi dans la partie précédente.

Écrivez

Révisez votre première version en tenant compte des commentaires/corrections de votre lecteur.

Hypothèses

In an interview with La Presse, Pierre MacDonald, then minister of industry and commerce in Quebec's Liberal government, said that his chums in the National Assembly had told him that they were "fed up with going to Eaton[1] and being served by a big fat damned English lady who couldn't speak a word of French." MacDonald's want of chivalry managed to enrage both French and English women's groups. La Fédération des femmes du Québec, not all of them svelte, denounced the minister's remarks as "sexist and extremely offensive." An ad hoc group of Englishwomen, calling themselves the Big Fat Damned English Ladies, demanded that the Liberal caucus apologize. Then the Conseil[2] was heard from. According to the most recent survey undertaken by their agents, the staff of downtown department stores addressed their customers in French 83 percent of the time.

MORDECAI RICHLER, *OH CANADA! OH QUEBEC!*

---

[1] Eaton = *a major Montreal department store*

[2] *the* Conseil (de la langue française) = *a government watchdog organization that checks up on the application of Quebec's language laws. In 1988, the* Conseil *sent out 4,500 undercover shoppers to determine whether salespeople in Montreal shops greeted their customers in French.*

Chapitre 7

Regards sur la diversité

Conflits linguistiques et culturels

Richler is an important Canadian novelist, an Anglophone inhabitant of Montreal. He has been bitterly critical of many of the language laws enacted to promote the use of French in Quebec. Over the past twenty years, these regulations have outlawed many uses of English.

- Why would being served in English in an elegant downtown department store be annoying to Montreal's French speakers?

- Traditionally, Eaton's customers have been mostly the affluent English-speaking population of Montreal. Should the store have to address customers in French, in your opinion? Why or why not?

- If, in fact, the staff of Eaton's used French 83% of the time in addressing customers, why did people like MacDonald have the impression that they used English?

- Why do you think Quebec has enacted language laws? Are they undemocratic?

▶ **In multilingual societies, which now include nearly all nations, social tensions are often expressed as language conflict. In this chapter, we investigate linguistic and cultural tensions in a few French-speaking societies.**

Ouverture culturelle

Mise en train

Les situations linguistiques

le bilinguisme (individuel, officiel)	la langue coloniale
coloniser; la colonisation	la langue nationale
une communauté linguistique	la langue officielle
le conflit linguistique	la langue véhiculaire°
la décolonisation	la langue vernaculaire°
la domination linguistique	la législation linguistique/les
le flamand (le néerlandais)	lois (*f.*) linguistiques
le kirundi, le wolof, l'arabe,	le multilinguisme
le baoulé (langues africaines)	

language of wider communication (used in communicating across cultures) / vernacular language (used in everyday life, often having no official status)

Fonctions linguistiques

communiquer	faciliter
diviser	imposer (une langue)
empêcher	unir

Première approche

placemat

1. L'image représente un set de table° en papier de chez McDonald's à Bruxelles. Quelles sont les deux langues imprimées sur ce set ?

2. La plupart des Bruxellois parlent français. À votre avis, pourquoi la publicité de McDonald's est-elle bilingue ? *(McDonald's veut… ; ne veut pas…)*

3. Quelle serait la réaction des Américains si McDonald's imprimait° ses publicités en espagnol et en anglais dans votre ville ? *(Les gens seraient… , si)*

printed

4. Le bilinguisme officiel est-il un problème pour les sociétés comme McDonald's ?

Pour aller plus loin

Pourcentage de la population qui sait parler français[3]

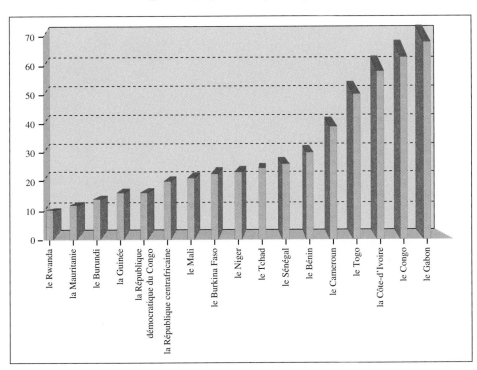

1. Combien de pays d'Afrique noire ont le français comme langue officielle ?

2. Dans combien de ces pays est-ce que la majorité de la population parle français ?

3. Dans combien de pays y-a-t-il une minorité de moins de 20 % qui parle français ?

4. Pour quelle raison historique est-ce que le français est une langue officielle dans ces pays ? *(Le français est une langue officielle parce que… ; à cause de…)*

5. Quels problèmes idéologiques le choix du français comme langue officielle pose-t-il dans ces pays ? *(Le français représente…)*

6. Quels problèmes pratiques le choix du français comme langue officielle pose-t-il dans ces pays ? *(école, administration…)*

7. Quelles sont les langues véhiculaires qui permettent de communiquer presque partout en Afrique ?

---

[3] Dans tous ces pays, le français est une langue officielle.

Les langues de la Côte-d'Ivoire

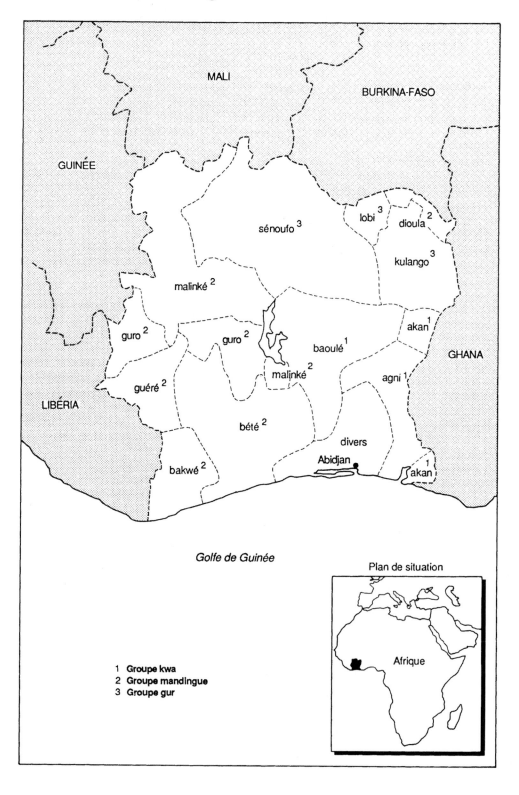

1 Groupe kwa
2 Groupe mandingue
3 Groupe gur

Interaction I

Samba, un Sénégalais, est en visite chez son ami Aoussan, à Abidjan, en Côte-d'Ivoire.
Aoussan est professeur de mathématiques à Abidjan.

Samba   Ça ne te dérange pas d'enseigner uniquement en français ?

Aoussan   Non, pas du tout. Il faut bien qu'on apprenne le français, puisque c'est la langue officielle.

Samba   Mais, est-ce que nous avons vraiment besoin d'une langue coloniale en Afrique aujourd'hui ?

Aoussan   Il est vrai qu'au Sénégal, avec le wolof, on se fait comprendre partout. Mais ici, en Côte-d'Ivoire, aucune de nos langues n'est parlée par la majorité de la population.

Samba   Et le français a aussi un rôle à jouer entre les pays, c'est sûr. C'est grâce au français que nous nous sommes rencontrés.

Aoussan   Et quand je suis allé te voir au Sénégal, nous nous sommes parlé en français avec toi et ta famille.

Samba   Il est évident que nous aurons toujours besoin du français, mais il faudrait développer aussi les langues africaines.

Réfléchissez

D'après les deux amis, quels rôles le français joue-t-il aujourd'hui en Afrique de l'Ouest ?

Quels problèmes l'emploi du français pose-t-il ?

Sénégal : Une école primaire

Observations

1. D'après Aoussan, pourquoi faut-il apprendre le français en classe ?
2. D'après lui, pourquoi le français est-il essentiel en Côte-d'Ivoire ?
3. Pourquoi le français est-il moins essentiel au Sénégal ?
4. Pour quelle autre raison le français est-il important, d'après Samba ?

Perspectives

1. Quels avantages le français présente-t-il pour l'Afrique de l'Ouest ? *(Le français permet aux Africains de...)*
2. Quels sont les désavantages d'une situation où la langue officielle n'est pas la langue maternelle de la population ? *(l'école, le gouvernement, la justice...)*
3. À votre avis, quel devrait être le rôle des langues africaines dans ces pays ? *(la vie quotidienne, l'école, le commerce, le gouvernement, la justice...)*

Autrement dit

Demander une opinion

Qu'est-ce que tu penses de cette question ?
Qu'est-ce que tu en penses ?
What's your opinion? **Quel est ton avis ?°**
Do you think he's right? **Tu trouves qu'il a raison ?°**
Comment est-ce que tu trouves son raisonnement ?

Exprimer son opinion

Je ⎰ crois / pense / trouve ⎱ qu'il a raison.

À mon avis,
D'après moi,
In my opinion, he's wrong. Selon moi, ⎱ il a tort.°
Pour moi,

J'ai l'impression
Il me semble ⎱ que c'est vrai.

Dire qu'on est d'accord/on ne l'est pas

Accord total	**Accord faible**
Je suis d'accord.	C'est (bien) possible.
Vous avez tout à fait raison.	Peut-être.
Exactement.	**Ça se peut.°**
C'est vrai/certain/sûr.	

It's possible.

Désaccord faible	**Désaccord total**
Je ne suis pas tout à fait d'accord.	Je ne suis pas d'accord.
Je ne suis pas très convaincu(e).	Ce n'est pas vrai.
Je n'en suis pas sûr(e)/certain(e).	Absolument pas.
	Pas du tout.

La vie économique

Les pays du **tiers monde**° ont une économie sous-développée ou en voie de développement. Pour **améliorer**° leur situation économique, il s'agit de trouver un **marché**° pour leurs exportations, de diversifier leur production et d'**attirer**° des investissements.

Third World
improve
market / to attract

Pratique et conversation

A. Vocabulaire. Complétez les phrases suivantes en utilisant un mot ou une expression de l'*Autrement dit*.

1. Ce pays a beaucoup de problèmes économiques. Qu'est-ce qu'il faut faire pour _____ sa situation ?

2. Il va être difficile de développer _____ pour ce nouveau produit.

3. —On dit que c'est un problème important. Vous êtes d'accord ?
   —Non, _____ .

4. Ce pays se trouve dans une situation économique très sérieuse : il importe beaucoup, mais il ne trouve pas de marché pour ses _____ .

5. —Je trouve qu'il a raison.
   —Moi aussi, _____ .

Guadeloupe : Une papeterie et un restaurant

La République démocratique du Congo (ancien Zaïre) : Un petit magasin

B. Réactions. Donnez vos réactions aux opinions suivantes.

1. On devrait donner de l'aide économique aux pays du tiers monde.
2. Tout le monde devrait parler anglais.
3. Il n'y a pas de crise d'énergie.
4. Une langue pourrait unir un pays.
5. Les effets de la pollution sont exagérés.

C. Opinions. Exprimez une opinion sur les sujets suivants. Votre camarade répondra en exprimant son accord ou désaccord. Essayez de développer votre argument.

Modèle :	l'environnement
Vous :	On dit que dans quelques années, on aura détruit **l'ozonosphère.**° Qu'en penses-tu ?
Votre camarade :	Je crois que c'est vrai. Il y a trop de pollution atmosphérique. On voit déjà **l'effet de serre.**° C'est un problème sérieux. Tu es d'accord ?…

the ozone layer

the greenhouse effect

1. l'anglais comme langue mondiale
2. les problèmes économiques des pays en voie de développement
3. l'énergie nucléaire
4. l'immigration
5. les études universitaires

Grammaire de base

1.1 The subjunctive mood occurs in a clause introduced by **que** after a limited number of expressions. In general, these expressions show that the speaker has a subjective attitude (doubt, emotion, opinion, volition) with regard to what s/he is saying.

1.2 To form the present subjunctive of regular verbs, drop the **-ent** of the **ils** form of the present indicative and add: **-e, -es, -e, -ions, -iez, -ent.** Study the following conjugations.

		fermer			
que/qu'	je	ferme	nous	fermions	
	tu	fermes	vous	fermiez	
	elle	ferme	elles	ferment	

		finir			
que/qu'	je	finisse	nous	finissions	
	tu	finisses	vous	finissiez	
	on	finisse	ils	finissent	

		répondre			
que/qu'	je	réponde	nous	répondions	
	tu	répondes	vous	répondiez	
	il	réponde	ils	répondent	

1.3 Some verbs that are irregular in the present indicative form their present subjunctive like regular verbs. Among these are: **connaître, dire, écrire, lire, mettre, ouvrir, plaire, suivre,** and **-ir** verbs like **dormir.** See the Appendix for complete conjugations.

1.4 **Être** and **avoir** are two-stem irregular verbs in the subjunctive.

		être			
que/qu'	je	sois	nous	soyons	
	tu	sois	vous	soyez	
	il	soit	ils	soient	

avoir					
que/qu'	j'	aie	nous	ayons	
	tu	aies	vous	ayez	
	elle	ait	elles	aient	

2.1   Review the formation and use of pronominal verbs in the present tense (p. 185).

3.1   Learn the conjugation of the following irregular verbs.

craindre, *to fear*				
Présent :	je crains		nous	craignons
	tu crains		vous	craignez
	on craint		elles	craignent
Passé composé :		nous avons craint		
Imparfait :		vous craigniez		
Futur :		je craindrai		
Conditionnel :		ils craindraient		
Présent du subjonctif :		que je craigne		

to paint

[conjugated like **craindre** is **peindre°**]

rire, *to laugh*				
Présent :	je ris		nous	rions
	tu ris		vous	riez
	elle rit		ils	rient
Passé composé :		vous avez ri		
Imparfait :		nous riions		
Futur :		tu riras		
Conditionnel :		il rirait		
Présent du subjonctif :		que je rie		

to smile

[conjugated like **rire** is **sourire°**]

Structure I

Pour exprimer un point de vue : Le présent du subjonctif après les expressions impersonnelles

it

a. Impersonal expressions can be used to indicate necessity, judgment, certainty, or doubt. These expressions all contain an impersonal **il°** and are followed by either an infinitive or a clause introduced by **que.** Following are some impersonal expressions.

Necessity	Judgment	Certainty	Doubt
il faut	il est important	il est certain	il n'est pas certain
il est nécessaire	il est essentiel	il est sûr	il n'est pas sûr
	il est bon	il est évident	il n'est pas évident
	il vaut mieux	il est probable	il est possible
		il est clair	il est douteux
		il est vrai	il se peut

b. Use an infinitive after impersonal expressions if the only subject in the sentence is the impersonal **il,** that is, if the person doing the action is not specified. Note that with all expressions except for **il faut** and **il vaut mieux,** the infinitive is introduced by the preposition **de.**

Il est nécessaire
Il est important   } de prévoir un nouveau rôle pour
Il est essentiel   le français dans notre pays.

Est-il vraiment possible   de construire une société démocratique
dans ces circonstances ?

Il faut   } introduire le wolof en tant que langue
Il vaut mieux   nationale.

c. When there are two subjects in the sentence, the second subject will be found in a clause introduced by **que.** The verb in that clause will be in the subjunctive after impersonal expressions indicating necessity, judgment, and doubt.

Il faudra bien qu'on apprenne le français à l'école.
Il est douteux que nous accordions assez d'importance à cette question.
Il vaudrait mieux que vous finissiez votre discussion.

d. The verb in the clause introduced by **que** will be in the indicative after impersonal expressions indicating certainty.

Il est évident que le Sénégal aura toujours besoin d'une langue étrangère pour la communication internationale.
Il est probable que le développement économique sera difficile.

e. When impersonal expressions indicating certainty are in the negative or interrogative, however, the subjunctive is used.

Il n'est pas évident que Marie soit contente de son travail.
Est-il sûr qu'elle comprenne la question ?

Pratique et conversation

A. Débat linguistique. Aoussan et Samba continuent la conversation qu'ils ont commencée dans l'*Interaction I.* Remplissez les blancs avec la forme correcte du verbe à l'indicatif, au subjonctif ou à l'infinitif.

1. Il est certain que les pays africains _____ (devoir) examiner le rôle du français dans leur société.
2. Il est clair que le français _____ (ne... pas être) suffisant.
3. Il est douteux que les langues africaines _____ (remplacer) entièrement le français.

4. Il faut qu'on _____ (agrandir) le rôle des langues africaines.

5. Il serait bon de _____ (considérer) de nouvelles idées.

6. Il est probable que l'Afrique _____ (trouver) une solution.

7. Mais il n'est pas sûr que tout le monde _____ (accepter) cette solution.

8. Il n'est pas clair que le français _____ (assumer) le même rôle à l'avenir.

B. Situations. En employant les expressions suggérées, formulez une réponse à la question qui suit chaque situation.

1. M. Piotto a décidé de tenter le crime parfait ! Quelles précautions devrait-il prendre ?
   Il vaudrait mieux…
   Il faut que…
   Il est essentiel que…
   ? ? ?

2. Votre ami(e), qui est anglophone, va travailler à Eaton, à Montréal. Quels conseils est-ce que vous pourriez lui donner ?
   Il est nécessaire de…
   Il n'est pas sûr que…
   Il n'est pas possible de…
   ? ? ?

3. Un(e) ami(e) va faire un safari en Afrique. Qu'est-ce que vous pourriez lui suggérer ?
   Il faut que…
   Il est clair que…
   Il est important de…
   ? ? ?

4. Un(e) ami(e) a des difficultés amoureuses. Vous essayez de le/la réconforter en disant…
   Il est essentiel que…
   Il est évident que…
   Il n'est pas possible de…
   ? ? ?

C. Un nouvel étudiant. Vous rencontrez un étudiant suisse qui vient d'arriver sur votre campus. Il a toutes sortes de questions sur ses études et la vie estudiantine dans une université américaine. Vous répondez à ses questions en essayant de le conseiller et de le rassurer. Jouez la scène.

Structure II

Pour narrer au passé : Les temps composés des verbes pronominaux

a. Compound tenses of pronominal verbs are formed using the auxiliary **être**.

L'unification du Sénégal s'est faite par le biais de la langue française.
Nous nous sommes dépêchés pour partir à l'heure.
Est-ce que vous vous êtes écrit pendant son absence ?

b. The past participle will show agreement only if the reflexive pronoun functions as a direct object. In order to determine this, check first to see if the verb is followed by a direct object. If so, the reflexive pronoun is functioning as an indirect object and the past participle does not agree.

Elle s'est lavé les mains.
Je me suis cassé la jambe.

In both of these cases, the direct object follows the verb; the reflexive pronoun is thus functioning as an indirect object and no agreement is made.[4]

c. If there is no direct object following the verb, determine what type of object the verb takes when it is not used reflexively. This will be the function of the reflexive pronoun when the verb is used reflexively.

Nous nous sommes téléphoné tous les jours.

(The verb **téléphoner à** is followed by an INDIRECT object. Therefore, when it is used pronominally, the pronoun functions as an indirect object and no agreement is made.)

Elles s'étaient vues plusieurs fois avant de parler.

(The verb **voir** is followed by a DIRECT object. When it is used pronominally, the pronoun functions as a direct object and agreement is made.)

d. Inherently pronominal verbs (p. 186) exist only in the pronominal form. The past participle always agrees with the subject in these cases.

Elle ne s'est pas souvenue de son adresse.
Nous nous sommes spécialisés en français.

Pratique et conversation

A. Le retour des parents. Vous gardez les enfants de Monsieur et Madame Charpentier pendant le week-end. Ils sont très anxieux car c'est la première fois qu'ils s'absentent depuis la naissance de leur deuxième enfant, et ils vous téléphonent pour s'assurer que tout va bien. Formulez leurs questions au passé composé en employant les éléments donnés.

1. À quelle heure / Chloé / se coucher ?
2. Benjamin / se lever / tard ?
3. Ils / s'amuser / hier ?
4. Chloë / se brosser / les dents / avant de dîner ?
5. Quoi ? Ils / se disputer ?

B. Une fin heureuse. Mettez les verbes au passé composé en faisant bien attention à l'accord du participe passé.

Il y a deux ans, Jean et Marie _____ (se disputer) violemment.
Depuis ce temps, ils _____ (ne... pas se parler), ils
_____ (ne... pas s'écrire), ils _____ (ne... pas se voir). Un jour, Marie faisait la queue pour acheter une place au cinéma. Elle a entendu une voix familière et _____ (se retourner), pensant

---

[4] *In the expression* **se rendre compte** *(to realize), no agreement is made either, because* **compte** *functions as a direct object.*

que c'était un collègue du bureau. Trop tard, elle _____
(se rendre compte) que c'était Jean. Ils _____ (se regarder);
après un long moment, ils _____ (se sourire)… et ils
_____ (se marier) le lendemain.

C. L'assimilation linguistique. Une grand-mère d'une famille franco-américaine à Lowell, Massachusetts, raconte les changements linguistiques dans la
famille à travers les années. Mettez les verbes indiqués au passé composé ou au
plus-que-parfait en faisant bien attention à l'accord du participe passé.

—Récemment, je _____ (se rendre compte) que les jeunes
dans la famille ne parlent presque jamais le français. C'est la génération de mon
fils qui _____ (se mettre à) parler anglais à la maison. Nous
_____ (se disputer) à propos de cette habitude, mais quoi
faire ? Ils _____ (ne pas s'arrêter) de parler anglais. Je
_____ (se demander) si mon père _____
(se tromper) de venir vivre ici à Lowell.

D. Interview. Demandez à votre partenaire…

1. s'il/si elle s'est amusé(e) pendant le week-end.
2. à quelle heure il/elle s'est couché(e) samedi soir.
3. à quelle heure il/elle s'est réveillé(e) dimanche matin.
4. s'il/si elle s'est déjà cassé le bras/la jambe. (Si oui, demandez-lui de vous
   raconter l'histoire !)
5. s'il/si elle s'est offert quelque chose récemment.

E. Vivent les vacances ! Êtes-vous parti(e) en vacances récemment ? Racontez-
en les détails à votre partenaire : où êtes-vous allé(e) ? Combien de temps est-ce
que vous avez passé là-bas ? Décrivez votre départ : à quelle heure vous étiez-vous
couché(e) la veille ? À quelle heure est-ce que vous vous êtes levé(e) le jour du départ ? Vous êtes-vous dépêché(e) pour partir à l'heure ? Vous êtes-vous bien
amusé(e) pendant votre absence ? Racontez tout !

Lecture 1

*Vous allez lire un exemple de poésie cajun écrit par Jean Arceneaux et tiré de la collection
Cris sur le bayou publiée en 1978. On trouve une variété de sujets dans la poésie cajun,
mais on traite systématiquement de la question de l'identité linguistique des Cajuns en
conflit avec la culture américaine qui les entoure.*

Avant de lire

A. Réfléchir. Avant de lire le texte, réfléchissez aux questions suivantes.

1. Que veut dire le mot « assimilation » ? Qu'est-ce qu'il représente pour
   vous ? Le voyez-vous comme quelque chose de bon ou de mauvais ?
   Pourquoi ? Quels groupes résistent à l'assimilation et pourquoi le font-ils ?

2. Quel rôle votre langue maternelle joue-t-elle dans votre identité ? Votre langue maternelle fait-elle partie de votre identité nationale ?
3. Lesquels des pays ci-dessous sont monolingues ? bilingues ? polyglottes° ? (Consultez le *Répertoire géographique* si nécessaire.)

multilingual

	le Canada	les États-Unis	la Suisse	le Sénégal	la France	la Belgique	Haïti
monolingue bilingue polyglotte							

B. Prédictions. Avant de lire le poème, essayez d'anticiper son contenu en répondant aux questions suivantes.

1. Quelle est la situation linguistique des Cajuns ? Quel rapport existe-t-il entre la langue cajun (le français) et l'anglais américain?
2. Quels éléments de la liste suivante trouverait-on dans le poème ? Pourquoi ? Pourquoi n'y trouverait-on pas les autres éléments ?
   a. une célébration de l'expression et de la langue des Cajuns
   b. une célébration du bilinguisme
   c. un sens de l'oppression linguistique
   d. un désir de résister à l'assimilation
   e. un désir d'être assimilé
   f. le regret de la perte d'une culture
   g. un désir d'être considéré comme américain
   h. un désir de préserver le français parmi les Cajuns
   i. un sens de l'infériorité
3. En considérant le titre du poème, « Schizophrénie linguistique », faut-il changer les prédictions que vous venez de faire ?

C. Parcourez. Lisez rapidement le poème pour trouver...

1. des termes employés pour désigner les Cajuns.
2. les raisons données pour parler anglais.
3. des phrases et des expressions en anglais.
4. où on interdit l'emploi du français.

Schizophrénie linguistique

I will not speak French on the school grounds.
I will not speak French on the school grounds.
I will not speak French…
I will not speak French…
I will not speak French….
Hé ! Ils sont pas bêtes, ces **salauds.**
Après mille fois, ça commence à pénétrer…
Ça fait mal; ça fait honte;
Puis là, ça fait plus mal.
Ça devient automatique,
Et on speak pas French on the school grounds
Et ni anywhere else non plus.

Quelles sont les conséquences pour les élèves cajuns d'avoir été souvent obligés d'écrire la phrase « I will not speak French on the school grounds » ?

Pourquoi ces lignes sont-elles écrites en anglais ?

Les élèves cajuns pratiquent-ils « la leçon » qu'on leur apprend à l'école ?

Jamais avec des étrangers.

Comment la leçon est-elle ap-
prise hors de (outside of)
l'école ?

On sait jamais **qui a l'autorité**
De faire écrire ces sacrées lignes
À n'importe quel âge.

Surtout pas avec les enfants.

Quelles sont les raisons données
pour ne pas parler français ?

Faut jamais que eux, ils passent leurs temps de recess
À écrire ces sacrées lignes.

Quelles sont les raisons pour par-
ler anglais ?

Faut pas qu'ils aient besoin d'écrire ça
Parce qu'il faut pas qu'ils parlent français du tout.
Ça laisse voir qu'on est rien que des Cadiens.[5]
Don't mind us, we're just poor **coonasses.**
Basse classe, faut cacher ça...

Quelles sont les raisons pour par-
ler anglais ?

Faut parler anglais.
Comme de bons américains.
Why not just go ahead and learn English.
Don't fight it. It's much easier anyway.
No bilingual bills, no bilingual publicity.
No danger of internal frontiers.
Enseignez l'anglais aux enfants...
On a pas réellement besoin de parler français quand même.

Comment ces raisons sont-elles
ironiques ?

C'est les États-Unis ici,
Land of the free.
On restera toujours rien que des poor coonasses.
Coonass. Non, non. Ça **gêne** pas.
C'est juste un petit nom.
Ça veut rien dire.
C'est pour s'amuser. Ça gêne pas.
On aime ça. C'est cute.
Ça nous fait pas fâchés.
Ça nous fait rire.

Quel rapport existe entre la réac-
tion extérieure des Cajuns devant
l'attitude des Anglo-Américains et
leurs émotions intérieures ?

Mais quand on doit rire, c'est en quelle langue qu'on rit ?
Et pour pleurer, c'est en quelle langue qu'on pleure ?
Et pour **crier** ?
Et chanter ?
Et aimer ?
Et vivre ?

salauds *jerks, bastards* / **qui a l'autorité de faire écrire ces sacrées lignes** *who has the power to make (you) write those blasted lines* / **À n'importe quel âge** *At any age* / **coonasses** *a derogatory term used by Anglo-Americans to refer to Cajuns* / **Basse classe** *Lower class* / **gêne** *bothers, makes uncomfortable* / **Ça veut rien dire** *It doesn't mean anything; it's not important or insulting* / **crier** *to yell*

Après avoir lu

A. Vérifiez. En petits groupes, discutez des prédictions que vous avez faites en réfléchissant aux questions de l'exercice B à la page 255. Aviez-vous plutôt raison ou plutôt tort ? Comment faut-il modifier vos prédictions ?

---

[5] Cadiens = *shortened pronunciation of* **Acadiens,** *meaning people from Acadia, the part of Canada from which the Cajuns originated and from where they were expelled by the British in 1760. The pronunciation continued to be modified until it became* **Cajun.**

B. Résumé du texte. Choisissez le résumé qui décrit le mieux le point de vue du poème. Justifiez votre choix.

Résumé n° I

Les Cajuns ont souffert de la domination linguistique de l'anglais dans les écoles américaines. Les Cajuns ont souffert aussi à cause de l'image que les Anglo-Américains avaient d'eux, c'est-à-dire qu'ils étaient ignorants, pauvres, inférieurs et pas vraiment américains. Cette assimilation forcée et cette attitude supérieure des Anglo-Américains ont créé une certaine tension entre les deux groupes. Par conséquent, la fierté linguistique des Cajuns s'est accentuée et a mené à la formation d'un mouvement politique.

Résumé n° 2

Les Cajuns ont souffert de la domination linguistique des Anglo-Américains pour qui l'anglais représentait un aspect important de l'identité américaine. Les Anglo-Américains ont voulu obliger les Cajuns à s'assimiler, un peu par peur ou par méfiance de la différence. Les Cajuns ont surtout souffert parce qu'ils ont intériorisé l'image que les Anglo-Américains avaient d'eux, c'est-à-dire que les Cajuns étaient ignorants, pauvres, inférieurs et pas vraiment américains. Néanmoins, la langue française était un composant fondamental de l'identité cajun, et, face à l'assimilation forcée, les Cajuns ont fait l'expérience d'une aliénation profonde.

Résumé n° 3

Considérés ignorants à l'école, les enfants cajuns ont vite embrassé la leçon de leurs instituteurs de « ne pas parler français à l'école ». Par conséquent, ils se sont distanciés de leur identité cajun et aussi de leurs parents et de leurs grands-parents. Ils n'ont associé les images négatives des Cajuns qu'avec des Cajuns qui refusaient de parler anglais. C'est pour cette raison qu'ils ne sont pas troublés par les expressions péjoratives qui insultent les générations plus âgées.

C. Synthèse. En vous basant sur le poème, écrivez plusieurs phrases au passé composé qui parlent de l'histoire des Cajuns. Employez les verbes pronominaux dans la liste suivante. Écrivez au moins deux phrases à la négative.

s'habituer à	se mettre à
s'arrêter	se rendre compte
se demander	s'entendre (avec)
se moquer de	se souvenir de
se passer	

D. Lecture critique. En petits groupes, discutez des questions suivantes.

1. Pourquoi le poète a-t-il intitulé le poème «Schizophrénie linguistique » ?
2. Pourquoi le poète emploie-t-il de l'anglais *et* du français dans le poème ? Est-ce un commentaire sur la domination de l'anglais ou sur l'assimilation des Cajuns ?
3. Pourquoi l'emploi de la phrase « Land of the free » est-il ironique dans ce poème ?
4. Comment comprenez-vous la fin du poème ? Quelle est la signification des verbes que le poète a choisis ? Pourquoi le poète termine-t-il le poème avec une série de questions ? Comment la fin met-elle en question tout le poème qui la précède ?
5. Comment avez-vous réagi à ce poème ? Quelles émotions éprouviez-vous en le lisant ? A-t-il changé votre idée ou attitude envers les Cajuns ?

**France : Un camping
au lac d'Annecy (Haute-
Savoie)**

Interaction II

*Philippe, un Parisien en vacances dans la région de Montpellier, en France, parle au
gérant[6] de son camping.*

Réfléchissez

*Est-ce que les deux personnes se
connaissent bien?*

*Pourquoi le gérant change-t-il
de langue ?*

*Quel genre de relations y a-t-il
entre les Parisiens en vacances et
les gens du coin ?[10]*

Philippe	Excusez-moi, Monsieur. Pourriez-vous m'aider ? Il n'y a pas d'eau chaude dans les douches.
Le gérant	Est-ce que vous savez la régler ?
Philippe	Mais, Monsieur, vous savez bien que je suis là depuis trois semaines.
Le gérant	Vous voulez que je vienne vous montrer ?
Philippe	Vous vous moquez de moi ? Je vous répète que ça ne marche pas ! J'avais l'intention de laver mon chien, et je ne suis pas content que l'eau soit si froide.
Le gérant	Mais, Monsieur, les douches ne sont pas pour les chiens ! *(À part,[7] en occitan[8])* Aquels macarèls de Parisencs ![9]

---

[6] gérant = *manager*

[7] À part = *aside*

[8] occitan = *the traditional language of southern France, now spoken mainly in the country by older people.*

[9] [Occitan] Aquels macarèls de Parisencs ! [aˈkɛlz makaˈrɛlz de pariˈzeŋks] = *These damn Parisians!*

[10] les gens du coin = *the locals*

1. Pourquoi Philippe se plaint-il ?
2. Pourquoi le gérant n'est-il pas content ?
3. Pourquoi parle-t-il en occitan à la fin ? *(Il ne veut pas que… + subjonctif)*

1. Les Français qui font du camping s'installent souvent dans un endroit pour quatre semaines. Quels sont les avantages de ce genre de vacances ? *(Ils peuvent… , ils finissent par…)*
2. Quels sont les désavantages ?
3. L'occitan, comme les autres langues minoritaires de France, a longtemps été mal considéré. Mais il a toujours permis aux gens de parler sans être compris par ceux de l'extérieur. Connaissez-vous d'autres exemples de l'emploi d'une langue « secrète » ?
4. Les Français amènent très souvent leurs chiens dans les campings, dans les restaurants, chez l'épicier, etc. Qu'en pensez-vous ?

Autrement dit

Pour s'excuser

Excuse(z)-moi.
Je m'excuse.
Pardon.

Pour répondre

Ce n'est pas grave.
Ce n'est rien.
Il n'y a pas de mal.

Demander des renseignements, son chemin

Pardon, Monsieur, pourriez-vous m'indiquer où se trouve un camping ?
Excusez-moi, Madame, mais est-ce que vous savez où sont les douches ?
Où est la gare, s'il vous plaît ?
Il y a un pressing près d'ici ?

Pierre, est-ce que tu sais / peux me dire / m'indiquer où est la cafétéria ?

Oui, c'est tout près. / ce n'est pas loin.

Vous montez / descendez / suivez cette rue,

puis vous tournez à } droite gauche } à la deuxième rue.

straight   Ensuite, vous continuez **tout droit°** } devant vous.
jusqu'au coin et c'est } sur votre gauche.

Ça se trouve } dans la rue de la République.
sur le boulevard Raspail.

Exprimer l'irritation

Tu te moques de moi ?
Tu te fiches de moi ?
Tu plaisantes ?
Tu rigoles ?

Quelques mots en occitan

Expression	Prononciation	Signification
Adieu !	[aˈdjɛw]	Bonjour, au revoir ! *(informal)*
Bonjorn.	[bunˈdʒur]	Bonjour. *(formal, or to several people)*
Adieu-siatz.	[adjɛwˈsjats]	Au revoir. *(formal, or to several people)*
Parlatz occitan ?	[parˈlats utsiˈta]	Parlez-vous occitan ?
Oc, parli occitan.	[ɔˈ parli utsiˈta]	Oui, je parle occitan.
Non, parli pas occitan.	[nu ˈparli paz utsiˈta]	Non, je ne parle pas occitan.

Pratique et conversation

A. Un plan. En utilisant le plan de la ville de Québec, dites…

1. comment aller de la Citadelle au Couvent des Ursulines.
2. comment aller de la Place d'Armes à la Porte St.-Jean.
3. comment aller du bureau des Renseignements touristiques à la Côte du Palais.
4. comment aller de la Terrasse Dufferin à la rue Mac Mahon.

B. Le chemin. Vous êtes devant la Citadelle et vous arrêtez un passant pour lui demander où se trouve le bureau des Renseignements touristiques. Il vous explique le chemin. Jouez la scène.

C. Orientation. Un(e) étudiant(e) franco-canadien(ne) passe l'année sur votre campus. Il/Elle vous pose des questions pour s'orienter : où se trouve la bibliothèque, le restaurant universitaire, etc. Répondez à ses questions en lui indiquant le chemin.

D. Perdu en Provence. Vous demandez des renseignements à un habitant de la petite ville où vous avez passé la nuit. Il répond en occitan ! Débrouillez-vous ! Vous dites que vous parlez très peu l'occitan et vous continuez la conversation en français tous les deux. Saluez-le en occitan en partant.

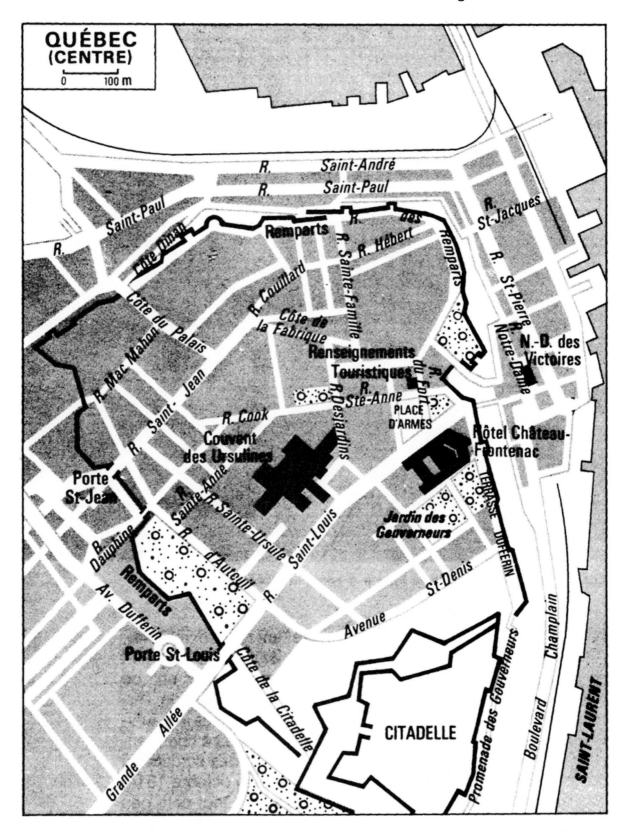

QUÉBEC
(CENTRE)

0   100 m

Étude de vocabulaire

Les emprunts

Quelques mots qui sont très courants en français ont été empruntés aux langues régionales (l'occitan, le breton, l'alsacien) ou aux langues des anciennes colonies françaises. En général, les langues considérées « prestigieuses » ont fourni des mots « élégants », tandis que les langues plutôt «rustiques » ont contribué des mots familiers ou argotiques.

Origines. Connaissez-vous les mots suivants ? À l'aide d'un dictionnaire, cherchez-en les origines.

1. Je ne sais pas de quel *bled* il est sorti, mais il n'est certainement pas de Paris.
2. Il joue du *biniou.*
3. Ce n'est pas du français, c'est du *charabia.*
4. Il n'avait pas de billet, mais il a essayé de *resquiller* une place au cinéma.
5. Je me suis foulé la cheville et j'ai dû aller voir le *toubib.*

Grammaire de base

4.1 Irregular verbs in the present subjunctive have one or two stems. With the exception of **être** and **avoir** (pages 249–250), all use the endings you have learned for regular verbs.

4.2 The following are one-stem irregular verbs in the present subjunctive.

faire			
que/qu'	je fasse	nous	fassions
	tu fasses	vous	fassiez
	elle fasse	elles	fassent

savoir			
que/qu'	je sache	nous	sachions
	tu saches	vous	sachiez
	on sache	ils	sachent

pouvoir			
que/qu'	je puisse	nous	puissions
	tu puisses	vous	puissiez
	elle puisse	ils	puissent

4.3 Two-stem verbs in the present subjunctive take the third-person plural indicative stem for all forms except **nous** and **vous**. For **nous** and **vous,** use the first-person plural indicative stem. Study the following two-stem verbs

prendre				
que/qu'	je prenne		nous	prenions
	tu prennes		vous	preniez
	on prenne		ils	prennent

boire				
que/qu'	je boive		nous	buvions
	tu boives		vous	buviez
	elle boive		ils	boivent

envoyer				
que/qu'	j' envoie		nous	envoyions
	tu envoies		vous	envoyiez
	elle envoie		elles	envoient

venir				
que/qu'	je vienne		nous	venions
	tu viennes		vous	veniez
	il vienne		ils	viennent

voir				
que/qu'	je voie		nous	voyions
	tu voies		vous	voyiez
	on voie		ils	voient

4.4 **Aller** and **vouloir** have irregular two-stem conjugations in the subjunctive.

aller				
que/qu'	j' aille		nous	allions
	tu ailles		vous	alliez
	on aille		ils	aillent

vouloir				
que/qu'	je veuille	tu veuilles	il veuille	
	nous voulions	vous vouliez	ils veuillent	

Structure III

Pour exprimer la volonté et la préférence : La forme verbale après les expressions de volonté et de préférence

a. Familiarize yourself with the following verbs of will and preference.

Will		Preference
demander	souhaiter	aimer mieux
désirer	vouloir	préférer
exiger		

b. When one subject is involved in the action, the infinitive is used after these verbs. Note that with the verbs **demander** and **exiger,** the infinitive is introduced by the preposition **de.**

Tu préfères parler français ou occitan ?
J'aime mieux m'exprimer en occitan.
Nous demandons/exigeons d'être indépendants.

c. When two subjects are involved, the subjunctive is used in the clause introduced by **que.**

Tu préfères que nous parlions français ou occitan ?
J'aime mieux que vous parliez occitan.

Structure IV

Pour exprimer l'émotion, le doute et la peur : La forme verbale après les expressions d'émotion, de doute et de peur

a. Study the following list of verbs of emotion, doubt, and fear.

Emotion	Doubt	Fear
être content(e), heureux/euse, ravi(e)	douter	avoir peur
être étonné(e), surpris(e)	ne pas être sûr(e), certain(e)	craindre
être triste, désolé(e), fâché(e), furieux/euse	ne pas penser/croire	

b. Use the infinitive after expressions of doubt, emotion, and fear when only one subject is involved in the action. Note that the infinitive is introduced by the preposition **de,** except with the verbs **penser** and **croire.**

Je ne suis pas sûr(e) de pouvoir venir.
Elle est contente de rester à la maison.
Nous sommes surpris de recevoir une invitation.
Il a peur de sortir tout seul la nuit.
Je ne pense pas pouvoir venir ce soir.
Elle ne croit pas avoir assez d'argent pour voyager.

c. The subjunctive is used in the clause introduced by **que** when there are two different subjects in the sentence.

Je ne suis pas sûr(e) que ce soit vrai.
Elle est contente que tu puisses venir.
Nous sommes surpris qu'elle nous envoie une invitation.
Il a peur que nous (ne) sortions seuls la nuit.

As the previous example illustrates, **ne** may precede the verb in the clause introduced by **que** after the expressions **avoir peur** and the verb **craindre.** This is not the negation **ne** and it is not translated. This usage is characteristic of more conservative French.

d. When the verbs **penser** and **croire** are in the interrogative or the negative, the subjunctive is often used to indicate uncertainty or doubt on the part of the speaker.

Je ne crois pas que tu me dises la vérité.
Vous pensez que ce soit vrai ?

In the affirmative, these verbs are followed by the indicative.

Je crois que tu me dis la vérité.
Je pense que c'est vrai.

e. The indicative, often in the future or past tense, is used after the verb **espérer.**

Il espère que nous pourrons lui rendre visite.
J'espère que vous avez compris.

Pratique et conversation

A. Un paranoïaque. M. Lacrainte a peur de tout ! Il va chez une diseuse de bonne aventure. Est-ce que ses prévisions vont le rassurer ? Remplissez les blancs avec la forme correcte du verbe.

M. Lacrainte   J'ai peur que ma femme ne me _____ (quitter). Je doute que mes enfants m'_____ (aimer). Je crains que mon patron ne me _____ (mettre) à la porte. Pourriez-vous m'aider ?

La diseuse   Bien sûr, Monsieur. Il est clair que vous _____ (avoir) besoin de conseils !

M. Lacrainte   Je suis content que vous me _____ (comprendre). Mon psychiatre, mon psychologue, mon thérapeute, eux, ils ne m'ont pas pris au sérieux. Ils m'ont dit que j'étais paranoïaque ! Qu'est-ce que vous voulez que je _____ (faire) pour commencer ?

La diseuse   Eh bien, tirez trois cartes. *(Il tire la première.)* La dame de pique ! Malheur ! Je suis désolée de vous _____ (dire) que votre femme va vous quitter ! *(Il tire la deuxième.)* L'as de cœur ! Ciel ! Le sort ne veut pas que vous _____ (être) heureux ! Vos enfants ne vous aimeront jamais ! *(Il tire la troisième.)* Ô destin ! Pourquoi est-ce que vous punissez cet homme ? Je suis triste de vous _____ (révéler) que votre patron va vous renvoyer demain !

M. Lacrainte   Je vous remercie infiniment, Madame !

La diseuse   Après de si mauvaises prédictions, je suis surprise que vous me _____ (remercier).

M. Lacrainte   Au moins, maintenant, je sais que je ne suis pas paranoïaque !

B. Émotions. Faites une phrase qui exprime vos propres sentiments en joignant une expression de la première colonne à une expression de la deuxième. Faites tous les changements nécessaires.

tuition

I	II
je suis content(e)	les frais de scolarité° sont très élevés
je suis furieux/euse	passer le week-end à la plage
je suis étonné(e)	mes amis ne me téléphonent pas
je préfère	le subjonctif n'est pas difficile
je veux	nous n'avons pas de devoirs pour demain
j'espère	mon ami(e) et moi, nous sortons ce soir
je ne pense pas	il fera du soleil demain
	le prochain examen est facile

C. Opinions. Que pensez-vous des opinions exprimées ici ? Donnez votre réaction.

harmful

Modèle :   La télévision a une influence nuisible° dans notre société.

Vous :   Je ne pense pas que ce soit vrai. (ou : Je ne pense pas que vous ayez raison.) Il y a des émissions qui sont très éducatives…

1. Un diplôme universitaire est indispensable pour réussir dans la vie.
2. Le français n'est pas une langue très utile.
3. Aujourd'hui, les Cajuns sont contents d'être assimilés à la culture américaine.
4. On trouve la même culture et la même langue partout en France.
5. L'étude d'une langue étrangère n'a aucune valeur, puisqu'on parle anglais partout dans le monde.

D. Interview. Demandez à votre partenaire ce qu'il/elle…

1. espère faire dans la vie.
2. veut que le professeur fasse.
3. craint que le professeur ne fasse.
4. est sûr(e)/doute de pouvoir faire demain.
5. exige que vous fassiez.

E. Mon meilleur ami/ma meilleure amie. Nous avons tous un(e) bon(ne) ami(e), mais personne n'est sans défauts. Quelles qualités admirez-vous chez lui/elle ? Quelles qualités souhaiteriez-vous changer/ajouter ? Faites des phrases selon le modèle.

> **Modèle :** Je suis content qu'il soit intelligent, mais je voudrais qu'il soit plus ouvert. Je préférerais qu'il me parle plus ouvertement de ses émotions.

F. Exigences. Dans quelle situation êtes-vous très exigeante(e) ? Dites ce qui est absolument essentiel dans cette situation pour que vous soyez satisfait(e).

> **Modèle :** Quand je suis dans un restaurant, j'exige que (il faut que/je veux que) la table soit propre, que le service soit rapide et que la cuisine soit excellente.

Avec qui dans la classe est-ce que vous partagez ces sentiments ?

Structure V

Pour repérer : Les prépositions avec les noms géographiques

a. In order to determine which preposition to use before a geographic noun, you must know the gender of the place name.
   - Countries and continents whose names end in **-e** are for the most part feminine: **la France, la Belgique, l'Algérie, l'Afrique, l'Asie,** etc.
   - **Le Mexique** and **le Cambodge** are exceptions to the preceding rule.
   - All other countries are masculine: **le Danemark, le Canada, le Japon,** etc.
   - Most states and provinces ending in **-e** are feminine. Examples include: **la Floride, la Californie, la Virginie**[11]; exceptions: **le Maine, le Tennessee.**
   - The remaining states are masculine: **le Michigan, le Texas, l'Ohio,** etc.

---

[11] The following U.S. states have different forms in French: **la Californie, la Caroline du Nord/Sud, le Dakota du Nord/Sud, la Floride, la Géorgie, la Louisiane, l'état de New York, le Nouveau-Mexique, la Pennsylvanie, la Virginie, la Virginie-Occidentale** *(West Virginia).*

The following Canadian provinces and Canadian territory have different forms in French: **la Colombie britannique, l'Île du Prince-Édouard, le Nouveau-Brunswick, la Nouvelle-Écosse** *(Nova Scotia),* **le Québec, la Terre-Neuve** *(Newfoundland),* **les Territoires du Nord-Ouest.**

b. To express "in" or "to" a country or city and "from" a country or city, use the
following rules.

IN or TO a country	
masculine singular:	au Canada
feminine singular:	en France
plural:	aux États-Unis
IN or TO a city	
à Paris	
FROM a country	
masculine singular:	du Canada
feminine singular:	de France
plural:	des États-Unis
FROM a city	
de Paris, d'Honolulu	

c. To express "in" or "to" a state and "from" a state, use the following rules.

IN or TO a state	
masculine:	dans le Michigan/dans l'Ohio dans l'état de Michigan/ dans l'état d'Ohio[12]
feminine:	en Californie/en Virginie
FROM a state	
masculine:	du Michigan/du Nouveau-Mexique de l'Ohio/de l'Idaho
feminine:	de Californie/de Virginie

d. The preposition to use before the name of an island is determined by usage.
Learn the following.

à/de Tahiti
à/d'Hawaï
à la/de la Guadeloupe
à la/de la Martinique
en/d'Haïti

---

[12] Exceptions: **au Texas, au Nouveau-Mexique**

e. Learn the preposition usage for the following regions of France.

To/In	From
en Alsace	d'Alsace
en Bourgogne	de Bourgogne
en Champagne	de Champagne
en Lorraine	de Lorraine
en Provence	de Provence
en Île-de-France	d'Île-de-France
or:	
dans l'Île-de-France	de l'Île-de-France

f. The pronoun **y** replaces the phrase **à/en/sur/dans** + place. It means *there.*

J'aimerais aller au Mexique.
J'aimerais y aller.
Il fait toujours beau à la Martinique.
Il y fait toujours beau.

g. Note that if a location is not explicitly expressed with the verb **aller,** the pronoun **y** must be used.

Vous y allez en avion ? Non, j'y vais en voiture.

h. The pronoun **en** can replace **de** + country name, meaning *from there.*

Est-ce qu'il vient de France ? Oui, il en vient.

i. As with other object pronouns, both **y** and **en** precede the verbs they are the object of, except in the affirmative imperative.

Allons en Provence. Allons-y.
Va dans le Languedoc. Vas-y.[13]

Pratique et conversation

A. Un agent de voyages. Vous êtes agent de voyages. Complétez les phrases suivantes avec vos propres suggestions.

1. Paris n'est pas la France. Si vous voulez vous éloigner de la France touristique, allez _____ Alsace ou _____ Bourgogne.
2. Pour découvrir l'Afrique francophone, allez _____ Côte-d'Ivoire ou _____ Sénégal.
3. Pauvre M. Fourny ! En allant _____ Grèce _____ Bosnie, il s'est fait kidnapper !
4. Comment aller _____ Lausanne _____ Paris ? C'est facile. Prenez le TGV.
5. Si vous voulez aller _____ New York à Tel-Aviv, il va falloir faire escale° _____ Rome.

to make a stopover

B. Le tour du monde. Vous venez d'hériter de plusieurs millions de dollars et vous décidez de faire le tour du monde. Où irez-vous ? Citez au moins cinq destinations.

Modèle : Moi, j'irai en Grèce, en Afrique, à Tokyo, à Jérusalem et à Tahiti.

---

[13] Note that the **-s** of the verb form is restored before **y** and **en** in the affirmative imperative of **-er** verbs.

France :
Architecture
traditionnelle
à Strasbourg
(Alsace)

C. D'où vient cette personne ?
D'après la description, dites de quel pays la personne vient.

1. Ma langue maternelle, c'est l'arabe. J'ai été élevé à Alger, mais quand j'avais seize ans, ma famille s'est installée à Marseille. Moi, je suis resté à Alger pour aller à l'université.
2. Oui, notre pays est officiellement bilingue, mais ma famille est exclusivement francophone. Nous habitons dans un petit village à une heure de Québec.
3. J'habite à Abidjan. C'est une grande ville d'un million d'habitants et un port important.
4. Notre pays est une ancienne colonie française. Après la chute de Saïgon et l'installation du nouveau gouvernement, on a essayé d'effacer les traces de l'influence colonialiste.
5. Je vous assure qu'il y a plus dans notre pays que le chocolat et les montres ! Nous avons notre propre culture.

D. Interview. Demandez à votre partenaire…

1. de quel(s) pays est originaire sa famille.
2. dans quels pays il/elle irait s'il/si elle voulait faire du ski/aller à la plage.
3. s'il/si elle connaît des étudiants internationaux à l'université, et de quels pays ils viennent.
4. s'il/si elle n'avait qu'une seule chance de voyager, dans quel pays il/elle irait.
5. de quel pays vient son fromage/sa voiture/son vin/sa bière préféré(e).
6. de quel état il/elle vient.
7. dans quel état il/elle aimerait aller pour faire du tourisme.
8. dans quels pays il existe de grands conflits linguistiques ou culturels.

E. Encore des questions. Posez des questions à votre partenaire. Il/Elle répondra en utilisant le pronom **y** ou **en**. Demandez-lui…

1. s'il/si elle aimerait aller à l'étranger cet été.
2. s'il/si elle préférerait aller en Europe en bateau ou en avion.
3. si ses parents ou grands-parents viennent d'Asie.
4. s'il/si elle a déjà voyagé en Afrique.
5. s'il/si elle va à l'université ce week-end.

F. Chez l'agent de voyages. Vous allez chez un agent de voyages pour arranger un voyage à l'étranger. Il vous pose des questions sur votre destination, le moyen de transport que vous préférez, combien de temps vous allez y passer, le logement, etc. Vous répondez et vous lui demandez aussi ses suggestions.

Lecture II

Comme nous l'avons déjà vu, il existe en France des cultures régionales très variées. Dans la région d'Alsace, disputée depuis des siècles, l'influence des cultures germanique et française a créé un mélange original. Le livre Les Tilleuls de Lautenbach, *du journaliste Jean Egen, est un récit de la vie alsacienne entre les deux guerres (1918–1939). L'auteur raconte les joies et les inquiétudes d'une enfance passée entre deux cultures. Dans le passage que vous allez lire, le jeune garçon monte dans le clocher de l'église du village pour échapper à la triste pensée que sa grand-mère est en train de mourir. Arrivé en haut du clocher, il contemple son village qui s'appelle Lautenbach et se souvient de ce que son père et son oncle lui ont raconté de la vie alsacienne.*

Alsace (France) : Des plats traditionnels

Avant de lire

A. Prédictions. Avant de lire le texte, essayez d'anticiper son contenu en répondant aux questions suivantes. Consultez le *Répertoire géographique* si nécessaire.

1. Cherchez l'Alsace sur une carte de la France ou de l'Europe. Regardez sa situation géographique et en regardant la photo ci-dessus et celle à la page 270; dites, à votre avis, quelles sont les plus grandes influences culturelles en Alsace.
2. Que savez-vous de l'Alsace—de sa géographie, de son histoire, de sa culture ? Savez-vous quelles langues sont parlées en Alsace ?
3. Comment imaginez-vous les traditions alsaciennes pour la cuisine, pour l'architecture, pour le folklore ? Servez-vous des photos.

B. Parcourez. Lisez rapidement le texte pour trouver où l'auteur parle des thèmes suivants.

1. le complexe d'infériorité chez les Alsaciens
2. l'histoire de l'Alsace
3. la cuisine alsacienne
4. la richesse culturelle des Alsaciens
5. le caractère ambigu des Alsaciens

C. Les familles de mots. Employez votre connaissance des mots indiqués entre parenthèses pour deviner le sens des mots en italique.

1. « … les anges *accourent* de tous les coins du ciel » (courir)
2. « … que seul un reste d'humilité et aussi de prudence m'empêche de gagner le rebord° d'une fenêtre pour *m'envoler* dans l'azur. » (voler)
3. « Papa dit encore qu'en Alsace, tout *s'élance* vers le ciel, les bouteilles à long col,° les cigognes° aux grandes pattes » (lancer)
4. « … le palais *s'enflamme* comme du phosphore, embrasant les sinus, la cervelle, on pleure des larmes de feu… » (flamme)

edge

neck / storks

D. Quel synonyme ? Choisissez le meilleur synonyme pour les mots en italique.

1. « Papa raconte que, lorsque le Bon Dieu se penche sur la terre pour contempler son *œuvre*... »
   a. son regard
   b. sa création
2. « ... que seul un reste d'humilité et aussi de prudence m'*empêche* de gagner le rebord d'une fenêtre pour m'envoler dans l'azur. »
   a. arrête
   b. évite
3. « ... oui, papa prétend que *l'habitant* de cette terre constamment menacée aurait tort de garder le plat du jour pour le lendemain... »
   a. le résident
   b. la résidence
4. « Mes *compatriotes* m'excuseront... »
   a. les personnes qui aiment leur pays
   b. les personnes originaires du même pays

E. Parcourez. Parcourez le texte pour trouver le nom des choses suivantes.

1. des chutes d'eau célèbres en Amérique du Nord
2. un sommet important dans les Alpes
3. des montagnes et un fleuve en Alsace
4. un petit pain brûlé qu'on mange le dimanche
5. une crudité piquante typique de l'Alsace
5. des nouilles alsaciennes
6. le nom d'une chanson folklorique alsacienne

F. Quel titre ? Lisez les paragraphes indiqués et choisissez le titre qui représente le mieux leur contenu. Discutez de vos choix.

1. le deuxième paragraphe
   a. le paradis terrestre
   b. l'amour du pays natal
   c. à la recherche du bonheur
2. les troisième et quatrième paragraphes
   a. les plats alsaciens
   b. le dimanche en Alsace
   c. la cuisine et la tradition
3. le cinquième paragraphe
   a. l'histoire turbulente de l'Alsace et ses conséquences pour le caractère alsacien
   b. « Il faut vivre pour aujourd'hui. »
   c. les guerres en Alsace
4. le neuvième paragraphe
   a. l'admiration des Alsaciens pour les Français
   b. l'héritage germanique des Alsaciens
   c. le caractère ambigu des Alsaciens

Les Tilleuls° de Lautenbach : Mémoires d'Alsace

Papa raconte que, lorsque le Bon Dieu **se penche sur** la terre pour contempler son **œuvre**, ce n'est pas sur les chutes du Niagara ou le massif du **Mont-Blanc** que son regard se pose le plus volontiers, c'est sur Lautenbach. « Oui mon fils, sur notre humble village, alors il appelle ses anges, venez les petits, venez voir comme c'est beau, et les anges accourent de tous les coins du ciel et leurs yeux brillent comme des turquoises, c'est ce qui rend le firmament° si bleu, tu comprends ? »

Je comprends, je peux même dire que le phénomène a lieu chaque fois que je monte là-haut, comme si le Bon Dieu attendait que je sois dans **le clocher** pour s'installer à son balcon avec les **chœurs célestes,** car d'où viendrait la joie qui m'enveloppe, sinon de cette **ineffable** présence ? Joie si intense que **je me sens presque de la famille** et que seul un reste d'humilité et aussi de prudence m'empêche de **gagner le rebord d'une fenêtre** pour m'envoler dans l'**azur.** Papa dit encore qu'en Alsace, tout s'élance vers le ciel, les bouteilles à long col, les **cigognes** aux grandes pattes, les **sapins** à profil de **fusée** et, de la cathédrale de Strasbourg à la **collégiale** de Lautenbach, toutes les **flèches des églises,** il appelle ça, papa, le **tropisme** de l'infini, il dit qu'étant **coincés** entre les Vosges et le Rhin, nous sommes naturellement enclins à **filer** vers l'azur, c'est ce phénomène-là, sans doute, qui m'invite à chercher le bonheur dans le clocher. Seulement, le bonheur, aujourd'hui, n'est pas au rendez-vous. […]

Mais qu'est-ce qui sent si bon soudain ? Mon nez **s'émoustille,** on dirait que… Mais oui, ça vient d'en bas, ça vient du village, ça monte des cuisines, c'est dimanche **pardi** et le dimanche, l'Alsace tout entière honore **le Seigneur,** elle l'honore d'abord dans les églises et les temples, elle l'honore surtout dans les salles à manger car c'est jour de **festin,** un festin qui s'ouvre d'une façon très simple par **un pot-au-feu,** c'est la tradition, ce jour-là les boulangers font des bangala, des petits pains brûlés, presque noircis, qui, **trempés** dans le bouillon, lui donnent des reflets d'ambre. Le bœuf du pot-au-feu s'accompagne de **raifort,** c'est fantastique le raifort, **on a beau le délayer** dans la crème, le **palais** s'enflamme comme du phosphore, **embrasant** les sinus, la **cervelle,** on pleure des larmes de feu, c'est une sensation insupportable et délicieuse. Le raifort n'est que l'**enfant terrible** du **cortège** des salades qui sont l'indispensable escorte d'un **honnête bœuf bouilli** : radis roses, radis noirs, céleri, cresson, tomates, concombres et autres **crudités** qui émoustillent les glandes et les préparent à des combats plus sérieux.

Les jours de grande fête, on attaque d'abord le pâté en croûte, la **truite aux amandes** ou le saumon du Rhin. Les dimanches ordinaires, on **affronte** simplement un second plat de viande, **volaille** ou rôti, ou, quand **la chasse** est ouverte, **civet de lièvre, de chevreuil ou de sanglier.** Ce second plat est généralement soutenu par des **nouilles,** mais pas des nouilles d'épicerie, des *salbschtg'machti,* des nouilles qu'on fait soi-même et dont la saveur est telle qu'il n'en reste jamais une seule dans le plat…

Papa **prétend** que sur cette terre ouverte à toutes les invasions—elle a été **piétinée** par les Huns, les Impériaux, les Pandoures, **les Prussiens** auxquels on vient de **casser les reins** mais qui déjà **redressent la tête** (il oublie les Français qui ne furent pas toujours des libérateurs bien-aimés, mais sauveurs ou ravageurs, les Français sont sacrés)—oui, papa prétend que l'habitant de cette terre constamment menacée aurait tort de garder le plat du jour pour **le lendemain, carpe diem,** dit-il à l'oncle Nicolas. […]

« Ah ! Ce sont bien des Alsaciens, dit alors l'oncle Fouchs. Quand ils sont au chaud, ils réclament la fraîcheur, quand ils sont au frais, ils veulent se réchauffer. »

Ça c'est une allusion au *Hans im Schnockeloch* (Jean du Trou de **Moustiques**) qui est la plus célèbre chanson du folklore alsacien. Mes compatriotes m'excuseront mais il faut présenter le Hans aux lecteurs qui **ne sont pas du cru.** La chanson commence ainsi :

Quelle idée ces comparaisons et cette explication vous donnent-elles des sentiments que les villageois de Lautenbach portent envers leur village et envers la région de l'Alsace ?

Quel sentiment le narrateur éprouve-t-il chaque fois qu'il monte au clocher de l'église ?

Pourquoi le narrateur n'est-il pas heureux ce jour-là, dans le clocher où il trouve d'habitude du bonheur ? (Relisez l'introduction si vous n'êtes pas sûr[e].)

Qu'est-ce qui attire l'attention du narrateur ? Lequel de ses cinq sens est stimulé ?

Quelles sont les traditions du dimanche en Alsace ?

Quels sont les plats qu'on mange le dimanche en Alsace ? Décrivez-les.

Quels plats traditionnels le narrateur mentionne-t-il dans ce paragraphe ?

Quelle est la philosophie de son père sur la vie ?

Quel lien existe entre la philosophie de son père et l'histoire de l'Alsace ?

Quelle caractéristique son oncle attribue-t-il aux Alsaciens ?

Qu'est-ce qui fait penser l'auteur à la chanson « Jean du Trou de Moustiques » ?

Pourquoi parle-t-il de cette chanson ?

Jean du Trou de Moustiques
A tout ce qu'il veut
Et ce qu'il a, il ne le veut pas
Et ce qu'il veut, il ne l'a pas
Jean du Trou de Moustiques
A tout ce qu'il veut.

Jean du Trou de Moustiques
Dit tout ce qu'il veut
Et ce qu'il dit, il ne le pense pas
Et ce qu'il pense, il ne dit pas
Jean du Trou de Moustiques
Dit tout ce qu'il veut.

À qui le narrateur s'adresse-t-il directement ? Pourquoi le fait-il ? Comment imagine-t-il l'identité de ses lecteurs et lectrices ?

Je ne vais pas recopier tous les **couplets,** il y en a plusieurs dizaines et on finirait par trouver bizarre ce **zigoto** qui ne sait pas ce qu'il a, ce qu'il veut, ce qu'il pense, ce qu'il cherche ou ce qu'il attend. Mais le *Hans im Schnockeloch*, tous les spécialistes le disent, c'est l'Alsacien. Ce ne sont pas les moustiques qui l'ont rendu **dingue,** c'est l'histoire qui l'a **déboussolé.** [...]

Dans son désir de posséder **une âme** cent pour cent française, l'Alsacien **refoule** ses tendances germaniques. Mais **il a beau se persuader** qu'il est un Français **comme un autre, il suffit** d'un rien—par exemple d'une réflexion sur son nom, son dialecte, son accent—pour lui rappeler qu'il est différent. Les sentiments qu'il éprouve **à l'égard des** « Français de l'intérieur » sont ceux de l'enfant adoptif vis-à-vis des enfants légitimes. Aussi compense-t-il son complexe d'infériorité par un **surcroît** de patriotisme. **Refoulement** et compensation ne font évidemment qu'exacerber des conflits dont le *Hans im Schnockeloch* est l'expression symbolique : Jean a des caractères germaniques et n'en veut pas, Jean veut une âme **intégralement** française et ne l'a pas... Naturellement, il suffirait que Jean veuille ce qu'il a, autrement dit qu'il accepte sa double nature, son « alsacianité », pour sortir enfin de ce trou de moustiques et de complexes et avoir ce qu'il veut : l'équilibre et la paix intérieure.

Quelle émotion l'Alsacien éprouve-t-il face à un Français de l'intérieur, selon le narrateur ? Un sentiment d'infériorité ? de jalousie ? d'hostilité ?

Il y vient, notez bien il y vient de plus en plus. Il commence à comprendre que ce qui le différencie des autres Français ne consiste pas en quelque chose de moins mais en quelque chose de plus. Une triple culture, ce n'est pas forcément plus riche qu'une culture unique mais c'est plus **chatoyant.** [...]

Que pense l'auteur des efforts des Alsaciens pour refouler leur identité germanique et pour exagérer leur identité française ?

Quel message l'auteur veut-il donner à ses compatriotes alsaciens ?

Les Tilleuls *The Linden Trees* / **se penche sur** *leans toward or over* / **œuvre** *work of art, creation* / **Mont-Blanc** *the highest peak in the Alps* / **le firmament** *the sky* / **le clocher** *the bell tower* / **chœurs célestes** *celestial chorus, bands of angels* / **ineffable** *indescribable, sublime* / **je me sens presque de la famille** *I almost feel like one of them* / **gagner le rebord d'une fenêtre** *to climb onto a windowsill* / **l'azur** *the (blue) sky* / **cigognes** *storks* / **sapins** *pine trees* / **fusée** *missile* / **collégiale** *church* / **flèches des églises** *church spires, steeples* / **tropisme** *spontaneous natural reflex toward something* / **coincés** *squeezed* / **filer** *to flee* / **s'émoustille** *is tantalized* / **pardi** *of course [an exclamation]* / **le Seigneur** *the Lord* / **festin** *feast* / **un pot-au-feu** *a pot roast* / **trempés** *soaked, dunked* / **raifort** *horseradish* / **on a beau le délayer** *no matter if you try to dilute it* / **palais** *palate* / **embrasant** *igniting* / **cervelle** *brain* / **l'enfant terrible** *the mischievous child* / **cortège** *procession* / **honnête** *simple [in this context]* / **bœuf bouilli** *boiled beef* / **crudités** *raw vegetables* / **truite aux amandes** *trout prepared with almonds* / **affronte** *faces off with, stands up to* / **volaille** *poultry* / **la chasse** *the hunting season* / **civet de lièvre, de chevreuil ou de**

sanglier *stew of game meats (hare, buck, wild boar)* / **nouilles** *noodles* / **prétend** *claims* / **piétinée** *stamped on* / **les Prussiens** *the Prussians [Prussia was located in present-day Germany]* / **casser les reins** *to defeat* / **redressent la tête** *reappear, threaten once again [remember that this story takes place between World War I and World War II]* / **le lendemain** *the next day, another day* / **carpe diem** *a Latin expression meaning "to seize the day"* / **Moustiques** *Mosquitoes* / **ne sont pas du cru** *aren't of authentic local stock* / **couplets** *verses* / **zigoto** *guy* / **dingue** *crazy* / **déboussolé** *disoriented, confused* / **une âme** *a soul* / **refoule** *represses, denies* / **il a beau se persuader** *no matter how he tries to convince himself* / **comme un autre** *like any other* / **il suffit** *it takes (requires only)* / **un rien** *an insignificant detail* / **à l'égard des** *with regard to* / **surcroît** *excess* / **Refoulement** *Repression, denial* / **intégralement** *entirely* / **Il y vient** *He's getting there* / **chatoyant** *sparkling*

SOURCE:

Jean Egen, Éditions Stock

Après avoir lu

A. Vérifiez. Comment votre impression de l'Alsace a-t-elle changé après votre lecture du texte ? Qu'avez-vous appris de l'Alsace en lisant le texte ? Lesquelles de vos prédictions étaient correctes ?

B. Résumé du texte. Faites un résumé du texte à l'écrit ou à l'oral en décrivant…

1. Lautenbach et l'Alsace.
2. les traditions culinaires en Alsace.
3. l'histoire de l'Alsace.
4. l'influence germanique en Alsace.
5. la mentalité alsacienne.

C. Le caractère alsacien. Indiquez les caractéristiques qui s'appliquent aux Alsaciens selon le texte. Discutez de vos choix et soutenez votre opinion en vous basant sur le texte.

_____ économes   _____ religieux

_____ passionnants   _____ raffinés

_____ gourmands   _____ joyeux

_____ complexés   _____ craintifs

_____ fiers   _____ expressifs

D. Jean du Trou de Moustiques. Lisez soigneusement les paroles de la chanson « Jean du Trou de Moustiques »; vous allez remarquer qu'elles suivent une formule. Étudiez cette formule et ensuite composez quelques couplets pour la chanson. Voici quelques suggestions pour commencer : Jean du Trou de Moustiques cherche tout ce qu'il a; Jean du Trou de Moustiques aime tout ce qu'il mange.

E. Les cultures régionales. En petits groupes, discutez du rôle des cultures régionales aux États-Unis. Les cultures régionales existent-elles aux États-Unis ? Sont-elles aussi nombreuses ou prononcées qu'en France ? Quel est le rapport entre la culture américaine et les cultures régionales ? Venez-vous d'une région avec une culture locale très développée ? Comment votre région vous a-t-elle influencé(e) ?

F. Synthèse. Complétez les phrases suivantes en vous servant du subjonctif, de l'indicatif ou de l'infinitif.

1. Il est clair que le narrateur…
2. Il est triste…
3. Pour le père du narrateur, il est important…
4. Jean du Trou de Moustiques doute…
5. Les Alsaciens souhaitent…
6. Le narrateur veut…

Compréhension auditive

Interview avec Mme C. d'Haïti

Dans cette interview, Mme C. explique la situation linguistique dans son pays, Haïti.

Avant d'écouter

A. Que savez-vous déjà ? Quelles langues sont parlées en Haïti ? Est-ce que la plupart des Haïtiens sont bilingues ? Quelle est l'origine du créole ? Savez-vous ce que c'est qu'un patois ?

B. Qui parle créole ? Dans la société haïtienne, le français est considéré comme la langue de prestige, de l'enseignement et du gouvernement, tandis que le créole a un statut inférieur. Pour mieux vous familiariser avec la situation linguistique du français et du créole dans la société haïtienne, faites l'exercice suivant : cochez la case pour indiquer si les personnes décrites parleraient français ou créole.

	Français	Créole
un habitant d'un village à la campagne	☐	☐
une domestique	☐	☐
un juge	☐	☐
un membre de la bourgeoisie	☐	☐

C. Le contexte. En vous basant sur le contexte, essayez de deviner le sens des mots en italique.

1. Il y a eu une forte opposition, tout un *tollé* à propos du créole…
2. Aristide parle un créole vraiment très bon, très *châtié*.
3. Maintenant, si vous arrivez dans certains milieux et que vous parlez français, vraiment, quelqu'un va vous regarder *de travers*. Il va penser que vous êtes un réactionnaire.
4. On a toujours vu le créole comme un *patois*. Mais il faut montrer au peuple qu'il n'y a pas de langue supérieure à une autre.

Écoutez une fois pour saisir le sens global. Ensuite, écoutez en faisant bien attention aux sujets traités dans les exercices suivants.

Pratique et conversation

A. Créole ou français ? En vous basant sur l'interview, dites si on parle français ou créole.

	Français	Créole
Madame C. à la maison	☐	☐
la domesticité	☐	☐
les gens dans la rue	☐	☐
le père Aristide (le ex-premier président du pays)	☐	☐
les fils de parents pauvres	☐	☐
les fils de bourgeois	☐	☐

B. Conflits linguistiques. Répondez aux questions suivantes.

1. Mme C. explique que si vous adressez la parole en créole à quelqu'un qui parle français, il va être insulté. Pourquoi ?
2. Quelle évolution est-ce qu'on a vue à propos du rôle du créole dans la société haïtienne ? Citez des exemples tirés de l'interview.
3. Pourquoi est-ce que les pauvres se sont opposés à la nouvelle importance accordée au créole ?

C. Façons de parler. Dans notre société, est-ce qu'on juge une personne d'après sa façon de parler ? Est-ce qu'un accent ou un dialecte empêche la mobilité sociale ou l'avancement professionnel ?

Algérie : le double langage

En décidant d'imposer l'arabe comme langue unique, le pouvoir menace une partie de l'enseignement. Et fait le jeu des islamistes.

« Non au monopole de l'arabe »

500 000 personnes dans les rues d'Alger pour défendre la langue berbère et protester contre la loi « scélérate »

Journal

Situez le document ci-dessous. À qui est-il destiné ? Quel est son but ? Que pensez-vous d'une telle approche ? Est-ce qu'elle sera efficace ? Est-ce inutile ?

À votre tour

Dans ce chapitre, vous avez analysé comment une langue peut définir un individu, un peuple, une région ou un pays. Votre composition vous permettra de soutenir un point de vue vis-à-vis du rôle des langues secondes ou étrangères dans ce pays. Choisissez un des sujets de composition suivants :

- L'anglais : langue officielle des États-Unis ?
- Apprendre une langue étrangère : entreprise valable ?

Enrichissez votre expression

✎ Termes et expressions

Termes et expressions erronés	Termes et expressions corrects
A	
Accommodation	**Dépanneur**
Mettre cette liste *à date*	Mettre cette liste **à jour**
Sous nouvelle administration	**Nouveau propriétaire**
Pas d'admission	**Entrée interdite**
Pas d'admission sans affaire	**Interdit au public, défense d'entrer sans autorisation**
Est-ce que je peux vous *aider?*	Est-ce que je peux vous **être utile, vous servir?**
Une lettre *à l'effet que*…	Une lettre **selon laquelle**…
Allocation d'échange	**Reprise**
En approbation	**À l'essai**
Un chèque *au montant de*	**Un chèque de**
Autorisé, licencié (dépanneur)	**Vin, bière et cidre**
B	
Un *back-order*	**Une commande en retard, en souffrance**
Balance en main	**Solde en caisse**
Bienvenue!	**Il n'y a pas de quoi; de rien; je vous en prie!**
Ils ont reçu un *bonus*	**Ils ont reçu une prime, un boni, une gratification**
Le *breakeven point*	**Le seuil de rentabilité**
Un *bris de contrat*	**Une rupture de contrat**
Buanderette	**Laverie automatique**

A. Quel rôle ? Quel est le rôle d'une langue dans la société ? Identifiez trois fonctions.

B. Précisez. Quel point de vue allez-vous défendre ? Précisez votre thèse.

Modèle : L'anglais *devrait être* la langue officielle des États-Unis. OU : *Il ne faut pas* que l'anglais soit déclaré la langue officielle de ce pays.

C. Pour exprimer une opinion/un jugement. Faites une liste d'expressions employées pour donner une opinion ou un jugement. Quelle forme du verbe s'emploie après chacune de ces expressions ? Exemples : À mon avis… ; Il est nécessaire de…

D. Les pour... Formulez trois arguments pour soutenir votre point de vue.

E. ...et les contre. Quel est le point de vue contraire ? Formulez deux arguments. Comment répondriez-vous à ces objections ?

Reproduit avec l'autorisation de l'Office de la langue française.

Organisez vos arguments selon le schéma suivant. Faites-les précéder de l'expression appropriée pour exprimer une opinion ou un jugement. D'autres expressions utiles sont données en italique dans le tableau.

Introduction :	
Thèse :	
Arguments pour : *Par exemple* *Autre exemple* *Encore un exemple* *C'est-à-dire* *(Tout) d'abord/ensuite* *De plus* *En premier lieu/en second lieu*	
Arguments contre : *Cependant* *Excepté(e)* *Mais* *Pourtant* *Certains disent*	
Réponses aux objections :	
Conclusion : *Enfin* *En conclusion* *Finalement* *Pour toutes ces raisons*	

Écrivez la première version de votre composition. Organisez vos pensées en paragraphes en suivant le plan établi dans la partie précédente.

Révisez votre première version en tenant compte des commentaires/corrections de votre lecteur.

Hypothèses

Amadou was twenty. He had a flat-top haircut, a strong chin, and wore neatly pressed trousers and a short-sleeved shirt with the short sleeves rolled up. He smoked. He spoke seven African languages and French. . . . I asked Amadou about the family's move to Bamako.[a] He shrugged and said he didn't know the details. All that was before his time. "Already when my parents were children the brousse[b] had nothing for us." This may explain why Amadou told me he did not worry about desertification, the famous coming of the Sahara. Those were the concerns of his old aunt in Mopti. But for him, whether the grasslands endured or turned to sand, the savanna was already a desert. He was a Fulani,[c] but a modern one, at home only in Bamako. He said, "Country people are afraid of Bamako, but Bamako offers everything a modern man could want. It has cinemas that show the latest movies. It has the best discotheques in West Africa. It has the most beautiful girls, and the easiest. It is so well lit at night that you can find a dropped needle in the street. It is like your San Francisco. It is one of the world's greatest cities."

WILLIAM LANGEWIESCHE, *SAHARA UNVEILED: A JOURNEY ACROSS THE DESERT*

Chapitre 8

Fenêtre ouverte sur les paysages

Villes et campagnes

- What does the author mean when he says, "But for him . . . the savanna was already a desert"?

- What are the things that make the city appealing to Amadou?

- Why do you think Amadou brings up San Francisco? What kind of reference would it be for him?

- Besides the attraction of its modernity, what is another reason, suggested in the text, that people in this particular region are leaving the country and moving into urban areas?

- How would you define your attitudes toward the city? In what ways do Americans have ambiguous feelings about urban life?

▶ The city has always symbolized lifestyles, both positive and negative, that contrast with those of country life. Today, nearly all of the cultures that make up the French-speaking world are experiencing population movements from rural areas toward the cities. In this chapter, we explore the urban–rural conflict and the differences in values that it expresses.

---

a Bamako = *the capital of Mali*
b brousse = *the bush (rural Africa)*
c Fulani = *West African ethnic group, spread across Senegal, Mali, Burkina Faso*

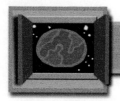

Ouverture culturelle

Mise en train

La ville et la campagne

l'agriculture (*f.*), le pastoralisme[1]
   le nomadisme
la banlieue[2]
le camping
la caravane[3]
la chasse, la pêche[4]
le désert, la désertification

les distractions (*f.*) de la ville
l'exode rural
sauvage[7]
tondre le gazon,[8] la
   tondeuse[9]
la vie rurale
la vie urbaine

Réactions

déménager[5]
gagner
s'habituer à quelque chose
manquer de quelque chose[6]

perdre
se détendre[10]
se reposer
vivre

Première approche

Évolution de la population en Mauritanie

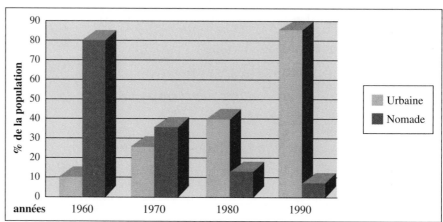

---

[1] herding, animal husbandry

[2] the suburbs

[3] camping trailer

[4] hunting, fishing

[5] to move (one's place of residence)

[6] to lack something

[7] wild (*le camping sauvage* = camping outside)

[8] to mow the lawn

[9] lawnmower

[10] to relax

1. Où se trouve la Mauritanie ? Cherchez sur les cartes de votre livre.
2. Quel pourcentage de la population mauritanienne vivait dans les villes en 1960 ?
3. Quel pourcentage de la population vit dans les villes en 1990 ?
4. Les nomades pratiquent le pastoralisme et ne s'installent pas dans un endroit de façon permanente. Quelle a été l'évolution de leur population en Mauritanie ? *(Dans les années 60, ils représentaient… pour cent de la population…)*
5. Quels problèmes les nomades rencontrent-ils quand ils déménagent en ville ? *(le mode de vie; les traditions; les coutumes; le travail; les compétences…)*
6. Quel grand problème écologique a contribué à ces changements démographiques ? (Le texte en anglais au début du chapitre vous indique la réponse.)

Pour aller plus loin

Un dessin de Sempé

1. Le dessin montre un couple français en vacances. Pourquoi ces gens sont-ils partis à la campagne ?
2. Que font-ils ? Pourquoi ? *(Ils… parce qu'ils veulent…)*
3. Où habitent-ils normalement ? Sont-ils agriculteurs ? Comment le savez-vous ?
4. Que représente la campagne pour les habitants des pays développés ? Que représente la campagne pour vous ?

Interaction I

Sandrine et Jean-Marc, deux amis comptables,[11] déjeunent ensemble, place de l'Opéra à Paris.

Réfléchissez

Comment les Parisiens voient-ils le reste de la France ?

Quelles sont les raisons qu'on peut avoir pour préférer la capitale à une ville plus petite ?

Jean-Marc Bonjour! Mais tu en fais une tête ![12] Ça ne va pas aujourd'hui ?
Sandrine Ça y est. Ce que je craignais est arrivé. J'ai été mutée[13] en province.[14]
Jean-Marc Ma pauvre ! Où ça ?
Sandrine À Lorient.[15]
Jean-Marc Oh, ce n'est pas trop mal, Lorient. C'est moderne.[16]
Sandrine Mais, tu sais, je suis Parisienne à cent pour cent. La province, c'est bien pour les vacances, mais on finit par s'y ennuyer.
Jean-Marc Oh, mais tu auras la mer à côté, le bon air...
Sandrine Si tu les veux, je te les laisse ! Je n'aurai pas mes copines, ni les cinémas du Quartier Latin, ni l'animation le soir...

Observations

1. Pourquoi Sandrine est-elle mécontente ?
2. Pourquoi n'aime-t-elle pas la province ?
3. Quels sont les trois avantages de Lorient, selon Jean-Marc ?

Perspectives

1. Quelle est l'attitude de Sandrine envers les petites villes ? *(Elle les trouve plus... , moins...)*
2. La distinction entre Paris et la province est traditionnelle en France. Quelles sont les distinctions importantes pour les Américains ? *(Les Américains distinguent la grande ville de...)*
3. L'idéal pour beaucoup de Français est d'habiter le centre-ville. Quel est l'idéal pour la plupart des Américains ?

Autrement dit

Pour plaindre quelqu'un

—J'ai été muté(e) en province ! *I've been transferred outside of Paris!*
—Mes condoléances !
Le/La pauvre !
Mon/ma pauvre !
Oh là là !
Mon Dieu !

---

[11] comptables = *accountants*
[12] tu en fais une tête ! = *you really look upset!*
[13] J'ai été muté(e) = *I have been transferred*
[14] province = *provinces (i.e., everything in France outside the Paris area)*
[15] Lorient = *city of 115,000 inhabitants in Brittany, an important naval and fishing port*
[16] *Lorient was 85% destroyed in the Second World War.*

Ce n'est pas drôle !
Ce n'est pas marrant !
C'est triste, ça !
Tu n'as vraiment pas de chance/veine !

Pour parler du travail

Qu'est-ce que vous faites dans la vie ?	*What do you do for a living?*	
Je suis	**fonctionnaire.**°	*a civil servant*
	agent de police, **douanier/**	
	douanière°	*a customs agent*
	administrateur, magistrat…	
	dans les affaires.	
	comptable,°	*an accountant*
	directeur/directrice, cadre,	
	secrétaire, employé(e) de	
	bureau…	
	dans l'industrie.	
	ouvrier/ouvrière, technicien(ne)…	
	dans l'informatique.	
	informaticien(ne), analyste en	
	informatique, programmeur/	
	programmeuse…	
	dans les arts.	
	artiste, musicien(ne), acteur/	
	actrice, sculpteur, danseur/	
	danseuse, chanteur/chanteuse,	
	cantatrice…	
	dans les professions libérales.	
	médecin, dentiste, avocat(e),	
	architecte…	
	dans l'enseignement.	
	instituteur/institutrice, professeur	
	(de lycée, d'université)…	
Je tiens	une petite entreprise.	
Je suis	boucher/bouchère,	
	boulanger/boulangère,	
	caissier/caissière,	
	épicier/épicière,	
	marchand(e),	
	vendeur/vendeuse…	
Mon **métier**° ?		*profession, job*
Je suis	garagiste, mécanicien, dépanneur,	
	plombier…	

Le monde du travail

Philippe est **chômeur**° depuis quelques mois. Bien qu'il reçoive des **allocations de chômage,**° il est toujours difficile de **joindre les deux bouts.**° Malheureusement, la recherche d'un emploi est très difficile en ce moment. Tous les jours, il s'adresse au service du personnel d'une autre **société,**° où il remplit une **demande**

unemployed / unemployment compensation / to make ends meet

company

application

hires

d'emploi,° soumet son curriculum vitæ avec des lettres de référence, et parfois, passe une interview avec le chef du personnel. Finalement, au bout de trois mois, on l'**embauche.**°

Pratique et conversation

A. Vocabulaire. Remplissez le blanc avec le mot de vocabulaire qui convient.

1. Une personne qui ne travaille pas est _____ ; en France, cette personne est à droit à recevoir des _____ .
2. Pour trouver un poste, il faut préparer _____ et passer _____ .
3. Après plusieurs mois de chômage, Pierre a finalement été _____ .
4. Votre meilleur(e) ami(e) vous annonce qu'il/elle vient de perdre son emploi. Qu'est-ce que vous pourriez lui dire pour montrer que vous **compatissez**° à sa situation ?

sympathize

B. Classez. Classez les professions suivantes selon les catégories données.

	arts	enseignement	métier manuel	commerçant	informatique	affaires	fonctionnaire
comptable							
plombier							
danseuse							
boucher							
douanière							
programmeur							
institutrice							
épicier							
directrice							

C. Encore un classement. Classez les professions suivantes selon les catégories données.

	dangereux	bien payé	ennuyeux	sans avenir	intéressant	mal payé	stimulant
professeur							
boulangère							
agent de police							
garagiste							
avocate							
plombier							
cadre							
dentiste							
comptable							
programmeur							

D. Interview. Demandez à votre partenaire…

1. ce qu'il/elle aimerait faire dans la vie.
2. à quel âge il/elle aimerait pouvoir **prendre sa retraite.**°   *to retire*
3. s'il/si elle a déjà passé une interview pour un emploi.
4. à qui il/elle a demandé/va demander des lettres de référence.
5. s'il/si elle travaille actuellement; si sa réponse est « oui », demandez-lui
   - où
   - si le travail est à mi-temps ou à plein temps
   - comment sont les conditions de travail (bien payé, ennuyeux, etc.)
6. s'il/si elle accepterait un emploi en pleine campagne.

E. En province. Vous venez d'être transféré(e) dans une petite ville en pleine campagne. Vous annoncez la nouvelle à un(e) ami(e) qui essaie de vous consoler. Vous n'êtes pas convaincu(e) par ses arguments, et vous insistez sur tout ce qui va vous manquer dans votre nouvelle situation. Il/Elle suggère des remèdes possibles.

Grammaire de base

1.1 Review the following summary of pronoun usage. The page numbers in parentheses indicate where these topics are discussed earlier in the textbook.

To replace…	Use…
the direct object	direct object pronouns (pp. 136–137)
de + person	**de** + stressed pronoun (p. 139)
de + thing	**en** (p. 138)
de + location	**en** (pp. 268–269)
quantified nouns	**en** (p. 54)
the indirect object	indirect object pronouns (p. 137)
à + thing	**y** (pp. 138–139)
à/en/sur/dans, etc. + location	**y** (p. 269)

1.2 Review the following rules for pronoun placement.

- In a sentence with a single verb, the pronoun comes before that verb.
  Je le ferai demain.
- In a sentence with a conjugated verb followed by an infinitive, the pronoun comes before the verb of which it is the object.
  Tu peux le faire demain ? Je suis sûr de pouvoir le faire demain.
- In the **futur proche,** the pronoun is placed before the infinitive.
  Je vais le faire demain.
- In the compound tenses, the pronoun comes before the auxiliary.
  Il l'a fait hier.

2.1 Familiarize yourself with the conjugation of the verb **être** in all tenses and moods.

présent

je	suis		nous	sommes
tu	es		vous	êtes
il	est		elles	sont

passé composé

j'	ai été		nous	avons été
tu	as été		vous	avez été
elle	a été		ils	ont été

imparfait

j'	étais		nous	étions
tu	étais		vous	étiez
on	était		elles	étaient

plus-que-parfait

j'	avais été		nous	avions été
tu	avais été		vous	aviez été
il	avait été		ils	avaient été

futur

je	serai		nous	serons
tu	seras		vous	serez
elle	sera		ils	seront

futur antérieur

j'	aurai été		nous	aurons été
tu	auras été		vous	aurez été
il	aura été		ils	auront été

conditionnel présent		
je serais	nous	serions
tu serais	vous	seriez
on serait	elles	seraient

présent du subjonctif		
que je sois	que nous	soyons
que tu sois	que vous	soyez
qu'elle soit	qu'elles	soient

3.1 Learn the conjugation of the following irregular verbs.

produire, *to produce*			
Présent :	je produis	nous	produisons
	tu produis	vous	produisez
	on produit	elles	produisent
Passé composé :	nous avons produit		
Imparfait :	vous produisiez		
Futur :	je produirai		
Conditionnel :	ils produiraient		
Présent du subjonctif :	que je produise		

[conjugated like **produire** are **conduire,° construire,°** and **traduire.°**]

to drive / to construct / to translate

courir, *to run*			
Présent :	je cours	nous	courons
	tu cours	vous	courez
	on court	elles	courent
Passé composé :	vous avez couru		
Imparfait :	nous courions		
Futur :	tu courras		
Conditionnel :	il courrait		
Présent du subjonctif :	que je coure		

Structure I

Pour faire référence à un élément du discours déjà mentionné : Les pronoms multiples

a. The order of double object pronouns before the verb is:

me (m')	+	le (l')	+	lui	+	y	+	en	+	VERBE
te (t')		la (l')		leur						
se (s')		les								
nous										
vous										

Tu t'y habitueras.   *You will get used to it.*
Il te l'a dit, hein ?   *He said it to you, didn't he?*

b. Remember that these pronouns precede the verb of which they are the object. If a verb is in a compound tense, the object pronouns precede the auxiliary. A negation (**ne... pas, ne... jamais,** etc.) surrounds the pronouns + verb phrase.

Ne t'en plains pas.   *Don't complain about it.*
Je ne veux plus leur en   *I don't want to talk to them*
    parler.   *about it anymore.*

c. The order of double object pronouns in the affirmative imperative is:

VERBE	+	le	+	lui	+	moi (m')	+	y	+	en
		la		leur		toi (t')				
		les				nous				
						vous				

Je ne comprends pas ton histoire. Explique-la-moi.
C'est mon portefeuille ! Rends-le-moi !

Note that the combination *pronoun* + **y** in the affirmative imperative is avoided.

d. **Moi** and **toi** become **m'** and **t'** before **en.**

Donnez-m'en.   *Give me some (of it).*
Va-t'en !   *Go away!*

e. The following verbs frequently take double objects.

dire
donner
expliquer
montrer   } quelque chose à quelqu'un
raconter
rendre
servir

Pratique et conversation

A. Un mauvais style. Un de vos camarades vous demande de relire une composition qu'il a faite pour son cours de français. Malheureusement, il y a beaucoup de répétitions. Vous la refaites en remplaçant les répétitions inutiles (en italique) par des pronoms.

Composition : Un malentendu

Hier, le facteur nous a livré un paquet qui était adressé à notre voisine. Ma mère m'a demandé d'aller chez elle et de donner *le paquet à notre voisine*. Quand j'ai donné *le paquet à notre voisine*, elle a ouvert *le paquet*, puis, elle a fermé *le paquet* très vite en rougissant. Je suis rentré, et j'ai expliqué la situation à ma mère. « Quelle histoire bizarre », a-t-elle dit. Raconte *cette histoire* à ton père. Quand j'ai raconté *cette histoire à mon père*, il s'est vite levé. Il est revenu avec un autre paquet. « Ça, c'est le paquet que tu aurais dû donner à Mme Le Tendre. Le paquet que tu as donné *à Mme Le Tendre*, c'était un cadeau pour ta mère. » Je suis retourné chez notre voisine pour expliquer le malentendu *à notre voisine* et pour donner le bon paquet *à notre voisine*. Quand j'ai expliqué le malentendu *à notre voisine*, elle a ri et elle m'a rendu le paquet. Quand j'en ai vu le contenu, j'ai compris sa réaction. À mon retour, j'ai donné le paquet à mon père, et il a donné *le paquet* à ma mère, en disant *à ma mère*, « Voilà ton cadeau d'anniversaire; je voulais te donner *ce cadeau d'anniversaire* demain, mais à cause de ce malentendu, ce n'est plus un secret. » Ma mère a ouvert le paquet et a commencé elle aussi à rire : dedans, il y avait une chemise de nuit en soie noire, bordée de dentelle.

B. Alexandre est têtu. Le petit Alexandre est très têtu. Il ne fait pas ce que sa maman lui demande de faire. Alors, elle est obligée de se répéter. Refaites ses phrases en remplaçant les mots soulignés par un/des pronom(s).

Modèle :   Ramasse tes jouets !

   Vous :   Ramasse-les !

1. Alexandre, donne ton petit robot à ton frère.
2. Ne mets pas le téléphone dans la machine à laver !
3. Rends-moi mon sac.
4. Ne donne pas de vin au chien !
5. Donne-moi ce couteau. Tu vas te couper le doigt.

C. Avant le mariage. Mme Tournier aide sa fille à organiser son mariage. Jouez le rôle de Mme Tournier et répondez aux questions de la fille, en suivant les indications entre parenthèses, et en remplaçant les mots soulignés par des pronoms.

1. Maman, tu as envoyé les invitations à l'imprimeur ? (OUI)
2. Tu as commandé des fleurs au fleuriste ? (NON)
3. Tu as réservé une salle au restaurant ? (OUI)
4. Tu vas montrer ta robe à ta future belle-mère ? (NON)
5. Tu vas acheter des petits cadeaux dans cette boutique, avenue Victor Hugo ? (OUI)

Structure II

Pour parler de ce qui vous arrive : La voix passive

a. Most sentences you have seen up until this point have been in the active voice. In the active voice, the subject of the sentence performs the action, and the object receives the action.

L'employée de banque	a vu	Patrick	à la Gare Saint-Lazare.
sujet	verbe	objet	
The bank teller	*saw*	*Patrick*	*at the Gare Saint-Lazare.*

b. When a verb is in the passive voice, the subject is acted upon by the object. Thus, the subject becomes the agent, and the object becomes the subject. Compare the following sentence with the preceding one.

Patrick	a été vu	par l'employée de banque	à la Gare Saint-Lazare.
sujet	verbe	agent	
Patrick	*was seen*	*by the bank teller*	*at the Gare Saint-Lazare.*

c. To form the passive voice, use a tense of the verb **être** and the past participle. The past participle must agree in gender and number with the subject of the verb **être.**

Sandrine a été mutée en province par son entreprise.	*Sandrine was transferred outside of Paris by her company.*
Il y a quelques années, mon cousin a été transféré à Rouen.	*Several years ago, my cousin was transferred to Rouen.*
Mes amies viennent d'être affectées au Canada, à Trois-Rivières.	*My friends were just transferred to Canada, to Trois-Rivières.*

d. As the preceding examples show, an agent may not always be expressed. If one is mentioned, it is usually introduced by **par.** However, when the passive voice describes a state rather than an action, the agent is introduced by the preposition **de.** Verbs that often express a state in the passive voice are: **admirer, aimer, détester, couvrir, craindre, dévorer, entourer, respecter.**

mud

Cette femme est admirée de tout le monde.
Quand elle est entrée, elle était couverte de boue.°

e. The passive voice is used far less in French than in English. There are a number of ways to avoid its use.

- You can use the active voice instead of the passive whenever an agent is mentioned; thus, the agent becomes the subject and the former subject becomes the object.

  Cet article a été écrit par un journaliste connu.
  Un journaliste connu a écrit cet article.

- If an agent is not expressed but is understood to be a person, use the subject pronoun **on** and the active voice.

  Patrick a été transféré à Rouen.
  On a transféré Patrick à Rouen.

- Pronominal verbs can be used instead of the passive voice to express habitual actions, as long as the subject is inanimate. The most common pronominal verbs used in this construction are: **se boire, se dire, s'expliquer, se faire, se fermer, se manger, s'ouvrir, se parler, se trouver, se vendre,** and **se voir.**

Le vin rouge se boit chambré.	*Red wine is drunk at room temperature.*
Le français se parle partout à la Martinique.	*French is spoken everywhere in Martinique.*
Ça ne se dit/fait pas.	*That is not said/done.*

Pratique et conversation

A. Au musée. Vous faites une visite guidée du Musée de la Découverte. Mettez les commentaires du guide (en italique) à la voix passive.

1. Bienvenue au Musée de la Découverte ! *Tous les experts en la matière admirent le travail soigné de nos conservateurs.*
2. Nous avons en ce moment une exposition spéciale sur le radium. *Marie et Pierre Curie ont découvert le radium en 1898.*
3. Vous êtes maintenant dans la salle consacrée à l'archéologie sumérienne. *Deux archéologues français ont trouvé ces fragments de poterie en Iran.*
4. *Les conservateurs fermeront cette salle d'exposition dans quelques jours pour cause de travaux.*
5. Et dans cette salle, nous avons une exposition sur la formation des minéraux et des pierres précieuses. Par exemple, *l'action de la pression et de la chaleur sur le carbone forme les diamants.*
6. *Les volcans produisent l'obsidienne.*
7. Les minéraux ont souvent un emploi pratique. Par exemple, *on obtient le verre à partir du quartz.*

B. Découvertes et inventions. Que savez-vous des découvertes et des inventions suivantes ? Parlez-en à vos camarades de classe en utilisant la voix passive, si possible.

1. Les peintures dans la grotte de Lascaux.
2. La construction de la tour Eiffel.
3. La fondation de la ville de Montréal.
4. La découverte de la pénicilline.
5. L'invention de l'alphabet pour les aveugles.

C. Une journée catastrophique. Refaites les verbes soulignés pour éviter l'emploi de la voix passive.

1. Quand je suis sorti hier matin, j'ai découvert que ma voiture avait été cambriolée.
2. Les vitres avaient été brisées et la radio avait été volée.
3. J'ai dû aller au commissariat de police, où un rapport a été rempli par un agent.
4. À cause de tout cela, j'ai manqué un jour de travail. Quand je suis arrivé ce matin, j'ai été congédié sur le champ° par ma patronne.
5. Oh là là ! Qu'est-ce que je vais faire ? Les emplois sont perdus facilement, mais ils sont obtenus avec difficulté.
6. Je suis rentré en me disant : « Courage ! Ton problème sera réglé avec le temps. »

immediately

Lecture I

L'extrait suivant est tiré de *La Gloire de mon père*, qui fait partie d'un recueil de récits autobiographiques, *Souvenirs d'enfance*, de Marcel Pagnol. Né en 1895, Pagnol est devenu un auteur dramatique et un cinéaste important. Il tournait des films à la naissance du cinéma parlant, et plusieurs de ses pièces ont été adaptées au cinema. On les considère aujourd'hui comme des classiques, tels que *Marius et Fanny.* Il a été élu à l'Académie française en 1947. Sa renommée continue à agrandir aujourd'hui avec les films récents basés sur son autobiographie : *La Gloire de mon père* et *Le Château de ma mère.* Dans le passage suivant, Pagnol décrit le paysage de Provence, un paysage pour lequel il a beaucoup d'affection, surtout parce que c'est l'endroit où il passait les grandes vacances de sa jeunesse. La scène ouvre avec Marcel—le narrateur—et sa famille—son père, sa mère, son frère cadet, Paul, et sa sœur—en route pour une maison de campagne que son père et son oncle ont louée pour l'été. Ils déménagent toutes leurs affaires.

Avant de lire

A. Réfléchissez. Avant de lire le texte, anticipez son contenu en répondant aux questions suivantes.

1. Que savez-vous de la topographie du sud de la France ? En avez-vous vu des photos ? Comment est le climat, surtout en été ?
2. Que remarque-t-on et décrit-on la première fois qu'on visite un paysage ? Quels souvenirs durent le plus longtemps et pourquoi ?
3. Quelles sont quelques raisons qui expliquent pourquoi on devient attaché à un paysage ?

Un scène du film
La Gloire de mon père

B. Parcourez. Lisez rapidement le texte pour trouver ce que le narrateur remarque dès son arrivée dans la campagne. Classez vos résultats selon les catégories de la grille suivante.

végétation	animaux	géographie	sons

C. Mots dérivés. Parfois il est possible de comprendre le sens d'un mot en identifiant une autre forme dont° il est dérivé. Quel mot français reconnaissez-vous dans les mots soulignés dans les phrases suivantes ? Que veulent dire ces mots soulignés dans les phrases suivantes ?

from which

1. « Il se promenait entre deux murailles de pierres cuites par le soleil… »
2. « … au bord desquelles se penchaient vers nous de larges feuilles de figuier, des buissons de clématites, et des oliviers centenaires. »
3. « … de noires pinèdes, séparées par des vallons, allaient mourir comme des vagues au pied de trois sommets rocheux. »
4. « Autour de nous, des croupes de collines plus basses accompagnaient notre chemin, qui serpentait sur une crête entre deux vallons. »
5. À gauche, dans le soleil couchant, un gros piton blanc étincelait au bout d'un énorme cône rougeâtre. »

D. La narration. Avant de lire ce passage, révisez les formes du passé simple (pp. VA2–VA3), un temps littéraire qui s'emploie dans ce récit.

La Gloire de mon père

Il était bien joli ce chemin de Provence. Il se promenait entre deux murailles de pierres **cuites** par le soleil, au bord desquelles se penchaient vers nous de larges feuilles de **figuier,** des **buissons** de **clématites,** et des oliviers centenaires. Au pied des murs, une bordure d'herbes folles et de **ronces,** prouvait que le zèle du **cantonnier** était moins large que le chemin.

J'entendais chanter les **cigales,** et sur le mur couleur de miel, des larmeuses immobiles, la bouche ouverte, buvaient le soleil. C'étaient de petits lézards gris, qui avaient le brillant de la **plombagine.** Paul leur fit aussitôt la chasse, mais il ne rapporta que des **queues frétillantes.** Notre père nous expliqua que ces charmantes **bestioles** les abandonnent volontiers, comme ces **voleurs** qui laissent leur **veston** entre les mains de la police. D'ailleurs, elles se font une autre queue en quelques jours, en vue d'une nouvelle fuite.

****

Le **mulet** fut remis entre les **brancards,** et nous sortîmes du village : alors commença la **féerie** et je sentis naître un amour qui devait durer toute ma vie.

Où est le narrateur ? Comment savez-vous qu'il est en route ? Quels aspects de la campagne remarque-t-il ?

Que remarque le narrateur dans ce paragraphe ? Qu'est-ce que c'est qu'une larmeuse ? Que fait son frère ? Qu'est-ce que leur père leur apprend à propos des larmeuses ?

Où sont le narrateur et sa famille maintenant ?

Comment voyagent-ils ? Comment est le paysage ? Combien
de sommets le narrateur
remarque-t-il ?

Quels détails sont contenus dans
la description du narrateur ?
Quelle impression sa description
vous fait-elle ?

Combien de sommets le narrateur a-t-il remarqués dans le premier paragraphe de ce texte ?
De combien de sommets le paysan parle-t-il ? À quoi le narrateur
compare-t-il « Tête Rouge » ?
Et « le Taoumé » ? Y a-t-il une
logique dans les noms des sommets ? Combien de sommets
reste-t-il à nommer ?

Cette conversation, de quoi s'agit-
il dans cette conversation ? Quelle
est la réaction des gens de la ville
à l'explication du paysan ? Que
pensez-vous de son explication ?
Trouvez-vous ce passage drôle ?
Pourquoi ou pourquoi pas ?

Quel est le nom du troisième
sommet ? Qu'est-ce qui se trouve
au pied de ce sommet ? Quelle
est l'importance de ce village
pour le narrateur ? À quelle conclusion le paysan arrive-t-il ?

Quelle est la réaction du narrateur aux paroles du paysan ?
Comment interprétez-vous cette
réaction ?

Un immense paysage en demi-cercle montait devant moi jusqu'au ciel : de noires **pinèdes,** séparées par des vallons, allaient mourir comme des vagues au pied de trois sommets **rocheux.**

Autour de nous, des **croupes de collines** plus basses accompagnaient notre chemin, qui serpentait sur une **crête** entre deux vallons. Un grand oiseau noir, immobile, marquait le milieu du ciel, et **de toutes parts,** comme d'une mer de musique, montait la **rumeur cuivrée** des cigales. Elles étaient pressées de vivre, et savaient que la mort viendrait avec le soir.

Le paysan nous montra les sommets qui **soutenaient** le ciel au fond du paysage.

À gauche, dans le soleil couchant, un gros **piton** blanc **étincelait** au bout d'un énorme cône rougeâtre.

« Çui-là, » dit-il, « c'est la Tête Rouge. »

À sa droite brillait un **pic** bleuté, un peu plus haut que le premier. Il était fait de trois terrasses concentriques, qui s'élargissaient en descendant, comme les trois **volants** de la **pèlerine** de **fourrure** de Mlle Guimard.[17]

« Çui-là, » dit le paysan, « c'est le Taoumé. »

Puis pendant que nous admirions cette masse, il ajouta :

« On lui dit aussi le Tubé. »

« Qu'est-ce que ça veut dire ? » demanda mon père.

« Ça veut dire que ça s'appelle le Tubé, ou bien le Taoumé. »

« Mais quelle est l'origine de ces mots ? »

« L'origine, c'est qu'il a deux noms, mais personne ne sait pourquoi. Vous aussi, vous avez deux noms, et moi aussi. »

Pour **abréger** cette savante explication, qui ne me parut pas décisive, il fit claquer son **fouet** aux oreilles du mulet, qui répondit par une **pétarade.**

Au fond, à droite, mais beaucoup plus loin, une **pente** finissait dans le ciel, portant sur son épaule le troisième piton de roches, penché en arrière, qui dominait tout le paysage. « Ça, c'est Garlaban. Aubagne[18] est de l'autre côté, juste au pied. »

« Moi, » dis-je, « je suis né à Aubagne. »

« Alors, » dit le paysan, « tu es d'ici. »

Je regardai ma famille avec fierté, puis le noble paysage avec une tendresse nouvelle.

---

cuites *baked* / **figuier** *fig tree* / **buissons** *bushes* / **clématites** *a flowering vine* / **ronces** *thorny plants* / **cantonnier** *road repairer* / **cigales** *cicadas* / **plombagine** *graphite* / **queues frétillantes** *wriggling tails* / **bestioles** *creatures* / **voleurs** *thiefs* / **veston** *jacket* / **mulet** *mule* / **brancards** *the shafts of a wagon between which an animal is hitched* / **féerie** *enchantment* / **pinèdes** *pine groves* / **rocheux** *rocky* / **croupes de collines** *rolling hills* / **crête** *high point, crest of a hill* / **de toutes parts** *from everywhere* / **rumeur cuivrée** *loud, high-pitched noise* / **soutenaient** *were holding up* / **piton** *peak* / **étincelait** *shone, sparkled* / **Çui-là = celui-là;** *Pagnol is representing the regional manner of speaking* / **pic** *peak* / **volants** *flap, panel, or pleat* / **pèlerine** *cape* / **fourrure** *fur* / **abréger** *shorten* / **fouet** *whip* / **pétarade** *a series of farts* / **pente** *incline*

SOURCE:

« La Gloire de mon père » de Marcel Pagnol. Éditeur : Bernard de FALLOIS

---

[17] *An acquaintance of the narrator's family.*

[18] *A local village.*

A. Vérifiez. Regardez les questions de l'exercice A à la page 294 que vous avez considérées avant de lire le texte. Avez-vous bien anticipé le contenu du texte ?

B. Résumé du texte. Faites un résumé du texte écrit ou oral dans lequel vous :

1. indiquez ce qui se passe et racontez l'anecdote de la larmeuse.
2. décrivez le paysage de Provence. (N'oubliez pas de nommer les sommets.)
3. décrivez le paysan.
4. décrivez la réaction du narrateur au paysage.

C. Synthèse. Récrivez les phrases suivantes à la voix active. Faites attention au temps verbaux.

1. Le narrateur a été impressionné par le paysage.
2. Les rues ont été négligées par le cantonnier.
3. La chanson des cigales a été entendue par le narrateur et sa famille.
4. La queue du lézard a été perdue.
5. Les sommets ont été nommés par le paysan.

D. Comparaisons. Regardez la représentation du texte dans le film *La Gloire de mon père* et, en petits groupes, comparez la scène du film avec celle du livre. Remarquez-vous des similarités ou des différences ? Quelles sont les différences d'effet du texte écrit en comparaison avec le texte visuel ?

Interaction II

Deux cousines, Irène et Jeanine, se retrouvent au village de Saint-Prosper, au Québec. Jeanine est de Saint-Prosper, mais Irène habite aux États-Unis, dans l'état du Maine.

Jeanine	Tu aimes revenir à Saint-Prosper ?
Irène	Oui, c'est bien de revoir la famille. Surtout que maintenant les gens sont plus à l'aise[19] qu'autrefois.
Jeanine	Oui. Quand tes parents sont partis pour les États-Unis il y a quarante ans, il y avait la misère dans la Beauce.[20] Mon père voulait partir avec eux, tu savais ?
Irène	Oui, mais son père l'a fait rester à la ferme avec lui. C'était dur à cette époque.
Jeanine	Maintenant ça va mieux à la campagne. Mais les jeunes partent aujourd'hui vers Montréal ou Québec. Ils disent que c'est plus intéressant qu'au village.

Réfléchissez

Pourquoi certains Québécois sont-ils partis pour les États-Unis dans le passé ?

Les jeunes aujourd'hui préfèrent-ils la ville ou la campagne ?

---

[19] sont plus à l'aise = *are better off*

[20] la Beauce = *region to the southeast of Quebec City, known for its hardy farmers* (**habitants**). *Immigration from this region to New England was common in the past.*

Observations

1. Pourquoi les parents d'Irène sont-ils partis aux États-Unis ?
2. Pourquoi le père de Jeanine n'est-il pas parti avec eux ?
3. Pourquoi les jeunes quittent-ils la campagne aujourd'hui ?
4. Où vont-ils ?

Perspectives

1. Beaucoup de facteurs peuvent pousser les gens à émigrer. Donnez un exemple d'immigrés qui sont venus aux États-Unis à cause de chacun des facteurs suivants : la misère, la famine, la dictature, la persécution, l'ambition, le mariage, les désastres naturels…

   Exemple :   la misère :
   Les Québécois sont venus aux États-Unis à cause de la misère.

2. Pourquoi certains jeunes Québécois disent-ils que c'est « plus intéressant » à la ville ? *(À la ville il y a… À la campagne il y a…)*
3. Y a-t-il beaucoup d'agriculteurs dans votre région ? La profession d'agriculteur vous intéresse-t-elle ? Pourquoi ou pourquoi pas ?

Autrement dit

Pour parler de la ville, de la banlieue et de la campagne

France : Un citadin

La ville

Moi, j'adore la ville et tous ses **attraits**° : les magasins, les spectacles culturels, les restaurants, les rues qui sont toujours pleines de vie. C'est vrai, il y a le criminalité, le coût de la vie est exorbitant, la **circulation,**° le **bruit**° et la pollution sont atroces. Mais je ne pourrais jamais l'abandonner pour l'ennui de la banlieue…

attractions

traffic / noise

La banlieue

La banlieue, ce n'est pas l'idéal : je suis loin de mon travail en ville, et je dois **faire la navette**° en voiture ou en **RER.**° Pourtant, c'est plus tranquille, il y a plus d'espace et j'ai un petit jardin. Mais il n'y a pas beaucoup de distractions pour les enfants, et ils s'ennuient beaucoup. Ma femme, elle aussi, préférerait habiter en ville où il y a plus à faire, mais on n'a pas les **moyens.**°

to commute
Parisian mass transit network to the suburbs

means

France : Une banlieue

La campagne

J'ai hérité de cette vieille ferme de mon père. Le travail d'un agriculteur n'est pas amusant; je me lève très tôt pour m'occuper des animaux; et surtout pendant la **moisson,°** toute la famille travaille du lever jusqu'au coucher du soleil. C'est vrai qu'avec l'équipement moderne, la vie est plus facile qu'elle ne l'était au temps de mon père. Mais les fermes **rapportent°** de moins en moins, et plusieurs de mes voisins sont partis vivre en ville.

harvest

earn a profit

France : Un agriculteur

Pratique et conversation

A. Quel mot ? Quel est le mot qui correspond aux définitions suivantes ?

1. C'est le moment où on **recueille°** la **récolte.°**
2. C'est la région qui entoure une ville.
3. C'est le **trajet°** qu'on doit faire pour aller à son travail et pour en revenir.
4. C'est une expression qui signifie « avoir l'argent pour faire quelque chose ».
5. Quand les rues sont encombrées de voitures, on dit que la

   _____ est dense.

gathers in / crop

trip

B. Interview. Demandez à votre partenaire…

1. s'il/si elle préférerait habiter la ville, la banlieue ou la campagne.
2. quels sont, selon lui/elle, les avantages et les désavantages de chaque situation.
3. s'il/si elle a les moyens de faire tout ce qu'il/elle voudrait faire.
4. quelles sont ses distractions préférées.
5. s'il/si elle est content(e) de son logement en ce moment.

Étude de vocabulaire

Des expressions québécoises familières et populaires

Le québécois a des expressions particulières. En vous basant sur le contexte, essayez de deviner le sens de ces expressions; ensuite, trouvez un équivalent en français « standard ».

1. T'as laissé ton *char* sur le parking ?
2. Marie, c'est donc ta *blonde* ? Tu *es en amour* avec elle ?
3. J'ai pas le temps de *jaser*. Je me dépêche. Passe-moi un coup de fil plus tard.
4. —T'as perdu ton *job* ? J'en suis désolé. C'est *de valeur* !

Structure III

Pour faire faire quelque chose : Le faire *causatif*

a. To describe an action that you are having performed for you, rather than performing yourself, use a conjugated form of **faire** followed by the infinitive.

Il a fait réparer son tracteur par le mécanicien.	*He had his tractor repaired by the mechanic.*
Nous faisons faire les plans d'une nouvelle maison par un jeune architecte.	*We are having a new house designed by a young architect.*

Note that the name of the person whom you are having perform the action, that is, the agent, is usually introduced by the preposition **par.** It may also be expressed by an indirect object.

Elle a fait transcrire le texte à sa secrétaire.	*She had the text transcribed by her secretary.*

b. When the action is done for oneself, the expression **se faire** + infinitive is used.

Je me fais faire un costume sur mesure.	*I'm having a suit custom-tailored for myself.*

c. **Faire** + infinitive can also be used to express causality.

Sa situation malheureuse me fait pleurer.	*His/her unhappy situation makes me cry/causes me to cry.*
Il y a toujours des garçons qui veulent faire marcher les fermes.	*There are still boys who want to make the farms run = to run the farms.*

d. The **faire** causative construction can have one or two objects. When there is only one object, it is always direct.

Ce professeur fait travailler ses étudiants. (ses étudiants : O.D.)[21]	*This teacher makes his students work.*

---

[21] O.D. = complément d'objet direct; O.I. = complément d'objet indirect

Le professeur fait apprendre les verbes irréguliers. (les verbes irréguliers : O.D.)	*The teacher teaches the irregular verbs.*

When there are two objects, the person is expressed as an agent or an indirect object; the thing is the direct object.

Il fait mettre les verbes au tableau par les/aux étudiants. (les verbes : O.D.; par les/ aux étudiants : agent/O.I.)	*He has his students put the verbs on the board.*

e. In the **faire** + infinitive construction, all pronouns precede the conjugated form of **faire,** except in the affirmative imperative.

Il la leur a fait envoyer. (la = la lettre)
Faites-la-leur envoyer.

As the first example illustrates, there is no agreement of the past participle in the **faire** + infinitive construction.

f. Note the following translations.

faire savoir	*to cause to know, let (someone) know, inform*
faire tomber	*to topple, knock over*
faire venir	*to cause to come, send for*
faire voir	*to cause to see, show*

g. Whereas **faire** + infinitive expresses the idea of causing an action, **rendre** + adjective is used to express the idea of causing a change of state of mind or emotion.

Cette nouvelle me rend très heureux/euse.	*That piece of news makes me very happy.*

Pratique et conversation

A. Exigences. Qu'est-ce que la première personne de la paire fait faire à la deuxième ? Composez des phrases selon le modèle.

> **Modèle :** la patronne / sa secrétaire
>
> **Vous :** La patronne fait taper une lettre à sa secrétaire.

1. le chef d'orchestre / ses violonistes
2. la dentiste / son assistante
3. l'automobiliste / son garagiste
4. le professeur / ses étudiants
5. la cliente dans un restaurant / son serveur
6. le client dans un magasin / sa vendeuse

B. Souhaits. Si vous pouviez, qu'est-ce que vous feriez faire…

1. par votre professeur ?
2. par vos amis ?
3. par votre petit(e) ami(e) ?
4. par vos parents ?
5. par le président de l'université ?

C. La vie d'un(e) domestique. Vous êtes employé(e) comme domestique dans une famille riche. On vous demande de faire faire certaines choses. Répondez aux questions selon le modèle.

> **Modèle :** Vous allez faire préparer le dîner au cuisinier ?
>
> **Vous :** Bien, Monsieur, je vais le lui faire préparer.

1. Vous allez faire tondre la pelouse au jardinier ?
   Bien, Madame…
2. Vous avez déjà fait réparer la voiture au garagiste ?
   Oui, Monsieur…
3. Demain, vous allez faire faire toute ma correspondance à ma secrétaire ?
   Bien, Madame…
4. Vous avez fait organiser mon voyage à mon agent de voyages personnel ?
   Oui, Monsieur…
5. Vous faites servir le petit déjeuner par Marie ?
   Oui, Monsieur…

D. Interview. Demandez à votre partenaire…

1. ce qui le/la rend heureux/euse.
2. ce qui le/la fait chanter/pleurer.
3. ce qui le/la rend mécontent(e).
4. ce qui pourrait lui faire abandonner ses études.
5. ce qui lui a fait choisir cette université.

E. Des parents exigeants. Vos parents sont très exigeants et vous vous en plaignez à un(e) ami(e). Vous lui expliquez tout ce qu'ils vous font faire; ensuite, votre ami(e) répond en expliquant ce que ses parents lui font faire. Qui a les parents les plus sévères ?

Structure IV

Pour mettre en valeur un élément du discours : Les pronoms disjoints

a. Stressed pronouns are used to emphasize a word in the sentence.

   Ce n'est pas ce qu'il m'a dit à moi.
   Toi, tu m'écoutes ?

b. The stressed pronouns are used for identifying after the forms **c'est** and **ce sont**. **C'est** is used in all cases except for the third-person plural, where **ce sont** is used.

   —C'est toi, Georges ? —Non, c'est moi, Henri.
   C'est vous, le coupable, ou ce sont eux ?

c. This function can also be carried out by the construction **c'est** + stressed pronoun + **qui** for emphasizing subjects, or **c'est** + (preposition) + stressed pronoun + **que** for emphasizing objects.

   (J'ai trouvé la solution).
   C'est moi qui ai trouvé la solution.

(Elle s'ennuie un peu.)
C'est elle qui s'ennuie un peu.

(Nous avons fini les premiers.)
C'est nous qui avons fini les premiers.

(Nous lui parlons.)
C'est à lui que nous parlons.

(Nous sommes venus pour eux.)
C'est pour eux que nous sommes venus.

d. The stressed pronouns are used in one-word answers to questions, and in questions without verbs.

—Qui a fait tout ce désordre ? —Pas moi !
Ça va bien, et toi ?

e. Use the stressed pronouns in compound subjects.

Lui et moi, (nous) allons à la même université.

f. Use stressed pronouns after prepositions, except in the cases listed in the *Grammaire de base (1.1)* and in section g below.

Selon eux, les petits villages canadiens perdent beaucoup de leurs habitants.
Pour moi, l'essentiel, c'est d'être heureux.

g. You have learned to use stressed pronouns to replace a noun referring to a person/persons after **de.**

J'ai besoin de Jean-Philippe. → J'ai besoin de lui.

With the following verbs, you must also use a stressed pronoun, *rather than an indirect object pronoun,* to replace a noun referring to a person/persons after **à.**

être à°   *to belong to*
faire attention à
penser à
s'habituer à
s'intéresser à

Elle pense souvent à sa mère. → Elle pense souvent à elle.
Tu fais attention au professeur ? → Tu fais attention à lui ?

h. The forms **moi-même, toi-même, lui-même, elle-même, nous-mêmes, vous-mêmes, eux-mêmes, elles-mêmes** mean *myself, yourself,* etc.

Tu l'as fait toi-même ? *You did it yourself ?*

Pratique et conversation

A. Mini-dialogues. Remplissez les blancs avec un pronom disjoint.

1. —Les anglophones disent que la situation à Montréal empire.°   *is getting worse*

   —Ça, c'est bon ! Les anglophones, _____, qu'est-ce qu'ils en savent ?

2. —_____, Jeanne, tu vas rester à la ferme de la famille ou pas ?

   —_____ ? Je ne peux pas. Je ne veux pas vivre à la campagne.

3. —Henri a déménagé _____-même ?

—Penses-tu ! _____, je l'ai aidé, comme d'habitude.

4. —C'est nouveau, ça ! _____ et Julie, vous partez vivre à la campagne ? C'est vrai que vous partez avec _____ ?

—Non, c'est fini. _____ et _____, nous avons rompu. Elle ne veut pas quitter la ville.

5. —C'était Marie au téléphone ? C'était _____ ? Je ne peux pas le croire.

—C'est parce qu'elle a pris un accent parisien après si longtemps dans la métropole.

B. Interview. Posez les questions suivantes à votre partenaire. Demandez-lui…

1. si c'est lui/elle qui fait la cuisine chez lui/elle-même ou si c'est une autre personne.
2. s'il/si elle sort souvent avec son/sa camarade de chambre.
3. si c'est au professeur qu'il/elle pose ses questions de grammaire ou si c'est à un(e) camarade.
4. s'il/si elle veut aller au restaurant avec vous.
5. s'il/si elle pense souvent à ses amis.

C. Test. Êtes-vous vraiment amoureux/euse de quelqu'un ? Répondez aux questions suivantes en employant un pronom.

1. Pensez-vous souvent à cette personne ?
2. Est-ce qu'il/elle s'intéresse à vous ?
3. Est-ce qu'il/elle fait très attention à vous ?
4. Est-ce que vous avez besoin de lui/d'elle tout le temps ?
5. Est-ce que votre cœur est à lui/elle ?

Résultats : si vous avez répondu OUI à trois des questions, c'est le grand amour.

D. J'accuse. Vous êtes accusé(e) d'un crime, mais vous êtes innocent(e), bien sûr. Votre camarade de classe va formuler l'accusation et vous y répondrez selon le modèle.

Modèle :   cambrioler l'appartement de M. Zola

Vous :   C'est toi qui as cambriolé l'appartement de M. Zola ?

Non, ce n'est pas moi qui l'ai cambriolé. C'est [Jacqueline].

1. prendre la *Joconde* au Louvre
2. voler la voiture du professeur
3. prendre les bijoux de la reine d'Angleterre
4. cambrioler la Maison Blanche
5. prendre les examens finals dans le bureau du professeur

E. Chez un conseiller. Votre mariage ne va pas bien. Vous et votre conjoint(e), vous allez chez un conseiller. Vous lui expliquez ce qui ne va pas, mais votre conjoint(e) proteste et se lave les mains de toute accusation en rejetant sur vous l'entière responsabilité des problèmes du couple. Le conseiller essaie de vous réconcilier.

Lecture II

Auteur du dix-septième siècle célèbre pour ses Fables, *Jean de La Fontaine a trouvé son inspiration chez Ésope et d'autres fabulistes de l'Antiquité et de la Renaissance, mais il s'est distingué surtout par son art poétique. Ses fables nous enseignent une morale pratique et réaliste. Elles sont familières aux Français instruits qui les citent dans la conversation courante.*

Avant de lire

A. Réfléchissez. En petits groupes, décidez quels sont, à votre avis, les avantages et les désavantages de la vie en ville ou à la campagne. Chaque groupe présentera ses idées à la classe.

B. La versification. Pour analyser la forme d'un poème en français, on regarde la mesure et la rime. La mesure est déterminée par le nombre de syllabes dans le vers. Combien de syllabes y a-t-il dans chaque vers du poème de La Fontaine ? N.B.: On compte les **e** muets comme composant une syllabe s'ils ne sont pas à la fin du vers ou suivis d'une voyelle ou d'un **h** muet. Consultez la grille suivante pour déterminer la nature et la disposition des rimes dans la fable de La Fontaine.

Nature de la rime		
Rimes riches : voyelle identique, plus deux autres éléments sonores identiques	Exemple : désertes / découvertes	[voyelle identique + *r* + *t*]
Rimes suffisantes : voyelle identique, plus un seul autre élément sonore identique	Exemple: honnête / fête	[voyelle identique + *t*]
Rimes faibles : voyelle identique	Exemple: Turquie / vie	[voyelle identique]
Disposition de la rime		
Rimes plates :	aabb	
Rimes croisées :	abab	
Rimes embrassées :	abba	

C. Mots apparentés. Quel mot français dans la première colonne est apparenté au mot anglais dans la deuxième colonne ? Connaissez-vous d'autres mots français qui sont synonymes des mots de la première colonne ?

I	II
1. festin	a. *fashion*
2. citadin	b. *pleasure*
3. loisir	c. *feast*
4. façon	d. *city (dweller)*
5. plaisir	e. *leisure*

d. La ville et la campagne. Lisez rapidement la fable en cherchant des expressions à classer selon les deux catégories suivantes. Après avoir dressé vos listes, essayez de décrire les deux rats et leur style de vie.

Ville	Campagne
_____	_____
_____	_____
_____	_____
_____	_____

Le Rat de ville et le Rat des champs

Qui est l'hôte et qui est l'invité ?
Que mangent-ils ?

Autrefois le Rat de ville
Invita le Rat des champs,
D'une façon fort **civile,**
À des **reliefs d'Ortolans.**

Comment décririez-vous le repas :
a) élégant, b) simple, c) maigre ?
Justifiez votre réponse en citant
le texte.

Sur un tapis de Turquie
Le couvert se trouva mis.
Je laisse à penser la vie
Que firent ces deux amis.

Qu'est-ce qui arrive pendant le
repas ? Que font les rats et
pourquoi ?

Le régal fut **fort honnête,**
Rien ne manquait au festin;
Mais quelqu'un troubla la fête
Pendant qu'ils étaient en train.

Qu'est-ce qui suggère un danger ?
Sait-on la nature précise de la
menace ?

À la porte de la salle
Ils entendirent du bruit;
Le Rat de ville **détale;**
Son camarade le suit.

Le rat de ville, que veut-il faire ?
Se croit-il sûr ?

Le bruit cesse, on se retire :
Rats en campagne aussitôt;
Et le citadin de dire :
Achevons tout notre **rôt.**

—C'est assez, dit le rustique;
Demain vous viendrez chez moi :
Ce n'est pas que **je me pique**
De tous vos festins de Roi;

Mais rien ne vient m'interrompre :
Je mange tout à loisir.
Adieu donc; **fi du plaisir**
Que la crainte peut corrompre.

Comment le rat des champs répond-il ? Comment raisonne-t-il ?

civile *polite* / **reliefs d'Ortolans** *table scraps of ortolan (a bird considered to be a delicacy)* / **Le couvert** *Table setting* / **Je laisse à penser la vie** *I'll let you imagine the life* / **Le régal** *The banquet* / **fort honnête** *more than adequate, respectable* / **détale** *hurries off* / **Achevons** *Let's finish* / **rôt** = **rôti** / **je me pique** *I take offense* / **fi du plaisir** *enough with pleasures, who needs pleasures*

Après avoir lu

A. Résumé du poème. Faites un résumé du poème à l'écrit ou à l'oral dans lequel vous…

1. décrivez le dîner.
2. indiquez ce qui se passe pendant le dîner.
3. décrivez la réaction des deux rats.
4. expliquez la morale de la fable.

B. La lecture à haute voix. En petits groupes, expliquez comment le poème doit être lu et puis lisez la fable à haute voix. Désignez un membre du groupe qui la lira pour la classe. Ensuite la classe choisira la meilleure interprétation en justifiant la décision.

C. Synthèse. Composez des phrases qui élaborent les événements du poème en employant le **faire** causatif ou **rendre** + adjectif. Servez-vous des sujets indiqués.

1. Le rat de ville
2. Le bruit pendant le repas
3. L'arrêt du bruit
4. Cette expérience désagréable

D. Analyse du poème. Répondez aux questions suivantes.

1. Est-ce que la fable se divise en parties ou épisodes ? Expliquez. Donnez un titre à chacune de ces divisions.
2. Quels temps verbaux est-ce que La Fontaine emploie ?
3. Comment est-ce que vous caractériseriez le rythme de la fable ? Rapide ou lent ? Fluide ou saccadé (≠ fluide) ?
4. Dans ce poème, La Fontaine ne donne pas beaucoup de descriptions. Comment représente-t-il la bonne qualité du repas chez le rat de ville ? Comment représente-t-il la menace ?
5. La Fontaine se sert de la narration et du dialogue dans le poème. À quels moments emploie-t-il l'une ou l'autre de ces techniques ?

Québec : Une spécialité de la campagne

Compréhension auditive

Avant d'écouter

Texte I: interview avec Mme Tremblay, Québécoise

Habiter la grande ville ou la campagne ? Il y a des avantages et des inconvénients dans les deux situations, et parfois le choix dépend du goût personnel. Dans cette interview, Mme Tremblay parle de ses préférences.

A. Et vous ? Qu'est-ce que vous préférez, la ville, la banlieue ou la campagne ? Faites une liste des avantages et des désavantages de chaque situation.

	Avantages	Désavantages
la ville	_____	_____
	_____	_____
	_____	_____
la banlieue	_____	_____
	_____	_____
	_____	_____

la campagne   _____   _____

                          _____   _____

                          _____   _____

B. Le contexte. Utilisez le contexte pour deviner le sens des mots en italique.

1. Ce qui est important pour moi, c'est les relations avec les gens. Oui, c'est les relations humaines qui *priment* pour moi.
2. Je ne me suis pas vraiment développé des amitiés avec des gens de la ville, des natifs de ces villes-là. Les gens avec qui je pouvais *me lier* c'était des gens qui étaient aussi de l'extérieur.
3. Ils sont, les natifs de la ville, ils sont difficiles de contact. Ils ont déjà leurs *réseaux d'établis* et ils sont bien comme ça. Alors, c'est assez difficile d'élargir ces réseaux.
4. *Le bénévolat* n'est pas très populaire. On ne donne pas de son temps facilement.

Écoutons

En comparant la campagne à la ville, les préférences de Mme Tremblay deviennent très claires. Essayez de dégager ses préjugés.

Pratique et conversation

A. Résumé. Répondez aux questions suivantes.

1. Selon Mme Tremblay, quels sont les avantages de la vie à la campagne ? Nommez au moins trois choses.
2. Quels sont les désavantages de la grande ville, d'après Mme Tremblay ? Donnez deux exemples.
3. À la fin, Mme Tremblay énumère certains avantages de la grande ville. Lesquels ? Est-elle convaincue de l'importance de ces avantages ?
4. Où Mme Tremblay préférerait-elle habiter ? Comment le savez-vous ?

B. Et vous ? Êtes-vous d'accord avec les opinions suivantes de Mme Tremblay ?
- La vie est plus facile à la campagne.
- Les gens s'aident plus à la campagne.
- Il est difficile de rencontrer les gens dans les grandes villes.
- Le bénévolat n'est pas très populaire dans les grandes villes.
- Il est toujours facile d'aller d'un petit village à un grand centre pour l'opéra, le cinéma ou le restaurant.

Texte II : suite de l'interview avec Mme Tremblay

Avant d'écouter

A. Rivalités. Connaissez-vous deux villes rivales ? Sur quoi cette rivalité est-elle basée ? Quelles en sont les manifestations ?

B. Québec ou Montréal ? Que savez-vous de ces deux villes ? Cochez la case qui correspond à la ville décrite.

	Québec	Montréal
le siège du gouvernement	☐	☐
le plus grand centre économique	☐	☐
ville avec le plus important pourcentage d'anglophones	☐	☐
située plus au nord	☐	☐
la plus grande ville	☐	☐

Écoutons

En quoi l'attitude de Mme Tremblay envers la ville de Québec reflète-t-elle ses préférences exposées dans la première partie de l'interview ?

Pratique et conversation

A. Québec ou Montréal ? [suite]. Qu'est-ce que vous avez appris sur ces deux villes dans l'interview ? Cochez la case qui correspond à la ville décrite.

	Québec	Montréal
il y neige plus	☐	☐
ville de l'équipe « les Canadiens »	☐	☐
la plus vieille ville	☐	☐
plus de problèmes d'immigration	☐	☐
site du Parlement	☐	☐

B. Opinions. Certains des commentaires de Mme Tremblay sont basés sur des faits, tandis que d'autres représentent plutôt des opinions personnelles. En écoutant l'interview de nouveau, classez ses jugements. Comment est-ce qu'elle indique qu'il s'agit d'une opinion au lieu d'un fait ?

C. Comparaisons. Comparez votre ville à une ville voisine, ou à une ville qui a plus ou moins le même statut. Quelle ville préférez-vous ?

Journal

Quelles associations pouvez-vous trouver avec le mot **exotique** ? Nommez quelques endroits que vous considérez exotiques. Pourquoi sont-ils exotiques, à votre avis ? Maintenant, lisez la publicité suivante. Connaissez-vous Kokomo, Indiana ? Est-ce une destination exotique ?

Relisez le texte en cherchant 1) le vocabulaire et les expressions qui contribuent au portrait de Kokomo comme une destination attirante, et 2) les erreurs dans la description de Kokomo et la région du centre des États-Unis.

Comment expliquez-vous ces erreurs et l'association de Kokomo avec l'exotisme ? Quelle est votre réaction à cette publicité ?

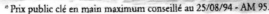

À votre tour

Félicitations ! Vous avez la possibilité d'améliorer votre français en passant une année à travailler en France ou dans le pays francophone de votre choix. Pour obtenir un poste, il faut tout simplement écrire un essai dans lequel vous justifierez votre choix de ville/pays et de métier. Il faut aussi joindre un *curriculum vitæ (CV)* pour faire preuve de vos qualifications.

Enrichissez votre expression

A. Choix d'emploi. À quel emploi vous destinez-vous ? Quelles sont les capacités nécessaires pour exercer cet emploi ? Choisissez parmi les possibilités suivantes.

- analyse
- dextérité manuelle
- acuité visuelle
- connaissances en comptabilité
- connaissances linguistiques
- capacité à raisonner
- possibilité de se déplacer
- contact avec le public
- ? ? ?

B. Préparations. Quelles expériences vous ont préparé(e) à cet emploi ?

to reward

C. Récompenses. En quoi cet emploi va-t-il vous récompenser° ? Y a-t-il des avantages financiers ? S'agit-il d'une récompense intellectuelle ou personnelle ?

D. Quel pays ? Quelle ville/région ? Choisissez le pays, la ville ou la région où vous aimeriez passer l'année. Pourquoi avez-vous fait ce choix ?

E. Les formules. Les formules de politesse sont très importantes dans la correspondance officielle. Analysez les formules suivantes et choisissez la fonction à laquelle elles correspondent.

Formule	Fonction
1. Je vous prie de croire, Monsieur (Madame), à l'expression de mes sentiments distingués.	a. formule de politesse initiale
2. J'ai l'honneur de poser ma candidature au poste de…	b. formule de politesse finale
3. Dans l'attente d'une réponse favorable…	c. pour terminer la lettre
4. Vous trouverez ci-joint mon curriculum vitæ…	d. pour présenter un document annexe
5. Monsieur (Madame),	e. pour entrer en matière

A. Votre CV. Pour faire preuve de vos qualifications, il faut fournir un *curriculum vitæ*. Analysez le modèle suivant et refaites-le pour répondre à votre propre situation.

	Modèle :	Vous :
Nom :	MICHEL, Géraldine	
Date de naissance :	le 20 mai 1977	
Lieu de naissance :	Lyon	
Nationalité :	française	
Adresse actuelle :	11, place Villebœuf 42000 St-Étienne Tél. 04 77 26 75 24	
Formation :	1998 : Licence, Université de Paris—Nanterre	
Expérience :	1996 : Stage, Banque de France 1997 : Stage à l'étranger : State Street Bank, Boston	
Emploi actuel :	1998 : Employée au service crédit, Société Générale, Lyon	
Langues pratiquées :	Anglais courant : lu, parlé, écrit Allemand, lu	
Connaissances en informatique :	—Traitement de texte, Microsoft Word (Versions Mac et Windows) —Tableur, Lotus 1, 2, 3	
Centres d'intérêt :	Ski nautique, deltaplane	

B. Partie I. Saluez votre destinataire et posez votre candidature. Précisez quel endroit et quel emploi vous intéressent le plus.

C. Partie II. Expliquez pourquoi vous avez choisi l'emploi et l'endroit indiqués dans le premier paragraphe.

D. Partie III. Terminez votre lettre, en insistant sur votre intérêt ainsi que sur vos compétences.

Écrivez

Écrivez la première version de votre lettre. Organisez vos pensées en paragraphes en suivant le plan établi dans la partie précédente.

Révisez

Révisez votre première version en tenant compte des commentaires/corrections de votre lecteur.

Hypothèses

On the same visit to Saint-Cyr-sur-Mer, my friend and I went to see the local chatelain, the scion of the town's oldest family, still living in its most imposing mansion, thereby conforming to another stereotype of village France, which assumes the existence in every town of some remnant of the old feudal artistocracy living in the local château, holding a yearly reception for the townsfolk, being elected, as a matter of course, the town's mayor, renting out some land to tenant farmers, and clinging as much as possible to the old honors and prestige. The chatelain of Saint-Cyr-sur-Mer was elaborately polite, a bit stiff, and, in the view of both of us, rather opinionated (meaning that we did not agree with him). But what made him, for my writer friend, a denizen of Deep France was his use of the imperfect of the subjunctive, a peculiarity of speech roughly akin to an American speaking in iambic pentameter.

RICHARD BERNSTEIN, *FRAGILE GLORY: A PORTRAIT OF FRANCE AND THE FRENCH*

Chapitre 9

Portes ouvertes ou fermées ?

Différences de classe

- In what ways does the chatelain of Saint-Cyr-sur-Mer try to maintain his distinctive status?

- How would members of the old American elite (families dating back to the colonial period, for example) try to maintain their status?

- Why do you think the remnants of the nobility are routinely elected mayor of their villages or towns in certain regions of France?

- Would speaking in iambic pentameter (or any other archaism of language) be likely to impress people in the United States? If so, whom? If not, why not?

- Former French president Valéry Giscard d'Estaing tried unsuccessfully to have his family line recognized as noble. Why do you think someone like Giscard d'Estaing would be interested in such a thing?

▶ Social class distinctions, whether determined by family tree, education, or wealth, are a crucial factor in establishing what roles an individual may take on in society. Differences in class may be manifested in many ways, but such externally obvious traits as language and dress are nearly always involved. In this chapter, we discover what it means to belong to one class rather than another in some French-speaking cultures.

Ouverture culturelle

Mise en train

Les groupes sociaux

les agriculteurs (*m.*)	l'eau minérale
les artisans (*m.*)	l'école publique/l'école privée
les bourgeois[1] (*m.*)/la bourgeoisie	les employés[5] (*m.*)
les cadres[2] (*m.*)	la lutte des classes
les célébrités (*f.*)	les membres (*m.*) des professions libérales[6]
les commerçants[3] (*m.*)	les nobles (*m.*)/la noblesse
les conflits sociaux	les ouvriers (*m.*)
le costume[4]	le régime[7]; mince/mincir
la cravate	la salopette[8]

Quelques attitudes

chic; vulgaire; snob; condescendant

Différences de comportement

admirer	s'habiller
consommer	mépriser°
se divertir°	publier
envier quelque chose à quelqu'un	traiter

to scorn, look down on
to amuse oneself

Première approche

Regardez la couverture et une publicité tirées d'une revue française à la page 317.

out of the ordinary

Point de vue se décrit ainsi : « Certains ont connu de grands destins, hors du commun.° Ce sont les princes de ce monde. Aventure, émotion ou Histoire avec un grand H. *Point de vue* vous fait partager la vie exaltante de ces êtres d'exception. »

---

[1] les bourgeois = *the wealthiest sector of middle-class citizens, typically captains of industry and corporate executives*

[2] les cadres = *white-collar workers with management or technical responsibilities (managers, engineers, technicians, researchers, teachers, nurses, etc.)*

[3] les commerçants = *owners of small businesses and shops*

[4] le costume = *suit*

[5] les employés = *white-collar workers without management responsibility or extensive professional training (salespeople, cashiers, secretaries, etc.)*

[6] professions libérales = *occupations that require extensive training and allow a certain degree of independence (doctors, notaries, architects, etc.)*

[7] le régime = *diet*

[8] la salopette = *overalls*

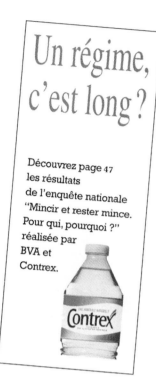

1. Quelles sortes de sujets sont traités dans cette revue, d'après la couverture ? *(La revue traite surtout de…)*
2. Qui est « Felipe », à votre avis ?
3. Dans l'annonce publicitaire, qu'est-ce que c'est que « Contrex » ? Quel est le lien entre Contrex et « le régime » ? *(Quand on fait un régime…)*
4. D'après cette annonce, que peut-on dire sur le public de *Point de vue* ? Quelles classes sociales lisent *Point de vue*, à votre avis ? *(Les gens qui lisent* Point de vue *sont surtout…)*
5. On a trouver probablement *Point de vue* chez le coiffeur du coin, mais pas chez le médecin. Pourquoi pas ? *(Un médecin/un coiffeur trouverait cette revue…)*
6. Pourquoi les Français lisent-ils *Point de vue* ?
7. Une revue comme celle-ci pourrait-elle marcher aux États-Unis ?

Pour aller plus loin

1. Regardez le dessin à la page suivante. Quelles classes sociales sont représentées ? Comment le savez-vous ?
2. Quelle sorte d'école est représentée ? Pourquoi le dessinateur a-t-il choisi cette sorte d'école ?
3. D'après le dessin, quelles sont les attitudes des bourgeois français envers les autres classes ?
4. Ces mêmes attitudes existent-elles aux États-Unis ?
5. D'après le dessinateur, quel conflit est plus important en France, le conflit entre les races ou le conflit entre les classes sociales ? Est-ce la même chose aux États-Unis ?

Interaction I

À Paris. Madame Fèvre et Madame Lalande sont au salon de thé près de la place Jean Monnet dans le XVIᵉ arrondissement.[9]

Réfléchissez

Quels sont les critères généraux qu'on peut appliquer pour choisir un époux ?

Quelles différences peut-il y avoir dans ces critères (selon les pays, les classes sociales, etc.) ?

Mme Fèvre	Tout le monde va bien chez vous ?
Mme Lalande	Oui, mais ma sœur Monique se fait du souci[10] à cause de sa fille Chantal.
Mme Fèvre	Mais pourquoi ? Votre nièce est une fille tout à fait charmante.
Mme Lalande	Elle veut se marier avec un jeune homme de Valenciennes.[11] On ne sait pas ce qu'il fait comme travail… et sa famille… disons qu'elle ne ressemble pas à la nôtre !
Mme Fèvre	Ça, c'est ennuyeux. Mais peut-être qu'il sera un bon mari pour Chantal.
Mme Lalande	C'est possible. Mais ma sœur aurait préféré un jeune homme du même milieu qu'elle. Par exemple, Yves Darnel…
Mme Fèvre	Celui-là n'a pas l'air très sérieux.
Mme Lalande	Ah si ! Il a reçu une éducation superbe et ses parents sont irréprochables.

France : Une résidence dans le XVIᵉ arrondissement à Paris

---

[9] le XVIᵉ arrondissement = *the 16th district (one of the most elegant areas of Paris). An* **arrondissement** *is a political division something like a city district. Paris is divided into 20* **arrondissements,** *which form a pattern of a series of concentric circles.*

[10] se fait du souci = *is worried/upset*

[11] Valenciennes = *an old industrial city in the north of France*

1. Qui est Chantal ?
2. Pourquoi la mère de Chantal se fait-elle du souci ?
3. D'après Madame Lalande, quelles sont les deux caractéristiques qui font d'Yves Darnel un bon choix ?

1. Pensez-vous que le mariage entre personnes de classes sociales très différentes puisse bien marcher ? Pourquoi ou pourquoi pas ?
2. Quels avantages peut-il y avoir quand à tenir compte de° la famille ou du milieu de la personne qu'on aime quand on décide (ou non) de se marier ?
3. Dans beaucoup de familles françaises (dans toutes sortes de milieux), l'amour seul ne suffit pas pour choisir un époux ou une épouse. Est-ce une bonne chose ?
4. Quelles idées sur le mariage dominent aux États-Unis ? Qu'en pensez-vous ? *(Aux États-Unis, ce qui compte pour le mariage c'est [l'amour/la race/l'argent/la religion...])*

takes into account

Autrement dit

Pour désigner une personne

Dites, vous { connaissez° / **vous souvenez de°** } Chantal ?
C'est celle qui travaille avec ta femme ?
la blonde, qui habite en face ?
Non, elle est comment ?°
C'est la jeune fille aux cheveux longs ?

do you remember

No, what does she look like?

Pour désigner une personne quand on ne connaît pas son nom

C'est qui, le monsieur de Valenciennes ?
la dame
la jeune fille/femme
le jeune homme
la fille
le **type**°
le **mec** °
M. Machin°
M. Untel°

guy

Mr. So-and-so

Pratique et conversation

A. Un cocktail. Imaginez que vous êtes à un cocktail et que les autres membres de la classe sont des invités. Votre partenaire vous posera des questions sur leur identité en les désignant par une description de leurs traits physiques, leurs vêtements, etc. Vous répondrez à ses questions et vous lui poserez vos propres questions.

> **Modèle :** C'est qui, cette jeune fille aux cheveux bouclés qui porte un pull vert ?
>
> **Vous :** Celle-là ? C'est Géraldine, une étudiante en chimie…

B. Qui est-ce ? Pensez à quelqu'un que votre camarade de classe connaîtra : une personne célèbre, un personnage d'une émission de télévision, etc. Vous allez décrire cette personne en vous servant du vocabulaire de l'*Autrement dit.* Votre camarade essaiera de deviner son identité.

Pour désigner un objet

Je voudrais le petit truc/machin/gadget qu'on utilise pour…
Je ne sais pas comment ça s'appelle, mais, ça sert à/c'est pour…
C'est comment ?
C'est   rond/carré/rectangulaire/cylindrique
       rouge/jaune/blanc/vert/orange
       grand/gros/petit/haut/long/court/lourd/léger

hard / soft   **dur°/mou°**
wood / steel / wool   en **bois°**/métal/argent/or/**acier°**/plastique/**laine°**/coton

Pratique et conversation

Un objet mystérieux. Pensez à un objet. Votre partenaire vous posera des questions pour essayer de découvrir ce que c'est que cet objet. Vous répondrez à ses questions en disant seulement *oui* ou *non*.

Pour décrire les rapports personnels

Do you get along well/poorly   **Tu t'entends bien/mal avec ta voisine ?°**
with your neighbor?   Quelle sorte de rapports as-tu avec tes collègues ?
Je m'entends bien/mal ⎫
J'ai de bons/mauvais rapports ⎬ avec eux.

Nous sommes ⎰ très amis.
             ⎱ de très bons amis.
Nous nous disputons rarement/souvent/fréquemment.
We get along well.   **On se comprend très bien.°**

Interview. Demandez à votre partenaire…

1. quelle sorte de rapport il/elle a avec ses professeurs.
2. s'il/si elle s'entend bien ou mal avec ses parents (son/sa camarade de chambre, son frère ou sa sœur).
3. avec qui il/elle est très bon(ne) ami(e).
4. avec qui il/elle se dispute souvent.
5. de décrire sa conception d'un(e) bon(ne) ami(e).

Pour reprocher quelque chose à quelqu'un

She could certainly do/could   **Elle pourrait/aurait certainement pu mieux tomber.°**
certainly have done better. /   **Elle aurait dû/devrait rompre avec lui.°**
She should have broken/should   Elle a/a eu tort de se fiancer avec lui.
break up with him.

Pour se reprocher quelque chose

Je n'aurais pas dû°
J'ai eu tort de
J'aurais mieux fait de° ⎬ faire ça.
Ce n'était pas bien de

I shouldn't have

It would have been better to

Pratique et conversation

Qu'est-ce que vous diriez ? Qu'est-ce que vous diriez dans les situations suivantes ?

1. Vous avez oublié de remercier un(e) ami(e) pour un cadeau.
2. Un couple que vous connaissez a beaucoup de problèmes, parce que la famille du mari refuse d'accepter sa nouvelle belle-fille.
3. Vous vous êtes levé(e) très fatigué(e) après être resté(e) à une soirée jusqu'à 3 h du matin.
4. Vous apprenez que votre camarade de chambre vous a menti.

Les Classes sociales

l'aristocratie (*f.*)
la haute bourgeoisie
la bourgeoisie
la classe moyenne
le prolétariat
la classe ouvrière
les sans ressources (*m.*)

Pratique et conversation

Comment sont-ils ? Qu'est-ce qui caractérise les classes sociales aux États-Unis ? Les vêtements ? Les emplois ? Les adresses ? Les voitures ? Expliquez.

Grammaire de base

I.I   Review the following patterns for conditional sentences.

Si + present	+ Future
Si je réussis à cet examen,	je serai très content.
Si elle ne vient pas tout de suite,	je partirai sans elle.

Si + imperfect	+ Conditional
Si tu passais plus de temps à la bibliothèque,	tu aurais moins d'ennuis à la fin du semestre.
S'il avait un ordinateur,	son travail serait plus facile.

2.1   Review the conjugation of the verb **devoir.**

présent :	je	dois	nous	devons
	tu	dois	vous	devez
	on	doit	elles	doivent

passé composé :	j'ai dû...
plus-que-parfait :	tu avais dû...
imparfait :	nous devions...
futur :	ils devront...
futur antérieur :	vous auriez dû...
conditionnel :	elle devrait...

3.1   Before beginning the following structures, you may also wish to review the formation of the pluperfect tense **(Chapitre 3)**, as well as the present subjunctive of the verbs **avoir** and **être (Chapitre 7)**.

Structure I

Pour exprimer les conditions irréelles : Le conditionnel passé

a. The past conditional is formed by conjugating the auxiliary **avoir** or **être** in the conditional and adding the past participle. The rules of past participle agreement that you have learned for other compound tenses apply to the past conditional as well.

finir				rester			
j'	aurais fini	nous	aurions fini	je	serais resté(e)	nous	serions resté(e)s
tu	aurais fini	vous	auriez fini	tu	serais resté(e)	vous	seriez resté(e)(s)
il	aurait fini	ils	auraient fini	elle	serait restée	elles	seraient restées

b. The past conditional is usually translated as *would have* + past participle.

J'aurais fait le travail moi-même.   *I would have done the work myself.*
Ils seraient partis avant minuit.   *They would have left by midnight.*

c. The past conditional can be used to say what you should have or could have done. In French, the past conditional of the verbs **devoir** and **pouvoir** expresses these meanings. Study these examples:

Elle aurait certainement pu   *She could certainly have done better for*
   mieux tomber.   *herself.*

Elle aurait dû rompre avec lui.	*She should have broken up with him.*
Je n'aurais pas dû le faire.	*I should not have done it.*
Ils auraient pu rester ici.	*They could have stayed here.*

d. The past conditional is also used in conditional sentences to express what would have happened if another condition had been realized. The verb in the **si** clause is in the pluperfect, followed by a verb in the past conditional in the result clause.

Si + pluperfect   **+ Past conditional**

Si j'avais su son nom,   je me serais présenté(e) à lui.
If I had known his name,   *I would have introduced myself to him.*
Si tu avais appelé,   je t'aurais invité(e) au restaurant.
If you had called,   *I would have invited you out to eat.*

Pratique et conversation

A. Une rupture. Virginie vient de rompre avec son fiancé, Paul. Elle lui fait des reproches. Complétez les phrases suivantes en mettant le verbe entre parenthèses à la forme correcte.

1. Si tu m'avais offert des fleurs tous les jours, je _____ (rester) certainement avec toi.
2. Si tu m'avais donné une bague de fiançailles plus tôt, nous _____ _____ (se marier).
3. Si tu avais fait une meilleure impression sur mes parents, ils t'_____ (aimer).
4. Si tu n'avais pas oublié mon anniversaire, je t'_____ (pardonner).
5. Si nous avions été du même milieu, notre vie à deux _____ (être) parfaite.

B. Questionnaire. Répondez aux questions suivantes.

1. Si vous n'aviez pas décidé d'aller à l'université, qu'est-ce que vous auriez fait ?
2. Si vous aviez pu acheter n'importe quelle voiture, quelle marque est-ce que vous auriez choisie ?
3. Si vous aviez suivi les conseils de vos parents, qu'est-ce que vous auriez fait de votre vie ?
4. Si votre professeur vous avait dit qu'il/elle avait supprimé le prochain examen, quelle aurait été votre réaction ?
5. Si la banque vous avait donné un million de dollars par erreur, qu'est-ce que vous auriez fait ?

C. Une mère poule.° Votre fils/fille rentre de ses vacances à la plage fatigué(e), sans argent et avec un coup de soleil.° En plus, il/elle a pris cinq kilos et ses vêtements sentent la bière ! Quels reproches est-ce que vous pourriez lui faire, en tant que mère poule ?

A mother hen
sunburn

    Modèle : Si tu n'étais pas sorti(e) tous les soirs, tu ne serais pas rentré(e) fatigué(e).

D. Interview. Posez les questions suivantes à votre partenaire. Demandez-lui…

1. ce qu'il/elle aurait dû faire hier.
2. ce qu'il/elle aurait pu faire ce matin s'il/si elle avait eu plus de temps.
3. ce qu'il/elle aurait dû faire pour avoir une meilleure note au dernier examen.
4. ce qu'il/elle aurait pu faire pour être plus gentil(le) récemment.
5. ce qu'il/elle aurait pu accomplir ce week-end s'il/si elle n'était pas sorti(e).

E. Une meilleure vie. Complétez les phrases suivantes.

1. Si je n'avais pas eu tant de travail hier soir,…
2. J'aurais mieux préparé ce chapitre si…
3. Si j'avais passé plus de temps à la bibliothèque ce semestre,…
4. J'aurais dormi plus longtemps ce week-end si…
5. Si j'avais choisi un cours de langue différent,…

F. Une action regrettable. Racontez un incident ou une remarque que vous regrettez. Dites ce que vous auriez pu faire pour changer la situation.

Structure II

Pour faire référence à quelqu'un ou à quelque chose : Les adjectifs et les pronoms démonstratifs

a. You have practiced the demonstrative adjectives on several occasions. Review the complete set.

	masculin	masculin[12]	féminin
singulier	ce téléphone	cet ordinateur cet homme	cette leçon
pluriel	ces téléphones	ces ordinateurs ces hommes	ces leçons

b. A demonstrative pronoun replaces and refers to a noun that has been previously mentioned. The form of the demonstrative pronoun depends on the gender and number of the noun it is replacing. Study the following forms.

this/that one / these/those ones

(ce tableau-ci/là) → celui-ci/là°   (ces tableaux-ci/là) → ceux-ci/là°
(cette chaise-ci/là) → celle-ci/là   (ces chaises-ci/là) → celles-ci/là

c. The demonstrative pronoun cannot be used alone. It can be followed by

■ **-ci** or **-là:**

Adressez-vous à ce vendeur-là. Adressez-vous à celui-là.

■ a relative clause:

Celui avec qui elle sort n'appartient   *The one she is going out with doesn't*
pas à sa classe sociale.   *belong to her social class.*

───────────────────────

[12] devant une voyelle ou un **h** muet

■ a phrase with **de** to indicate possession or to specify:

Prends celui de Marc.   *Take Mark's.*
Je préfère celle de droite/de   *I prefer the one on the right/on*
    gauche/du milieu.   *the left/in the middle.*

d. The use of the demonstrative pronoun to refer to a person who is not present may be considered negative or pejorative.

Celui-là ? De classe moyenne ? (se dit d'un ton moqueur)

e. French also has a set of indefinite demonstrative pronouns, **ceci**° and **cela.**° *this/that*
Rather than referring to a specific noun, they refer to an idea. **Ceci** is used to announce an idea. Otherwise, **cela** is used. In informal spoken French, **cela** is contracted to **ça.**

Écoutez ceci : Chantal sort avec un certain Gaston.
Cela n'est pas normal.
Je ne comprends pas ça.

Pratique et conversation

A. Des cadeaux de Noël. Vous rentrez du grand magasin où vous avez acheté beaucoup de cadeaux de Noël. Vous demandez à un autre membre de la famille quel cadeau conviendrait à vos parents, vos amis, etc. Remplissez les blancs avec la forme correcte du pronom démonstratif.

1. Quelle paire de gants est-ce que Maman aimerait :

    _____-ci ou _____-là?

2. Et est-ce que cette petite lampe irait mieux dans l'appartement de Marc ou

    dans _____ de Françoise ?

3. Et qu'est-ce que tu penses de ces cravates pour Papa ? Tu crois qu'il préfé-

    rerait _____-ci ou _____-là ?

4. Non, je n'ai pas acheté de pantoufles pour Papa. _____

    qui étaient en solde étaient moches, et les autres coûtaient trop cher.

5. Tu aimes ces colliers ? _____-ci est pour tante Eugénie

    et _____-là, je vais le garder pour moi.

B. Un test. Êtes-vous snob ? Remplacez les mots en italique par un pronom dé-monstratif et ensuite répondez aux questions.

1. Mes idées sont plus originales que *les idées* de
   mes amis.   OUI   NON
2. Ma chambre est mieux décorée que *la chambre* de
   mes amis.   OUI   NON
3. J'aurai un meilleur avenir que *l'avenir* de mes amis.   OUI   NON
4. Les voyages que j'ai faits sont plus intéressants que
   les voyages que mes amis ont faits.   OUI   NON
5. Mes amis sont plus fidèles que *les amis* de mes amis.   OUI   NON

Résultats : Si vous avez répondu *oui* à plus de deux de ces questions, il est sûr que la modestie n'est pas un des traits les plus saillants de votre caractère.

C. Interview. Posez les questions suivantes à votre partenaire. Il/Elle répondra en utilisant un pronom démonstratif. Demandez-lui…

1. s'il/si elle préfère sa voiture ou la voiture de ses parents.
2. s'il/si elle aime mieux son appartement/sa chambre ou l'appartement/la chambre de ses amis.
3. si la note qu'il/elle a eue au dernier examen est meilleure que la note qu'il/elle a eue à son premier examen.
4. si ce chapitre est plus difficile que le chapitre qui précède.
5. si le professeur de français est meilleur que le professeur de chimie.

Étude de vocabulaire

Le verbe *devoir*

Le verbe **devoir** signifie *to owe;* il peut aussi exprimer la nécessité *(to have to),* l'obligation *(must)* ou la probabilité *(must, must have)*. Pourtant, dans ces derniers sens, sa traduction en anglais n'est pas toujours très évidente. Étudiez les exemples suivants.

présent :	Ce jeune homme doit avoir de la famille quelque part.
	This young man must/has to have some family somewhere.
passé composé :	Elle n'est pas là. Elle a dû sortir.
	She isn't in. She must have left/had to leave.
imparfait :	Il devait arriver avant dix heures.
	He was supposed to arrive by ten o'clock.
futur :	Nous devrons rentrer bientôt.
	We will have to go home soon.
conditionnel :	Vous ne devriez pas le lui dire.
	You shouldn't tell him that.
conditionnel passé :	Je n'aurais jamais dû venir ici.
	I should never have come here.

Pratique et conversation

A. Complétez. Complétez les phrases suivantes.

1. Hier, j'ai dû… parce que…
2. À l'avenir, je devrai… pour pouvoir…
3. Si je devais beaucoup d'argent à mes parents, je…
4. Le professeur n'aurait jamais dû…
5. Je ne dois plus…

B. Vos obligations. En employant le verbe **devoir,** indiquez à votre camarade de classe quelque chose que…

1. vous devez à vos parents.
2. le professeur a probablement fait la semaine dernière.
3. vous devriez faire pour un(e) ami(e).
4. vous êtes obligé(e) de faire ce soir.
5. vous auriez dû faire dans le passé.

Lecture 1

On a dit du roman *Les Petits Enfants du siècle* de Christiane Rochefort qu'il crie « la vérité des grands ensembles. » Ce récit à la première personne raconte la vie d'une famille ouvrière, pauvre, qui habite une H.L.M.,[13] à travers les souvenirs d'une des filles, Josyane. Comme narratrice, Josyane nous fait le portrait de sa famille nombreuse (dix enfants) et de sa classe sociale en utilisant un style simple et direct. Dans les extraits suivants, elle nous décrit son quartier de blocs, et nous parle aussi de ses responsabilités et de sa vie.

Avant de lire

A. Réfléchir. Avant de lire le texte, réfléchissez aux questions suivantes.

1. Quelle influence la classe sociale a-t-elle sur la vie d'un individu ? Comment la classe sociale influence-t-elle l'enfance ?
2. Est-ce que la classe sociale est strictement une question économique
   a) pour les Américains, b) pour les Français ? Quelles conclusions préliminaires avez-vous formulées dans vos discussions au début du chapitre ?
3. Quelles attitudes les classes sociales ont-elles les unes envers les autres ?

B. Prédictions. Essayez d'anticiper le contenu du texte en répondant aux questions suivantes:

1. En tant que la fille aînée de dix enfants, comment sera la vie de Josyane ?
2. À part l'argent, quels seront ses besoins ?
3. Quels sont les avantages et les désavantages d'habiter une H.L.M. ?

C. Parcourez. Remplissez la grille ci-dessous en lisant rapidement le texte.

descriptions du	descriptions des	Les responsabilités de	Les préférences de
quartier	bâtiments	Josyane	Josyane

Les petits enfants du siècle

Il faisait nuit. Presque toutes les fenêtres des grands blocs neufs,[14] de l'autre côté de l'Avenue, étaient **éclairées**. Les blocs neufs étaient de plus en plus habités. Un bloc fini, et **hop** on le remplissait.

Je les avais vus construire. Maintenant ils étaient presque pleins. Longs, hauts, posés sur la plaine, ils faisaient penser à des bateaux. Le vent **soufflait** sur le plateau, entre les maisons. J'aimais traverser par là. C'était grand, et beau; et terrible. Quand je passais tout près, je croyais qu'ils allaient me tomber dessus. Tout le monde avait l'air minuscule, et même les blocs de notre **Cité** auprès de ceux-là

Que regard la narratrice ? Que remarque-t-elle ?

Comment le quartier a-t-il changé depuis l'arrivée de Josyane ? Quelle impression la Cité fait-elle sur Josyane ? Pourquoi lui fait-elle une telle impression ?

---

[13] Une habitation à loyer modéré.

[14] *The narrator is referring to new H.L.M., or low-rent housing, which was in this case, and indeed is almost always, a construction of tall cement towers.*

Dans la banlieue parisienne

Quelle image de la Cité évoque-t-elle pour nous ?

ressemblaient à des cubes à jouer. Les gens **grouillaient** comme des petites bêtes sous les **lampadaires.** Des voix, des radios, sortaient des maisons, je voyais, j'entendais tout, il me semblait que j'étais très loin et j'avais un peu **mal au cœur;** ou peut-être que c'était justement à l'**âme.** Je récupérai les **gosses.** Je rentrai.

*****

Que fait Josyane le matin ? Qu'aime-t-elle à l'école ? Pourquoi l'aime-t-elle ? Où travaille son père ?

Je commençais à aller à l'école. Le matin je faisais déjeuner les garçons,[15] je les **emmenais** à la **maternelle,** et j'allais à mon école. Le midi, on restait à la **cantine.** J'aimais la cantine, on s'asseoit et les assiettes arrivent **toutes remplies;** c'est toujours bon ce qu'il y a dans des assiettes qui arrivent toutes remplies; les autres filles en général n'aimaient pas la cantine, elles trouvaient que c'était mauvais; je me demande ce qu'elles avaient à la maison; quand je les questionnais, c'était **pourtant** la même chose que chez nous, de la même **marque,** et venant des mêmes boutiques, sauf la moutarde, que papa rapportait directement de l'usine; nous on mettait de la moutarde dans tout.

Que fait Josyane l'après-midi ? Et le soir ? Que font les autres membres de sa famille le soir ?

Le soir, je ramenais les garçons et je les laissais dans la cour, à jouer avec les autres. Je montais **prendre les sous** et je redescendais **aux commissions.** Maman faisait le dîner, papa rentrait et ouvrait la télé, on mangeait, papa et les garçons regardaient la télé, maman et moi on faisait la vaisselle, et ils allaient se coucher. Moi, je restais dans la cuisine, à faire mes devoirs.

Où habitait sa famille avant d'avoir déménagé à la Cité ? Comment était leur ancienne résidence ? Pourquoi ont-ils déménagé ? Comment ont-ils obtenu leur appartement actuel ?

Maintenant, notre appartement était bien. Avant, on habitait dans le treizième,[16] une sale chambre avec l'eau sur le **palier.** Quand le **coin avait été démoli,**[17] on nous avait mis ici; on était prioritaires; dans cette Cité les familles nombreuses étaient prioritaires. On avait reçu le nombre de pièces auquel nous

---

[15] *Her brothers.*

[16] *The 13th* **arrondissement.** *The 13th and 14th* **arrondissements** *were long considered working-class neighborhoods.*

[17] *During the 1950s and 1960s, many buildings and neighborhoods were razed in order to make way for the construction of low-cost housing.*

avions droit selon le nombre d'enfants. Les parents avaient une chambre, les garçons une autre, je couchais avec les bébés dans la troisième; on avait une salle d'eau, la machine à laver était arrivée quand les jumeaux étaient nés, et une cuisine-séjour où on mangeait; c'est dans la cuisine, où était la table, que je faisais mes devoirs. C'était mon bon moment; quel bonheur quand ils étaient tous **garés** et que je me retrouvais seule dans la nuit et le silence ! Le jour je n'entendais pas le bruit, je ne faisais pas attention; mais le soir j'entendais le silence. Le silence commençait à dix heures; les radios se taisaient, les **piaillements,** les voix, les tintements de vaisselle; une à une, les fenêtres s'éteignaient. À dix heures et demie c'était fini. Plus rien. Le désert. J'étais seule. Ah ! Comme c'était calme et paisible autour, les gens endormis, les fenêtres noires, sauf une ou deux derrière lesquelles quelqu'un **veillait** comme moi, seul, tranquille, **jouissant** de sa paix ! Je me suis mise à aimer mes devoirs peu à peu. À travers le mur, le grand **ronflement** du père, signifiant qu'il n'y avait rien à craindre pour **un bon bout de temps**; parfois un bruit du côté des bébés : Chantal qui **étouffait,** couchée sur le ventre; Catherine qui avait un **cauchemar;** je n'avais qu'à les bouger un peu et c'était fini, tout rentrait dans l'ordre, je pouvais retourner.

Combien de chambres y a-t-il dans l'appartement de sa famille ? Quoi d'autre y a-t-il dans leur appartement ?

Qu'arrive-t-il à 10 h du soir ? Que fait Josyane ? Que pense-t-elle du soir après 10 h et pourquoi ? Comment est le quartier après 10 h 30 ?

Que fait son père ? Quelle est l'importance de cette action ? Que fait Josyane pour ses sœurs ou ses frères ?

éclairées *lit up, illuminated* / **hop** *an exclamation to suggest that an event takes place very quickly* / **soufflait** *would blow* / **Cité** *the apartment complex or a group of several H.L.M.* / **grouillaient** *bustled with activity* / **lampadaires** *modern, tall street lamps* / **mal au cœur** *nausea* / **âme** *soul* / **gosses** *kids, children* / **emmenais** *would take* / **maternelle** *public preschool* / **cantine** *school cafeteria* / **toutes remplies** *already filled* / **pourtant** *never-the-less* / **marque** *brand name* / **prendre les sous** *to get (some) money* / **aux commissions** *(to do) errands or shopping* / **palier** *the landing (of the stairs)* / **coin** *corner* / **avait été démoli** *had been demolished* / **garés** *literally, parked, but figuratively, retired for the evening* / **piaillements** *whining* / **veillait** *was staying up late* / **jouissant** *enjoying* / **ronflement** *snoring* / **un bon bout de temps** *a good while* / **étouffait** *wasn't breathing easily* / **cauchemar** *nightmare*

SOURCE:
« LES PETITS ENFANTS DU SIÈCLE » de Christiane Rochefort, Éditions Bernard GRASSET

Après avoir lu

A. Vérifiez. Regardez les questions des exercices A et B à la page 327 que vous avez considérées avant de lire le texte. Avez-vous bien anticipé le contenu du texte ?

B. Les classes sociales. Comment la classe sociale de Josyane est-elle révélée selon les catégories suivantes ? Soyez précis(e) en citant des phrases ou des mots tirés du texte.

1. sa vie quotidienne
2. les possessions de la famille
3. la résidence de la famille

C. Résumé. Faites un résumé du texte à l'écrit ou à l'oral dans lequel vous répondrez aux questions suivantes :

1. Quelle sorte de famille Josyane a-t-elle ?
2. Quelle sorte de personne est-ce ?
3. Comment est leur vie de famille ? Comment est sa vie à elle ?
4. Comment est leur quartier ?

D. Synthèse. Imaginez une vie différente pour Josyane en complétant les phrases suivantes. Faites attention au temps verbal.

1. Si les parents de Josyane étaient riches…
2. Si Josyane n'avait pas eu de frères ou de sœurs…
3. Si Josyane et sa famille n'habitaient pas une H.L.M…
4. Si Josyane n'avait pas les soirs tranquilles…
5. Si sa famille n'avait pas déménagé à la Cité…

Interaction II

Monsieur Meunier et Monsieur Leblond habitent une ville du nord de la France, un des centres de l'industrie sidérurgique[18] en déclin. Comme beaucoup d'autres ouvriers de leur génération (ils ont 55 ans, à peu près), ils sont en préretraite.[19]

Réfléchissez

Quelle est l'attitude des jeunes envers le travail à l'usine ?

M. Meunier   Pour les jeunes, il n'y a plus de débouchés[20] dans le coin.

M. Leblond   C'est vrai. Les parents prient le bon Dieu que les gosses aillent à l'école le plus longtemps possible.

M. Meunier   Moi, j'ai un collègue… son gamin,[21] il prépare un bac technique. Mais il voudrait rentrer dans une école de sommelier,[22] parce qu'il n'a pas de place.[23]

M. Leblond   Ça n'a rien à voir avec ce qu'il a appris à l'école ! C'est dommage qu'il ait fait toutes ces études pour rien.

M. Meunier   Mais c'est pour ne pas être chômeur. C'est la seule chance qu'il ait.

M. Leblond   Et il n'a pas envie d'entrer à l'usine ?

M. Meunier   Oh, ben, non, lui, l'usine… il faut pas lui parler de l'usine. De toute façon, s'il trouve une école de sommelier, il va y aller. Comme il dit, « tant que je suis à l'école, je suis pas au chômage ». La vie est dure, hein ? Je me souviens encore du jour où je suis sorti de l'école… le travail m'attendait. Eh oui, la vie n'est pas gaie.

Observations

1. Quelle est la solution provisoire proposée dans le dialogue au problème du chômage chez les jeunes ? *(Pour éviter le chômage, il faut…)*
2. Le garçon mentionné par M. Meunier veut-il travailler à l'usine ?
3. Pourquoi veut-il aller dans une école de sommelier ?

Perspectives

1. À votre avis, pourquoi les jeunes n'envisagent-ils pas un travail à l'usine comme celui de leurs parents ?

---

[18] sidérurgique = *pertaining to steel*

[19] préretraite = *early retirement (often obligatory in such circumstances)*

[20] débouchés = *openings, job opportunities*

[21] gamin = *kid*

[22] école de sommelier = *school for wine servers*

[23] il n'a pas de place = *he doesn't have a job*

2. Pour les personnes du dialogue, quel rapport y a-t-il entre ce qu'on apprend à l'école et le travail qu'on va faire dans la vie ?
3. L'école américaine prépare-t-elle bien les jeunes pour la vie professionnelle ?

Autrement dit

Pour raconter des souvenirs°   *memories*

Demander à quelqu'un de raconter ses souvenirs

Papa, parle-moi de ton travail à l'usine.
  tu m'as dit qu'une fois, tu…°   *you told me that once you…*
  une fois, n'est-ce pas, tu…
  est-ce que tu te souviens du jour où…°   *do you remember the day when…*

Commencer à raconter des souvenirs

Je me souviens encore du
Je me rappelle le
Je n'oublierai jamais le   } jour où…
J'ai de très bons/mauvais souvenirs du
Je ne suis pas certain(e) des détails mais…
Si j'ai bonne mémoire…

Pratique et conversation

A. Quand j'avais dix ans. Demandez à votre partenaire s'il/si elle se souvient de ses voisins, de son instituteur/institutrice, de son/sa meilleur(e) ami(e) quand il/elle avait dix ans. Demandez-lui de décrire la/les personne(s) dont il/elle se souvient bien.

B. Des souvenirs. Demandez à votre partenaire de raconter un événement de sa jeunesse. Posez-lui des questions s'il/si elle a oublié des détails.

C. Mes grands-parents. Décrivez vos grands-parents. Qu'est-ce qu'ils font/faisaient dans la vie ? Quels souvenirs de leur jeunesse est-ce qu'ils vous ont racontés ? Est-ce qu'ils regrettent quelque chose dans leur vie ? Si oui, qu'est-ce qu'ils auraient pu faire pour changer le cours de leur vie ?

Dire sa résignation   *Life is tough.*

Bah, c'est normal.   **La vie est dure.°**
C'est la vie.   La vie n'est pas gaie.
C'est comme ça, la vie.

Dire son regret   *youth*

Je regrette ma **jeunesse.°**
            d'avoir choisi ce métier.   *that you became a teacher*
            que tu sois devenu instituteur.°
Malheureusement, on n'a pas toujours ce qu'on veut dans la vie.
C'est vraiment dommage (que tu sois arrivé en retard).
C'est vraiment bête (de ne rien faire).
Je suis désolé(e).

Pratique et conversation

Situations. Qu'est-ce que vous diriez pour répondre aux commentaires suivants ? Utilisez une expression de l'*Autrement dit.*

1. Si j'avais seulement un peu plus d'argent, je pourrais faire tout ce que je voudrais.
2. Mais pourquoi est-ce que cette catastrophe m'est arrivée à moi ?
3. Les autres, ils ont de belles maisons, une voiture de sport…
4. Et quand je suis retourné au parking, j'ai remarqué que ma voiture avait été cambriolée.
5. Je travaille si dur et je ne vois pas de résultats.

Structure III

Pour exprimer l'antériorité : Le passé du subjonctif

a. The **passé du subjonctif** is formed by conjugating the auxiliary (**avoir** or **être**) in the present subjunctive and adding the past participle. Study the following forms.

voir				arriver			
que/qu'	j' aie vu	nous ayons vu		je sois arrivé(e)	nous soyons arrivé(e)s		
	tu aies vu	vous ayez vu		tu sois arrivé(e)	vous soyez arrivé(e)(s)		
	elle ait vu	ils aient vu		elle soit arrivée	ils soient arrivés		

Note that the same rules you learned for past participle agreement in the compound tenses are observed in the **passé du subjonctif.**

b. The **passé** of the subjunctive is used where the subjunctive mood is required; it expresses an action that occurs before the action in the main clause.

| C'est dommage qu'il ait fait toutes ces études pour rien. | *It's too bad he went to school for nothing.* |
| C'était dommage qu'il ait fait toutes ces études pour rien. | *It was too bad he had gone to school for nothing.* |

As the preceding examples illustrate, the translation of the **passé du subjonctif** will vary according to the tense of the initial verb, because it expresses past time relative to the tense in the main clause.

c. If the subject is the same in both clauses, the past infinitive is used instead of the subjunctive to express the same time relations. The past infinitive is formed by adding the past participle to the infinitive of the auxiliary, either **avoir** or **être.** When the past infinitive is formed with **être,** the past participle agrees with the subject of the sentence.

| C'est dommage d'avoir fait toutes ces études pour rien. | *It's too bad to have gone to school for nothing.* |

Elle est contente d'être restée dans la maison de son enfance.	*She is happy to have remained in the house of her childhood.*
Nous regrettons de ne pas avoir choisi un autre métier.	*We are sorry that we didn't choose another line of work.*

Note in the last example that both parts of the negation precede the infinitive of the auxiliary.

Pratique et conversation

A. Tout change. Le collègue de M. Meunier de l'*Interaction II* parle à son fils. Faites des phrases en mettant l'infinitif à la forme correcte du passé du subjonctif.

1. Je suis content que tu / décider de ne pas travailler à l'usine.
2. J'aurais voulu que tu / rester plus longtemps à l'université.
3. J'ai peur que tu / trouver un poste qui ne paie pas bien.
4. Je regrette que nous / ne… pas pouvoir travailler ensemble.
5. Je suis triste que l'économie / ne… pas s'améliorer.

B. Décisions. Quelles décisions avez-vous prises dans votre vie ? En êtes-vous content(e) ? mécontent(e) ? satisfait(e) ? Complétez les phrases suivantes selon le modèle.

Modèle :   Je suis content(e)…

Vous :   Je suis content(e) d'avoir choisi cette université.

ou : Je suis content(e) que mes parents m'aient obligé(e) à travailler dès le plus jeune âge.

1. Je suis content(e)…
2. Je regrette…
3. Je ne suis pas sûr(e)…
4. J'aurais préféré…
5. Je voudrais…

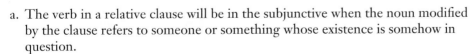

Structure IV

Pour exprimer le doute ou l'incertitude : Le subjonctif après les antécédents indéfinis

a. The verb in a relative clause will be in the subjunctive when the noun modified by the clause refers to someone or something whose existence is somehow in question.

Je ne connais personne qui puisse manger autant que lui.	*I don't know anyone who can eat as much as he can.*
Je cherche une personne qui soit entièrement satisfaite de sa vie.	*I'm looking for a person who is wholly satisfied with his life.*
Il n'y a rien qui puisse me rendre heureux en ce moment.	*There is nothing that can make me happy just now.*

b. The indicative is used in this case when the antecedent's existence is real or unquestioned.

Je connais quelqu'un qui peut
   manger autant que lui.

*I know someone who can eat as much as
   he can.*

J'ai trouvé un philosophe qui est
   entièrement satisfait de sa vie.

*I've found a philosopher who is entirely
   satisfied with his life.*

Structure V

Pour exprimer une opinion : Le subjonctif dans les propositions relatives

a. The verb in a relative clause will be in the subjunctive after superlative expressions such as **le plus…**, **le moins…**, **le meilleur,** and expressions of uniqueness such as **le seul** and **l'unique,** when an opinion is being given or a judgment is being made.

C'est le meilleur film que j'aie
   jamais vu.

It's the best film I have ever seen.

C'est la seule chance qu'il ait.

It's the only chance he has (might have).

b. The indicative is used in these cases when an objective fact is being stated.

C'est le plus grand bâtiment qu'il a
   construit.

It's the tallest building he built.

Pratique et conversation

Unsatisfied desires

A. Désirs inassouvis.° Un ami parle de ce qu'il veut dans la vie. Malheureusement, ses exigences sont un peu exagérées. Faites des phrases en mettant l'infinitif à la forme correcte.

1. Je cherche un travail qui / payer bien et / ne… pas être exigeant.
2. Je cherche une femme qui / être riche, belle et spirituelle.
3. Connaissez-vous quelqu'un qui / répondre à ma description ?
4. Je cherche un ami qui / ne… pas avoir de défauts de caractère.
5. Je ne connais personne qui / pouvoir répondre à mes exigences.

B. Opinions. Pour les catégories suivantes, faites une phrase selon le modèle.

Modèle :   le meilleur film

   Vous :   *La Haine,* c'est le meilleur film que j'aie jamais vu/qui soit.

1. le meilleur film
2. le meilleur livre
3. le plus beau tableau
4. la plus mauvaise pièce de théâtre
5. le cours le plus intéressant
6. la seule activité

C. Interview. Demandez à votre partenaire…

1. s'il/si elle connaît quelqu'un qui tout ce qu'il veut.
2. s'il/si elle connaît quelqu'un qui puisse l'aider pour ses devoirs de français.
3. quelle est la plus mauvaise note qu'il/elle ait jamais reçue à un examen.
4. quel est le meilleur cours qu'il/elle ait jamais suivi.
5. s'il y a quelque chose qui puisse vous dispenser du travail du cours.

Lecture II

La lecture suivante est composée d'extraits d'un guide sur le savoir-vivre, écrit pour les Français. Les passages choisis traitent des aspects divers de la vie quotidienne.

Avant de lire

A. Le saviez-vous ? Avant de lire le texte, lisez le paragraphe suivant.

L'histoire des classes sociales en France diffère beaucoup de celle des classes sociales aux États-Unis. D'abord, avant la Révolution de 1789, l'aristocratie détenait° beaucoup de pouvoir. Les Français associent la haute bourgeoisie à la richesse et l'attachement à l'aristocratie, tandis que la petite bourgeoisie évoque plutôt les commerçants et les propriétaires des petites boutiques. Ni la haute bourgeoisie ni la petite bourgeoisie ne correspond bien au terme « middle classe » cité si souvent pour décrire un grand pourcentage de la société américaine. L'idée d'une « classe moyenne » est traditionnellement moins présente dans la conscience française que dans celle des Américains, mais la notion de classe ouvrière correspond plus ou moins à l'idée de « blue-collar workers ». Finalement, la mobilité sociale est moins prononcée en France; c'est un phénomène qui date d'après la Deuxième Guerre mondiale.

held

Antilles : Un marché au fleur

B. Réfléchir et prévoir. Avant de lire l'article, essayez d'imaginer son contenu en répondant aux questions suivantes.

1. Que veut dire le terme « savoir-vivre » ? Qu'est-ce que c'est qu'un guide de savoir-vivre ? Quelles sortes de renseignements trouverez-vous dans un tel guide ? Quelles classes sociales s'intéresseraient à un tel livre et pourquoi ?
2. Quelles sont les attitudes des différentes classes sociales envers l'argent ?
3. Que considéreriez-vous comme un comportement poli quand on reçoit un cadeau ? quand on téléphone ?
4. Quelle est votre définition du snobisme ? Y a-t-il certaines classes sociales qui sont plus snob que d'autres ? Lesquelles ? Pourquoi sont-elles snob ?

C. Parcourez. Lisez rapidement le texte. Ensuite, choisissez la phrase qui résume le mieux les thèmes indiqués ci-dessous. Le choix est parfois ambigu, mais essayez d'en faire un et de le défendre.

1. **Argent**
   a. L'argent exige la discrétion.
   b. **N'étalez pas°** votre argent.
2. **Remercier d'un cadeau**
   a. Il faut toujours montrer votre reconnaissance tout de suite.
   b. Remerciez le plus rapidement possible, mais aussi discrètement.

Don't show off

3. **Snobisme**
   a. Les snob ne comprennent pas ce que c'est que la vraie supériorité.
   b. Les snob appartiennent à une élite qui est prétentieuse.
4. **Téléphoner**
   a. Le téléphone doit être traité comme une intrusion.
   b. Aujourd'hui il y a un manque de politesse au téléphone.
5. **Vouvoyer**
   a. Le tutoiement est toujours un choix personnel de l'individu.
   b. Il existe des règles générales pour le vouvoiement et le tutoiement.

Le **Savoir-vivre°** : Guide des règles et des usages d'aujourd'hui

Petit lexique° de la politesse

Argent

Pourquoi est-il tabou de parler d'argent en France ? Quelle est l'exception à cette règle ?

Il est normal et courant, dans certains pays, de parler d'argent; en France, le sujet reste tabou : on juge de mauvais goût de demander à quelqu'un ce qu'il **gagne** (sauf en cas de liens très proches). On n'exhibe pas sa fortune, au point que certaines familles **fortunées** de la vieille bourgeoisie[24] **affichent** un **train de vie** des plus modestes et **méprisent** ostensiblement les signes extérieurs de richesse tels que nourriture, vêtements, etc.

Que font certaines familles riches et pourquoi le font-elles ?

Ne donnez pas le prix de ce que vous achetez, ou de ce que vous possédez, et quand vous faites des achats en compagnie de quelqu'un que vous connaissez peu, ne l'**entraînez** pas dans les magasins les plus chics *[sic]* et les plus chers. **Agissez de même** lorsque vous choisissez un restaurant où chacun **partage** l'addition. Chaque fois que vous le pouvez, utilisez une carte de crédit, plus discrète que les manipulations de billets et les chéquiers; ne sortez pas des **liasses** de vos poches et ne **léchez** pas vos doigts pour compter vos billets. Ne les comptez pas en public.

Quelles recommandations le guide fait-il pour minimiser l'attention qu'on porte à l'argent ?

Dans quelles circonstances remercie-t-on au téléphone ? Et par écrit ?

Remercier d'un cadeau. Lorsqu'on a reçu un cadeau, il est impératif de remercier au plus vite le donateur, en **décrochant** son téléphone (si on est intime) ou en écrivant une lettre.

Parfois le cadeau est apporté par un **livreur** et le donateur a glissé sa carte de visite[25] à l'intérieur. S'il est remis **en main propre,** le cadeau doit être ouvert aussitôt, en présence du donateur qui peut apprécier ainsi le plaisir qu'il vous fait. Cependant, si le cadeau est remis devant **un tiers** arrivé **les mains vides,** la discrétion demande d'attendre que ce tiers soit parti ou éloigné afin qu'il ne soit pas **gêné.**

Que fait-on si le cadeau est défectueux ? Pourquoi ne pas s'adresser au donateur ?

Si un cadeau présente quelque **malfaçon,** la discrétion veut qu'on n'y fasse pas allusion : on peut toujours rapporter au magasin l'objet défectueux et demander un échange.

---

[24] la vieille bourgeoisie = *a social class that grew in importance during the 17th century and that the French associate with old money and with the absence of a noble title*

[25] carte de visite = *calling card left during visits particularly in the 18th and 19th centuries and often enclosed in gifts today*

Excuses

Sachez présenter des excuses chaque fois que c'est nécessaire. La formule « je m'excuse » doit être remplacée par « excusez-moi » ou « je vous prie de m'excuser ». Il faut présenter ses excuses, par exemple, lorsqu'on dérange quelqu'un en passant devant lui, lorsqu'on le bouscule, lorsqu'on arrive en retard, et cette habitude doit se prendre très jeune.

Quels sont les trois conseils que donne au sujet le texte des excuses ?

Snobisme

« Snob » est une abréviation de *sine nobilitate*, sans noblesse : le snobisme **feint** le raffinement aristocratique, dont il est la parodie; la vraie noblesse, celle du cœur, **exige** la simplicité, la modestie, la courtoisie à l'égard de tous. Le snobisme au contraire procède par exclusion et ostentation. Il **revêt** toutes sortes de formes, snobisme de l'argent, du nom, de l'esprit, et il se fait remarquer par son affectation et sa prétention. Le snob croit ou veut croire qu'il appartient à une élite, dont il **mime** les attitudes extérieures. L'ostentation contredit toutes les règles de savoir-vivre et le « petit quelque chose de trop » (dans le vêtement, le langage, les gestes, l'ameublement, etc.) **trahit** la **faute de goût.**

Quelle est l'origine du mot « snob » ?

Selon le texte, le snobisme est-il basé sur a) la jalousie, b) la classe sociale, c) l'imitation ?

Qui est snob, selon le texte ?

Téléphone

Du bon usage du téléphone ! Le téléphone vous introduit, **sans préalable,** au domicile ou au bureau de quelqu'un et cette intrusion **réclame** des précautions pour ne pas ressembler à un coup de force. En fait, peu de gens savent téléphoner, même s'ils utilisent ce moyen de communication plusieurs fois par jour.

Parler brièvement. À moins de cas exceptionnels, le téléphone ne se substitue pas à une visite. Il est d'ailleurs recommandé de s'assurer qu'on ne **dérange** pas : « Allo, ici Pierre Mangin. Puis-je parler à Madame Martel si je ne la dérange pas ? » ou « Ma chère Marie, dites-moi si je vous dérange, je peux rappeler plus tard », ou, si elle n'est pas là : « À quelle heure puis-je la rappeler sans la déranger ? » Mais ne demandez pas (sauf exception) à quelqu'un de vous rappeler : c'est au **demandeur** de rappeler. Si vous avez été interrompu, si la ligne a été coupée, c'est à celui qui a demandé la communication de renouveler l'appel…

Quelle est l'attitude du texte envers le téléphone : a) méfiante, b) enthousiaste, c) réservée ?

Quelles recommandations le texte fait-il pour éviter de déranger quelqu'un par un coup de téléphone ?

Quelles sont les responsabilités du demandeur ?

Vouvoyer

La langue française dispose de deux pronoms pour adresser la parole à un **interlocuteur.** La jeunesse **tutoie** très vite mais le « vous » doit rester la norme auprès des personnes qu'on ne connaît pas; le **vouvoiement** s'apprend dès la petite enfance. C'est à la personne la plus âgée ou la plus respectable de proposer le tutoiement. Un adulte peut tutoyer un enfant qu'il ne connaît pas mais il **s'abstient** dès qu'il s'adresse à un adolescent. En fait, le « tu » et le « vous » sont surtout affaire d'habitude : le respect **s'accorde** fort bien avec le tutoiement et l'intimité peut s'accommoder du vouvoiement.

Dans les milieux professionnels, chaque **société** a ses habitudes. Dans certaines, rares aujourd'hui, on s'appelle toujours « Monsieur »,« Madame », dans d'autres les prénoms sont utilisés, enfin dans les milieux du spectacle, de la publicité, etc., c'est le tutoiement qui est de rigueur. Là encore, il faut se conformer à l'usage général.

Qui devrait proposer le tutoiement ?

Quelle différence fait-on entre un enfant et un adolescent ?

De quelles sortes de milieux ce paragraphe parle-t-il ?

Savoir-vivre *Art of courtesy* / **lexique** *glossary, vocabulary* / **gagne** *earns* / **fortunées** *well-off* / **affichent** *make an outward appearance of, exhibit* / **train de vie** *lifestyle* / **méprisent** *hold in low regard* / **entraînez** *take (someone) along* / **Agissez de même** *Act or behave in the same way* / **partage** *shares, divides* / **liasses** *wads (of money)* / **léchez** *lick* / **décrochant** *picking up (the phone)* / **livreur** *delivery person or service* / **en main propre** *personally, in person* / **un tiers** *a third person* / **les mains vides** *with no gift, empty-handed* / **gêné** *embarrassed* / **malfaçon** *defect* / **feint** *pretends to be, mimics* / **exige** *requires, insists on* / **revêt** *takes on (the appearance)* / **mime** *mimics* / **trahit** *betrays* / **faute de goût** *lack of taste* / **sans préalable** *without notice or preparation* / **réclame** *requires, necessitates* / **dérange** *bother, interrupt inconveniently* / **demandeur** *caller* / **interlocuteur** *person conversing with another person* / **tutoie** *uses **tu** when speaking to a person* / **le vouvoiement** *the use of **vous** when speaking with a person* / **s'abstient** *refrains* / **s'accorde** *exists harmoniously* / **société** *company, corporation*

SOURCE:

Sabine Denuelle, *Le Savoir-vivre*, collection Larousse de poche, © Larousse 1996

Après avoir lu

A. Vérifiez. En petits groupes, regardez de nouveau les réflexions et les prédictions que vous avez faites dans l'exercice B à la page 335. Vos réflexions correspondent-elles à l'attitude et au commentaire du texte ?

B. Profil. Dans quelle mesure le code de politesse élaboré dans le guide correspond-il au vôtre ? Selon les critères du guide, est-ce qu'on vous considérerait plutôt poli(e) ou impoli(e) ? Existe-t-il un rapport entre la classe sociale et le respect de la politesse, à votre avis ?

C. Synthèse. Remplissez les blancs avec la forme correcte du verbe. Choisissez parmi l'indicatif, l'infinitif et le subjonctif (présent et passé).

1. Le savoir-vivre considère la discrétion comme la meilleure qualité qu'on _____ (pouvoir) avoir en ce qui concerne l'argent.

2. Selon le guide, il vaut mieux _____ (parler) brièvement au téléphone.

3. Il n'y a personne qui _____ (avoir) l'air plus snob que celui qui étale son argent.

4. Est-ce que vous êtes surpris(e) que ce livre _____ (recommander) tant de cérémonial ?

5. Il est douteux que tous les Français _____ (être) si cérémonieux.

6. Il n'y a personne qui ne _____ (faire) jamais d'erreur de politesse.

7. Selon le guide, il est important de _____ (suivre) les règles de la politesse.

8. Je ne suis pas sûr(e) que le livre _____ (expliquer bien) les règles du vouvoiement et du tutoiement.

D. Différences et similarités. Lisez le passage suivant tiré d'une autre partie du même guide et faites une liste des caractéristiques américaines, selon le texte. Êtes-vous d'accord avec ce portrait ?

Savoir-vivre à l'étranger

États-Unis

La liberté. La seule règle est peut-être qu'il n'y a pas de règle et qu'en tout domaine mieux vaut le naturel. L'Américain s'est débarrassé° de la coquille de réserve° qui protège si souvent l'Européen et il cherche à communiquer sa joie de vivre : simple, souriant, expansif, il attend de l'autre une amabilité° et une gentillesse réciproques…

has gotten rid of
the protective shell of distance or of being reserved / friendliness

L'égalité démocratique n'est pas un vain mot. N'attendez pas de traitement de faveur sous prétexte que vous êtes étranger; ne cherchez pas, à l'hôtel, au restaurant ou devant le cireur de chaussures,° à vous faire servir plus vite que les autres; le goût du travail bien fait exclut la précipitation et le client nerveux, qui s'impatiente, est mal jugé : chacun respecte l'ordre de la file d'attente° à une station de taxi ou dans un magasin…

shoeshiner

line waiting

Compréhension auditive

Texte I : interview avec Mme C., d'Haïti

Les différences de classe sont plus marquées dans certains pays—et en Haïti notamment. Une Haïtienne nous parle de ces différences, de leurs conséquences économiques et politiques et de leur effet sur l'environnement.

Haïti : Un restaurant touristique

Avant d'écouter

A. Associations. Quelles possessions matérielles, quelle éducation et quelle influence sociale associez-vous aux classes sociales suivantes ?

1. la bourgeoisie
2. la classe moyenne
3. les sans ressources

B. Le contexte. En utilisant le contexte, essayez de deviner la signification des mots en italique.

1. Haïti, c'est le pays des contrastes : on trouve les riches qui sont vraiment favorisés et les pauvres qui sont complètement *démunis*.
2. Il y a très peu de contacts entre les différentes classes sociales, parce qu'il y a ce qu'on appelle une stratification de classes sociales assez *étanche* en Haïti.
3. La *mobilité sociale* existe. Par l'éducation, on peut arriver à quelque chose en Haïti.
4. Il y a la classe moyenne, ceux qui ont *accédé* à une amélioration de leur vie par l'éducation.

Écoutons

Regardez la grille suivante avant d'écouter. En écoutant, essayez de retenir la caractérisation de chaque classe sociale.

Pratique et conversation

Une grille. Indiquez quelle classe sociale correspond à la description donnée.

	La classe bourgeoise	La classe moyenne	Les sans ressources
En Haïti depuis le début	☐	☐	☐
Ont amélioré leur vie par l'éducation	☐	☐	☐
Maisons extraordinaires	☐	☐	☐
Démunis	☐	☐	☐
Ont de l'argent et de l'éducation	☐	☐	☐
Favorisés	☐	☐	☐

Texte II : suite de l'interview avec Mme C., d'Haïti

Avant d'écouter

A. À la campagne. Dans cette deuxième partie de l'interview, Mme C. va décrire la campagne haïtienne et la pauvreté rurale. Dans ce contexte, quels mots et quelles images vous viennent à l'esprit en réfléchissant aux sujets suivants ?

1. le paysage haïtien
2. l'agriculture
3. les moyens de transport
4. l'éducation

B. Complétez. Complétez la phrase avec un des mots suivants : **analphabétisme, dénudés, éducation, à la dérive, voiture, rudimentaire, âne, charbon.**

1. Il n'y a plus d'arbres, les monts sont complètement _____.

2. Le pays n'est plus prospère, il va _____.

3. À la campagne, il n'y a pas d'électricité, la vie est très

   _____.

4. La majorité de la population ne sait ni lire ni écrire.

   L'_____ est répandu.°   *prevalent*

5. Il n'y a aucun moyen de transport vraiment moderne. Les gens circulent à

   dos d'_____.

Écoutons

Utilisez la liste des sujets dans l'exercice A qui suit pour organiser le texte de la *Compréhension auditive.*

Pratique et conversation

A. Détails. En écoutant le texte de nouveau si nécessaire, trouvez la réponse aux questions suivantes.

1. Quelle(s) tradition(s) est-ce qu'on trouve à la campagne ?
2. Quel est le pourcentage d'analphabètes dans la population haïtienne ?
3. Pourquoi est-ce qu'on coupe les arbres à la campagne ?
4. Quel problème y est prédominant ?
5. Quels sont les produits agricoles principaux ?

B. Associations. Quel mot est-ce que le locuteur a utilisé pour décrire les choses suivantes ?

1. l'état des routes
2. les gens à la campagne
3. les monts
4. la campagne
5. l'ancienne colonie d'Haïti

C. Optimiste ou pessimiste ? Est-ce que Mme C. a une attitude plutôt optimiste ou pessimiste ? Est-elle fataliste ou cherche-t-elle à changer les conditions de vie en Haïti ? Justifiez votre réponse en citant des passages des deux interviews.

D. Chez nous. À quels problèmes est-on confronté dans les régions rurales aux États-Unis ? Quelles solutions est-ce que vous proposeriez pour remédier à ces problèmes ?

Haïti : Un quartier de Port-au-Prince

France : Un magasin
Monoprix

Journal

Regardez la photo ci-dessus et celle à la page 343. Quelles classes sociales sont représentées, selon vous ? Quels « signes » extérieurs sont particulièrement révélateurs de classe ? Imaginez une journée passée avec une de ces personnes. Où iriez-vous ? Qu'est-ce que vous feriez ? achèteriez ? mangeriez ?

À votre tour

Dans la première *Interaction*, on a appris que Chantal, la nièce de Mme Lalande, veut se marier avec « un jeune homme de Valenciennes ». Sa mère, Monique, n'approuve pas. En petits groupes, vous allez écrire (et éventuellement jouer !) une scène de théâtre où Monique rencontre le futur fiancé de Chantal. Comment l'accueillera-t-elle ? Quelles sortes de questions posera-t-elle ? Changera-t-elle d'avis après avoir fait la connaissance de ce jeune homme ?

Enrichissez votre expression

A. La distribution. Identifiez les personnages dans cette scène. Donnez-leur un nom, si nécessaire.

B. Comment sont-ils ? Comment sont les personnages ? Décrivez-les au physique et au moral. Comment parleront-ils ? (simplement, discrètement, sérieusement?) Comment agiront-ils ? (lentement, rapidement, avec agitation ?)

C. La scène et le décor. Où se passe cette scène ? À quel moment (un repas, l'heure du thé...) ? Décrivez le décor.

France : Une boutique

D. Le drame. La mère de Chantal veut en apprendre autant que possible sur les origines, la famille et l'avenir de ce jeune homme. Quelles sortes de questions posera-t-elle ?

E. Les réactions. Imaginez la réaction du jeune homme. Essaiera-t-il d'impressionner la mère de Chantal ? Se fâchera-t-il ? Fera-t-il une gaffe ?

F. Le dénouement. Est-ce que tout finira bien ? La mère de Chantal approuvera-t-elle le mariage ?

Ébauchez votre plan

En préparant votre scène, suivez les indications données.

A. Partie I. Entrée du jeune homme; présentations; conversation polie

B. Partie II. Questions posées au jeune homme; réponses et explications

C. Partie III. Conclusion de la mère; réaction du couple

Écrivez

Écrivez la première version de votre scène. Indiquez la façon dont les discours seront prononcés. Indiquez aussi tous les gestes qui accompagneront l'action.

Révisez

Révisez votre première version en tenant compte des commentaires/corrections de votre lecteur. Ensuite, jouez la scène pour les autres !

Hypothèses

"I don't come from Berkeley any more," she explained, "that was another decade, Herb. Now I'm a native of D.C., where policy for the nineties is made. Fairfax, actually." She advised Haitians. She bought art. She sold it up north and back east. There may have been a little problem of 100 percent of the proceeds going to overhead and expenses, but the rest went to benefit Haitian children, "eyes, education, and like that."

Cindy didn't speak French or Creole or like that, but she was in touch with the goddess within, which didn't help her communication with the people without. She stared at a woman feeding a child rice and beans and asked me to translate her question: "Don't you think you're overdoing it on the carbo-loading?" There was incomprehension, so she repeated in an emphatic raised voice: "Excess of carbohydrates?" I explained about hunger and this exceptionally nourishing breakfast. "Well, beans have some protein and niacin, I guess. And these people, they're really good at recycling. But would you ask if the husband ever does any of the cooking, gives the mom a day off now and then?"

HERBERT GOLD, *BEST NIGHTMARE ON EARTH: A LIFE IN HAITI*

Chapitre 10

Ouvertures permanentes

Contacts entre les cultures

- What motivates people like Cindy to go to places like Haiti?

- Why does Gold seem to think that Cindy is not capable of making sense out of Haiti?

- In your opinion, is this kind of cultural contact beneficial to Haitians, is it harmful, or is it neither?

- What do you think an outsider needs to know in order to be effective in helping the people of an underdeveloped nation like Haiti?

- Are there barriers that an American might never be able to overcome in attempting to understand Haitians?

▶ As communications technologies and a global economic network bring cultures into closer contact, the French-speaking world is being transformed. A culture of business is spreading Western habits of life and thought to the elites of the underdeveloped world. Redefined ethnic identities are pushing against the seams of established nation-states. And individuals are traveling and communicating with other individuals from one end of the world to the other.

Ouverture culturelle

Mise en train

	Politique, économie et identité	**Vers un nouveau monde**
to belong to	l'assimilation *(f.)*	appartenir à°
competition / to attract	la concurrence°	attirer°
	le dynamisme	diviser
training	le formation°	partir à l'étranger
	la promotion	reconnaître
	le savoir-faire	rejeter
		unir

Première approche

L'annonce suivante a paru dans plusieurs revues africaines.

QUÉBEC

Un SAVOIR-FAIRE NORD-AMÉRICAIN   Un ENVIRONNEMENT FRANCOPHONE

Nos lignes de force:
Énergie
Télécommunications
Transport
Agriculture
Foresterie
Formation
Informatique

Gouvernement du Québec
Ministère des Affaires
internationales

Québec

1. Les Québécois essaient d'attirer les Africains des pays francophones chez eux. Où ces Africains allaient-ils traditionnellement pour leurs études ou pour leurs formations ?
2. Pourquoi les Africains sont-ils attirés par l'Amérique du Nord maintenant ?
3. Quels avantages le Québec a-t-il sur les États-Unis pour les habitants de l'Afrique de l'Ouest ?
4. Quels avantages a-t-il sur la France et la Belgique ?
5. La France garde des relations économiques très étroites avec ses anciennes colonies africaines. D'après vous, quelle serait la réaction de Paris à cette campagne québécoise ?

Pour aller plus loin

La Belgique, créée en 1830, est un état plus ou moins artificiel. Les tensions entre les Flamands (qui parlent néerlandais) et les Wallons (qui parlent français) durent depuis des siècles. Entre 1970 et 1993, l'état belge s'est transformé en fédération. Le dessin indique les nouvelles institutions gouvernementales de la Belgique.

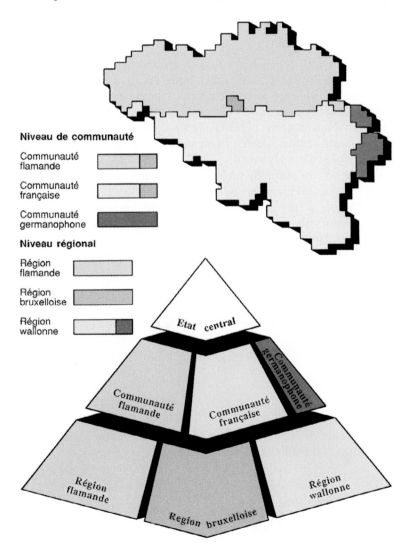

1. Les « communautés » sont définies par leur langue. Quelles sont les trois communautés reconnues dans les institutions belges ?
2. Les « régions » sont des unités géographiques. La région de Bruxelles est divisée entre deux communautés. Lesquelles ? Pourquoi cette division, à votre avis ?
3. La région wallonne comprend la communauté _____ et une partie de la communauté _____ .
4. Les régions s'occupent de l'agriculture, de l'énergie et de l'économie. Les communautés sont compétentes dans les domaines culturel et social et pour les relations économiques internationales. Quelles sont les fonctions de l'état central, à votre avis ?
5. À votre avis, quels sont les avantages de cette décentralisation ?

Interaction I

Alain Le Blanc, 62 ans, et son fils, Serge, 37 ans, regardent les informations à la télévision.

Réfléchissez

Quels sont les avantages et les désavantages de l'Union européenne pour les Français ?

Quelles différences peut-il y avoir entre les générations dans leurs attitudes envers l'Europe ?

Alain Tu as entendu, Serge ? Il faut encore se serrer la ceinture[1] à cause de l'euro.[2]

Serge Mais écoute, il faut bien une devise[3] commune pour que l'Europe puisse résister à la concurrence du dollar et du yen.

Alain Franchement, je me demande si cette Union européenne est tellement un avantage pour la France. Nous avons presque tout en France, à part le pétrole. Nous n'avons besoin de personne.

Serge Ah là, je ne suis pas d'accord avec toi. Le monde n'est plus ce qu'il était et la France n'est pas une île.

Alain S'il faut perdre notre identité de Français afin d'améliorer notre performance économique, ça ne m'intéresse pas. C'était aussi bien autrefois.

Serge Tu exagères, Papa. L'Europe a déjà apporté des avantages. Il ne faut plus de passeport pour voyager, on peut faire ses études ou travailler à Londres ou à Athènes, et à l'avenir…

Alain Moi, ça ne m'a jamais intéressé de travailler ailleurs qu'en France.

Observations

1. D'après Serge, pourquoi l'Europe a-t-elle besoin de l'euro ?
2. Quels avantages de l'Union européenne sont mentionnés par Serge ?
3. Pour Alain, la construction de l'Europe signifie peut-être une perte. Laquelle ?

Perspectives

1. Que veut dire Alain quand il dit « Nous avons presque tout en France » ? Quelle image de la France Alain a-t-il ?

---

[1] se serrer la ceinture = *to tighten one's belt*

[2] l'euro = *the common European currency*

[3] devise = *currency*

2. À votre avis, pourquoi les jeunes sont-ils souvent plus favorables que les personnes âgées à la construction de l'Europe ?

3. Est-ce que l'Union européenne va changer le sens de l'identité chez les Européens, à votre avis ?

Autrement dit

L'Union européenne

Ce qui unit les pays de l'**U.E.**° est sans aucun doute plus fort que ce qui les oppose. La proximité géographique était, au départ, la principale raison d'être de l'Europe. Elle avait conduit à des évolutions économique, politique, sociale, démographique relativement **semblables**° dans les pays membres. La seconde raison d'être de l'Europe tient à ce que les nations qui la composent sont des démocraties. Elles figurent, en outre, dans le groupe des pays industrialisés. Mais la raison d'être essentielle de l'Union est que chacun de ses membres a globalement intérêt, **sur le plan économique**° en particulier, à **en faire partie.**°

Mais les Français, comme d'ailleurs beaucoup d'Européens, ne se sentent pas impliqués **à titre personnel**° dans l'Union. Pour la plupart d'entre eux, elle n'est qu'une construction artificielle dont le fonctionnement n'a pu être assuré qu'à coup de lois compliquées. L'Europe n'est pour eux qu'un vaste groupement d'intérêt économique. Utile ou indispensable selon les individus, mais de toute façon **sans âme.**°

Les jeunes semblent mieux disposés **à l'égard**° d'une Europe renforcée sur les plans économique, politique et militaire. Une autre question est de savoir si l'Europe doit chercher à se créer une identité culturelle ou défendre ses **particularismes**° nationaux. Les **tendances actuelles**° vont vers la seconde solution, avec un intérêt croissant pour l'**échelon**° régional.

European Union

similar

from an economic standpoint / to belong

personally

without a soul / with regard / individualities / present trends / level

Pratique et conversation

A. Synonymes. Trouvez des synonymes dans l'*Autrement dit* pour les expressions suivantes.

1. vis-à-vis de, à propos de
2. de nos jours, en ce moment
3. pareils
4. adhérents
5. avait résulté
6. appartenir
7. personnellement

B. Formulez. Formulez des phrases originales à partir des expressions suivantes.

1. la principale raison d'être / l'Union européenne…
2. unir / les pays de l'U.E. …
3. tendances actuelles / jeunes / à l'égard de…
4. évolution démographique / conduire à…
5. l'Europe / se créer une identité culturelle…

C. Mise au point. Faites un résumé de l'attitude des Européens envers l'Union européenne en utilisant le vocabulaire de l'*Autrement dit* le plus possible.

Belgique : Bruxelles, capitale de l'Europe

Grammaire de base

1.1 You have studied how to express time relationships using a number of prepositions. These are summarized and reviewed here.

■ **Pour** + time expression refers to time intended rather than time elapsed.

Je serai aux États-Unis pour toute l'année scolaire.

■ **Pendant** expresses the duration of an action.

Elle a dû s'absenter pendant deux heures.   *She had to be gone for two hours.*

■ **En** + time expression signifies how long it takes to perform an action.

Je peux le faire en un jour.

■ **Dans** + time expression expresses when an action will take place.

Je finirai le travail dans une heure.

■ **Depuis** + present tense expresses an action that began in the past and continues into the present.

Nous sommes en France depuis trois mois.

■ **Depuis** + imperfect tense expresses an action that had been going on before another action takes place.

J'attendais depuis une demi-heure quand le patron est arrivé.

2.1 Review the use of prepositions before geographic nouns. (See chart in **Chapitre 7, Structure V.**)

3.1 You have learned the following prepositions to express spatial relations.

devant	*in front of*	à côté de	*beside*
sur	*on*	en face de	*opposite*
sous	*under*	au-dessus de	*above*
derrière	*behind*	en dessous de	*below*

Structure I

Pour exprimer les rapports de temps et de cause : La forme verbale après les conjonctions

a. The subjunctive is used after the following conjunctions.

Conjunctions that express time relationships

avant que (+ ne)	*before*
jusqu'à ce que	*until*

Conjunctions that indicate a goal or purpose

pour que	*in order that*
afin que	

Avant qu'il n'y ait une vraie Union européenne, il faudra résoudre beaucoup de questions.	*Before there can be a true European Community, a lot of issues will have to be resolved.*
Il n'y aura jamais d'Union européenne avant que ces questions soient résolues.	*There will never be a European Community before these questions are settled.*
Les pays se sont réunis pour que ces questions soient résolues.	*The countries met in order to settle these questions.*

Conjunctions that express a condition

pourvu que	*provided that*
à condition que	*on the condition that*

Je le ferai pourvu que (à condition que) vous me payiez avant.	*I will do it provided that (on the condition that) you pay me ahead of time.*
Quoique (bien que) leurs intentions soient honnêtes, nous ne pourrons pas faire ce qu'ils nous demandent.	*Although their intentions are honest, we won't be able to do what they ask of us.*

Conjunctions that present a restriction

à moins que (+ ne)	*unless*
sans que	*without*

Je ne passerai pas à moins qu'elle ne m'appelle.	*I won't stop by unless she calls me.*
Mon fils a résolu le problème sans que je l'aide.	*My son resolved the problem without my helping him.*

Conjunctions that express a concession

bien que	
quoique	*although*

b. As the preceding examples illustrate, **ne** precedes a verb in the subjunctive after the conjunctions **avant que** and **à moins que**. This is not the negation **ne** and does not negate the verb. You have already seen an example of this usage of **ne** after verbs that express fear such as **avoir peur de** and **craindre** (*Chapitre 7*).

c. When there is only one subject involved in the action, most of the conjunctions listed in the preceding sections are replaced by a corresponding preposition followed by an infinitive.

Two subjects: Conjunction + subjunctive

à moins que (+ ne)
sans que
à condition que
afin que
pour que
avant que (+ ne)

Il est sorti de la réunion sans rien demander.	*He left the meeting without asking for anything.*

One subject: Preposition + infinitive

à moins de
sans
à condition de
afin de
pour
avant de

| J'étudie le français afin de (pour) pouvoir faire des recherches en histoire de l'art. | *I'm studying French in order to be able to do research in art history.* |
| Il a regardé les infos avant de dîner. | *He watched the news before having dinner.* |

d. Note, however, that even without a change of subject, **bien que, jusqu'à ce que, quoique,** and **pourvu que** must be followed by a clause with a verb in the subjunctive. There are no corresponding prepositions.

> Il attendra jusqu'à ce qu'il doive aller à son cours.
> Bien que (Quoique) je sois en faveur d'une Europe unie, je reconnais qu'il y aura des obstacles.

e. The conjunction **après que** is followed by the indicative.

| Après qu'il nous aura déposés à l'aéroport, nous achèterons nos billets. | *After he drops us off (will have dropped us off) at the airport, we will buy our tickets.* |
| Il nous rejoindra après que sa femme se sera un peu reposée. | *He will join us after his wife has rested (will have rested) a little.* |

f. The corresponding preposition **après** is used when there is only one subject involved in the action. It is followed by the past infinitive (see *Chapitre 9*).

| Je me sentirai mieux après avoir fait un peu de jogging. | *I will feel better after I jog a little.* |
| Elle viendra après s'être levée. | *She will come after she gets up.* |

g. The preposition **sans** can also be followed by the past infinitive.

| Il ne devrait pas sortir sans avoir parlé à son médecin. | *He shouldn't go out without having spoken to his doctor.* |

Pratique et conversation

A. Paul et Virginie (suite). Paul et Virginie, qui venaient de rompre dans le chapitre précédent, essaient de se réconcilier. Remplissez chaque blanc en conjuguant le verbe entre parenthèses à la forme correcte.

Virginie Je ne te pardonnerai pas à moins que tu _____ (promettre) d'être fidèle pour toujours.

Paul Et moi, je ne serai pas content avant que nous _____ (se marier).

Virginie Je ne me marierai pas avec toi avant que tu me _____ (donner) le diamant que tu m'avais promis.

Paul Bien que je te l'_____ (promettre), tu ne l'auras pas; il est évident que nous _____ (ne… pas pouvoir) nous réconcilier. Nous nous disputons constamment. Et avant que nous _____ (recommencer), je m'en vais. Adieu.

B. L'Union européenne. Serge et Alain continuent leur conversation sur l'Union européenne. Mettez le verbe dans la colonne A à la forme correcte et complétez les phrases suivantes par une des phrases de la colonne B.

A	**B**
1. À moins que la France / sacrifier beaucoup…	… il sera trop difficile d'adopter l'euro.
2. Bien que nous / avoir plusieurs années…	… devons réfléchir.
3. Après que la France / faire ces sacrifices…	… elle profitera de beaucoup d'avantages.
4. Pour que nous / pouvoir garder notre identité française…	… il faut refuser de faire partie de l'Union européenne.
5. Avant de rejoindre l'Union européenne, nous…	… elle ne fera jamais partie de l'Union européenne.

C. Complétez. Complétez les phrases suivantes en ajoutant votre propre réponse.

1. Je fais des études universitaires afin de…
2. Quoique… , je suis content(e) de ma vie.
3. Après… , j'irai prendre un pot avec mes amis.
4. Je continuerai à étudier le français jusqu'à ce que…
5. Je ne pourrai pas acheter de nouvelle voiture à moins de…

D. Ma journée. Parlez de votre journée en utilisant les conjonctions/prépositions **avant que/avant de** et **après que/après.**

Modèle : Je prends une douche avant que mon camarade de chambre ne se réveille.

Structure II

Pour situer dans le temps : Les prépositions de temps

a. The following prepositions are used to situate in time.

- **Avant** means *before* or *by*.

Nous aurons une monnaie commune avant 1999.	*We will have a common currency by 1999.*

- *By now* is translated as **déjà** or **maintenant.**

Il est sans doute déjà à Bruxelles.	*He is probably in Brussels by now.*

- **Ne… pas avant** expresses the time that must go by before an action can take place.

Je ne pourrai pas arriver avant 17h00.	*I won't be able to arrive before (until) 5:00 P.M.*

■ **À partir de** marks the beginning point or period of an action or state.

À partir de 2000, l'euro sera
l'unique devise de l'Union
Européenne.

*Beginning in 2000, the euro will be
the only currency of the European
Union.*

■ **Vers** expresses approximation in time.

Je serai libre vers midi.

I'll be free around noon.

b. To talk about years, dates, and time periods, the following expressions are useful.

au (vingt et unième) siècle	*in the (twenty-first) century*
à l'avenir	*in the future*
dans le passé	
autrefois	*in the past*
dans le temps	
en (au mois de) (janvier)	*in (January)*

c. No preposition is necessary when referring to the days of the week.

Son anniversaire est lundi.

Her birthday is Monday.

However, to express an action that recurs every week on a given day, the definite article is used before the day of the week.

J'achète toujours un billet de loto
le mardi.

*I always buy a lottery ticket on
Tuesdays.*

d. The definite article is also used with dates.

Aujourd'hui, c'est le 18
décembre.

Today is December 18.

Pratique et conversation

A. Mini-dialogues. Complétez les dialogues suivants en ajoutant une préposition ou un article si nécessaire.

1. **Anne** Jean-Philippe, c'est aujourd'hui ton anniversaire ?

   Jean-Philippe Non, c'est _____ 12 mars, pas _____ 2 mars.

2. **Le contrôleur** Mesdames et Messieurs les passagers, _____ du premier juin, ce train ne s'arrêtera plus à Trouville.

   Un passager Zut alors, _____ l'avenir je serai obligé de prendre ma voiture.

3. **Lui** Tu arriveras quand, chérie ?

   Elle Je ne serai pas là _____ (before) 17h00.

   Lui Bon, j'arriverai _____ (around) 17h15, alors.

4. **Le professeur** Ce roman se situe _____ dix-neuvième siècle...

   Un étudiant Tous les livres que nous lisons se situent _____ le passé. Vous ne pourriez pas changer ?

5.　　**La mère**　J'ai posté ton colis lundi. Tu aurais _____

　　　　　　　　(by now) dû le recevoir !

　　Le fils　Ne t'inquiète pas. Je l'aurai _____ *(by)* le

　　　　　　　week-end.

B. Interview. Demandez à votre partenaire…

1. quelle est la date d'aujourd'hui.
2. vers quelle heure il/elle va rentrer.
3. ce qu'il/elle doit faire avant le week-end.
4. ce qu'il/elle ne pourra pas faire avant le week-end.
5. quelle fête on célèbre en juillet.
6. comment était la vie d'autrefois.
7. ce que le vingt et unième siècle nous apportera.
8. ce qui va être meilleur à l'avenir qu'au passé.

Lecture 1

Yousif Al Khoï, l'auteur de cet article, est le petit-fils du grand ayatollah[4] Aboul Qassem Al Khoï, la plus haute autorité chiite[5] avant sa mort en Irak en 1992. Yousif Al Khoï est l'un des directeurs de la Fondation Al Khoï, organisation créée par son grand-père pour continuer la tradition éducative et bienfaisante historiquement associée aux fonctions de l'ayatollah. Lui, son grand-père, et la fondation refusent d'accorder un rôle au pouvoir politique dans les affaires religieuses.

Maghreb : L'heure de la prière

---

[4] chef religieux musulman

[5] secte musulmane

Avant de lire

A. Réfléchissez. Préparez-vous à la lecture en réfléchissant aux questions suivantes.

1. Quelles sont vos idées sur le monde musulman ? À votre avis, quelle religion ou quelle culture est décrite par les phrases suivantes ? Cochez la colonne appropriée, et analysez vos réponses.

Jugements	Le christianisme	Le judaïsme	Le monde musulman/ l'islam
religion fanatique	☐	☐	☐
licencieux et immoral	☐	☐	☐
sans foi	☐	☐	☐
manque de respect pour les femmes	☐	☐	☐
religion sévère/ doctrine brutale	☐	☐	☐
religion basée sur la tolérance et l'amour de Dieu	☐	☐	☐
reconnaissance de Jésus-Christ	☐	☐	☐
patriarcale	☐	☐	☐
beaucoup de diversité	☐	☐	☐

1. Quels pays et quelles images associez-vous à l'islam ?
2. D'où viennent ces associations ? Que savez-vous vraiment du monde musulman ? Êtes-vous vraiment informé(e) ?
3. Selon vous, comment le monde musulman voit-il les pays industrialisés de l'Ouest, autrement dit l' « Occident » ? Qu'est-ce que les musulmans associent avec l'Occident ? Ces associations sont-elles plutôt religieuses, politiques ou économiques ? D'où viennent ces images de l'Occident ?

B. Parcourir et prévoir. Avant de lire l'article, essayez d'imaginer son contenu en réfléchissant aux questions suivantes.

1. Lisez le titre de l'article : « Pour une compréhension réciproque entre l'islam et l'Occident ». D'après ce titre, quelle est l'attitude de l'auteur ? Quel est son but ?
2. Notez la rubrique « Des valeurs équivalentes ». Selon vous, quelles seraient ces « valeurs équivalentes » ? Est-ce que l'idée que l'occident et l'islam ont certaines valeurs en commun vous surprend ? Lisez rapidement le texte en soulignant les valeurs qui sont identiques, selon l'auteur. Ensuite, faites une liste de ces valeurs.
3. Lisez rapidement le texte en soulignant toutes les images négatives des deux mondes, l'Occident et le monde musulman. Ensuite, complétez les deux listes indiquées qui suit.

Notions négatives de l'Occident	Notions négatives du monde musulman
_____	_____
_____	_____
_____	_____
_____	_____

C. Le saviez-vous ? Que savez-vous déjà de l'islam ? Le paragraphe suivant vous explique un peu les croyances de cette religion.

L'islam est une religion qui insiste sur la croyance en un Dieu unique, créateur du monde, qui s'est révélé au monde par ses prophètes, y compris Abraham, Moïse et Jésus. Mahomet (Muhammad) est le dernier des prophètes. Donc, c'est une religion apparentée à la tradition judéo-chrétienne. Pour les pratiquants de l'islam, il existe cinq obligations : a) la profession de foi en Allah, Dieu unique; b) la prière (cinq fois par jour); c) l'impôt religieux (surtout pour aider les pauvres); (d) le jeûne° au mois de ramadan; et e) le pèlerinage à La Mecque. Les principaux dogmes se trouvent dans le Coran (la parole de Dieu révélée à Mahomet), dans la Charia (la loi islamique) et dans le hadith (la tradition du Prophète).

fasting

« Pour une compréhension réciproque entre l'islam et l'Occident° »

La relation entre l'islam et l'Occident est l'objet d'une vaste controverse. Des images stéréotypées en ont été données **de part et d'autre.** L'islam a été associé au terrorisme, à l'extrémisme, à l'intolérance, aux violations des droits de la femme et des libertés civiles et à un retour à l'**obscurantisme.** De telles opinions ont été renforcées par des images d'Afghanistan et d'Algérie et par les récentes attaques terroristes imputées à des groupes islamiques.

De leur côté, de nombreux musulmans ont tendance à considérer l'Occident à travers son passé colonial, **mu par** ses intérêts propres et par une politique de « **deux poids, deux mesures ».** Ils considèrent que c'est une société matérialiste et déspiritualisée, dont les profonds problèmes sociaux sont inhérents à sa nature même.

Ces jugements déformés ont pris les extrêmes pour la norme. Un vrai danger existe aujourd'hui de voir ces points de vue extrêmes devenir une dimension permanente idéologique, politique et culturelle. Nous sommes donc à un tournant crucial de l'histoire des relations entre les musulmans et l'Occident. Trop de choses sont **en jeu,** qui sont lourdes de conséquences sérieuses, non seulement pour les musulmans d'Europe et les chrétiens du Proche-Orient, mais aussi **quant à** tous les autres points potentiels de troubles, en Afrique et en Asie.

Aucune compréhension objective et **bienveillante** de ce que l'islam signifie pour ses millions de fidèles n'est offerte au public occidental. **Celui-ci** ignore que l'absence de libertés politiques dans les pays musulmans **est due,** en grande partie, à une succession de dictatures corrompues et **d'élites déracinées;** que **les droits de la femme** sont **inscrits** dans le Coran et les paroles du Prophète; que l'islam insiste sur la tolérance de la diversité et le respect total de la **loi.** Mais—et c'est un « mais » crucial—l'islam **demande** que les actions de l'homme, à la fois

Comment l'auteur voit-il la relation entre l'islam et l'Occident ? Qui en est responsable ?

Quels sont les stéréotypes que l'Occident a du monde musulman ?

Selon l'auteur, comment les musulmans stéréotypent-ils l'Occident ?

Pourquoi l'auteur pense-t-il que nous sommes « à un tournant crucial » ? Pourquoi a-t-il peur de ces « jugements déformés » ?

Quels sont les aspects spécifiques du monde islamique que les pays occidentaux ne comprennent pas, selon l'auteur ?

personnelles et en société, soient jugées **en fonction des** valeurs universelles et intangibles révélées par le Créateur à ses messagers et prophètes. C'est pour cela que les musulmans n'accepteront jamais passivement l'**effondrement** de la famille, ni un matérialisme **débridé** et égoïste, ni la pornographie; ils n'accepteront pas non plus que la **foi** et la croyance de millions d'hommes soient **tournées en dérision,** tout celà [sic] au nom de la **liberté personnelle et d'expression.** ...

Des valeurs équivalentes

Cette course vers l'affrontement doit être ralentie, stoppée si possible. Il n'existe pas un « bon » et un « mauvais » islam, un islam modéré et tolérant et un autre sectaire et nuisible. Il y a seulement des gens bons et d'autres mauvais, des gens honnêtes ou ignorants...

La grande majorité des musulmans sont des gens modestes et pauvres, tyrannisés par des régimes et des élites oppressifs souvent soutenus par l'Occident, **avilis** par une misère terrible et l'ignorance. Ils savent que l'islam est la seule chose qui donne un but et un sens à leur vie, et ils se mobiliseront, lutteront pour leur croyance s'ils la sentent menacée. C'est pour cela qu'il est impératif qu'un nombre plus grand de **faiseurs d'opinions** commencent à reconnaître **le tort** qui est fait par cette **mêlée** générale contre l'islam et les musulmans, et se joignent **à ceux qui** appellent à la tolérance, à la diversité et au respect des autres cultures.

Aujourd'hui, le défi **lancé** au monde musulman est de s'adapter à la modernité; de **se hisser** au-dessus de l'humiliation, de l'impuissance et de la dégradation **vécues** sous le colonialisme; il est encore plus important de trouver des solutions à ses nombreux problèmes, sans **recourir à** la violence. Non pas **en singeant** l'Occident comme le demandent certaines de nos élites sécularisées, ni par le **cliquetis des sabres** de **prétendus** radicaux, ni non plus **en ternissant** le nom de l'islam par l'assassinat d'étrangers au nom de la religion. Ceux qui **revendiquent** le droit de gouverner au nom de Dieu ne peuvent justifier de moyen honteux pour arriver à leur fin. S'ils le font, ils abusent de leur droit de parler au nom d'une religion.

L'islam dans son essence est la simple affirmation de l'unicité de la création et de l'absolue transcendance du Créateur. Les attributs du Créateur sont innombrables, mais le Coran insiste sur le pardon, la compassion, la connaissance et la sagesse. Les valeurs dont l'Occident est fier, la liberté de pensée et d'expression, la tolérance, les droits de l'homme et de la femme, ont tous leur équivalent et leur écho dans les valeurs et la morale islamiques. C'est là le terrain de rencontre de nos deux civilisations. Nous devons **tenter** de regagner ce terrain.

---

l'Occident *the West, referring to (Western) industrialized countries* / **de part et d'autre** *on both sides* / **obscurantisme** *opposition to widespread instruction for the general population* / **mu par** *motivated by* / **deux poids, deux mesures** *double standard* / **en jeu** *at risk* / **quant à** *with regard to* / **bienveillante** *well intentioned, generous, favorable* / **Celui-ci** *The latter (referring to the [Western] industrialized countries)* / **est due** *is due* / **élites déracinées** *elite classes who have lost touch with their roots* / **les droits de la femme** *the rights of women* / **inscrits** *written down, inscribed* / **loi** *law* / **demande** *requires* / **en fonction des** *in relation to, by the standard of* / **effondrement** *collapse* / **débridé** *unbridled* / **foi** *religious faith* / **tournées en dérision** *ridiculed, belittled, held in disregard* / **liberté personnelle et d'expression** *personal liberty and freedom of speech* / **avilis** *degraded, made miserable* /

faiseurs d'opinions *shapers of public opinion* / **le tort** *the wrong, the harm* / **mêlée** *attack* /
à ceux qui *to those people who* / **lancé** *thrown out, put forth* / **se hisser** *to raise oneself* /
vécues *lived, experienced* / **recourir à** *to turn to* / **en singeant** *by aping, by imitating* /
cliquetis des sabres *clinking of swords, i.e., warfare* / **prétendus** *would-be, aspiring* / **en
ternissant** *by tarnishing* / **revendiquent** *claim (as their right)* / **tenter** *to attempt, to try*

SOURCE:
Yousif Al Khoï, *Le Monde* le 19 août 1994

Après avoir lu

A. Vérifiez. Regardez les prédictions que vous avez faites avant de lire le texte
(exercice B à la page 356). Aviez-vous raison ou plutôt tort ? Après avoir lu le
texte, voyez-vous le monde islamique de la même manière qu'avant, ou d'une
manière différente ?

B. Élaboration. L'auteur essaie de nous donner une nouvelle perspective sur
l'islam, une image qui brise nos stéréotypes. Quelle est cette nouvelle perspective ?
Remplissez le tableau suivant.

Image négative	Nouvelle perspective
retour à l'obscurantisme	*le monde musulman a besoin de s'adapter à la modernité*
extrémisme	*l'islam insiste sur la tolérance de la diversité et le respect total de la loi*
terrorisme	_____
violation des libertés civiles	_____
violation des droits de la femme	_____

C. Résumé du texte. Faites un résumé du texte à l'écrit ou à l'oral dans lequel
vous...

1. décrirez la vision déformée de l'Occident et de l'islam dont l'auteur de
   l'article parle.
2. indiquerez les causes de cette vision déformée.
3. résumerez la nouvelle image que l'auteur offre de l'islam en ce qui concerne
   - les différences légitimes qui existent entre l'Occident et le monde
     islamique.
   - les valeurs de l'islam, surtout celles qu'il partage avec l'Occident.
   - les conditions et l'attitude de la majorité des musulmans.
4. expliquerez pourquoi il est important de corriger cette vision déformée,
   c'est-à-dire, quels sont les risques de continuer à ne pas se comprendre.
5. indiquerez les recommandations ou les solutions proposées par l'auteur.

D. Vrai ou faux ? En petits groupes, décidez si les phrases suivantes représentent
bien l'opinion de l'auteur. Discutez de vos choix et soutenez-les en citant des
phrases précises tirées du texte. Corrigez celles que vous jugez fausses ou imprécises.

1. L'auteur de l'article comprend pourquoi l'Occident a associé l'islam avec le
   terrorisme.
2. Selon l'auteur, il n'existe pas de vraies différences entre les valeurs de
   l'Ouest et les valeurs islamiques.

3. Selon l'auteur, le monde musulman est fidèle aux principes de l'islam.
4. Les similarités entre l'islam et l'Occident peuvent servir de base à une compréhension mutuelle.
5. Il y a beaucoup de divisions philosophiques dans le monde musulman, selon l'auteur.
6. L'auteur rejette le terrorisme.

E. Synthèse. Remplissez les blancs avec la préposition temporelle correcte.

1. L'islam n'existait pas _____ l'an 600 ap. J.-C. Muhammad l'a établi _____ VIIe siècle ap. J.-C.[6] _____ 661, les Musulmans ont commencé une expansion vers l'ouest et vers l'est. Les Espagnols ont chassé les Musulmans d'Espagne _____ XVe siècle, _____ la fin du siècle.

2. Selon l'auteur de l'article, l'islam et l'Occident doivent essayer de mieux se comprendre _____ aujourd'hui. Mais il dit aussi qu'ils ne seront pas capables de se comprendre _____ le jour où ils cesseront de croire aux jugements déformés. _____ la colonisation a influencé leurs rapports, mais il faut vivre dans le présent. Ils doivent tous les deux faire un meilleur effort pour se comprendre _____ .

Interaction II

Joseph, un jeune Guadeloupéen, a travaillé pendant plusieurs années à la Poste à Paris. Maintenant, il est de retour à Pointe-à-Pitre.[7] Il discute dans un café avec Michel, un Parisien qui vient d'être affecté[8] à la Guadeloupe.

Réfléchissez

La Guadeloupe est un département français, mais un département « d'outre-mer[9] ». Est-ce que les Guadeloupéens se considèrent comme des Français ?

Quels reproches certains Guadeloupéens font-ils à la France ?

Michel Dis donc, Joseph. C'est vrai que ta sœur est indépendantiste et qu'elle a refusé de venir te voir à Paris ? C'est surprenant quand même. Je n'en reviens pas ! S'imagine-t-elle que la Guadeloupe gagnerait à être indépendante ?

Joseph Oh, Joëlle a dit une fois qu'elle n'y mettrait jamais les pieds, mais je ne sais pas si on peut dire qu'elle est indépendantiste. Elle tient la France pour responsable de certains de nos problèmes.

Michel Je dois dire que j'ai été un peu surpris de voir que le niveau de vie est plus bas ici qu'en France, surtout à la campagne.

Joseph Eh oui, mais, d'un autre côté, on a beaucoup d'avantages. La plupart des villes antillaises sont bien moins prospères que Pointe-à-Pitre.

---

[6] J.–C. = *A.D.*
[7] Pointe-à-Pitre = *capital of Guadeloupe*
[8] être affecté = *to be assigned*
[9] outre-mer = *overseas*

**Guadeloupe : Un marché
à Pointe-à-Pitre**

Michel   C'est exact.
Joseph   Quant à ma sœur, elle dit que les Békés[10] se croient les rois ici et que les
            Métros[11] ont les meilleures places. Elle a un peu raison.
Michel   En tout cas, moi, ça me plaît, la Guadeloupe. J'aime la musique, les
            paysages… et le soleil.

Observations

1. Pourquoi Michel pense-t-il que Joëlle est indépendantiste ?
2. Quelle différence Michel a-t-il remarquée entre la Guadeloupe et la
   France métropolitaine ?
3. Quels sont les deux groupes qui suscitent des jalousies en Guadeloupe ?
   Pourquoi ?

Perspectives

1. Quels sont les avantages, pour un pays des Antilles, de faire partie de la
   France ?
2. Les Guadeloupéens ont souvent une attitude ambiguë envers la France.
   Pourquoi ?
3. Bien que la Guadeloupe soit un département français, beaucoup de
   Français l'oublient quand ils pensent à la France. Est-ce la même chose
   chez les Américains quand ils pensent à Hawaï ? à Porto Rico ?

---

[10] les Békés = *descendants of the early white colonists*
[11] les Métros = *French citizens from European France*

Autrement dit

Dire sa surprise

Je suis surpris(e)
Je suis étonné(e)
Ça m'étonne
Ça me surprend
} que tu me parles sur ce ton.

C'est surprenant/étonnant.
Ce n'est pas possible/croyable.
Oh là là ! **Je n'en reviens pas.**   *I can't get over it.*
Comment ? Quoi ? Ah bon ?
Ça alors ! **Je ne l'aurais jamais**   *I would never have believed*
 cru (venant de toi).   *it (coming from you).*

Pour exprimer la bonne humeur

Je me sens
Je suis
} de bonne humeur.
en (pleine) forme.

Pour exprimer la mauvaise humeur

Je me sens
Je suis
} de mauvaise humeur.
Ça ne va pas du tout.
Je suis déprimé(e).

Il est pénible/fatigant aujourd'hui.   *He's annoying today.*

Pour montrer sa colère

Ne me parle pas sur ce ton.   *Don't talk to me that way.*
Pour qui te prends-tu ?   *Who do you think you are?*
Tu n'as pas honte, toi ?   *Aren't you ashamed?*
T'es gonflé, toi !
Tu as du culot, toi !
} *You have a lot of nerve!*

Pratique et conversation

A. Situations. Qu'est-ce que vous diriez dans les situations suivantes ?

1. Il y a un mouvement indépendantiste à la Guadeloupe.
2. Beaucoup de Français **ignorent**° les problèmes économiques qui existent à la Guadeloupe.   *are unaware of*
3. Votre ami(e) critique votre façon de vous habiller et de parler…
4. … et ensuite vous demande un prêt de cinq cents dollars.
5. Vous vous levez plein(e) d'énergie et d'enthousiasme.

B. Jeu de rôle. Jouez la scène décrite dans les phrases 3 et 4 de l'activité précédente. À la fin, est-ce que vous vous réconcilierez avec votre ami(e) ? Est-ce que vous accepterez de lui prêter les cinq cents dollars ?

C. Une situation énervante. Racontez une situation où on vous a mis(e) en colère. Qu'est-ce qui s'est passé ? Qu'est-ce qu'on vous a dit/fait ? Quelle a été votre réaction ?

Étude de vocabulaire

Les verbes *revenir*, *retourner*, *rentrer* et *rendre*

Les quatre verbes **revenir**, **retourner**, **rentrer** et **rendre** signifient *to return*, mais chacun communique un sens différent.

- Le verbe **revenir** signifie *to come back (here)*.

Attends-moi ! Je reviens !	*Wait for me. I'll be back.*
Quand je suis revenu, ici au bureau, le patron voulait me voir.	*When I came back here to the office, the boss wanted to see me.*

- Le verbe **retourner** signifie *to go back (there)*.

Il est retourné à la Guadeloupe après quelques années d'absence.	*He went back to Guadeloupe after several years of absence.*
Je n'ai aucun désir de retourner là-bas.	*I have no desire to go back there.*

Contrary to **revenir** and **rentrer**, **retourner** has to be accompanied by a mention of the place the person is returning to.

- Le verbe **rentrer** signifie *to go or come home*.

Tu rentres à quelle heure ?	*What time do you go home?/ What time are you coming home?*

- Le verbe **rendre** signifie *to return (something to someone)*.

Elle m'a finalement rendu mon ordinateur.	*She finally returned my computer to me.*
Je vais lui rendre sa voiture cet après-midi.	*I'll return his/her car to him/her this afternoon.*

Pratique et conversation

Quel verbe ? Remplissez chaque blanc avec le verbe convenable. Attention : parfois, il y a plus d'une possibilité.

1. Montréal me manque énormément. J'aimerais y _____ aussitôt que possible.
2. Tu pourrais me _____ mes notes ? J'en ai besoin.
3. Après le film, je vais _____ directement chez moi. Je dois me lever tôt demain.
4. Je n'ai pas le temps maintenant. _____ dans une heure et j'aurai du temps.
5. —M. Machin n'est pas ici en ce moment ?

   —Non, Mademoiselle.

   —S'il _____, est-ce que vous pourriez lui dire que Mme Lyon est passée ? Merci.
6. J'ai passé des vacances super ! J'ai envie de _____ à la Guadeloupe bientôt.

Structure III

Pour rapporter le discours de quelqu'un : Le discours indirect

a. When you cite the exact words of another person using quotation marks, you are using direct discourse.

Elle m'a dit : « Je n'y mettrai jamais les pieds ! »	*She said to me, "I will never set foot there!"*

b. When you report the content of another person's message without using a direct quotation, you are using indirect discourse.

Elle m'a dit qu'elle n'y mettrait jamais les pieds !	*She said to me that she would never set foot there!*

c. Indirect discourse is introduced by a verb such as **dire, demander, expliquer, exprimer, répondre,** and **répéter.** The message reported is contained in a clause introduced by **que** (assertion) or **si** (question).

Il m'a dit qu'il retournerait à la Guadeloupe.	*He told me that he would go back to Guadeloupe.*
Il m'a demandé si je voulais retourner à la Guadeloupe avec lui.	*He asked me if I wanted to return to Guadeloupe with him.*

d. If the initial verb is in the present, imperative, future, or present conditional, the tense of the verb in the clause that follows does not change.

e. If the initial verb is in the past, the tense of the verb in the clause that follows may change.

verbe du message initial		verbe au style indirect	
présent	Il a dit : « J'ai faim. »	*imparfait*	Il a dit qu'il avait faim.
passé composé	Il a crié : « J'ai fini mon projet. »	*plus-que-parfait*	Il a crié qu'il avait fini son projet.
imparfait	Il a dit : « Tu portais une jolie robe à la soirée. »	*imparfait*	Il a dit qu'elle portait une jolie robe à la soirée.
plus-que-parfait	Elle a dit : « J'avais tout préparé avant de partir. »	*plus-que-parfait*	Elle a dit qu'elle avait tout préparé avant de partir.
futur	Elle lui a demandé : « Est-ce que tu pourras m'accompagner ? »	*conditionnel*	Elle lui a demandé s'il pourrait l'accompagner.
futur antérieur	Elle a déclaré : « J'aurai fini mon travail avant deux jours. »	*conditionnel passé*	Elle a déclaré qu'elle aurait fini son travail avant deux jours.
conditionnel	Il a dit : « Je le ferais avec plaisir. »	*conditionnel*	Il a dit qu'il le ferait avec plaisir.
conditionnel passé	Elle a dit : « Je n'aurais pas dû le faire. »	*conditionnel passé*	Elle a dit qu'elle n'aurait pas dû le faire.

f. Note that these tense shifts respect the time value of the tenses you have studied. In most cases, the same tense changes occur in English when switching from direct to indirect discourse.

Pratique et conversation

A. Un safari en Afrique. Votre amie Martine vient de faire un safari en Afrique. Elle vous raconte son voyage au téléphone. Ensuite, vous racontez ses expériences à un autre ami. Transformez les phrases suivantes selon le modèle.

> **Modèle :** « J'ai toujours voulu faire un safari en Afrique. »
>
> **Vous :** Elle m'a dit qu'elle avait toujours voulu faire un safari en Afrique.

1. « Avant de partir, je me suis fait vacciner. »
2. « Au début du voyage, j'ai perdu mon appareil-photo. »
3. « On a vu des éléphants et des lions. »
4. « J'avais un peu peur, même à distance. »
5. « Tu veux m'accompagner la prochaine fois ? »
6. « Je vais y retourner la semaine prochaine ! »

B. Discours rapporté. Répondez aux questions suivantes en utilisant le style indirect.

1. Est-ce que vous avez refusé une invitation récemment ? Qu'est-ce que vous avez dit à la personne qui vous a invité(e) ?
2. Est-ce qu'on vous a demandé de sortir récemment ? Quelle question est-ce que cette personne vous a posée ?
3. Est-ce qu'on a essayé de vous emprunter de l'argent récemment ? Quelle question est-ce que la personne vous a posée ?
4. Est-ce qu'on vous a fait un compliment récemment ? Qu'est-ce que cette personne vous a dit ?
5. Est-ce qu'on vous a annoncé une nouvelle récemment ? Qu'est-ce que cette personne vous a annoncé ?

C. Une anecdote. Votre partenaire vous racontera une petite anecdote amusante que vous rapporterez ensuite à la classe en utilisant le style indirect.

Structure IV

Pour narrer : Récapitulation des temps du verbe

Tense	Function	Examples
le présent	■ talking about what happens, what is happening	Il prépare son cours en ce moment.
	■ describing states, characteristics, truths	Je suis triste.
	■ stating a condition	Si nous restons… (elle sera contente).

	■ with **depuis,** to talk about an action that began in the past and continues into the present	Elle travaille depuis deux heures.
le passé composé	■ talking about a completed past action	Je suis tombé en faisant du ski.
	■ talking about a sequence of past actions	J'ai glissé, je suis tombé mais je me suis relevé.
l'imparfait	■ describing in past time	Elle avait les cheveux blonds.
	■ talking about ongoing past actions	Nous écoutions de la musique quand il est passé.
	■ talking about habitual past actions	Tous les jours, nous allions à la plage.
	■ talking about an eventuality or a hypothetical situation	Si tu avais besoin d'aide… (nous pourrions venir).
	■ making a suggestion	Si on sortait ce soir ?
	■ expressing a wish or a regret	Si j'avais le temps !
	■ with **depuis,** to express a past action that had been going on before another action took place	J'attendais depuis une heure quand il est arrivé.
le plus-que-parfait	■ talking about a past event that happened before another past event	Quand nous nous sommes levés, il avait déjà pris son petit déjeuner.
	■ talking about a contrary-to-fact condition after **si**	Si j'avais su… (je n'aurais jamais appelé).
	■ expressing a wish, condition, or regret in the past	Si seulement il était venu à temps.
le futur	■ talking about what will happen	Je partirai en vacances lundi en huit.
	■ talking about what will happen if a certain condition holds true	(Si nous restons…) elle sera contente.
le futur antérieur	■ talking about a future action that will have taken place before another future action	Quand tu arriveras, j'aurai fini ce travail.
le conditionnel	■ making polite requests	Est-ce-que vous pourriez me dire où se trouve la poste ?
	■ talking about what you would do if another action/condition were to come about	(Si tu avais besoin d'aide…) nous pourrions venir.

le conditionnel passé	■ expressing regret and reproach: talking about what you would have or should have done	Vous n'auriez pas dû faire ça.
	■ expressing contrary-to-fact conditions: what would have happened if something else had happened	(Si j'avais su...), je n'aurais jamais appelé.
les temps du subjonctif	■ used in dependent clauses after impersonal expressions denoting necessity, judgment, and uncertainty	Il faut que tu t'arrêtes.
	■ used in dependent clauses after expressions of emotion, will, fear, and preference	Je suis content que tu aies posé cette question.
	■ used after certain conjunctions expressing time, goal, concession, restriction, or condition	Ils nous ont donné de l'argent pour que nous puissions acheter la voiture.
	■ used in dependent clauses to express an opinion after superlative expressions or after expressions of uniqueness	C'est le meilleur film que j'aie jamais vu.
	■ used in dependent clauses to place in doubt the existence of the antecedent	Connais-tu quelqu'un qui puisse le réparer ?

Pratique et conversation

Anecdotes. Complétez les anecdotes en remplissant le blanc avec la forme correcte du verbe.

Je _____ (faire) la queue au supermarché où une seule caisse _____ (être) ouverte. Je _____ (décider) de prendre mon mal en patience quand, juste derrière moi, une jeune femme _____ (arriver) qui _____ (pousser) un chariot plein à ras bord. Elle _____ (avoir) l'air si épuisée que je _____ (se sentir) prête à voler à son secours.°   *aid*

« C'est scandaleux de nous _____ (faire) attendre ainsi, lui dis-je. Voulez-vous que j'_____ (aller) demander au gérant° de   *manager* _____ (ouvrir) une autre caisse ? »

—Non, je vous en prie, s'exclama-t-elle. « J'ai un enfant de deux ans et je _____ (venir) d'avoir des jumeaux. Croyez-moi, je ne suis pas du tout pressée de rentrer à la maison ! »

***

Ma fille, qui est étudiante, et sa compagne de chambre _____
(décider) d'acheter un répondeur téléphonique.

Au bout de (=après) quelques semaines, je leur _____
(demander) si elles en _____ (être) satisfaites.

friend

« Moi, » me _____ (répondre) la copine° de ma fille,
« je crois que je _____ (préférer) quand on
_____ (pouvoir) rentrer en _____ (se dire) :
« Il _____ (devoir) appeler pendant notre absence. »
Maintenant, nous savons qu'il _____ (ne… pas appeler). »

SOURCE:
Sélection du *Reader's Digest*, janvier. © 1991. Périodiques Reader's Digest, Westmount, Québec.
Reproduite avec permission.

Lecture II

Les deux poèmes que vous allez lire, Paraboles (*Maurice Koné*) et Écoliers (*Malik Fall*), *explorent les conséquences négatives résultant quelquefois du contact entre deux cultures qui ont des liens politiques basés sur l'inégalité. Tout en traitant d'aspects différents de la colonisation, ces deux poètes évoquent le sentiment d'oppression chez les Africains colonisés.*

Avant de lire

A. Prédictions. Essayez d'anticiper le contenu des deux poèmes en répondant aux questions suivantes.

1. Quelles sortes de thèmes pensez-vous trouver dans un poème qui critique la colonisation de l'Afrique par les Européens ?
2. Quelles sortes d'émotions est-ce que vous vous attendez à voir dans ces poèmes ?
3. Essayez d'imaginer comment les poètes sont susceptibles de représenter les Européens dans leur poème.

B. Les mots apparentés. Employez votre connaissance de l'anglais et du contexte pour deviner le sens des mots en italique.

Paraboles

1. « Je suis le fruit de l'Amour / *Cueilli* sur l'arbre du *tourment* »
2. « Mon arbre *a poussé* sur la terre sèche »
3. « Je suis la mauvaise *herbe* / Au milieu des *herbes* vertes »

Écoliers

against the nap, the wrong way

4. « Je *m'installais* à rebrousse-poils° »

C. Familles de mots. Employez votre connaissance de la racine du mot et du contexte pour deviner le sens des mots en italique.

Paraboles

1. « Entre les oranges / Je suis le citron / Fruit *acidulé*… » (acide)
2. « Je pousse au bout du mauvais chemin / Où les gens bien ne *s'aventurent* pas » (une aventure)

Écoliers

3. « Je m'installais à rebrousse-poils / Et ricanais° aux *dires* du Maître » (dire)   *sneered*
4. « Tu vas à l'école *ganté* de bon vouloir » (les gants)

D. Classez. Cherchez des mots dans les poèmes qui peuvent être classés dans les catégories suivantes.

Paraboles :	images négatives	la botanique
Écoliers :	la culture africaine	la culture occidentale

Paraboles°

Je suis le fruit de l'Amour **Cueilli** sur l'arbre du tourment. J'ai pris forme Sur la branche de la douleur	*Quelles sont les émotions représentées par le fruit et l'arbre qui sont le « je » du poème ?*
Mon arbre a poussé sur la terre **sèche** Des mauvaises saisons Et toutes les **pluies** m'ont frappé Et tous les vents m'ont **secoué**	*Dans quelles conditions cet arbre a-t-il poussé ? Quelle est la signification de ces conditions ?*
Entre les oranges Je suis le citron Fruit acidulé Au milieu **des épines.**	*Pourquoi le poète choisit-il le citron et les épines pour représenter sa voix poétique ?*
Je suis la mauvaise herbe Au milieu des herbes vertes Et l'on me reconnaît par ma couleur Qui est grise comme **l'amertume.**	*De quelle émotion le poète parle-t-il dans ces vers ? Pourquoi en parle-t-il ?*
Fruit entre les fruits Je suis le fruit vert sans **goût** Fruit entre les fruits Je suis le citron au milieu des oranges.	*Quel est l'effet de la répétition de la comparaison avec des oranges ?*

*Quelle nouvelle pensée est intro-
duite par ces vers ?*

Je suis fruit je suis herbe
Fruit vert et herbe grise
Mais je pousse quand même
Là où on ne m'accepte pas

Quel est l'effet du dernier vers ?
*Quelle est l'émotion de la voix
poétique à la fin du poème ?*

Je pousse au bout du mauvais chemin
Où les gens bien ne s'aventurent pas
Et seul dans ma solitude
Je me ris de la **sécheresse**.

Paraboles *Stories that convey a moral lesson* / **Cueilli** *Picked, gathered* / **sèche** *dry* /
pluies *rains* / **secoué** *shook* / **des épines** *thorns* / **l'amertume** *bitterness* / **goût** *taste* /
la sécheresse *drought*

SOURCE:
Maurice Koné

Écoliers

*Que veut évoquer le poète avec
la phrase « la tête riche » ? D'où
vient cette richesse ?*

J'allais à l'école les pieds nus et la tête riche
Contes et légendes **bourdonnant**
Dans l'air sonore à hauteur d'oreilles
Mes livres et les amulettes se battaient
Dans mon sac dans ma tête riche
J'allais à l'école **sur le flot** de mes rêves
Dans le sillage millénaire des totems
Je m'installais **à rebrousse-poils**
Et **ricanais** aux dires du Maître.

*Comment le « je » se sent-il à
l'école ?*

Pourquoi ricanait-il ?

*Pourquoi la voix poétique cesse-
t-elle de parler à la première
personne et s'adresse-t-elle à
« tu » ? Qui est le « tu » à qui
le poète parle ?*

*Qu'est-ce qui arrive aux enfants
africains à l'école ?*

*Quelle est l'importance des trois
écrivains mentionnés ?*

*Qui est Kotje ? Pourquoi son iden-
tité est-elle importante ?*

*Quelle leçon le poète donne-t-il et
à qui ?*

Tu vas à l'école ganté de bon vouloir
L'esprit **disponible** et le cœur léger
Prêt à **subir** toutes les humiliations

Tu vas à l'école en compagnie d'Homère[12]
Des vers d'Éluard[13] ou des contes de Perrault[14]

N'oublie pas Kotje[15] **à l'orée** du sanctuaire.

bourdonnant *buzzing* / **sur le flot** *on the stream* / **Dans le sillage** *In the shadow, wake* /
millénaire *millennial* / **à rebrousse-poils** *awkwardly (literally, against the grain)* /
ricanais *snickered* / **disponible** *accessible* / **subir** *to undergo* / **à l'orée** *at the edge, at the
entry*

SOURCE:
Malik Fall, tiré de Reliefs. Présence Africaine, 1964

[12] Author of the Greek epics *The Illiad* and *The Odyssey*.
[13] A French poet (1895–1952) influenced by surrealism; he was a Resistance fighter and a member of the French Communist Party.
[14] French author (1628–1703) best known for his fairy tales such as *Cinderella*.
[15] An ancient, pre-Islamic Senegalese philosopher.

A. Vérifiez. Avez-vous bien anticipé le portrait des Européens et de la vie des Africains colonisés ? Y a-t-il des idées ou des thèmes présents dans les poèmes qui vous ont surpris(e) ?

B. Lecture critique. Répondez aux questions suivantes.

1. Est-ce que vous voyez une leçon morale dans *Paraboles* ? En quoi consiste-t-elle ?
2. Quelle émotion domine dans *Paraboles* ? Comment le poète l'évoque-t-il ?
3. Est-ce que *Paraboles* est un poème triste ou optimiste ? Justifiez votre réponse.
4. Pourquoi est-ce que le poète a choisi le moment où on va à l'école pour évoquer la collision de deux cultures dans *Écoliers* ?
5. De quelle manière est-ce que le poète représente la culture africaine dans *Écoliers* ? Quelle opinion essaie-t-il de nous communiquer à propos de l'héritage africain ?
6. Quel est le message destiné aux Africains colonisés dans *Écoliers* ?

C. Synthèse. Écrivez une petite histoire au passé basée sur le poème *Écoliers*. Imaginez la première journée de cet enfant africain à l'école. Qu'est-ce qui s'est passé à l'école ? Comment allait-il (elle) ce jour-là ? Qu'avait-il (elle) fait avant d'aller à l'école ? Employez une variété de verbes au passé composé, à l'imparfait et au plus-que-parfait. Nuancez votre expression avec des adverbes et des structures variées.

D. Comparaisons. Comparez les deux poèmes. Dans quelle mesure sont-ils différents ou semblables ? Lequel est plus triste ? plus amer ? Pourquoi ? Lequel préférez-vous ? Expliquez pourquoi.

E. Le monde et la culture. En petits groupes, faites une liste des thèmes politiques et moraux qui préoccupent actuellement le monde (par exemple, les menaces écologiques). Lesquels de ces thèmes sont universels ? Lesquels sont particuliers à une région ou à un pays ? Est-ce que vous connaissez des poèmes ou des chansons qui traitent des thèmes que vous avez identifiés ? Lesquels ?

Compréhension auditive

Texte : interview avec Jean-Pierre Roland, délégué à Washington de la communauté française de Belgique

Comment est-ce que la Belgique réagit à l'unification de l'Europe ? Dans cette interview, un représentant de la communauté belge à Washington exprime son point de vue.

Avant d'écouter

A. Connaissez-vous la Belgique ? Que savez-vous déjà de la Belgique ? Où se trouve-t-elle ? Quelles langues y parle-t-on ? Dans quelles régions ? Est-ce que la population est bilingue ? Quelle est sa capitale ? Quelle est son importance pour l'Union européenne ?

B. Hypothèses. Connaissez-vous l'expression « un compromis à la belge » ? Pourquoi est-ce qu'un compromis serait nécessaire en Belgique ? Qu'est-ce que cette expression pourrait signifier ?

C. Le pour et le contre. En vous reportant au premier dialogue à la page 348, faites un résumé des arguments pour et contre l'unification de l'Europe.

Écoutons

Écoutez le passage une fois. Ensuite, écoutez de nouveau et prenez des notes en vous basant sur le schéma qui suit.

Pratique et conversation

A. Des notes. Écrivez vos notes ici, en suivant les indications données.

1. Compromis à la belge : définition et exemple :

2. Différences culturelles entre les deux régions de la Belgique :

3. Construction de l'Europe : côté positif pour la Belgique :

4. Construction de l'Europe : côté négatif pour la Belgique :

speakers

5. Langues parlées à Bruxelles; groupe auquel les locuteurs° appartiennent :

6. Est-ce que les Belges sont pro-Européens ?

  ☐ OUI

  ☐ NON

  Quelles sont les réserves exprimées ?

7. Ce qui va devenir européen :

8. Ce qui va rester national :

B. Répondez. En vous basant sur vos notes, répondez aux questions suivantes.

  1. Quel est le compromis « perpétuel » dont parle M. Roland ?
  2. Pourquoi est-ce que Bruxelles serait plus connue aux États-Unis que la Belgique ?
  3. En quoi est-ce que Bruxelles est devenue « trop cosmopolite » ?
  4. Qu'est-ce qui va devenir européen ?
  5. Qu'est-ce qui va rester national ?

C. Point de vue. Répondez aux questions suivantes en donnant votre opinion.

  1. Pourquoi pensez-vous que Bruxelles a été choisie comme capitale de l'Europe ?
  2. Pourquoi est-ce que les Belges seraient plus pro-Européens que les Anglais, par exemple ?
  3. Est-ce que l'unification de l'Europe pourrait résoudre la question du compromis à la belge ?

Journal

À la page suivante, il y a une partie d'une brochure publicitaire pour Euro-Disney. Quelle vision du « Far-West » américain présente-t-elle ? Est-ce une image purement fantaisiste ? Correspond-elle à une certaine réalité ? Les habitants des villes américaines se sont-ils créé une image pareille ?

Comparez la traduction française au texte anglais. Qu'est-ce qui n'est pas bien traduit, selon vous ? Qu'est-ce qui n'est pas traduisible ? Qu'est-ce qui manque à la version française ?

Toute la fureur du Far-West

Un chapeau de cowboy vous est remis à l'entrée

Imaginez un rassemblement de bisons sauvages, de vaches texanes et plus d'indiens et de cowboys que vous n'en avez jamais vus!

Vous n'êtes pas prêts d'oublier cette soirée avec attaque de diligence, règlements de comptes, démonstrations de tir, cascades à cheval et le plus succulent des barbecues à la texane!

Un véritable festin style western :

Chili authentique, pains du campement, poulet au barbecue, et travers de porc fumés du ranch, épis de maïs, pommes de terre sautées, délice chaud-aux pommes avec glace à la vanille et boissons rafraîchissantes, feront de ce repas un véritable festin. Menu végétarien sur demande.

2 spectacles par soirée* : 18 heures et 21 heures
*Les horaires des spectacles varient selon la saison.

Pour réserver, appelez le : (1) 60 45 71 00

Ou renseignez-vous à la réception de votre hôtel ou aux guichets du Buffalo Bill's Wild West Show au Festival Disney, situé aux portes du parc (100 m).

Adultes - 300 FF/Enfants (3 à 11 ans) - 200 FF

Accessible aux visiteurs handicapés.
Informations et prix donnés à titre indicatif et sujets à modifications.
Accès par le ⊖ Ⓐ, station Marne-la-Vallée-Chessy ou Autoroute A4, sortie 14.

Hoop'n Holler in the wild, wild west!

Free cowboy hat with admission

Imagine a herd of stampeding buffalo, longhorn steer and as many Cowboys and Indians whooping and hollering right before your very eyes!

Add to that a runaway stage coach, a shoot'em up showdown, Annie Oakley's sharpshooting, rough riding showmanship, a delicious all-you-can-eat Texas style barbecue, and you'll have yourself a night you'll never forget!

Including a real Finger-Licking Western Feast :

Cattlemen's Chili, Trailside Breads, Barbecued Chicken, Ranch House Smoked Ribs, Corn on the Cob, Roast Potatoes, Granny's Apple Cobbler with Vanilla Ice Cream and refreshing drinks. Vegetarian meal is also available upon request.

2 shows per night* : 6 p.m. and 9 p.m.
*Show times may vary depending on season.

For reservations, call : (1) 60 45 71 00

Or inquire at your Hotel Information Desk or the ticket counter at Buffalo Bill's Wild West Show at Festival Disney, just outside of the theme park entrance.

Adults - 300 FF / Children (3 to 11 years old) - 200 FF

Easy access for guests with handicaps.
Information and prices for reference only and subject to change.
Take the ⊖ Ⓐ, Marne-la-Vallée-Chessy station or Motorway A4, exit 14.

© Disney

À votre tour

Vous avez beaucoup appris sur le monde francophone : les régions où le français se parle, les institutions culturelles, les soucis et les espoirs des habitants des diverses régions. C'est le moment d'approfondir vos connaissances en faisant des recherches, qui aboutiront à un mémoire ou à une présentation orale.

Enrichissez votre expression

A. Choisissez un sujet. Quelle(s) région(s) du monde francophone voulez-vous explorer ? Est-ce que votre étude portera sur une région ? Ou est-ce que ce sera une étude comparative ? À quels thèmes vous intéressez-vous ? Voici quelques possibilités : le système de la sécurité sociale; l'identité nationale; l'immigration; les médias; l'environnement; la religion; ? ? ?

B. Précisez. Maintenant, essayez de formuler votre thème d'une façon plus précise. Mettez l'accent sur la problématique posée par des cultures en contact, ou des valeurs concurrentes : le souci de l'environnement dans les pays en voie de développement, tels que Haïti; les immigrants musulmans dans un pays catholique; l'influence de la culture américaine en France, etc. Précisez aussi la forme de votre présentation : est-ce qu'elle sera orale ? écrite ? multimédia ? Y aura-t-il un élément créateur ou artistique (danse, poésie, art) ?

C. Identifiez des ressources. Outre les livres, les magazines et les journaux trouvés dans votre bibliothèque, pensez à

- contacter l'Ambassade de France, ou des autres pays francophones
- utiliser Internet ou le Web
- visiter un centre communautaire qui accueille les immigrants
- faire des recherches dans un musée
- faire des sondages

Les films et les documentaires peuvent aussi vous être utiles.

Ébauchez votre plan

En préparant votre plan, traitez des points suivants :

- identification du problème
- origine/étendue/durée de la situation
- remèdes proposés
- avantages/désavantages de chaque solution
- vos conclusions

Utilisez des exemples concrets, appuyés de citations, de statistiques ou de références, pour convaincre votre lecteur/auditeur. Évitez le vague, l'émotion, les clichés ou les parti-pris. Soyez objectif/ive, analytique et nuancé(e) dans vos jugements.

Écrivez

Écrivez la première version de votre mémoire/présentation, en suivant le format (longueur, documentation, mise en page) précisé par votre professeur.

Révisez

Révisez votre première version en tenant compte des commentaires/corrections de votre lecteur. S'il s'agit d'une présentation, mettez votre plan et des mots de vocabulaire utiles au tableau, pour aider les autres à suivre la discussion. Parlez lentement et clairement. Surtout, ne lisez pas; servez-vous des notes écrites sur des fiches.

Répertoire géographique

The **Répertoire géographique** that follows provides basic information on a few of the places in the world where the French language plays an important role. We have chosen places primarily to complement the materials that appear elsewhere in the textbook, but we have made a few additional entries in hopes of demonstrating more clearly the multifaceted nature of the French-speaking world. We have not been consistent in choosing nations as our entries, simply because political boundaries often do not correspond to cultural geography. Thus, Guadeloupe is presented separately from France, and Louisiana has its own entry. Where an entry is not a nation in itself, the nation of which it is a part is indicated in parentheses. By looking in the **Répertoire géographique,** you should be able to find the information that you will need to discuss the places that come up in the text. Thus, when you hear about Senegalese values in chapter 6 or read about the attitudes of the citizens of Guadeloupe toward Paris in chapter 10, you will find that the **Répertoire géographique** will help you to better understand the dialogues and exercises of the text.

Because we believe very strongly in language study as preparation for world citizenship, we have added to this section enough information on recent history to allow you to make some sense of current political strife in certain countries. Our hope is that the brief notes here will make you eager to seek out further insights. Moreover, because the level of language ability required to access basic information of the type included here is not especially high, we have written this section in French. Consulting it will therefore allow you to begin to use the language you are studying as a tool for retrieving information. The **Répertoire géographique,** then, is an adjunct to the material presented elsewhere in the book and a path toward the independent use of French to gain a better understanding of the world.

L'Algérie

Superficie : 2.381.741 km², un des plus grands pays africains, à peu près un quart de la superficie des États-Unis.

Population : 28.600.000

Langues principales : L'arabe et le berbère
La langue nationale est l'arabe. Le français est souvent mêlé à l'arabe parlé, et il joue un rôle important dans l'éducation et dans les domaines techniques, mais l'arabisation de l'enseignement est en cours.

Capitale : Alger.

Gouvernement : République démocratique et populaire; régime présidentiel. En 1996, le président Zeroual et le pouvoir militaire ont imposé une nouvelle constitution.

Devise : Le dinar.

Histoire : La conquête arabe et l'introduction de l'islam ont commencé en 680. Les Français sont entrés en Algérie en 1830 sous prétexte de mettre fin aux attaques des corsaires arabes. Une guerre sanglante contre la France (1954–1962) a mené à l'indépendance. Le Front de libération nationale (FLN) a installé un système politique à parti unique. Une émigration massive vers la France a suivi, dont l'économie était en pleine expansion (1968–1975). En 1988, une nouvelle constitution a permis la participation d'autres partis à la vie politique. Mais en 1992, au moment où le Front islamique du Salut paraissait sur le point de gagner une majorité au Parlement, les élections ont été annulées et un comité dominé par l'armée a pris le pouvoir. Au cours des années 90, les Algériens ont subi une guerre civile extrêmement violente entre le gouvernement militaire et la guérilla islamique.

L'Alsace (France)

Superficie : 8.310 km², à peu près 2/3 de la taille du Connecticut. La plus petite région française.
Population : 1.702.200
Langues principales : Dialecte germanique en recul devant le français, seule langue officielle.
Capitale : Strasbourg (capitale de la région).
Gouvernement : voir *la France*.
Devise : Le franc français.
Histoire : À partir de 870, l'Alsace a fait partie de l'Empire germanique. Au 14e siècle, dix villes alsaciennes se sont déclarées « villes libres ». À la fin de la guerre de Trente Ans, en 1648, la France a annexé la plus grande partie de l'Alsace. La dernière ville libre est devenue française en 1798. En 1871, l'Alsace a été reprise par l'Empire allemand. Après la Première Guerre mondiale, elle est revenue à la France. Aujourd'hui, le Parlement européen siège à Strasbourg.

La Belgique

Superficie : 30.518 km², un des plus petits pays de l'Europe, à peu près la moitié de la taille de la Virginie-Occidentale.
Population : 10.170.000
Langues principales : Le néerlandais, le français, l'allemand. Ces trois langues ont un statut officiel.
Capitale : Bruxelles.
Gouvernement : Monarchie constitutionnelle et parlementaire à partir de 1831; décentralisation vers une structure fédéraliste depuis 1977.
Devise : Le franc belge.
Histoire : Les Flamands et les Wallons, les deux peuples qui habitent la Belgique, ont été dominés au cours de l'histoire par des pouvoirs extérieurs (la Bourgogne, l'Espagne, l'Autriche, la France). La révolution bruxelloise de 1830 mène à l'indépendance de la Belgique (et à sa séparation des Pays-Bas). Formation en 1950 du Benelux (union douanière avec les Pays-Bas et le Luxembourg) : c'est

le premier pas vers le Marché commun. Entre 1970 et 1993, la Belgique a été séparée en trois régions autonomes : la Flandre, la Wallonie, Bruxelles.

La République démocratique du Congo (ancien Zaïre)

Superficie : 2.344.855 km², à peu près la taille de l'Algérie, un quart de la superficie des États-Unis.

Population : 47.400.000

Langues principales : Le swahili, le tshiluba, le lingala, le kikongo. Le français est la langue officielle.

Capitale : Kinshasa.

Gouvernement : République démocratique; institutions incertaines avec l'arrivée au pouvoir de Laurent Kabila en 1997.

Devise : Le zaïre.

Histoire : En 1876, le roi Léopold II de Belgique a formé l'Association internationale africaine, chargée « d'ouvrir l'Afrique à la civilisation » et d'abolir la traite des esclaves. Avec l'explorateur Stanley, l'AIA a créé le noyau de ce qui deviendra le Congo. L'indépendance a été acquise en 1960; une période de violence et de guerres civiles a commencé. En 1970, le général Mobutu a été élu président; il a procédé à la nationalisation de toutes les grandes entreprises et a établi un régime à parti unique. En 1990, une nouvelle constitution a rétabli la démocratie et le multipartisme. Un congrès national, qui devait promouvoir l'évolution démocratique du pays, a été suspendu par Mobutu en 1992. Mobutu a été obligé de s'enfuir à l'arrivée des forces rebelles de Laurent Kabila, arrivées devant Kinshasa en mai 1997.

La Côte d'Ivoire

Superficie : 322.462 km², à peu près la taille du Nouveau-Mexique.

Population : 14.733.000

Langues principales : Le dioula et le baoulé. Le français sert de langue officielle.

Capitale : Abidjan (et, depuis 1983, Yamoussoukro, ville natale de l'ancien président).

Gouvernement : République présidentielle

Devise : Le franc C.F.A. (Communauté financière africaine)

Histoire : La colonisation française date de 1893. En 1889, un accord avec l'Angleterre a confirmé la domination française dans ces régions. Le pays a gagné son indépendance sans violence en 1960. Grande expansion économique dans les années 60 et 70 grâce aux exportations (café, cacao, etc.). Un régime à parti unique (le Parti démocratique de la Côte d'Ivoire) a permis au président Houphouët-Boigny de rester au pouvoir pendant plus de trente ans. Le multipartisme a été autorisé pour la première fois en 1990. Coup d'état militaire en 2000.

La France

Superficie : 551.602 km², à peu près la taille de la Californie plus la Floride.
Population : 56.942.000
Langues principales : Le francais, qui est à la fois la langue nationale et la langue maternelle de la vaste majorité des Français.
Capitale : Paris.
Gouvernement : République de type parlementaire.
Devise : Le franc français.
Histoire : À la suite des campagnes de Jules César (1er siècle av. J.-C.), la Gaule a été romanisée. En 843, le royaume de Charlemagne a été divisé en trois parties : celle de l'ouest, de langue romane, est devenue la France. Le régime de Louis XIV (1643 – 1715) a marqué l'apogée de la monarchie française. La Révolution de 1789 a donné naissance à des passions politiques qui ont duré presque deux siècles (mais la République a été définitivement installée en 1871 seulement). En 1958, en pleine guerre d'Algérie, une nouvelle constitution a été écrite : elle a mené le général de Gaulle au pouvoir et a établi la Ve République. En 1981, les socialistes ont gagné le pouvoir : François Mitterrand est resté président de la République pendant 14 ans. En 1996, Jacques Chirac a été élu président.

La Guadeloupe (France)

Superficie : Un archipel de 9 îles habitées : 1.780 km², la moitié de la taille du Rhode Island.
Population : 428.000
Langues principales : Le créole et le français, qui est langue officielle.
Capitale : Pointe-à-Pitre (préfecture).
Gouvernement : Département français d'outre-mer (comme pour le reste de la France : représenté au Parlement de la République française et administré par un préfet nommé par le gouvernement français).
Devise : Le franc français.
Histoire : Découverte par Christophe Colomb, la Guadeloupe a été occupée par les Français à partir de 1635. Prise par les Anglais en 1758, elle a été rendue à la France en 1763 (l'Angleterre garde le Canada). L'esclavage a été aboli en 1848. Devenues département français en 1946, les îles connaissent l'agitation autonomiste, quelquefois violente, depuis les années 60.

Haïti[1]

Superficie : 27.750 km², à peu près la taille du Maryland.

Population : 7.400.000

Langues principales : Le créole, qui est la langue maternelle de la vaste majorité des Haïtiens, est la langue officielle. Le français joue un grand rôle dans l'enseignement et l'administration et, jusqu'en 1987, était le seule langue officielle du pays.

Capitale : Port-au-Prince.

Gouvernement : République de type présidentiel.

Devise : La gourde.

Histoire : La colonisation française a commencé en 1659. Des rébellions d'esclaves dirigées par Toussaint Louverture ont mené à l'indépendance dès 1804. La dictature brutale de la famille Duvalier a duré de 1956 jusqu'en 1986. Une nouvelle constitution a été approuvée en 1987, mais le premier président à être élu librement, Jean-Bertrand Aristide, a été obligé de s'enfuir du pays à la suite d'un coup d'état en 1991. Il a été rétabli dans ses fonctions en 1994 à l'aide d'une force armée américaine. Le pays est caractérisé actuellement par l'instabilité politique et par une situation économique désastreuse.

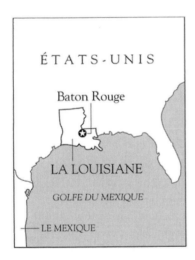

La Louisiane (USA)

Superficie : 123.677 km²

Population : 4.382.000

Langues principales : L'anglais et le français; les deux langues sont officielles dans l'état (en droit, sinon en pratique).

Capitale : Baton Rouge.

Gouvernement : État des États-Unis, divisé en « paroisses ». Le droit dans la Louisiane est un compromis entre le droit commun anglais et le droit civil du Code Napoléon.

Devise : Le dollar américain.

Histoire : En 1682, La Salle a pris possession de la Louisiane pour la France; les Français ont établi le port de La Nouvelle-Orleans en 1718. Dans les années 1760, l'arrivée des Acadiens expulsés du Canada a contribué à renforcer la population francophone : ils deviendront les « Cajuns ». Les États-Unis ont acheté la Louisiane à Napoléon en 1803; elle est devenue état américain en 1812. La constitution de 1921 a interdit aux enfants de parler français à l'école; celle de 1974 a rétabli le statut officiel du français.

---

[1] Haiti, unlike most names of countries, does not take a definite article. Other examples: Israël, Monaco.

Le Maghreb

« L'Ouest » du monde arabe et islamique, il comprend aujourd'hui le Maroc, l'Algérie et la Tunisie. Voir les deux premiers pays dans ce *Répertoire géographique*.

Le Maroc

Superficie : 710.850 km², à peu près la taille de la Californie plus le Nevada.
Population : 28.200.000
Langues principales : L'arabe et le berbère. L'arabe est la langue officielle. Le français joue un rôle important dans les affaires, dans l'enseignement et dans les domaines techniques.
Capitale : Rabat.
Gouvernement : Monarchie constitutionnelle.
Devise : Le dirham.
Histoire : La conquête arabe et l'introduction de l'islam ont commencé en 683. La France, l'Angleterre et l'Espagne ont pénétré progressivement au Maroc au 19e siècle; en 1912, le sultan a accepté le statut de protectorat français. L'indépendance a été négociée en 1956. Hassan II règne à partir de 1961. Conflit avec la Mauritanie et l'Algérie au sujet du Sahara occidental à partir de 1975; le Maroc veut annexer cet ancien territoire espagnol. Hassan II meurt en 1999. Son fils prend le pouvoir.

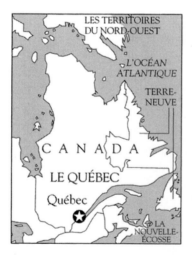

Le Québec (Canada)

Superficie : 1.540.680 km², à peu près la taille de l'Alaska.
Population : 7.419.900
Langues principales : Le français, l'anglais. Le français est la seule langue officielle au Québec.
Capitale : Québec.
Gouvernement : Province du Canada (état fédératif, membre du Commonwealth). La question de la place du Québec à l'intérieur de la fédération canadienne (à majorité anglophone) n'est toujours pas résolue.
Devise : Le dollar canadien.
Histoire : Jacques Cartier a exploré le Canada pour la France en 1534; Samuel de Champlain a fondé la ville de Québec en 1608. Québec est tombé aux mains des Anglais à la suite de la bataille des plaines d'Abraham en 1759, et en 1763 la Nouvelle-France a été cédée à l'Angleterre. Montréal était dominé de plus en plus par les marchands anglais. « Les Patriotes » se sont révoltés contre le régime britannique en 1837. En 1867 le British North America Act a créé la confédération canadienne. « La Révolution tranquille » a modernisé et transformé la société québécoise au cours des années 1960. En 1970, le Front de libération du Québec a lancé

une campagne de terrorisme. Le Parti québécois (autonomiste) est arrivé au pouvoir en 1976, mais l'indépendance n'a pas été approuvée au scrutin de 1980. Les lois linguistiques en faveur du français irritent la population anglophone. En 1990, l'accord du Lac Meech, qui devait régler la place du Québec comme « société distincte » au sein de la fédération canadienne, a échoué. Au référendum de 1995 l'indépendance du Québec a été approuvée par 49,4 % de la population.

Le Sénégal

Superficie : 196.192 km², à peu près la taille du Dakota du Sud.
Population : 8.700.000
Langues principales : Le wolof, le sérère, le peul, le mandingue. Le français est langue officielle.
Capitale : Dakar.
Gouvernement : République présidentielle, multipartisme.
Devise : Le franc C.F.A. (Communauté financière africaine)
Histoire : Les Français se sont installés au Sénégal au 17e siècle, en partie pour la traite des esclaves. Au 19e siècle, la France a achevé la conquête du pays, qui est devenue en quelque sorte la capitale des colonies françaises en Afrique noire. L'indépendance a été négociée en 1960 et Léopold Sédar Senghor est resté président jusqu'en 1980. La vie politique est plus libre sous son successeur, Abdou Diouf. Depuis 1989, une situation économique difficile, des conflits avec la Mauritanie et l'agitation séparatiste du sud du pays sont à l'origine de troubles sociaux graves. Défaite de Diouf aux élections de 2000.

La Suisse

Superficie : 41.293 km², à peu prés deux fois la taille du New Jersey.
Population : 7.100.000
Langues principales : L'allemand (65 %), le français (18 %), l'italien (10 %) et le romanche (1 %). Ces quatre langues sont désignées « langues nationales », mais seules les trois premières sont « langues officielles ». Ce statut est établi au niveau du canton, et chaque canton n'a qu'une seule langue officielle.
Capitale : Berne.
Gouvernement : République fédérative, constituée de 20 cantons et 6 demi-cantons souverains. Les cantons sont représentés dans une Assemblée fédérale; l'exécutif consiste en un Conseil fédéral (7 membres).
Devise : Le franc suisse.
Histoire : La Confédération des cantons suisses a pris forme au 14e siècle dans les régions germaniques. Les régions de langue française (avec Genève) étaient des

centres intellectuels importants au moment de la Réforme (Calvin) et au siècle des Lumières (Voltaire, Rousseau). En 1815, le statut politique et la neutralité de la Suisse ont été fixés par le Congrès de Vienne. Genève est devenu un grand centre d'organisations internationales au 20e siècle. En 1984, la population suisse a rejeté une proposition qui aurait fait entrer leur pays aux Nations Unies.

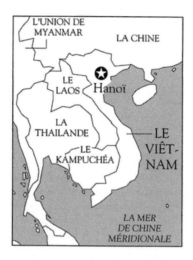

Le Viêt-nam

Superficie : 329.566 km², à peu près la taille du Nouveau-Mexique.
Population : 76.160.000
Langues principales : Le vietnamien est la langue officielle. Le français et l'anglais sont présents dans l'enseignement supérieur et chez certains intellectuels.
Capitale : Hanoï.
Gouvernement : République socialiste à parti unique (Parti communiste du Viêt-nam).
Devise : Le nouveau dông.
Histoire : Dans la seconde moitié du 19e siècle, la France est intervenue au Viêt-nam pour des raisons économiques et a imposé un protectorat en 1883. Les premiers combats (menés par Hô Chi Minh) contre les Français ont eu lieu en 1945. Après la chute de Diên Biên Phu en 1954, la France s'est retirée et le pays a été divisé en deux. La guerre civile dans le Viêt-nam du Sud a entraîné l'intervention des États-Unis. En 1973, les Américains se sont retirés et le pays a été unifié sous le contrôle de Hanoï. En 1995, les relations diplomatiques ont été rétablies avec les États-Unis.

Verb Appendix

Les verbes avec changement d'orthographe

	préférer	acheter	manger	payer
présent	je préfère	j'achète	je mange	je paie
	tu préfères	tu achètes	tu manges	tu paies
	il/elle/on préfère	il/elle/on achète	il/elle/on mange	il/elle/on paie
	nous préférons	nous achetons	nous mangeons	nous payons
	vous préférez	vous achetez	vous mangez	vous payez
	ils/elles préfèrent	ils/elles achètent	ils/elles mangent	ils/elles paient
passé composé	j'ai préféré...	j'ai acheté...	j'ai mangé...	j'ai payé...
imparfait	je préférais...	j'achetais...	je mangeais/nous mangions	je payais...
futur	je préférerai...	j'achèterai...	je mangerai...	je paierai...
conditionnel	je préférerais...	j'achèterais...	je mangerais...	je paierais...
présent du subjonctif	que je préfère	que j'achète	que je mange	que je paie
	que tu préfères	que tu achètes	que tu manges	que tu paies
	qu'il préfère	qu'il achète	qu'il mange	qu'il paie
	que nous préférions	que nous achetions	que nous mangions	que nous payions
	que vous préfériez	que vous achetiez	que vous mangiez	que vous payiez
	qu'ils préfèrent	qu'ils achètent	qu'ils mangent	qu'ils paient

	appeler
présent	j'appelle
	tu appelles
	il appelle
	nous appelons
	vous appelez
	ils appellent
passé composé	j'ai appelé...
imparfait	j'appelais...
futur	j'appellerai...
conditionnel	j'appellerais...

Les verbes être et *avoir*

	être	avoir
présent	je suis	j'ai
	tu es	tu as
	il/elle/on est	il/elle/on a
	nous sommes	nous avons
	vous êtes	vous avez
	ils/elles sont	ils/elles ont

	être	avoir
passé composé	j'ai été	j'ai eu
	tu as été	tu as eu
	il/elle/on a été	il/elle/on a eu
	nous avons été	nous avons eu
	vous avez été	vous avez eu
	ils/elles ont été	ils/elles ont eu
imparfait	j'étais	j'avais
	tu étais	tu avais
	il/elle/on était	il/elle/on avait
	nous étions	nous avions
	vous étiez	vous aviez
	ils/elles étaient	ils/elles avaient
futur	je serai	j'aurai
	tu seras	tu auras
	il/elle/on sera	il/elle/on aura
	nous serons	nous aurons
	vous serez	vous aurez
	ils/elles seront	ils/elles auront
conditionnel	je serais	j'aurais
	tu serais	tu aurais
	il/elle/on serait	il/elle/on aurait
	nous serions	nous aurions
	vous seriez	vous auriez
	ils/elles seraient	ils/elles auraient
présent du subjonctif	que je sois	que j'aie
	que tu sois	que tu aies
	qu'il/elle/on soit	qu'il/elle/on ait
	que nous soyons	que nous ayons
	que vous soyez	que vous ayez
	qu'ils/elles soient	qu'ils/elles aient
participe présent	étant	ayant

Narrer au passé : le passé simple

a. The **passé simple** is a literary tense found primarily in the written language. In most of its uses, it is equivalent in meaning to the **passé composé**.

b. Learn to recognize the forms of the **passé simple.** You will not need to produce them.

c. Study the forms of regular verbs in the **passé simple.** Note that the stem is derived from the infinitive minus the endings **-er, -ir,** and **-re.** The endings are highlighted.

chanter		finir		répondre	
je chant**ai**	nous chant**âmes**	je fin**is**	nous fin**îmes**	je répond**is**	nous répond**îmes**
tu chant**as**	vous chant**âtes**	tu fin**is**	vous fin**îtes**	tu répond**is**	vous répond**îtes**
il chant**a**	elles chant**èrent**	elle fin**it**	ils fin**irent**	il répond**it**	elles répond**irent**

d. Irregular verbs from the **passé simple** by adding the endings **-s, -s, -t, -^mes, -^tes, -rent** to the stem. (An exception is the verb **aller,** which forms the **passé simple** like other **-er** verbs.) The stem of many irregular verbs is the past participle. A list of these irregular stems follows.

apercevoir : aperçu-
avoir : eu-
boire : bu-
conduire : conduisi-
connaître : connu-
dire : di-
écrire : écrivi-
être : fu-
faire : fi-
falloir : il fallut
lire : lu-
mettre : mi-
mourir : mouru-
naître : naqui-
offrir : offri-
ouvrir : ouvri-
paraître : paru-

courir : couru-
craindre : craigni-
croire : cru-
devenir : devin-
devoir : du-
plaire : plu-
pleuvoir : il plut
pouvoir : pu-
prendre : pri-
recevoir : reçu-
savoir : su-
suivre : suivi-
venir : vin-
vivre : vécu-
voir : vi-
vouloir : voulu-

e. Here is the full conjugation of the verbs **être** and **avoir** in the **passé simple.**

être		avoir	
je fus	nous fûmes	j'eus	nous eûmes
tu fus	vous fûtes	tu eus	vous eûtes
il fut	elles furent	elle eut	elles eurent

Pratique et conversation

Le passé composé peut traduire le passé simple dans la plupart des cas. Donnez le passé composé des verbes suivants.

1. nous mîmes
2. je fus
3. il alla
4. tu vis
5. elles voulurent
6. je dus
7. vous vîntes
8. il devint
9. tu bus
10. elles naquirent

Les verbes

The list that follows gives the full conjugation of the simple tenses of regular and irregular verbs, as well as a partial conjugation of the compound tenses. For the remaining forms of the compound tenses, consult the conjugation of the auxiliaries **avoir** and **être.**

Les verbes réguliers

Temps simples

	parler	finir	répondre
présent	je parle	je finis	je réponds
	tu parles	tu finis	tu réponds
	il/elle/on parle	il/elle/on finit	il/elle/on répond
	nous parlons	nous finissons	nous répondons
	vous parlez	vous finissez	vous répondez
	ils/elles parlent	ils/elles finissent	ils/elles répondent

	parler	finir	répondre
impératif	parle !	finis !	réponds !
	parlons !	finissons !	répondons !
	parlez !	finissez !	répondez !
participe présent	parlant	finissant	répondant
imparfait	je parlais	je finissais	je répondais
	tu parlais	tu finissais	tu répondais
	il parlait	il finissait	il répondait
	nous parlions	nous finissions	nous répondions
	vous parliez	vous finissiez	vous répondiez
	ils parlaient	ils finissaient	ils répondaient
futur	je parlerai	je finirai	je répondrai
	tu parleras	tu finiras	tu répondras
	il parlera	il finira	il répondra
	nous parlerons	nous finirons	nous répondrons
	vous parlerez	vous finirez	vous répondrez
	ils parleront	ils finiront	ils répondront
conditionnel	je parlerais	je finirais	je répondrais
	tu parlerais	tu finirais	tu répondrais
	il parlerait	il finirait	il répondrait
	nous parlerions	nous finirions	nous répondrions
	vous parleriez	vous finiriez	vous répondriez
	ils parleraient	ils finiraient	ils répondraient
présent du subjonctif	que je parle	que je finisse	que je réponde
	que tu parles	que tu finisses	que tu répondes
	qu'il parle	qu'il finisse	qu'il réponde
	que nous parlions	que nous finissions	que nous répondions
	que vous parliez	que vous finissiez	que vous répondiez
	qu'ils parlent	qu'ils finissent	qu'ils répondent

Temps composés

passé composé	j'ai parlé...	j'ai fini...	j'ai répondu...
plus-que-parfait	j'avais parlé...	j'avais fini...	j'avais répondu...
futur antérieur	j'aurai parlé...	j'aurai fini...	j'aurai répondu...
conditionnel passé	j'aurais parlé...	j'aurais fini...	j'aurais répondu...
subjonctif passé	... que j'aie parlé	... que j'aie fini	... que j'aie répondu

Les verbes irréguliers

	présent	présent du subjonctif	passé composé	imparfait	futur	conditionnel
aller	je vais	que j'aille	je suis allé(e)	j'allais	j'irai	j'irais
	tu vas	que tu ailles				
	il va	qu'il aille				
	nous allons	que nous allions				
	vous allez	que vous alliez				
	ils vont	qu'ils aillent				
boire	je bois	que je boive	j'ai bu	je buvais	je boirai	je boirais
	tu bois	que tu boives				

	présent	présent du subjonctif	passé composé	imparfait	futur	conditionnel
	il boit	qu'il boive				
	nous buvons	que nous buvions				
	vous buvez	que vous buviez				
	ils boivent	qu'ils boivent				
conduire	je conduis	que je conduise	j'ai conduit	je conduisais	je conduirai	je conduirais
	tu conduis	que tu conduises				
	elle conduit	qu'elle conduise				
	nous conduisons	que nous conduisions				
	vous conduisez	que vous conduisiez				
	ils conduisent	qu'ils conduisent				

(Like **conduire** : **construire, détruire, produire, traduire**)

	présent	présent du subjonctif	passé composé	imparfait	futur	conditionnel
connaître	je connais	que je connaisse	j'ai connu	je connaissais	je connaîtrai	je connaîtrais
	tu connais	que tu connaisses				
	il connaît	qu'il connaisse				
	nous connaissons	que nous connaissions				
	vous connaissez	que vous connaissiez				
	ils connaissent	qu'ils connaissent				

(Like **connaître** : **apparaître, disparaître, paraître, reconnaître**)

	présent	présent du subjonctif	passé composé	imparfait	futur	conditionnel
courir	je cours	que je coure	j'ais couru	je courais	je courrai	je courrais
	tu cours	que tu coures				
	il court	qu'elle coure				
	nous courons	que nous courions				
	vous courez	que vous couriez				
	elles courent	qu'elles courent				
craindre	je crains	que je craigne	j'ai craint	je craignais	je craindrai	je craindrais
	tu crains	que tu craignes				
	il craint	qu'il craigne				
	nous craignons	que nous craignions				
	vous craignez	que vous craigniez				
	elles craignent	qu'elles craignent				

(Like **craindre** : **[se] plaindre**)

	présent	présent du subjonctif	passé composé	imparfait	futur	conditionnel
croire	je crois	que je croie	j'ai cru	je croyais	je croirai	je croirais
	tu crois	que tu croies				
	il croit	qu'il croie				
	nous croyons	que nous croyions				
	vous croyez	que vous croyiez				
	ils croient	qu'ils croient				
devoir	je dois	que je doive	j'ai dû	je devais	je devrai	je devrais
	tu dois	que tu doives				
	il doit	qu'il doive				
	nous devons	que nous devions				
	vous devez	que vous deviez				
	ils doivent	qu'ils doivent				
dire	je dis	que je dise	j'ai dit	je disais	je dirai	je dirais
	tu dis	que tu dises				
	il dit	qu'il dise				

	présent	présent du subjonctif	passé composé	imparfait	futur	conditionnel
	nous disons	que nous disions				
	vous dites	que vous disiez				
	ils disent	qu'ils disent				
dormir	je dors	que je dorme	j'ai dormi	je dormais	je dormirai	je dormirais
	tu dors	que tu dormes				
	elle dort	qu'elle dorme				
	nous dormons	que nous dormions				
	vous dormez	que vous dormiez				
	ils dorment	qu'ils dorment				

(Like **dormir** : **mentir, partir, [se] sentir, servir, sortir**)

	présent	présent du subjonctif	passé composé	imparfait	futur	conditionnel
écrire	j'écris	que j'écrive	j'ai écrit	j'écrivais	j'écrirai	j'écrirais
	tu écris	que tu écrives				
	il écrit	qu'il écrive				
	nous écrivons	que nous écrivions				
	vous écrivez	que vous écriviez				
	ils écrivent	qu'ils écrivent				

(Like **écrire** : **décrire, s'inscrire**)

	présent	présent du subjonctif	passé composé	imparfait	futur	conditionnel
envoyer	j'envoie	que j'envoie	j'ai envoyé	j'envoyais	j'enverrai	j'enverrais
	tu envoies	que tu envoies				
	il envoie	qu'il envoie				
	nous envoyons	que nous envoyions				
	vous envoyez	que vous envoyiez				
	ils envoient	qu'ils envoient				
faire	je fais	que je fasse	j'ai fait	je faisais	je ferai	je ferais
	tu fais	que tu fasses				
	il fait	qu'il fasse				
	nous faisons	que nous fassions				
	vous faites	que vous fassiez				
	ils font	qu'ils fassent				
falloir	il faut	qu'il faille	il a fallu	il fallait	il faudra	il faudrait
lire	je lis	que je lise	j'ai lu	je lisais	je lirai	je lirais
	tu lis	que tu lises				
	il lit	qu'il lise				
	nous lisons	que nous lisions				
	vous lisez	que vous lisiez				
	ils lisent	qu'ils lisent				
mettre	je mets	que je mette	j'ai mis	je mettais	je mettrai	je mettrais
	tu mets	que tu mettes				
	il met	qu'il mette				
	nous mettons	que nous mettions				
	vous mettez	que vous mettiez				
	ils mettent	qu'ils mettent				

(Like **mettre** : **admettre, permettre, promettre**)

	présent	présent du subjonctif	passé composé	imparfait	futur	conditionnel
mourir	je meurs	que je meure	je suis mort(e)	je mourais	je mourrai	je mourrais
	tu meurs	que tu meures				
	il meurt	qu'elle meure				

	présent	présent du subjonctif	passé composé	imparfait	futur	conditionnel
	nous mourons	que nous mourions				
	vous mourez	que vous mouriez				
	elles meurent	qu'elles meurent				
naître	je nais	que je naisse	je suis né(e)	je naissais	je naîtrai	je naîtrais
	tu nais	que tu naisses				
	il naît	qu'il naisse				
	nous naissons	que nous naissions				
	vous naissez	que vous naissiez				
	elles naissent	qu'elles naissent				
ouvrir	j'ouvre	que j'ouvre	j'ai ouvert	j'ouvrais	j'ouvrirai	j'ouvrirais
	tu ouvres	que tu ouvres				
	il ouvre	qu'il ouvre				
	nous ouvrons	que nous ouvrions				
	vous ouvrez	que vous ouvriez				
	ils ouvrent	qu'ils ouvrent				

(Like **ouvrir** : **couvrir, découvrir, offrir, souffrir**)

	présent	présent du subjonctif	passé composé	imparfait	futur	conditionnel
plaire	il plaît	qu'il plaise	il a plu	il plaisait	il plaira	il plairait

(Like **plaire** : **déplaire**)

	présent	présent du subjonctif	passé composé	imparfait	futur	conditionnel
pleuvoir	il pleut	qu'il pleuve	il a plu	il pleuvait	il pleuvra	il pleuvrait
pouvoir	je peux	que je puisse	j'ai pu	je pouvais	je pourrai	je pourrais
	tu peux	que tu puisses				
	il peut	qu'il puisse				
	nous pouvons	que nous puissions				
	vous pouvez	que vous puissiez				
	ils peuvent	qu'ils puissent				
prendre	je prends	que je prenne	j'ai pris	je prenais	je prendrai	je prendrais
	tu prends	que tu prennes				
	il prend	qu'il prenne				
	nous prenons	que nous prenions				
	vous prenez	que vous preniez				
	ils prennent	qu'ils prennent				

(Like **prendre** : **apprendre, comprendre**)

	présent	présent du subjonctif	passé composé	imparfait	futur	conditionnel
recevoir	je reçois	que je reçoive	j'ai reçu	je recevais	je recevrai	je recevrais
	tu reçois	que tu reçoives				
	il reçoit	qu'il reçoive				
	nous recevons	que nous recevions				
	vous recevez	que vous receviez				
	ils reçoivent	quils reçoivent				

(Like **recevoir** : **décevoir**)

	présent	présent du subjonctif	passé composé	imparfait	futur	conditionnel
savoir	je sais	que je sache	j'ai su	je savais	je saurai	je saurais
	tu sais	que tu saches				
	il sait	qu'il sache				
	nous savons	que nous sachions				
	vous savez	que vous sachiez				
	ils savent	qu'ils sachent				

	présent	présent du subjonctif	passé composé	imparfait	futur	conditionnel
suivre	je suis tu suis il suit nous suivons vous suivez ils suivent	que je suive que tu suives qu'il suive que nous suivions que vous suiviez qu'ils suivent	j'ai suivi	je suivais	je suivrai	je suivrais
tenir	je tiens tu tiens elle tient nous tenons vous tenez ils tiennent	que je tienne que tu tiennes qu'elle tienne que nous tenions que vous teniez qu'ils tiennent	j'ai tenu	je tenais	je tiendrai	je tiendrais

(Like **tenir : appartenir, contenir, maintenir, obtenir**)

	présent	présent du subjonctif	passé composé	imparfait	futur	conditionnel
venir	je viens tu viens il vient nous venons vous venez ils viennent	que je vienne que tu viennes qu'il vienne que nous venions que vous veniez qu'ils viennent	je suis venu(e)	je venais	je viendrai	je viendrais

(Like **venir : devenir, revenir, se souvenir**)

	présent	présent du subjonctif	passé composé	imparfait	futur	conditionnel
vivre	je vis tu vis il vit nous vivons vous vivez elles vivent	que je vive que tu vives qu'il vive que nous vivions que vous viviez qu'elles vivent	j'ai vécu	je vivais	je vivrai	je vivrais

(Like **vivre : survivre**)

	présent	présent du subjonctif	passé composé	imparfait	futur	conditionnel
voir	je vois tu vois il voit nous voyons vous voyez ils voient	que je voie que tu voies qu'il voie que nous voyions que vous voyiez qu'ils voient	j'ai vu	je voyais	je verrai	je verrais
vouloir	je veux tu veux il veut nous voulons vous voulez ils veulent	que je veuille que tu veuilles qu'il veuille que nous voulions que vous vouliez qu'ils veuillent	j'ai voulu	je voulais	je voudrai	je voudrais

Les verbes qui prennent *être* au passé composé

aller	entrer	partir	revenir
arriver	monter	passer	sortir
descendre	mourir	rentrer	tomber
devenir	naître	rester	venir

Les verbes irréguliers

Below is a list of irregular verbs. Verbs conjugated in a similar fashion are listed under a single heading. Consult this list for the model conjugation.

admettre	*to admit*	*see* mettre
aller	*to go*	
apparaître	*to appear*	*see* connaître
appartenir	*to belong*	*see* tenir
apprendre	*to learn*	*see* prendre
boire	*to drink*	
comprendre	*to understand*	*see* prendre
conduire	*to drive; to conduct*	
connaître	*to know*	
construire	*to construct*	*see* conduire
contenir	*to contain*	*see* tenir
courir	*to run*	
couvrir	*to cover*	*see* ouvrir
craindre	*to fear*	
croire	*to believe*	
décevoir	*to disappoint*	*see* recevoir
découvrir	*to discover*	*see* ouvrir
décrire	*to describe*	*see* écrire
déplaire	*to displease*	*see* plaire
détruire	*to destroy*	*see* conduire
devenir	*to become*	*see* venir
devoir	*must, to have to; to owe*	
dire	*to say; to tell*	
disparaître	*to disappear*	*see* connaître
dormir	*to sleep*	
écrire	*to write*	
envoyer	*to send*	
faire	*to make; to do*	
falloir	*to be necessary*	
s'inscrire	*to register; sign up*	*see* écrire
lire	*to read*	
maintenir	*to maintain*	*see* tenir
mentir	*to lie*	*see* dormir
mettre	*to put, place*	
mourir	*to die*	
naître	*to be born*	
obtenir	*to obtain*	*see* tenir
offrir	*to offer*	*see* ouvrir

ouvrir	*to open*	
paraître	*to appear*	*see* connaître
partir	*to leave*	*see* dormir
permettre	*to permit*	*see* mettre
plaindre	*to pity*	*see* craindre
se plaindre	*to complain*	*see* craindre
plaire	*to please*	
pleuvoir	*to rain*	
pouvoir	*to be able, can*	
prendre	*to take*	
produire	*to produce*	*see* conduire
promettre	*tò promise*	*see* mettre
recevoir	*to receive, get*	
reconnaître	*to recognize*	*see* connaître
revenir	*to come back*	*see* venir
savoir	*to know*	
sentir	*to smell*	*see* dormir
se sentir	*to feel*	*see* dormir
servir	*to serve*	*see* dormir
sortir	*to go out*	*see* dormir
souffrir	*to suffer*	*see* ouvrir
se souvenir	*to remember*	*see* venir
suivre	*to follow*	
survivre	*to survive*	*see* vivre
tenir	*to hold*	
traduire	*to translate*	*see* conduire
venir	*to come*	
vivre	*to live*	
voir	*to see*	
vouloir	*to wish, want*	

Verbe + infinitif

This list contains verbs that are frequently followed by an infinitive, along with the linking preposition, if required. The verb **faire** is used to stand for any infinitive complement. The following abbreviations are used:

qqch quelque chose
qqn quelqu'un

accepter de faire qqch	*accept (agree) to do something*
aider qqn à faire qqch	*help someone to do something*
s'amuser à faire qqch	*have a good time doing something*
apprendre à faire qqch	*learn to do something*
(s')arrêter de faire qqch	*stop doing something*
avoir à faire qqch	*have to do something*
avoir besoin de faire qqch	*need to do something*
avoir envie de faire qqch	*want to do something*
avoir l'intention de faire qqch	*intend to do something*
cesser de faire qqch	*stop doing something*
choisir de faire qqch	*choose to do something*
commencer à/de faire qqch	*begin to do something*
commencer par faire qqch	*begin by doing something*

compter faire qqch	*count on, intend to do something*
conseiller à qqn de faire qqch	*avise someone to do something*
continuer à/de faire qqch	*continue to do something*
craindre de faire qqch	*fear doing something*
décider de faire qqch	*decide to do something*
décourager qqn de faire qqch	*discourage someone from doing something*
demander à qqn de faire qqch	*ask someone to do something*
désirer faire qqch	*want to do something*
détester faire qqch	*hate doing something*
devoir faire qqch	*have to do something*
dire qqch à qqn	*tell someone something*
écrire à qqn de faire qqch	*write someone to do something*
encourager qqn à faire qqch	*encourage someone to do something*
enseigner à qqn à faire qqch	*teach someone to do something*
espérer faire qqch	*hope to do something*
essayer de faire qqch	*try to do something*
éviter de faire qqch	*avoid doing something*
falloir faire qqch	*have to do something*
finir de faire qqch	*finish doing something*
finir par faire qqch	*end up doing something*
forcer qqn à faire qqch	*force someone to do something*
hésiter à faire qqch	*hesitate to do something*
inviter qqn à faire qqch	*invite someone to do something*
laisser qqn faire qqch	*allow someone to do something*
se mettre à faire qqch	*begin to do something*
négliger de faire qqch	*neglect to do something*
obliger qqn à faire qqch	*oblige someone to do something*
oublier de faire qqch	*forget to do something*
parler de qqch	*speak about something*
passer (du temps) à faire qqch	*spend time doing something*
penser (à) faire qqch	*think of doing something*
permettre à qqn de faire qqch	*allow someone to do something*
persuader qqn de faire qqch	*persuade someone to do something*
pouvoir faire qqch	*be able to do something*
préférer faire qqch	*prefer to do something*
promettre à qqn de faire qqch	*promise someone to do something*
proposer à qqn de faire qqch	*propose (suggest) to someone to do something*
recommander à qqn de faire qqch	*recommend to someone to do something*
refuser de faire qqch	*refuse to do something*
regretter de faire/d'avoir fait qqch	*regret doing (having done) something*
remercier qqn de faire/d'avoir fait qqch	*thank someone for doing (having done) something*
réussir à faire qqch	*succeed in doing something*
rêver de faire qqch	*dream of doing something*
risquer de faire qqch	*risk doing something*
savoir faire qqch	*know how to do something*
souhaiter faire qqch	*want (wish) to do something*
suggérer à qqn de faire qqch	*suggest to someone to do something*
téléphoner à qqn pour faire qqch	*telephone someone to do something*
tenir à faire qqch	*be bent on doing something*
valoir mieux faire qqch	*be better to do something*
venir de faire qqch	*have just done something*
vouloir faire qqch	*want to do something*

Verbe + complément

This list contains verbs that are frequently followed by noun complements, along with the preposition (if any) that introduces the complement.

appartenir à qqn	*belong to someone*
assister à qqch	*attend something*
attendre qqch/qqn	*wait for something/someone*
avoir besoin de qqch/qqn	*need something/someone*
avoir peur de qqch/qqn	*be afraid of something/someone*
conseiller qqch à qqn	*advise something to someone*
demander qqch à qqn	*ask someone something*
dire qqch à qqn	*say something to someone*
divorcer de (d'avec) qqn	*divorce someone*
donner qqch à qqn	*give something to someone*
douter de qqch	*doubt something*
écouter qqch/qqn	*listen to something/someone*
écrire qqch à qqn	*write something to someone*
entrer dans qqch	*enter something*
être à qqn	*belong to someone*
être amoureux/-euse de qqn	*be in love with someone*
expliquer qqch à qqn	*explain something to someone*
se fier à qqch/qqn	*trust something/someone*
jouer à qqch	*play (a game)*
jouer de qqch	*play (an instrument)*
se marier avec qqn	*marry someone*
obéir à qqn	*obey someone*
parler à qqn	*speak to someone*
penser à qqch/qqn	*think about something/someone*
penser qqch de qqch/qqn	*have an opinion about something/someone*
permettre qqch à qqn	*permit something to someone*
plaire à qqn	*be pleasing to someone*
promettre qqch à qqn	*promise something to someone*
raconter qqch à qqn	*tell something to someone*
rendre visite à qqn	*visit someone*
répondre à qqch/qqn	*answer something/someone*
ressembler à qqn	*resemble someone*
se souvenir de qqch	*remember something*
suggérer qqch à qqn	*suggest something to someone*
téléphoner à qqn	*telephone someone*

Glossary

adj.	adjective	*interj.*	interjection	*pp.*	past participle
e.g.	for example	*inv.*	invariable	*qqch*	quelque chose
esp.	especially	*irreg.*	irregular	*qqn*	quelqu'un
fam.	familiar	*pej.*	pejorative	***	*h* aspiré
f.	feminine	*pl.*	plural		

A

à (au, aux); à travers to, in; through
abandonner to abandon
abominable abominable
abondance *f.* abundance
abondant abundant
abord *m.* surroundings, approach; **d'abord** first of all
abordable accessible
aborder to approach; to board (*a boat*)
aboutir to end up at, lead to
aboyer (il aboie) to bark
abriter to shelter; to house
absence *f.* absence
absolu absolute
absolument absolutely
absorption *f.* absorption
s'abstenir, (*like* **tenir)** *irreg.* to abstain
absurde absurd
abuser to exploit; to overuse
abusif/abusive excessive, abusive
académie *f.* academy
accabler to crush; to destroy; to overwhelm
accéder (j'accède) to gain access to; to accede, assent
accélération *f.* acceleration
accent *m.* accent
accepter to accept
accès *m.* access, entry
accessible accessible
accession *f.* attainment, accession
accident *m.* accident
accidentel(le) accidental
accommoder to accommodate; **s'accommoder** to adapt to; to be content with
accompagner to accompany; **s'accompagner de** to be accompanied by
accomplir to accomplish

accord *m.* agreement; **d'accord** O.K.; **être d'accord** to be in agreement
accorder to grant, consent to; to put in agreement; **s'accorder** to agree
accourir (*like* **courir)** *irreg.* to run to
accueil *m.* welcome
accueillant welcoming
accueillir (*pp.* **accueilli)** *irreg.* to welcome
accumuler to accumulate
accuser to accuse
achat *m.* purchase
acheter (j'achète) to buy
achever (j'achève) to complete
acidulé slightly acid in taste
acier *m.* steel
acquérir (*pp.* **acquis)** *irreg.* to acquire
acquisition *f.* acquisition
acte *m.* action; act (*in a play*)
acteur/actrice *m., f.* actor, actress
actif/active active
action *f.* action
activité *f.* activity
actualité *f.* current events; topicality
actuel(le) current, present
actuellement currently; presently
adaptation *f.* adaptation
adapter to adapt; **s'adapter** to get used to
addition *f.* restaurant bill
adhérer (j'adhère) to join
adhésion *f.* adherence, agreement, bonding together
adieu *m.* farewell
adjectif *m.* adjective
admettre (*like* **mettre)** *irreg.* to admit
administrateur/administratrice *m., f.* administrator
administratif/administrative administrative

administration *f.* administration
administrer to administrate
admirable admirable
admirateur/admiratrice *m., f.* admirer
admirer to admire
adolescence *f.* adolescence
adolescent(e) *m., f.* teenager, young person
adopter to adopt; to take up
adoptif/adoptive adopted
adoption *f.* adoption
adorer to adore
adresse *f.* address
adresser to address; **s'adresser** to seek assistance (*from someone*)
adulte *m., f.* adult
adverbe *m.* adverb
aéré well ventilated, well spaced out
aérogramme *m.* air letter
aéroport *m.* airport
affaire *f.* business, matter
affectation *f.* effect, affectation
affiche *f.* poster; announcement
afficher to post
affirmatif/affirmative affirmative
affirmation *f.* affirmation
affreux/affreuse awful, terrible
affrontement *m.* confrontation
affronter to confront; to face
Afghanistan Afghanistan
afin de in order to; **afin que** in order that
africain African
Afrique *f.* Africa
âge *m.* age
âgé to be of a certain age, old
agent *m.* agent; police officer
agir to act; to behave; **s'agir de** to be about
agrandir to enlarge, widen; **s'agrandir** to grow
agréable pleasant

agresseur *m.* aggressor; mugger

agressif/agressive aggressive

agression *f.* act of aggression, mugging

agriculteur/agricultrice *m., f.* farmer

agriculture *f.* agriculture

aide *f.* help, assistance

aider to help, give assistance to

aiguille *f.* needle

ail *m.* garlic

ailleurs elsewhere

aimer to love

aîné oldest (*child in a family*)

ainsi thus

air *m.* air, appearance; **avoir l'air** to seem, appear

aise *f.* comfort; **être à l'aise** to be comfortable (*well-off*)

aisé wealthy, easy, graceful

ajouter to add

alarme *f.* alarm

album *m.* album

alchimiste *m.* alchemist

alcool *m.* alcohol

alcoolique alcoholic

alcoolisé alcoholic (*of drinks*)

alcoolisme *m.* alcoholism

Algérie *f.* Algeria

algérien(ne) Algerien

alimentaire relating to food

alimentation *f.* food, nourishment

allée *f.* walkway, aisle

aller *irreg.* to go; **s'en aller** to go away

allo hello (*used in telephone conversations*)

allocation *f.* allocation, governmental assistance

allophone speaking some other language

allusion *f.* allusion

alors then

Alsace Alsace

alsacianité *f.* quality of being from Alsace

Alsacien(ne) *m., f.* person from Alsace

alsacien(ne) from Alsace

altruiste altrustic

amande *f.* almond

amasser to collect, gather (*wealth*)

amateur *m.* fan; amateur

ambiance *f.* ambience, atmosphere

ambiguïté *f.* ambiguity

ambition *f.* ambition

ambivalent ambivalent

ambre *m.* amber

âme *f.* soul

améliorer to improve

aménagement *m.* management (*of a resource*), renovation

aménager (nous aménageons) to rearrange, renovate

américain American

Amérique *f.* America

amertume *f.* bitterness

ameublement *m.* furnishings

ami(e) *m., f.* friend; **petit(e) ami(e)** boyfriend, girlfriend

amincissant slimming, thinning

amitié *f.* friendship

amorcer (nous amorçons) to prime; to initiate

amour *m.* love

amoureux/amoureuse love, loving; **être amoureux/amoureuse de** to be in love with

amulette *f.* amulet, charm

amusant amusing, funny

amuser to amuse; **s'amuser** to have fun

an *m.* year

analphabète illiterate

analyser to analyze

analyste *m., f.* analyst

ancestral ancestral

ancien(ne) old; former

anecdote anecdote

ange *m.* angel

anglais English

Angleterre *f.* England

anglophone English-speaking

anglo-québécois *relating to English-speaking people or areas of Quebec*

anglo-saxon(ne) *m., f.* Anglo-Saxon

angoisse *f.* anguish, anxiety

animal (*pl.*** animaux)** *m.* animal

animation *f.* animation

année *f.* year

anniversaire *m.* anniversary; birthday

annonce *f.* announcement, classified ad

annoncer (nous annonçons) to announce; **s'annoncer** to shape up; to appear

anticiper to anticipate

antillais Caribbean

Antilles *f. pl.* the Caribbean

antipathique unfriendly, unlikeable

anxiété *f.* anxiety

août *m.* August

apéritif *m.* aperitif, before-dinner drink

apéro *m.* abbreviation for **apéritif**

apologie *f.* apology; praise

apparenté related

appartement *m.* apartment

appartenance *f.* belonging, membership

appartenir (*like*** tenir)** *irreg.* to belong

appauvri impoverished

appel *m.* call, roll call

appeler (j'appelle) to call; **s'appeler** to be named

appendice *m.* appendix

appliquer to apply; **s'appliquer** to apply oneself

apport *m.* contribution

apporter to bring, contribute

apprécier to appreciate; to value

apprendre (*like*** prendre)** *irreg.* to learn

apprentissage *m.* apprenticeship, learning

approche *f.* approach

approcher to make (*something*) near; **s'approcher** to approach

approfondir to develop in depth

approprié appropriate

approuver to approve

approximatif/approximative approximate

appuyer (j'appuie) to support; **s'appuyer** to lean on

après after, afterwards; **d'après** according to

après-midi *m.* afternoon

arabe Arab

araignée *f.* spider

arbre *m.* tree

architecte *m., f.* architect

argent *m.* money

aristocratie *f.* aristocracy

aristocratique aristocratic

armagnac *m.* armagnac (*brandy from southwestern France*)

armée *f.* army

arrêter to stop; to arrest; **s'arrêter** to stop (oneself)

arrêt *m.* stop, station

arrière *m.* back, rear

arrivée *f.* arrival

arriver   to arrive
arrogant   arrogant
arrondir   to make round; to complete; to round off
arroser   to water, sprinkle
art *m.*   art
article *m.*   article, grammatical article
artificiel(le)   artificial
artisan(e) *m., f.*   artisan
artiste *m., f.*   artist
artistique   artistic
as *m.*   ace
ascendance *f.*   ancestry
ascète *m., f.*   ascetic
Asie *f.*   Asia
aspect *m.*   aspect, appearance
aspiration *f.*   aspiration
aspirer   to aspire
assaisonné   seasoned
assassinat *m.*   murder
s'asseoir (*pp.* **assis**) *irreg.*   to sit down
assez   enough
assiéger (j'assiège, nous assiégeons)   to besiege
assiette *f.*   plate
assimilation *f.*   assimilation
assimiler   to assimilate (*someone or something*) **s'assimiler**   to assimilate (*oneself*), blend in
assistant(e) *m., f.*   assistant
assister   to attend (*class, a lecture, a concert*); to assist
association *f.*   association
associé(e) *m., f.*   associate
associer   to associate
assorti   matched
assumer   to assume; to take on
assurer   to assure; to insure
astuce *f.*   shrewdness, clever trick
atelier *m.*   workshop
atroce   atrocious, awful
attacher   to attach
attaque *f.*   attack
attaquer   to attack; **s'attaquer à**   to tackle
s'attarder   to take one's time; to be late
atteindre (*pp.* **atteint**) *irreg.*   to reach; to achieve
attendre   to wait for; **s'attendre à**   to expect
attention *f.*   attention; **faire attention à**   to pay attention to
attentivement   attentively
attirance *f.*   attraction

attirer   to attract
attitude *f.*   attitude
attraction *f.*   attraction
attrait *m.*   charm, attraction
attribut *m.*   characteristic, feature
au-dessus   above
aube *f.*   dawn
aucun   no, none
audiovisuel(le)   audiovisual
auditif/auditive   auditory, aural
augmenter   to increase
aujourd'hui   today
auprès de   near
aussi   also
aussitôt   as soon as
australien(ne)   Australian
autant   as much, as many
auteur *m.*   author
auto *f.*   car
automatique   automatic
autonomie *f.*   autonomy
autoritaire   authoritarian
autorité *f.*   authority
autosuffisance *f.*   self-sufficiency
autour   around
autre   other, another
autrefois   in the past
autrement   otherwise; **autrement dit**   in other words
avancer (nous avançons)   to advance; to propose
avant   before
avantage *m.*   advantage
avec   with
avenir *m.*   future
aventure *f.*   adventure
aventurer   to risk (*something*); **s'aventurer**   to take a risk
avion *m.*   airplane
avis *m.*   opinion; **à mon avis**   in my opinion
aviser   to notice, to perceive
avocat(e) *m., f.*   lawyer
avoir (*pp.* **eu**) *irreg.*   to have; **il y a**   there is, there are
avouer   to admit
avril *m.*   April
azur   azure blue

B

bagatelle *f.*   insignificant item, trifle
baisser   to lower
balcon *m.*   balcony
banlieue *f.*   suburb

bannière *f.*   banner
banque *f.*   bank
bar *m.*   bar
barbe *f.*   beard
barbecue *m.*   barbeque
barbu   bearded
barrière *f.*   barrier, fence
bas *m.*   stocking
bas(se)   low
base *f.*   basis, base; **base de données**   database
baser   to base
bataille *f.*   battle
batailler   to fight; to do battle
bateau (*pl.* **bateaux**) *m.*   boat
bâtiment *m.*   building
bâtir   to build
batterie *f.*   percussion, drums
battre (*pp.* **battu**) *irreg.*   to beat; **se battre**   to fight
bavarder   to chat
baver   to drool
beau (bel, belle [beaux, belles])   beautiful
beaucoup   much, a lot
beaujolais *m.*   beaujolais (*a wine from the eastern edge of the Massif Central in France*)
beaux-parents *m. pl.*   parents-in-law
belge   Belgian
Belgique *f.*   Belgium
belle-mère *f.*   mother-in-law
bénédictin *m.*   Benedictine (*member of a religious order founded by Saint Benedict*)
berk ! *interj.*   yuk!
besoin *m.*   need; **avoir besoin de**   to need
bête *f.*   beast, animal
bêtement   stupidly
beur *m., f.*   *child born in France of a Maghreb immigrant to France*
beurre *m.*   butter
bibliothèque *f.*   library
bien   well; **bien-aimé(e)** *m., f.*   loved one
bientôt   soon
bienveillant   benevolent
bière *f.*   beer
bifteck *m.*   steak; **bifteck-frites** *m.*   steak with fries (*often considered a typical French casual meal*)
bilinguisme *m.*   bilingualism
billard *m.*   billiards (*cue, table, game*)
billet *m.*   ticket

biologie *f.* biology
bistrot *m.* pub, café
bizarre strange, bizarre
blâmer to blame; to rebuke
blanc(he) white
bleu blue
bloc *m.* mass, block
blond blond
bœuf *m.* beef
boire (*pp.* **bu**) *irreg.* to drink
bois *m.* wood (*material*); woods
boisson drink
boîte *f.* box
bol *m.* bowl
bon(ne) good; *f.* maid
bonheur *m.* happiness
bonjour hello
bonsoir good evening
bonté *f.* goodness
bord *m.* bank
bordeaux *m.* bordeaux (*wine from southwestern France*)
border to edge; to run alongside
borné narrow-minded
bosser *fam.* to work, slave
bossu(e) *m., f.* hunchback
bouche *f.* mouth
boucher/bouchère *m., f.* butcher
boucherie *f.* butcher-shop
bouffée *f.* puff, whiff
bouffer *fam.* to eat
bouger (**nous bougeons**) to move
bouillir to boil
bouillon *m.* broth
boulanger/boulangère *m., f.* baker
boulevard *m.* boulevard
bouleverser to upset greatly; to overwhelm
boulot *m., fam.* work
boum *f.* party
bourdonnant buzzing
bourgeois bourgeois
bourgeoisie *f.* bourgeoisie (*economic and social class associated with money and status*)
bourgogne *m.* burgundy (*wine from east-central France*)
bousculade *f.* disorder; shoving
bousculer to shove; to push
bout *m.* end
bouteille *f.* bottle
boutique *f.* shop
boy *m.* male household servant in French colonized Africa
bracelet *m.* bracelet

branche *f.* branch
brancher to plug in; to connect; to orient, direct; to be informed
brandir to brandish
branler to nod; to vacillate
bras *m.* arm
brave worthy; good-hearted
brèche *f.* opening, crack
bref/brève brief
breuvage *m.* potion, beverage
brièvement briefly
briller to shine; to be brilliant
briser to break
brosser to brush; **se brosser les dents** to brush one's teeth
brouette *f.* wheelbarrow
brouillé mixed up; on bad terms
brouter to graze
bruit *m.* noise
brûlé burnt
brûler to burn
brume *f.* fog, mist
brun brown, dark
brushing *m.* comb out
brutalité *f.* brutality
bruyant loud, noisy
bûche *f.* log
bûcher *m.* woodshed; funeral pyre
bulletin *m.* informative publication; **bulletin de notes** report card
bureau (*pl.* **bureaux**) *m.* desk; office
bureaucratie *f.* bureaucracy
bus *m.* bus
but *m.* goal

C

ça this, that
cabinet *m.* toilet; office
cacher to hide
cadeau (*pl.* **cadeaux**) *m.* gift, present
cadre *m.* frame; manager
café *m.* coffee; café
cafétéria *f.* cafeteria
caillé curdled
caissier/caissière *m., f.* cashier
cajun Cajun
calme calm
calorie *f.* calorie
camarade *m., f.* friend; **camarade de chambre** roommate
camp *m.* camp
campagne *f.* countryside; campaign
camping-caravaning *m.* camping
campus *m.* campus

Canada *m.* Canada
canadien(ne) Canadian
cancer *m.* cancer
cancre *m.* dunce
candidat *m.* candidate
cantatrice *f.* singer
capacité *f.* capacity
capitalisme *m.* capitalism
capitaliste *m., f.* capitalist
car for, because
caractère *m.* character, characteristic; **caractères gras** boldface type
caravane *f.* camper
carcan *m.* shackles, yoke
carpe diem (*Latin*) "seize the day"
carré square
carrière *f.* career, profession
carte *f.* card; map; **carte de séjour** residence permit
cartonner to have great success
cas *m.* case, instance
case *f.* square, space, compartment; hut
casser to break
cassette *f.* cassette
catalogue *m.* catalogue
catastrophe *f.* catastrophe
catastrophique catastrophic
catégorie *f.* category
cathédrale *f.* cathedral
cause *f.* cause; **à cause de** because of
cave *f.* cave; cellar; wine cellar
CD *m.* CD
ce (**cet, cette, ces**) this, that; **c'est-à-dire** that is, in other words
céder (**je cède**) to yield
CEE (**Communauté économique européenne**) *f.* the European Community (*now the European Union, UE*)
ceinture *f.* belt; waist
cela that
célèbre famous
célébrité *f.* fame
céleri *m.* celery
céleste celestial
celui (**celle, ceux, celles**) the one(s), this one, that one, these, those
cent *m.* hundred
centralisation *f.* centralization
centraliser to centralize
centre *m.* center
centriste *m., f.* centrist (*politician*)
cependant however

cérémonie *f.*   ceremony
certain   certain, sure
certainement   certainly
certes   certainly, of course
certificat *m.*   certificate
certitude *f.*   certainty
cervelle *f.*   brain (*fam. and for animals*)
cesser   to cease
chacun(e)   each one
chagrin *m.*   discontentment
chaîne *f.*   chain; channel
chaleureux/chaleureuse   warm,
    friendly
chambre *f.*   room; bedroom
champ *m.*   field
champignon *m.*   mushroom
chance *f.*   luck
changement *m.*   change
changer (nous changeons)   to
    change
chanson *f.*   song
chanter   to sing; **chanter faux**   to
    sing off key
chanteur/chanteuse *m., f.*   singer
chaos *m.*   chaos
chapeau *m.*   hat
chapitre *m.*   chapter
chaque   each, every
charge *f.*   responsibility, load
charger (nous chargeons)   to load
chartreuse *f.*   Carthusian monastery;
    chartreuse (*brandy traditionally made
    by monks*)
chasse *f.*   hunting; game
chat *m.*   cat
châtain   light brown
château (*pl.* **châteaux)** *m.*   castle,
    palace
chatoyant   sparkling, brilliant
chaud   hot
chauffer   to heat
chauffeur *m.*   driver
chauvinisme *m.*   chauvinism
chef *m.*   leader, head boss
chemin *m.*   path, way, road; **chemin
    de fer**   railroad
cheminement *m.*   progression,
    advance
chéquier *m.*   check book
cher/chère   dear; expensive
chercher   to look for
chercheur/chercheuse *m., f.*
    researcher
chéri   dear
chérir   to cherish

cheval (*pl.* **chevaux)** *m.*   horse
cheveux *m., pl.*   hair
chèvre   goat
chewing-gum *m.*   chewing gum
chez   at the house of, by
chic *inv.*   chic, stylish
chien *m.*   dog
chimie *f.*   chemistry
chimique   chemical
chinois   Chinese
chips *f. pl.*   potato chips
choc *m.*   shock, bump
chœur *m.*   chorus
choisir   to choose
choix *m.*   choice
chômage *m.*   unemployment
chômeur/chômeuse *m., f.*
    unemployed worker
choquer   to shock; offend
chose *f.*   thing
chou *m.*   cabbage
choucroute *f.   Alsatian version of
    sauerkraut*
chouette   cute
chrétien(ne) *m., f.*   Christian
chronologie *f.*   chronology
chute *f.*   tall; *pl.* waterfall, rapids
ci-dessous   below here
ci-dessus   above here
ciel *m.*   sky
cigogne *m.*   stork
ciment *m.*   cement
cimetière *m.*   cemetery
cinéaste *m., f.*   film director
cinéma *m.*   movies; cinema
cinématographie *f.*   screenplay
cinq   five
cinquantaine   fifty, around fifty
cinquante   fifty
cinquante-trois   fifty-three
cinquième   fifth
circulation *f.*   flow, traffic
circuler   to flow, circulate
cire *f.*   wax
cirer   to wax
citadine(e) *m., f.*   city-dweller
citation *f.*   quotation
cité *f.*   town, fortified city, housing
    project
citer   to cite; to quote
citoyen(ne) *m., f.*   citizen
citoyenneté *f.*   citizenship
citron *m.*   lemon
citrouille *f.*   pumpkin
civet *m.*   stew

civil   civil
civilisation *f.*   civilization
clair *f.*   clear; light
clandestin   clandestine; secret
classe *f.*   class
classement *m.*   classification
classer   to sort; to classify
classique   classical, classic
clavier *m.*   keyboard
clé, clef *f.*   key
client(e) *m., f.*   client, customer
climat *m.*   climate
clip *m.*   music video
cliquer   to click
cliquetis *m.*   clicking
clochard(e) *m., f.*   street person,
    beggar, bum
clocher *m.*   clock
clôture *f.*   fence, enclosure
club *m.*   club, organization
Coca *m.*   Coke
code *m.*   code
cœur *m.*   heart
cognac *m.*   cognac (*brandy made in
    southwestern France*)
cohabitation *f.*   living together
    (*describes French government when the
    party of the legislative body and Prime
    Minister differs from that of the
    president*)
cohabiter   to live together
cohérent   coherent
coiffer   to put on a hat; to style hair
coiffeur/coiffeuse *m., f.*   hair stylist
coin *m.*   corner; **coin cuisine**
    galley-type kitchen
coincé   to corner, to block
col *m.*   collar
colère *f.*   anger; **être en colère**   to
    be angry
collaboration *f.*   collaboration
collectivité *f.*   community
collège *m.*   middle school, junior
    high school
collègue *m., f.*   colleague
coller   to stick; to join together;
    coller à   to adhere to
colline *f.*   hill
collision *f.*   collision
Colomb *m.*   (Christopher) Columbus
colon *m.*   colonist
colonial   colonial
colonialisme *m.*   colonialism
colonie *f.*   colony; **colonie de
    vacances**   summer camp

colonisateur/colonisatrice *m., f.* colonizer

colonisation *f.* colonization

coloniser to colonize

colonne *f.* column

colorier to color

coloris *m.* color, shade

combat *m.* combat

combattre (*like* **battre**) *irreg.* to fight; to resist

combien how many, how much

comédie *f.* comedy, theatrical play

commander to command

comme as, like

commencer (**nous commençons**) to begin

commentaire *m.* commentary

commerçant(e) *m., f.* merchant

commerce *m.* sales, commerce

commercial commercial

commettre (*like* **mettre**) *irreg.* to commit

commodité *f.* commodity

commun common

communautaire *adj.* community

communauté *f.* community

communication *f.* communication

communiquer to communicate

communiste *m., f.* communist

compagnie *f.* company

comparaison *f.* comparison

comparer to compare

compassion *f.* compassion

compatriote *m., f.* compatriot, fellow citizen

compensation *f.* compensation

compenser to compensate

compétence *f.* competence

compétition *f.* competition

complément *m.* complement

complet/complète full, complete

complètement completely, entirely

compléter (**je complète**) to complete, fill out

complexe complex

compliment *m.* compliment

compliqué complicated

comportement *m.* behavior

comporter to include; **se comporter** to behave

composer to write; to compose; to make up

compositeur/compositrice *m., f.* composer

composition *f.* composition

compréhension *f.* comprehension, understanding

comprendre (*like* **prendre**) *irreg.* to understand, comprehend

compris included

comptable *m., f.* accountant

compte *m.* account

compte rendu *m.* review (*of a play or movie*), report

compter to count; **compter sur** to rely on, count on

conception *f.* conception

concerner to concern (*someone*); to be pertinent to; to be (*someone's*) business

concert *m.* concert

concerté concerted

conclusion *f.* conclusion

concombre *m.* cucumber

concours *m.* competitive examination

concret/concrète concrete, precise

concurrence *f. pl.* competition

concurrencé in competition with

condescendant condescending

condition *f.* condition

condoléances *f.* condolences

conducteur/conductrice *m., f.* driver

conduire (*pp.* **conduit**) *irreg.* to lead; to drive

conduite *f.* behavior, driving

conférence *f.* lecture

conférer (**je confère**) to confer; to contribute

confiance *f.* confidence; **avoir confiance** to trust (*in someone or something*)

confiance *f.* trust

confiture *f.* jam

conflit *m.* conflict

conformément in conformity with

conformer to conform

confortable comfortable

confronter to confront

confus muddled, embarrassed

congé *m.* leave, vacation; **congé scolaire** school vacation

congrégation *f.* congregation

conjugal (*pl.* **conjugaux**) conjugal

connaissance *f.* acquaintance; knowledge

connaître (*pp.* **connu**) *irreg.* to know; to be acquainted (familiar) with

connu *pp. of* **connaître**

conquête *f.* conquest

consacrer to dedicate

conseil *m.* advice

conseiller to advise; to counsel

conseiller/conseillère *m., f.* counselor

conséquence *f.* consequence

conséquent consequent, resulting; **par conséquent** as a result

conservateur/conservatrice conservative

conserver to conserve

considérable large, considerable

considérer (**je considère**) to consider

consistance *f.* consistency (*of a material*)

consister to consist

consoler to console

consommation *f.* consumption

consommer to consume

constamment constantly

constant constant

constater to note; to remark; to observe

constitution *f.* constitution

construction *f.* construction

consulter to consult

contagieux/contagieuse contagious

conte *m.* tale

contempler to contemplate

contemporain contemporary

contenir (*like* **tenir**) *irreg.* to contain, include

content happy

contenu *m.* content

contestable questionable

contester to question, put in doubt

contexte *m.* context

continent *m.* continent

continuer to continue

contradiction *f.* contradiction

contraire *m.* opposite

contraste *m.* contrast

contre against

contredire (*like* **dire**, *except* **vous contredisez**) *irreg. to contradict*

contribuer to contribute

contribution *f.* contribution

contrôle *m.* test, check, control

contrôler to check up; to control

controverse *f.* controversy

convaincre (*pp.* **convaincu**) *irreg.* to persuade, convince

convaincant convincing, persuasive

convenable suitable; appropriate, agreeable

convenir (*like* **venir**) *irreg.* to suit; to agree

conversation *f.* conversation

conversion *f.* conversion

convertir to convert

convoquer to convene

coopération *f.* cooperation

copain/copine *m., f.* pal, friend

copier to copy

cor *m.* horn

Coran the Koran (*the principle holy text of Islam*)

coranique Koranic (*having to do with the Koran*)

corde *f.* rope, cord

cordialité *f.* heartiness, warmth

corne *f.* horn (*of an animal*)

corps *f.* body

correct correct, polite

correction *f.* correction

correspondance *f.* correspondence; affinity

correspondre to correspond

corrida *f.* bullfight

corriger (**nous corrigeons**) to correct

corrompre (*like* **rompre**) *irreg.* to corrupt

corrompu corrupt

cortèe *m.* procession

costume *m.* suit; costume

Côte d'Azur *f.* the French Riviera

côte *f.* coast; rib

côté *m.* side; **à côté de** beside

côtelette *f.* cutlet

coton *m.* cotton

cou *m.* neck

couchage *m.* going to bed

coucher to put to bed; **se coucher** to go to bed

coude *m.* elbow

couler to flow

couleur *f.* color

coup *m.* knock, blow; **coup de poing** punch

coupe *f.* cut (*e.g., of hair*)

couper to cut

couple *m.* couple

couplet *m.* verse

cour *f.* courtyard

courageux/courageuse brave, courageous

courant current; **au courant** up to date

courgette *f.* summer squash, zucchini

courir (*pp.* **couru**) *irreg.* to run

courrier mail

cours *m.* course

course *f.* race

court short

courtoisie *f.* courtesy

couscous *m.* couscous (*steamed semolina; a common dish in North African cuisine*)

cousin(e) *m., f.* cousin

couteau *m.* knife

coûter to cost

couvert *m.* table setting

couverture *f.* cover, blanket

couvrir (*pp.* **couvert**) *irreg.* to cover

crabe *m.* crab

cracher to spit

crainte *f.* fear

craquer to crack; to break; to give in

cravate *f.* necktie

créateur/créatrice *m., f.* creator

création *f.* creation

créativité *f.* creativity

crédit *m.* credit

créer to create

crème *f.* cream

crêpe *f.* crepe

cresson *m.* watercress

crevette *f.* shrimp

crier to shout

crime *m.* serious crime, felony

criminel(le) *m., f.* criminal

crise *f.* crisis

critère *m.* criterion

critique *m., f.* critic; *f.* critique, critical analysis

critiquer to criticize; to critique

croire (*pp.* **cru**) *irreg.* to think, believe

croissant *m.* crescent roll

croûte *f.* crust

croyable believable

cru raw

crucial crucial

crudité *f.* crudeness; *pl.* raw vegetables

cruel(le) cruel

cubain Cuban

cube *m.* cube

cueillir (*pp.* **cueilli**) *irreg.* to pick (*flowers or fruit*)

cuillère *f.* spoon

cuire (*pp.* **cuit**) *irreg.* to cook

cuisine *f.* kitchen; cooking

cuisiner to cook

culinaire culinary

culot : avoir du culot to have nerve

culte *m.* faith, cult

culture *f.* culture

culturel(le) cultural

curé *m.* priest, curate

curieux/curieuse curious, strange

curiosité *f.* curiosity

curriculum *m.* curriculum

cylindrique cylindrical

D

d'ailleurs moreover

dame *f.* lady

danger *m.* danger

dans in, within

danser to dance

danseur/danseuse *m., f.* dancer

date *f.* date (*as on a calendar*)

davantage more

débarquer to get off (*a boat or an airplane*)

déboussolé disconcerted, disoriented

debout standing, upright

débridé unrestrained, unbridled

débrouiller to distinguish; to make clear; **se débrouiller** to get out of a difficult situation

début *m.* beginning; **au début** at the beginning

décentralisation *f.* decentralization

déception *f.* disappointment

décevoir (*pp.* **déçu**) *irreg.* to disappoint

déchiffrer to decode; to figure out

décider to decide

décision *f.* decision

décolonisation *f.* decolonization

décoloniser to decolonize

décoloré bleached

déconseiller to advise against

décor *m.* decor, setting

découper to divide; to cut out of something

décourager (**nous décourageons**) to discourage

découvrir (*like* **couvrir**) *irreg.* to discover; to uncover

décrire (*like* **écrire**) *irreg.* to describe

décrocher to pick up the phone receiver

déçu disappointed
dedans inside
dédier to dedicate
défectueux/défectueuse defective
défendre to defend
défensif/défensive defensive
défi *m.* challenge
définir to define
définition *f.* definition
définitivement definitively
déformé deformed
dégarnir to remove decoration or ornamentation
dégoût *m.* disgust
dégoûtant disgusting
dégoûter to disgust
dégradation *f.* degradation
dégueulasse *fam.* gross, disgusting
dehors outside; **en dehors de** outside of, beside
déjà already
déjeuner *m.* lunch; **petit déjeuner** breakfast
délayer (je délaie) to dilute
délicieux/délicieuse delicious
délinquance *f.* delinquency
délinquant(e) *m., f.* delinquent
délivrer to liberate
demain tomorrow
demande *f.* request, application
demander to ask (for) **se demander** to wonder
demandeur/demandeuse *m., f.* someone who questions
démarche *f.* gait; process
déménager (nous déménageons) to move, change residence
demeure *f.* home
demi half
demi-frère *m.* half brother
demi-sœur *f.* half sister
démission *f.* resignation, abdication
démocratie *f.* democracy
démocratique democratic
démographique demographic
dénouement *m.* outcome
dentiste *m., f.* dentist
dépanneur *m.* repairman
départ *m.* departure
dépasser to go beyond; to exceed
dépaysant making one feel out of place or disoriented
dépayser to feel out of place, disoriented
se dépêcher to hurry

dépendance *f.* dependency
dépendant dependent on
dépendre to depend
déplacement *m.* displacement
déplaire (*like* **plaire)** *irreg.* to displease
déplier to unfold
déplorable deplorable
déployer (je déploie) to deploy; to exhibit; to use
déprimé depressed
depuis since, for
déraciné uprooted
déracinement *m.* uprooting; displacement, exile
déranger (nous dérangeons) to bother, disturb
dérision *f.* derision, mockery
dériver to derive
dernier/dernière last
dérouler to unroll, unfold (*as in a film or story*)
derrière behind
dès from, starting, as early as; **dès que** as soon as
désaccord *m.* disagreement, dissension
désastre *m.* disaster
désavantage *m.* disadvantage
descendant(e) *m., f.* descendant, offspring
descendre to go down
descente *f.* descent
description *f.* description
désert *m.* desert; uninhabited place
désertification *f.* desertification (*process of becoming a desert*)
désigner to indicate, designate
désintéressé disinterested
désintérêt *m.* disinterest
désir *m.* desire
désirable desirable
désirer to desire, wish
désolé sorry
désorganisé disorganized
déspiritualisé despiritualized
dessert *m.* dessert
desservir (*like* **servir)** *irreg.* to serve, service; to clear the table
dessin *m.* drawing; **dessin animé** cartoon
dessinateur/dessinatrice *m., f.* cartoonist, sketcher
dessous underneath
dessus above

destin *m.* fate, destiny
destination *f.* destination
destiner to intend
détail *m.* detail
détaler to run away; to go away quickly
détendre to relax (*something*); **se détendre** to relax
détenir (*like* **tenir)** *irreg.* to hold, be in possession of
déterminer to determine
détestable detestable
détester to despise; to hate
détortiller to unwrap
détracteur/détractrice *m., f.* detractor, denouncer, adversary
détruire (*like* **conduire)** *irreg.* to destroy
dette *f.* debt
deux two
deuxième second
devant in front of
développement *m.* development
développer to develop
devenir (*like* **venir)** *irreg.* to become
déverser to pour, empty out
deviner to guess
devoir (*pp.* **dû)** *irreg.* to be necessary, to be probable; *m.* duty, obligation; homework assignment
d'habitude normally
diable *m.* devil
dialecte *m.* dialect
dialogue *m.* dialogue
dictature *f.* dictatorship
dicter to dictate
dictionnaire *m.* dictionary
Dieu *m.* God
différence *f.* difference
différencier to differentiate
différent different
différer (je diffère) to be different; to differ
difficile difficult
difficilement with difficulty
difficulté *f.* difficulty, problem
diffuser to broadcast; to spread
diffusion *f.* diffusion, distribution
digérer (je digère) to digest
digestif *m.* after-dinner drink
dimanche *m.* Sunday
dimension *f.* dimension
diminuer to decrease
dîner to eat dinner; to dine; *m.* dinner

dingue   crazy, foolish
diplôme *m.*   diploma
dire   to say; **c'est-à-dire**   that is to say; *m.* words, declaration
direct   direct
directeur/directrice *m., f.*   director
direction *f.*   direction; management
diriger (nous dirigeons)   to direct
discipline *f.*   discipline
discipliner   to discipline
discothèque *f.*   discothèque
discours *m.*   speech, discourse
discret/discrète   discreet
discrétion *f.*   discretion
discrimination *f.*   discrimination
discuter   to discuss
disparaître (like connaître) *irreg.*   to disappear
disponible   available
disposer   to have available
dispute *f.*   dispute
disputer   to fight over *(something);* **se disputer**   to argue
disque *m.*   record
dissertation *m.*   essay
distinctement   distinctly
distinction *f.*   distinction
distingué   distinguished
distraction *f.*   distraction; entertainment
distraire (pp. distrait) *irreg.*   to distract, to entertain
distribuer   to distribute
distributeur/distributrice *m., f.* distributor *(film)*
distribution *f.*   distribution, cast *(of a film)*
diva *f.*   diva, female opera star
divers   diverse, differing, various
diversifier   to diversify
diversité *f.*   diversity
divertissement *m.*   entertainment, amusement, diversion
divinement   divinely
diviser   to divide
division *f.*   division
divorcé   divorced
dix   ten
dizaine   ten, around ten
docteur *m.*   doctor
document *m.*   document
doigt *m.*   finger
domaine *m.*   domain, territory
domicile *m.*   domicile, residence
dominant   dominating

dominateur/dominatrice *m., f.* dominator
domination *f.*   domination
dominer   to dominate
dommage *m.*   shame; damage
don *m.*   gift, talent
donateur/donatrice *m., f.*   donator, contributor
donc   so, thus
donnée *f.*   data
donner   to give
dont   of which, of whom, whose
dormir *irreg.*   to sleep
dossier *m.*   file, dossier
douane *f.*   customs
douanier/douanière *m., f.*   customs worker
double *m.*   double
doublé   dubbed
doubler   to double; to line *(clothing)*
douche *f.*   shower
douleur *f.*   pain; grief
doute *m.*   doubt
douter   to doubt; **se douter de**   to suspect
douteux/douteuse   suspicious, doubtful
douze   twelve
dramatique   dramatic
drame *m.*   drama
drapeau *m.*   flag
dresser   to erect
drogue *f.*   drug
droguer   to drug; **se droguer**   to take drugs
droit *m.*   right *(as in civil rights)*
droite *f.*   the right; **à droite**   to the right
drôle   amusing, funny
drôlement   really
dû   due
dur   hard, difficult; **à la dure**   in a difficult or rough way, involving hardship
durant   during
durée *f.*   duration
durement   hard, with hardship
durer   to last

E

eau *f.*   water
ébaucher   to sketch out; to conceptualize
échange *m.*   exchange

échelon *m.*   rank
écho *m.*   echo
écœurant   sickening, disgusting
école *f.*   school
écologiste (écolo) *m., f.*   ecologist
économie *f.*   economy
économique   economic; economical; pertaining to the economy
économiser   to save; to economize
écouter   to listen to
écraser   to crush; to defeat
écrire (pp. écrit) *irreg.*   to write
écrivain *m.*   writer, author
éducation *f.*   upbringing
effectuer   to bring about; **s'effectuer**   to be brought about
effet *m.*   effect; **effet de serre**   greenhouse effect; **en effet**   indeed
effondrement *m.*   collapse
effort *m.*   effort
égal (pl. égaux)   equal
égard *m.*   consideration; **à l'égard de**   with regard to
église *f.*   church
égocentrique   egocentric
égoïste   selfish, egotistical
élaborer   to elaborate; to work out
élancer (nous élançons)   to rise upward; **s'élancer**   to advance rapidly toward
élection *f.*   election
électrique   electric
électronique   electronic
élégant   elegant
élément *m.*   element
élémentaire   elementary
élève *m., f.*   pupil, student *(before high school)*
élever (j'élève)   to bring up; to raise
élimination *f.*   elimination
élite *f.*   elite
elle   she
éloignement *m.*   removal, distancing, distance
éloigner   to move away from
élu   elected
émancipation *f.*   emancipation
embaucher   to hire
embêtant   annoying
embraser   to ignite
embrasser   to kiss; to embrace
émincé   minced
émission *f.*   *(television)* broadcast, program
émotion *f.*   emotion

émoustiller to excite; to stimulate

émouvant moving, emotional

empêcher to prevent

emplacement *m.* placement, location

emploi *m.* job

employé/employée *m., f.* employee

employer (j'emploie) to use; **s'employer** to be used

employeur/employeuse *m., f.* employer

emporter to take away

empressement attentiveness, overzealousness

emprisonner to imprison

emprunt *m.* loan

emprunter (qqch à qqn) to borrow *(something from someone)*

en in; **en train de** in the process of *(doing something)*

encadrement *m.* framing, supervision

enceinte pregnant

enclin *m.* incline

encore again, still, yet

endimanché dressed up in one's Sunday best

endormir (*like* dormir) *irreg.* to put to sleep; **s'endormir** to fall asleep

endroit *m.* place, location

énervé nervous

énerver to irritate

enfance *f.* infancy, childhood

enfant *m., f.* child

enfin finally

enflammer to enflame

enfoui buried

engager (nous engageons) to hire; **être engagé** to be hired; **s'engager** to promise; to enlist; to begin

engloutir to devour

engueulade *m.* yelling, arguing

enlever (j'enlève) to take out

ennui *m.* annoyance, boredom

ennuyer (j'ennuie) to bore *(someone)*; **s'ennuyer** to be bored

ennuyeux/ennuyeuse boring

énorme enormous

énormément enormously, extremely

enregistrement *m.* registration

enrichir to make rich; to enrich

enseignant(e) *m., f.* teacher

enseignement *m.* teaching, instruction, education

enseigner to teach

ensemble together

ensuite next, afterwards

entassé stacked; stuffed tightly into something

entendre to hear; **s'entendre avec** to get along with

enthousiasme *m.* enthusiasm

enthousiaste enthusiastic

entier/entière whole, entire

entièrement entirely

entortiller to wrap up

entourer to surround

entre between

entrouvert half-open

entrecôte *f.* rib steak

entrée *f.* entrance; first course

entreprise *f.* business, enterprise

entrer (dans) to enter

entretenir (*like* tenir) *irreg.* to maintain

envelopper to surround; to envelop

envers toward

envie *f.* desire, envy; **avoir envie de** to want, desire

environ around, approximately

environnement *m.* environment

envoler to fly away; to take off in flight

envoyer (j'envoie) to send

éperdu distraught

épice *f.* spice

épicerie *f.* small grocery store

épicier/épicière *m., f.* grocer

épidémie *f.* epidemic

épine *f.* thorn

épingle *f.* pin

époque *f.* time period

épouvantable frightening

époux/épouse *m., f.* spouse

épreuve *f.* test, trial

éprouver to experience, feel *(an emotion); to test*

éprouvette *f.* test tube

épuisé exhausted

équilibre *m.* balance

équipement *m.* equipment

équiper to equip; to outfit

équivalent *m.* equivalent

erreur *f.* error, mistake

escargot *m.* snail

escorte *f.* escort

espace *m.* space

espagnol Spanish

espérer (j'espère) to hope

espionnage *m.* espionage, spying

espoir *m.* hope

esprit *m.* spirit

essai *m.* essay, trial

essayer (j'essaie) to try

essence *f.* essence

essentiel(le) essential

essoufflé out of breath

essuie-glace *m.* windshield wiper

essuyer (j'essuie) to wipe

estival *adj.* *(having to do with)* summer

estomac *m.* stomach

estudiantin *adj.* *(having to do with)* student life

et and

établir to establish; **s'établir** to settle

étage *m.* floor, level

étant donné que given that

état *m.* condition; state, nation

États-Unis *m. pl.* United States

été *m.* summer

éterniser, s'éterniser to be interminable

ethnique ethnic

étiquette *f.* label

étoile *f.* star

étonnant surprising

s'étonner to be astonished

étranger/étrangère *m., f.* stranger, foreigner

être (*pp.* été) *irreg.* to be; *m.* being

étroit narrow

étude *f.* study

étudiant(e) *m., f.* student *(in high school or beyond)*

étudier to study

Europe *f.* Europe

européen(ne) European

eux they, them

évaluer to estimate, evaluate

événement *m.* event

évidemment evidently

éviter to avoid

évolution *f.* evolution

exacerber to exacerbate

exact exact, correct

exactement exactly

examen *m.* test

examiner to examine

exaspéré exasperated

excellent excellent

excepter to exclude; to make an exception

exception *f.* exception

exceptionnel(le) exceptional
excès *m.* excess
excité excited
exclus excluded
exclusion *f.* exclusion
exclusivement exclusively
excuse *f.* excuse
excuser to excuse; **s'excuser** to apologize
exécution *f.* execution, accomplishment
exemple example; **par example** for example
exercer (nous exerçons) to practice (*a profession*); to perform; to carry out
exercice *m.* exercise
exhiber to exhibit
exigeant demanding, strict
exiger (nous exigeons) to demand
exil *m.* exile
exiler to exile
existence *f.* existence
existentialisme *m.* existentialism
exister to exist
exode *m.* exodus
exorbitant exorbitant
expérience *f.* experience; experiment
expérimentation *f.* experimentation
explication *f.* explanation
expliquer to explain
exploration *f.* exploration
explosion *f.* explosion
exportation *f.* exportation
exposé *m.* account, statement, report
exprès on purpose, with intent
express *inv.* assuring quick service; *m.* expresso coffee
expression *f.* expression
exprimer to express
expulsion *f.* expulsion
extension *f.* extension
extérieur *m.* exterior, outside
extra *inv.* extra
extrait *m.* excerpt
extraordinaire extraordinary
extrême extreme
extrêmement extremely
extrémisme *m.* extremism
extroverti extroverted

F

fabricant *m., f.* manufacturer, producer

fabriquer to make; to manufacture
fabuleux/fabuleuse fabulous, mythic, imaginary
face *f.* side; **en face de** facing
fâcher to make angry; **se fâcher** to become angry
facile easy
facilement easily
façon *f.* way, method; **de toute façon** at any rate
facteur *m.* factor; mail carrier
facture *f.* bill
faible weak
faire (pp. fait) irreg. to do; to make; **faire confiance à** to trust; **faire face à** to confront; to face
faiseur/faiseuse *m., f.* maker; *pej.* unscrupulous person
fait *m.* fact
falloir (pp. fallu) irreg. to be necessary
familial (pl. familiaux) adj. (having to do with) family
famille *f.* family
fantastique fantastic
fantôme *m.* ghost
farceur/farceuse *m., f.* practical joker
fardeau *m.* burden
fatigant tiring, tiresome
fatigué tired
faute *f.* error, blame, responsibility
faux/fausse untrue, false
favorable favorable
favoriser to favor
fédéral (pl. fédéraux) federal
fée *f.* fairy
feindre (pp. feint) irreg. to imitate; to pretend
féminin feminine
femme *f.* woman; wife
fenêtre *f.* window
fer *m.* iron
ferme *f.* farm
fermer to close
festin *m.* feast
festival *m.* festival
fête *f.* holiday; party, celebration
feu *m.* firc; stoplight
feuille *f.* leaf
fiancé(e) *m., f.* fiancé(e)
fiancer, se fiancer (nous nous fiançons) to become engaged
ficher to do; to give; **se ficher de** to kid; to be indifferent to

fiction *f.* fiction, imagination
fidèle faithful
fier/fière proud
fierté *f.* pride
fièvre *f.* fever
fiévreux/fiévreuse feverish
figuratif/figurative figurative, representational
figuré figurative, imagined
figurer to design; to represent; **Figurez-vous !** Imagine!
fil *m.* wire
filer to make a quick departure
fille *f.* girl; daughter
film *m.* film
fils *m.* son
fin *f.* end
finalement in conclusion, in the end
finir to finish
firmament *m.* firmament
fixer to fasten
flageolant trembling, quaking
flamand Flemish
Flandre *f.* Flanders
flèche *f.* arrow; steeple
FLN (Front de libération nationale) *m. anti-French movement in colonial Algeria*
flot *m.* waves; multitudes
foi *f.* faith
foie *m.* liver
fois *f.* time, occasion
folie *f.* insanity, madness; extravagance
folklore *m.* folklore
fonction *f.* function
fonctionnaire *m., f.* civil servant, bureaucrat
fonctionnement *m.* functioning, operation
fond *m.* bottom, foundation
fondamentalement fundamentally
fondateur/fondatrice *m., f.* founder
fonder to found
fondu melted
football *m.* soccer
force *f.* force, strength
forcément necessarily
forcené passionate; uncontrollable
forêt *f.* forest
formalité *f.* formality
formation *f.* formation
forme *f.* form, shape
formel(le) definite, positive; formal
former to form, shape

formidable great, wonderful
formulaire *m.* form, questionnaire
formule *f.* formula
formuler to formulate
fort strong
fortune *f.* fortune
fortuné wealthy
fou/folle crazy, mad
fouiller to examine, search thoroughly
foule *f.* crowd
four *m.* oven; **four à micro-ondes** microwave
fourchette *f.* fork
fournisseur/fournisseuse *m., f.* supplier
fraîcheur *m.* freshness, coolness
frais *m.* expense
frais/fraîche cool
français French
France *f.* France
francophone French-speaking *(having to do with the French-speaking world)*
frapper to strike
fraternel(le) fraternal; brotherly
freiner to brake; to slow down
fréquemment frequently
fréquent frequent
fréquenter to frequent; to hang out
frère *m.* brother
frire *(pp.* **frit)** *irreg.* to fry
frisé curly-haired
frite *f.* French fry
froid cold
fromage *m.* cheese
front *m.* front; forehead
frontière *f.* border
frotter to rub
fruit *m.* fruit
frustrant frustrating
fugue *f.* running away
fumée *f.* smoke
funérailles *f. pl.* funeral
fusée *f.* missile
future *m.* future

G

gadget *m.* gadget
gagner to win; to earn
gai gay
galerie *f.* gallery
gamin(e) *m., f., fam.* child
gamme *f.* scale, range

gant *m.* glove
ganté gloved
garage *m.* garage; service station
garagiste *m.* mechanic
garantir to guarantee
garder to keep; to watch over
gare *f.* train station
gauche *f.* left
gazon *m.* lawn
gêne *f.* embarrassment, discomfort
gêné embarrassed
gêner to embarrass; to make uncomfortable
général *(pl.* **généraux)** general
généralement generally
généralisation *f.* generalization
génération *f.* generation
généreux/généreuse generous
générosité *f.* generosity
génial *(pl.* **géniaux)** ingenious, brilliant
genou *m.* knee
genre *m.* genre; gender
gens *m., f., pl.* people
gentil(le) nice, kind, gentle
gentiment nicely, politely, kindly
géographie *f.* geography
géographique geographical
géologie geology
germanique Germanic
geste gesture
gestion *f.* management
gitan(e) *m., f.* gypsy
glace *f.* ice; ice cream
glande *f.* gland
glisser to slide
global *(pl.* **globaux)** global
globalement globally
gonflé bloated
gorge *f.* throat
gourmandise *f.* greed; delicacy, sweet
goût *m.* taste
goûter to taste; *m.* snack
gouvernement *m.* government
gouverner to govern
grâce *f.* benediction, favor
grade *m.* rank; **avoir le grade** to be qualified
graissage *(m)* **de patte** bribery
graisse *f.* fat, grease
grammaire *m.* grammar
grand big, large, great
grand-parent *m.* grandparent
grandeur *m.* size, greatness

grandir to grow bigger
grassouillet(te) chubby, plump
gratte-ciel *m., inv.* skyscraper
grave serious, grave
grenier *m.* attic
grève *f.* strike
grille *f.* railing, grate, grid
griot *m.* griot *(member of an artistic social caste in West Africa)*
griotique having to do with the art of a griot
grippe *f.* flu
gris gray
gros(se) fat, big
grossier/grossière crude, unrefined
groupe *m.* group
groupement *m.* convention
Guadeloupe *f.* Guadeloupe *(French district in the Caribbean)*
guérir to cure; to heal
guerre *f.* war
gueule *f., fam.* mouth; face
guide *m.* guide
guider to guide
guitare *f.* guitar
gymnastique *f.* gymnastics; exercise

H

habiller to dress *(someone)*; **s'habiller** to get dressed
habitant(e) *m., f.* inhabitant, resident; farmer *(in Quebec)*
habiter to live
habitude *f.* habit; **d'habitude** usually
habituel(le) habitual
habituer to get *(someone)* used to *(something)*; **s'habituer** to get used to
*hagard distraught, wild
*haine *f.* hatred
*haineux/haineuse hateful
haïtien(ne) Haitian
harki *m.* *Muslim Algerian who fought with the French army during the Algerian war*
*hâte *f.* haste
*haut high
*hauteur *f.* height
*HEC (École des hautes études commerciales) *f.* *top French business college*
*hein eh
herbe *f.* grass; **en herbe** budding

hésitation f. hesitation
hésiter to hesitate
heure f. hour
heureusement fortunately; happily
heureux/heureuse happy
hexagonal hexagonal; *pertaining to France (whose shape is considered to be hexagonal)*
hi-fi m. hi-fi
*__hideux/hideuse__ hideous
hier yesterday
*__hisser__ to raise
histoire f. story; history
historique historical
HLM (habitation à loyer modéré) m. low- to moderate-income housing
homme m. man
honnête honest
honorer to honor
*__honte__ f. shame; **avoir honte de** to be ashamed of
*__honteux/honteuse__ shameful
horloge f. clock
horreur f. horror
*__hors de__ outside of
hospitaliser to hospitalize
hospitalité f. hospitality
hôtel m. hotel; **hôtel particulier** urban single-family dwelling
hôtesse f. hostess
*__huer__ to boo
*__huit__ eight
humain human
humanité f. humanity
humble humble
humeur f. mood
humiliation f. humiliation
humilité f. humility
*__hurler__ to yell
hypocrite hypocritical
hypothèse f. hypothesis
hypothétique hypothetical
hystérie f. hysteria

I

ici here
idéal (*pl.* **idéaux)** ideal
idéaliste idealistic
idée f. idea
identifier to identify
identité f. identity
idéologique ideological
idiot(e) m., f. idiot
ignorance f. ignorance

ignorant ignorant
ignorer to not know
il m. he, it
illégal (*pl.* **illégaux)** illegal
image f. picture, image
imaginer to imagine
imitation f. imitation
immigrant(e) m., f. immigrant
immigration f. immigration
immigré(e) m., f. immigrant
immigrer to immigrate
immobilier/immobilière adj. *(having to do with)* real estate; **agent immobilier** real estate agent
immuable unchangeable
immuno-déficience immunodeficiency
imparfait imperfect
impatient impatient
impatienter to irritate, annoy
impératif/impérative imperative
impérial imperial
impersonnel(le) impersonal
implantation f. implant
implication f. implication
impliqué implied; implicated
impliquer to imply; to implicate
impoli impolite, rude
importance f. importance
important important; large
importer to be of importance; to import
imposant large, imposing
imposer to impose
impossible impossible
impôt m. tax
impression f. impression
impressionnant impressive; upsetting
improvisation f. improvisation
impuissance f. lack of force or power
imputer to blame, attribute to
inacceptable unacceptable
inadmissible inadmissible
inattendu unexpected
incapable incapable
incertitude f. uncertainty
incessant incessant, unceasing
inciter to incite
incohérent incoherent
incompréhension f. lack of understanding, unwillingness to understand
inconnu unknown
incroyable unbelievable

inculquer to instill, inculcate
Inde f. India
indéfini indefinite
indéfiniment indefinitely
indépendance f. independence
indépendant independent
indépendantiste m., f. separatist
indication f. indication, hint; instruction
indifférence f. indifference
indifférent indifferent
indigène m., f. native
indigestion f. indigestion
indiquer to indicate, point out
indirect indirect
indispensable indispensable
individu m. individual
individuel(le) individual
indulgent lenient, indulgent
industrialisé industrialized
industrie f. industry
ineffable inexpressible
inefficace inefficient
inégal (*pl.* **inégaux)** unequal
inévitable inevitable
infériorité f. inferiority
infini infinite
influence f. influence
influencer (nous influençons) to influence
informaticiene(ne) m., f. computer specialist
information f. information; direction; piece of news
informatique f. information technology
infrarouge infrared
infusion f. infusion
ingénieur m. engineer
ingrédient m. ingredient
inhérent inherent
inhumain inhuman
inhumanité f. inhumanity
initier to initiate
innombrable innumerable
innovateur/innovatrice innovative
inoubliable unforgettable
inquiet/inquiète worried
inquiéter (j'inquiète) to worry, trouble *(someone)*; **s'inquiéter (de)** to worry (about)
inquiétude f. worry
inscription f. registration, inscription

inscrire (*like* **écrire**) *irreg.* to inscribe; **s'inscrire** to register
insecte *m.* insect
insécurité *f.* insecurity
insipide insipid, silly
insister to stress, emphasize
insolent insolent
installation *f.* installation
installer to install; **s'installer** to move in, settle
instant *m.* instant
instigation *f.* instigation
instituteur/institutrice *m., f.* elementary school teacher
institution *f.* institution
instruction *f.* teaching, instruction
instruire (*like* **conduire**) *irreg.* to instruct
instruit learned, schooled
instrument *m.* instrument
insupportable unbearable
intangible intangible
intégralement in entirety
intégration *f.* integration
intégrer (**j'intègre**) to incorporate; **s'intégrer** to integrate; to assimilate
intégriste *m., f.* fundamentalist
intellectuel(le) intellectual
intense intense
intensif/intensive intensive
interaction *f.* interaction
interdire (*like* **dire,** *except* **vous interdisez**) *irreg.* to forbid
interdit forbidden
intéressant interesting
intéresser to interest; **s'intéresser à** to be interested in
intérêt *m.* interest
intérieur *m.* interior
interjection *f.* interjection
interlocuteur/interlocutrice *m., f.* person engaged in conversation, interlocutor
international (*pl.* **internationaux**) international
interne internal
Internet *m.* Internet
interprétation *f.* interpretation
interpréter (**j'interprète**) to interpret
interrogatif/interrogative interrogative
interrogation *f.* examination; interrogation

interroger (**nous interrogeons**) to question; to interrogate
interrompre (*like* **rompre**) *irreg.* to interrupt
interruption *f.* interruption
intersection *f.* intersection
intervenir (*like* **venir**) *irreg.* to intervene; to occur
intervention *f.* intervention; operation
interview *f.* interview
interviewé(e) *m., f.* interviewee
intervieweur *m.* interviewer
intime intimate
intimité *f.* intimacy
intolérance *f.* intolerance
intrigue *f.* plot
intriguer to intrigue
introduction *f.* introduction
introduire (*like* **conduire**) *irreg.* to insert, introduce
introverti introverted
intrusion *f.* intrusion
intuition *f.* intuition
inutile useless, pointless
invasion *f.* invasion
invective *f.* insult
inventaire *m.* inventory
inventer to invent
inverse opposite
investissement *m.* investment
invisible invisible
invitation *f.* invitation
inviter to invite
irlandais Irish
ironique ironic
irritation *f.* irritation
islam *m.* Islam
islamique Islamic
isolé isolated
isolement *m.* isolation
italien(ne) Italian
italique *f.* italics
ivoirien(ne) Ivorian (*from* **Côte d'Ivoire**)
ivresse *f.* drunkenness, intoxication; **ivresse au volant** drunk driving

J

jalousie *f.* jealousy
jaloux/jalouse jealous
jamais ever, never
jambe *f.* leg
jambon *m.* ham

janvier *m.* January
japonais Japanese
jardin *m.* garden
jaune yellow
je I
jeter (**je jette**) to throw
jeton *m.* token
jeu *m.* game; **jeu de mots** play on words, pun
jeudi *m.* Thursday
jeune young
jeunesse *m.* youth
job *m.* short-term job
joie *f.* joy
joindre (*pp.* **joint**) *irreg.* to join
joli pretty
joue *f.* cheek
jouer to play; **jouer à** to play (*a sport or a game*); **jouer de** to play (*a musical instrument*)
jour *m.* day
journal (*pl.* **journaux**) *m.* newspaper
journaliste *m., f.* journalist
journée *f.* day, daytime
juge *m.* judge
jugement *m.* judgment
juger (**nous jugeons**) to judge
juif/juive *m., f.* Jew, Jewish
juin *m.* June
jumeaux/jumelles *m., f.* twins
jurer to swear
jusque up to, until
juste correct, just
justement exactly, correctly
justesse *f.* rightness, correctness
justifier to justify

K

kilo (kilogramme) *m.* kilogram
kir *m.* *drink made of white wine and currant syrup*

L

là there; **là-bas** there, over there
laboratoire *m.* laboratory
laine *f.* wool
laisser to leave (*something behind*)
lait *m.* milk
lamentable pathetic, lamentable
lancer (**nous lançons**) to throw; to launch
langage *m.* language
langue *f.* language; tongue

largement largely
larme *f.* teardrop
lave-linge *m.* washing machine
laver to wash; **se laver** to wash (*oneself*)
leader *m.* leader
lécher (je lèche) to lick
leçon *f.* lesson
lecteur/lectrice *m., f.* reader
lecture *f.* reading; reading selection
légal (*pl.* **légaux**) legal
légalement legally
légende *f.* legend
léger/légère light, slight
légèrement slightly
législatif/législative legislative
législation *f.* legislation
légitime legitimate
légume *m.* vegetable
lendemain *m.* the next day
lent slow
lentement slowly
lequel (laquelle, lesquels, lesquelles) which
lettre *f.* letter; **lettres modernes** literary (humanistic) studies
leur their
lever *m.* rising; **lever du soleil** sunrise
lever (je lève) to raise; **se lever** to get up, stand up
lèvre *f.* lip
lexique *m.* glossary
liaison *f.* relationship, affair, connection
liasse *f.* wad (*of money*)
libéral (*pl.* **libéraux**) liberal
libérateur/libératrice *m., f.* liberator
liberté *f.* liberty
libre free
lien *m.* link
lier to tie, bind, link; **se lier** to tie, bind, link (*oneself*)
lieu (*pl.* **lieux**) *m.* place
lièvre *m.* hare
ligne *f.* line
lime *f.* (*nail*) file
limite *f.* limit
limité limited
limiter to limit
linge *m.* laundry
linguiste *m., f.* linguist
linguistique linguistic
liqueur *f.* liqueur
liquide *m.* liquid

lire (*pp.* **lu**) *irreg.* to read
liste *f.* list
lit *m.* bed
littéraire literary
littéral (*pl.* **littéraux**) literal, exact
littérature *f.* literature
livre *m.* book
livreur/livreuse *m., f.* delivery person
local (*pl.* **locaux**) local
locuteur/locutrice *m., f.* person speaking
logement *m.* housing, lodging
loger (nous logeons) to house
logiciel *m.* software
logique *f.* logic
loi *f.* law
loin far
loisir *m.* leisure time
long(ue) long
longtemps long time
lorsque when
louche shady, dubious, suspicious
louer to rent; to praise
loup *m.* wolf; **loup-garou** *m.* werewolf
lourd heavy
lourdeur *f.* heaviness
loyauté *f.* loyalty
loyer *m.* rent
lucratif/lucrative lucrative
lui *m.* he/him
luisant shiny
lumière *f.* light
lumineux/lumineuse luminous, illuminated
lundi *m.* Monday
lunettes *f. pl.* eyeglasses
lutte *f.* struggle
lutter to struggle, to fight
luxe *m.* luxury
lycée *m.* high school
lycéen(ne) *m., f.* high-school student

M

M. (monsieur) Mr.
machin *m.* thingamajig
machine *f.* machine
madame madam (*term of address*)
magasin *m.* store
magazine *m.* magazine
Maghreb *m.* Maghreb (*region of North Africa including Morocco, Algeria, and Tunisia*)

maghrébin Maghrebian (*pertaining to the Maghreb*)
magistrat *m.* magistrate
magnétique magnetic
magnifique magnificent
magnolia *m.* magnolia
mai *m.* May
main *f.* hand
maintenant now
maintenir (*like* **tenir**) *irreg.* to maintain; to uphold
maintien *m.* maintenance, upkeep
mais but
maison *f.* house
maître/maîtresse *m., f.* master, mistress
majoritaire majority
majorité *f.* majority
mal (*pl.* **maux**) *m.* wrong, evil; **mal à l'aise** ill at ease; **avoir mal à** to be ill; to hurt
maladie *f.* illness
malfaçon *f.* defect
malgré in spite of
malheur *m.* misfortune
malheureusement unfortunately
Mali *m.* Mali
malin clever, shrewd, cunning
maltraiter to mistreat
maman *f., fam.* mother
manche *f.* sleeve
mandingue *pertaining to the Mandingo people of West Africa*
mangeoire *f.* manger
manger (nous mangeons) to eat
manière *f.* manner
manifestation *f.* outward appearance; event; political demonstration
manipulation *f.* manipulation
manque *m.* lack
manquer to be missing, be lacking; **manquer à** to have one's absence felt by; **manquer de** to lack (*something*)
manucuré manicured
marathon *m.* marathon
marchand(e) *m., f.* merchant
marché *m.* market
marcher to walk
mardi *m.* Tuesday
margarine *m.* margarine
mari *m.* husband
mariage *m.* marriage

marier to marry; **se marier avec** to get married to (*someone*)

marketing *m.* marketing

marocain Moroccan

marque *f.* brand; mark

marquer to mark; to have an impact on

marrant funny, amusing

marre: en avoir marre to be fed up

marron dark brown

martini *m.* vermouth aperitif

masculin masculine

massacre *m.* massacre

masse *f.* mass

Massif central *m.* *mountainous area in the center of France*

massif/massive massive

match *m.* game

matelas *m.* mattress

matérialisme *m.* materialism

matérialiste materialistic

matériel *m.* material

maternel(le) maternal

mathématiques (maths) *f. pl.* mathematics

matière *f.* matter; subject matter, academic discipline

matin *m.* morning

matinée *f.* morning time

matrimonial (*pl.* **matrimoniaux**) matrimonial

mauvais bad

maximum *m.* maximum

mec *m., fam.* guy

mécanicien(ne) *m., f.* mechanic

mécontent discontented, dissatisfied

médecin *m.* medical doctor

médecine *m.* medicine (*study, profession*)

médias *m. pl.* mass media

médical (*pl.* **médicaux**) medical

médiocre mediocre

médium *m.* (*spiritual*) medium

méfiance *f.* mistrust

méfier, se méfier de to mistrust

meilleur better; best

mêler to mix up

membre *m.* member

même same, even

mémoire *f.* memory

mémorisation *f.* memorization

menace *f.* threat

menacer (nous menaçons) to threaten

ménage *m.* household

mental mental

mentalité *f.* mentality

mentionner to mention

menu *m.* meal; prix fixe meal

mépris *m.* scorn

méprisé scorned

mépriser to hold in disregard

merci thank you

mercredi *m.* Wednesday

mère *f.* mother

merguez *m.* *North-African-style sausage*

mérite *m.* merit, worth

mériter to merit; to deserve

merveilleux/merveilleuse marvelous

message *m.* message

messagerie *f.* message service, overnight delivery service

messe *f.* mass (*religious*)

mesure *f.* measurement

mesurer to measure

métal *m.* metal

météo *f.* weather (*report*)

méthode *f.* method

métier *m.* profession

métissé biracial, multiracial

mètre *m.* meter

mettre (*pp.* **mis**) *irreg.* to put; to place; **se mettre à** to begin

meuble *m.* furniture

meubler to furnish

meurtre *m.* murder

meurtrier/meurtrière *m., f.* murderer

mexicain Mexican

Midi *m.* Midi (*the southern regions of France*)

midi *m.* noon

mieux better; best

milieu *m.* middle

militaire military

mille thousand

millénaire *m.* millennium

million *m.* million

mimer to mime; to mimic

minable pitiful, lamentable

mince thin

mincir to grow thin

mine *f.* face, expression

minéral (*pl.* **minéraux**) mineral

ministre *m., f.* minister (*governmental*)

minorisation *f.* *process of becoming a minority or less important*

minoritaire minority

minorité *f.* minority

minuit *m.* midnight

minute *f.* minute

mise en scène *f.* direction (*for a play or movie*)

misère *f.* misery

missionnaire *m., f.* missionary

Mlle (mademoiselle) Miss

Mme (madame) Mrs.

mobile *m.* motive

mobiliser to mobilize

moche ugly

mode *f.* fashion; style; *m.* form, method

modèle *m.* model

modem *m.* modem

modéré moderate

moderne modern

modernité *f.* modernity

modeste modest

modestie *f.* modesty

modification *f.* modification

modifier to modify

moelleux/moelleuse creamy, smooth

moi I, me

moindre less, lesser

moins less

mois *m.* month

moisson *f.* harvest

moitié *f.* half

môme *m., f., fam.* child, kid

moment *m.* moment

mon (ma, mes) my

monarchie monarchy

monde *m.* world

mondial (*pl.* **mondiaux**) worldwide

monosyllabe *f.* monosyllable

monotone monotonous

monotonie *f.* monotony

monsieur *m.* sir; man

monstre *m.* monster

montagne *f.* mountain

monter to go up; to take up; to raise

montrer to show

monument *m.* monument

moquer to ridicule; **se moquer de** to make fun of

moquerie *f.* making fun of, mockery

moral moral

moralisateur/moralisatrice moralizing

moraliste *m., f.* moralist

morceau *m.* piece

mort *f.* death
mot *m.* word
motivation *f.* motivation
moto *f.* motorcycle
mou/molle soft
mourir (*pp.* **mort**) *irreg.* to die
moustache *f.* mustache
moustachu having a mustache
moustique *m.* mosquito
mouvement *m.* movement
moyen(ne) average, medium; *m.* means, way
mu *pp. of* **mouvoir** (*to move*)
muet(te) mute
multilinguisme *m.* multilingualism
multimédia multimedia
multinational (*pl.* **multinationaux**) multinational
multiple multiple
mur *m.* wall
musculeux/musculeuse muscular
musée *m.* museum
musical (*pl.* **musicaux**) musical
musicien(ne) *m., f.* musician
musique *f.* music
musulman Moslem
mystérieux/mystérieuse mysterious
mythe *m.* myth

N

naïf/naïve naïve
naissance *f.* birth
narrer to narate
natal native (*relating to birthplace*)
natalité *f.* birth rate
natif/native native
nation *f.* nation
national (*pl.* **nationaux**) national
nationalisation *f.* nationalization
nationalisme *m.* nationalism
nationalité *f.* nationality
nature *f.* nature
naturel(le) natural
naturellement naturally
navet *m.* turnip; flop (*e.g., for films*)
navette *f.* ferry; commuter transportation
naviguer to navigate
ne not
né born
néanmoins nevertheless
nécessaire necessary
nécessairement necessarily
nécessité *f.* necessity

néerlandais Dutch
négatif/négative negative
négligé neglected, sloppy
nègre Negro
nerveux/nerveuse high-strung, nervous
nervosité *f.* excitability
net(te) clear; net
neuf/neuve brand new
neutre neutral
New-Yorkais *adj.* (*pertaining to*) New York
nez *m.* nose
ni neither
Niger *m.* Niger
n'importe any; to be of no importance
niveau *m.* level
Nobel *m.* Nobel prize
noble noble
noblesse *f.* nobility
Noël *m.* Christmas
noir black
noircir to darken; to turn black
noisette *f.* hazelnut
nom *m.* name
nomadisme *m.* nomadism
nombre *m.* number
nombreux/nombreuse numerous
nommer to name
non no
nord *m.* north
nord-africain North African
normal (*pl.* **normaux**) normal
normalement ordinarily, normally
Normandie *f.* Normandy
norme *f.* norm
nostalgie *f.* nostalgia
note *f.* note; grade
noter to grade; to note
notion *f.* notion
notre (nos) our
nouille *f.* noodle
nourrir to feed; to nourish
nourriture *f.* food
nous we, us
nouveau (nouvel, nouvelle, [nouveaux, nouvelles]) new
nouvelle *f.* piece of news
Nouvelle-Angleterre *f.* New England
noyau *m.* pit, seed
noyer (**je noie**) to drown
nu nude
nuance *f.* nuance, subtlety

nuisible destructive, dangerous
nuit *f.* nuit
nul(le) worthless, nonexistent
numérique numerical; digital (*recording*)

O

OAS (Organisation de l'armée secrète) *f.* *military group that aimed to maintain French control over colonial Algeria*
obéir to obey
obéissance *f.* obedience
objectif *m.* lens
objection *f.* objection
objet *m.* object
obligatoire obligatory
obliger (nous obligeons) to obligate; **être obligé** to be obligated
obscurantisme *m.* opposition to instruction
observation *f.* observation
obstacle *m.* obstacle
obtenir (*like* **tenir**) *irreg.* to obtain
occasion *f.* occasion; bargain
occident *m.* the West
occidental (*pl.* **occidentaux**) occidental (*having to do with the West*)
occitan *m.* Occitan (*a language native to the South of France*)
occupation *f.* occupation (*also refers to German occupation of France*)
occuper to occupy; **s'occuper de** to take care of, be busy with
océan *m.* ocean
ocre *f.* ochre
octobre *m.* October
odeur *f.* odor
œil (*pl.* **yeux**) *m.* eye
œuf *m.* egg
œuvre *f.* work, creation
office *m.* office; public function
officiel(le) official
offrir (*like* **ouvrir**) *irreg.* to offer, to give
oignon *m.* onion
olivâtre olive-green, sallow
olive *f.* olive
omelette *f.* omelette
omettre (*like* **mettre**) *irreg.* to omit
on *m.* one (*someone*)
oncle *m.* uncle

onze eleven
opéra *m.* opera
opinion *f.* opinion
opposer to oppose
opposition *f.* opposition
oppressif/oppressive oppressive
opter to opt for, choose
or therefore; *m.* gold
oral (*pl.* **oraux**) oral
orange *f.* orange
orchestre *m.* orchestra
ordinaire ordinary
ordinal (*pl.* **ordinaux**) ordinal
ordinateur *m.* computer
ordre *m.* order
oreille *f.* ear
organisation *f.* organization
organiser to organize
orge *f.* barley
orgie *f.* orgy
original (*pl.* **originaux**) original
origine *f.* origin, beginning
orpheline(e) *m., f.* orphan
ostensiblement ostensibly
ostentation *f.* ostentation
ou or
où where
oublier to forget
oui yes
outil *m.* tool
outre beyond
ouvert open
ouverture *f.* opening
ouvrier/ouvrière *m., f.* worker
ouvrir (*pp.* **ouvert**) *irreg.* to open;
  s'ouvrir à to open (*oneself*) up to

P

Pacifique *m.* Pacific Ocean
page *f.* page
pain *m.* bread
paisible peaceful
paix *f.* peace
palais *m.* palace
pâle pale
palme *f.* palm
pancarte *f.* sign, placard
pansement *m.* bandage, compress
paga *m., fam.* father
paperasserie *f.* red tape
papier *m.* paper
par by
paradis *m.* paradise, Heaven; **paradis
  terrestre** earthly paradise

paragraphe *m.* paragraph
paraître (*like* **connaître**) *irreg.* to
  seem, appear
parallèle parallel
parapluie *m.* umbrella
parc *m.* park
parce que because
parcourir (*like* **courir**) *irreg.* to skim;
  to go through
pardon *m.* pardon
parent(e) *m., f.* parent; relative
parenté *f.* relationship, kinship
parenthèse *f.* parenthesis
paresse *f.* laziness
paresseux/paresseuse lazy
parfaitement perfectly
parfois sometimes
Paris *m.* Paris
parisien(ne) Parisian
parking *m.* parking lot
parler to speak; **parler du** to talk
  about
parmi among
parodie *f.* parody
paroisse *f.* parish
parole *f.* spoken word
part *f.* share, behalf
partager (**nous partageons**) to share
partenaire *m., f.* partner
parti *m.* party (*political*)
participer to participate
particularisme *m.* isolationism,
  identity politics
particulier/particulière particular,
  individual
particulièrement particularly
partie *f.* part
partir (*like* **dormir**) *irreg.* to leave
  (*for a destination*)
partout everywhere
parvenir (*like* **venir**) *irreg.* to arrive;
  to reach; to accomplish
pas not; *m.* step
passage *m.* passage
passé *m.* past; **au passé** in the past
passe-temps *m.* hobby, amusement
passer to pass; to spend (*time*); **se
  passer** to occur, happen
passerelle *f.* gangplank
passionnant compelling, absorbing
passivement passively
pastoralisme *m.* having to do with
  the countryside
pâte *f.* dough; pasta
pâté *m.* pâté, terrine (*usually of meat*)

paternalisme *m.* paternalism
paternaliste paternalistic,
  patronizing
patiemment patiently
patience *f.* patience
patient patient
patient(e) *m., f.* patient
patrie *f.* home country
patriotisme *m.* patriotism
patron *m.* boss, superior; pattern
patte *f.* paw
pause *f.* pause, break
pauvre poor
pauvreté *f.* poverty
pavé *m.* pavement
payer (**je paie**) to pay (*for*)
pays *m.* country, nation
paysage *m.* landscape
paysant(ne) *m., f.* peasant
PC (**Parti communiste**) *m.*
  Communist Party
PCF (**Parti communiste français**) *m.*
  French Communist Party
PDG (**Président-Directeur Général**)
  m., f. CEO
pêche *f.* peach; fishing
pédagogique pedagogical
peigne *m.* comb
peindre (*pp.* **peint**) *irreg.* to paint; to
  depict
peine *f.* sorrow, sadness
pelouse *f.* lawn
penchant *m.* tendency, propensity
pencher to lean forward; to tilt
pendant during
penderie *f.* closet, wardrobe
pénétrant penetrating
pénétrer (**je pénètre**) to penetrate
pénible painful; difficult
pensée *f.* thought
penser to think; **penser à** to think
  about; **penser de** to have an
  opinion about
percevoir (*like* **recevoir**) *irreg.* to
  detect, perceive; to collect (*e.g., taxes*)
perdre to lose
père *m.* father
perfection *f.* perfection
performance *f.* performance
performant effective, competitive
période *f.* period
perle *f.* pearl
permanent permanent
permettre (*like* **mettre**) *irreg.* to
  permit, allow

permis *(m.)* **de travail**   work permit
Perrier *m.*   *a French bottled water*
personnage *m.*   character *(in a story or film)*
personnalité *f.*   personality
personne *f.*   person
personnel(le)   personal
perspective *f.*   perspective
persuader   to persuade
persuasion *f.*   persuasion
perte *f.*   loss
pesant   heavy
pessimiste *m., f.*   pessimist
peste *f.*   plague
petit   small
petit-fils *m.*   grandson
peu   little
peuh ! *interj.*   bah!
peul   *relating to the Peul ethnic group of West Africa*
peuple *m.*   people
peur *f.*   fear; **avoir peur de**   to be afraid of
peut-être   maybe
pharmacie *f.*   pharmacy
phénomène *m.*   phenomenon
philosophie (philo) *f.*   philosophy
phobie *f.*   phobia
phosphore *m.*   phosphorus
photocopier   to photocopy
photographe *m., f.*   photographer
photographie (photo) *f.*   photograph
phrase *f.*   sentence; phrase
physique   physical
pianiste *m., f.*   pianist
piano *m.*   piano
pièce *f.*   theatrical play; room; **deux-pièces** *m.*   two-room apartment
pied *m.*   foot
pied-noir *m.*   *inhabitants of colonial Algeria who were of European origin*
piège *m.*   trap
pierre *f.*   stone, rock
piétiner   to trample
piment *m.*   red pepper
pionnier/pionnière *m., f.*   pioneer
piqué   offended
piquer   to sting; to pierce; **se piquer**   to take offense
pirate   pirated
pis   worst
piscine *f.*   pool
pittoresque   picturesque
placard *m.*   cupboard, cabinet, closet
place *f.*   square; seat, place

placer (nous plaçons)   to place
plage *f.*   beach
plaindre (*pp.* **plaint**) *irreg.*   to pity; **se plaindre (de)**   to complain (about)
plaintif/plaintive   complaining, whining, woeful
plaire (à) (*pp.* **plu**) *irreg.*   to be pleasing (to)
plaisant   pleasing, pleasant
plaisanterie *f.*   joke
plaisir *m.*   pleasure
plan *m.*   plan; map; outline
planète *f.*   planet
planifier   to plan
plante *f.*   plant
planter   to plant
plastique *m.*   plastic
plat   flat *m.* dish; course *(of a meal)*
plate-forme *f.*   platform
plein   full
pleinement   fully
pleurer   to cry
pleuvoir (*pp.* **plu**) *irreg.*   to rain
pliant   folding
plombier *m.*   plumber
plonger (nous plongeons)   to plunge *(into)*
pluie *f.*   rain
plupart, la plupart des *f.*   most of
pluraliste   pluralistic
pluralité *f.*   plurality
plurilingue   multilingual
plus   more
plusieurs   several
plutôt   rather
poche *f.*   pocket
pogne *f.*   fist, paw
pognon *m., fam.*   money
poids *m.*   weight
point *m.*   point **ne... point**   not at all; **point de vue**   point of view
pointe *f.*   point, tip
poire *f.*   pear
poisson *m.*   fish
poivre *m.*   pepper
poli   polite
police *f.*   police
policier/policière *adj.*   *(having to do with)* police
poliment   politely
politesse *f.*   etiquette, courtesy
politicien(ne) *adj.*   *(relating to)* politicking, scheming politics
politique   political; *f.* policy
pollueur/pollueuese *m., f.*   polluter

pollution *f.*   pollution
polygamie *f.*   polygamy
pomme *f.*   apple
pont *m.*   bridge
pop-corn *m.*   popcorn
populaire *adj.*   *(relating to)* working class, popular
populariser   to popularize, make popular
population *f.*   population
porc *m.*   pig, pork
pornographie *f.*   pornography
porte *f.*   door
porte-parole *m., inv.*   spokesperson
porter   to carry
portrait *m.*   portrait
portugais   Portuguese
poser   to place, set down; **poser une question**   to ask a question
positif/positive   positive
position *f.*   position
posséder (je possède)   to possess
possessif/possessive   possessive
possibilité *f.*   possiblity
possible   possible
poste *f.*   post office; *m.* job, post
pot-au-feu *m.*   pot roast
potage *m.*   soup
potentiel *m.*   potential
poubelle *f.*   trash can
poule *f.*   hen
poulet *m.*   chicken
pour   for
pourcentage *m.*   percentage
pourquoi   why
poursuivre (*like* **suivre**) *irreg.*   to pursue
pourtant   however
pourvoir (*like* **voir**, *except* **je pourvoirai**) *irreg.*   to provide, equip, supply
pourvu que   provided that
pousser   to push
poussin *m.*   chick
pouvoir (*pp.* **pu**) *irreg.*   can to, be able to; *m.* power
pratique   practical; *f.* practice
pratiquement   practically
pratiquer   to practice
préalable   preceding
précaire   precarious
précaution *f.*   precaution
précédent   preceding
précéder (je précède)   to precede
précis   precise; *m.* summary, précis

précisément precisely
préciser to specify, make precise
précision f. precision
précurseur m. precursor
prédiction f. prediction
prédilection f. predilection
préférence f. preference
préférer (je préfère) to prefer
préfixe m. prefix
préhistoire f. prehistory
préjugé m. prejudice
premier/première first
prendre (pp. **pris)** irreg. to take; to eat, drink
prénom m. first name
préoccuper to worry, trouble
préparatif m. preparation
préparation f. preparation
préparatoire preparatory
préparer to prepare
préposition f. preposition
près (de) near
préscolaire relating to preschool
présence f. presence
présent m. present; **au présent** in the present
présentation f. presentation
présenter (qqn, qqch à qqn) to introduce; to present
préservation f. preservation
préserver to protect; to preserve
président(e) m., f. president
presque almost, nearly
presse f. the press
pressé rushed, in a hurry
pressing m. dry cleaners
pression f. pressure
prêt ready
prétendre to claim, assert
prétention f. pretention
prêtre m. priest
preuve f. proof
prévenir (like **venir)** irreg. to let know, forewarn
prévoir (like **voir,** except **je prévoirai)** irreg. to foresee, reckon on, make provision for
prier to pray
prière f. prayer
primaire primary
principal (pl. **principaux)** principal
principalement principally
principe m. principle
priorité f. priority
prison f. prison

privatisation f. privatization
privé private
prix m. price; prize
problématique problematic
problème m. problem
procéder (je procède) to proceed
prochain next, following
proche near, close
Proche-Orient m. Middle-East
proclamer to proclaim
prodige m. prodigy
production f. production
produire (like **conduire)** irreg. to produce
produit m. product
professeur (prof) m., f. teacher, professor
profession f. profession
professionnel(le) professional
profil m. profile
profiter (de) to profit (from); to take advantge (of)
profond profound
profondément profoundly
programme m. program
programmeur/programmeuse m., f. computer programmer
progrès m. progress
progressif/progressive progressive
progressivement progressively
prolétariat m. proletariat
promenade f. walk, stroll
se promener (je me promène) to walk, stroll
promettre (like **mettre)** irreg. to promise
promouvoir (pp. **promu)** irreg. to promote
pronom m. pronoun
pronominal (pl. **pronominaux)** pronominal, reflexive (grammatical)
prononcer (nous prononçons) to pronounce
prononciation f. pronunciation
propager (nous propageons) to disseminate
prophète m., f. prophet
proportion f. proportion
propos m. talk; **à propos de** with regard to
proposer to propose; suggest
propre clean; own
propreté f. propriety; cleanliness
propriétaire m., f. proprietor, owner

propriété f. ownership, possession; property
propulser to propel forward
propulsion f. propulsion
prose f. prose
prospectif/prospective prospective
prospectus m. prospectus
prospère prosperous
protection f. protection
protéger (je protège, nous protégeons) to protect
protestant Protestant
protestantisme m. Protestantism
prouver to prove
provenance f. origin; **en provenance de** coming from
province f. province
provincial (pl. **provinciaux)** provincial
provincialiste provincialist
provisions f. pl. groceries
provoquer to provoke, incite, cause
prudence f. prudence
prussien(ne) Prussian
PS (Parti socialiste) m. French Socialist Party
psychiatre m., f. psychiatrist
psychologique psychological
psychologue m., f. psychologist
public/publique public; m. audience
publication f. publication
publicitaire adj. (having to do with) advertising
publicité f. ad, advertisement, commercial, publicity
publier to publish
publiquement publicly
puis then
puisque since
puissance f. power
puissant powerful
puits m. well
punch m. punch (drink)
pur pure
purée f. mashed food (e.g., potatoes)
purement purely

Q

qualifer to qualify
qualité f. quality; good point
quand when
quant à as for
quantité f. quantity
quarantaine forty, around forty

quarante forty
quartier *m.* neighborhood, district
quatorze fourteen
quatre four
quatre-vingt-dix ninety
quatrième fourth
que that; what
Québec *m.* Quebec
québecois *adj.* from (of) Québec
quel (quelle, quels, quelles) which, what
quelqu'un someone
quelque some, a certain
quelquefois sometimes
querelle *f.* quarrel
question *f.* question; issue
questionnaire *m.* questionnaire
queue *f.* line (*of people*); tail
qui who, whom; which
quinze fifteen
quiproquo *m.* mix-up, mistaken identity
quitter to exit, leave; to abandon
quoi what
quoique although
quotidien(ne) daily

R

race *f.* race
racine *f.* root
racisme *m.* racism
raciste *m., f.* racist
raconter to tell; to relate an account
radical (*pl.* **radicaux**) radical; infallible
radio *f.* radio
radis *m.* radish
raffiné refined, sophisticated
raffinement *m.* refinement, sophistication
raffiner to refine, make refined
raie *m.* part (*in the hair*)
raifort *m.* horseradish
raison *f.* reason; **avoir raison** to be right
raisonnable reasonable
raisonnement *m.* reasoning
rajouter to add (again)
ralentir to slow down
ramasser to gather
ramasseur/ramasseuse *m., f.* collector
ramener (je ramène) to take back, bring back

ranger (nous rangeons) to arrange; to line up
rapide fast, rapid
rapidement rapidly
rappeler (je rapelle) to call back; **se rappeler** to recall, remember
rapport *m.* rapport, relationship; report; **par rapport à** in relation to, with regard to
rapporter to bring back; to report
rapprochement *m.* bringing closer or together
rare rare
rarement rarely
ras-le-bol : en avoir ras-le-bol to be fed up
raser to shave; **se raser** to shave (oneself)
rassemblement *m.* assembly
rassurer to reassure
rat *m.* rat
ratelier *m.* feeding trough
rater to fail; to miss
RATP (Régie autonome des transports parisiens) *f.* Parisian Public Transport Authority
ravageur/ravageuse destructive; *m., f.* ravager
réaction *f.* reaction
réalisateur/réalisatrice *m., f.* (*film*) director
réaliser to bring about; to realize
réaliste realistic
réalité *f.* reality
rébellion *f.* rebellion
rebord *m.* edge, windowsill
récemment recently
récent recent
réception *f.* reception
recette *f.* recipe
recevoir (*pp.* **reçu**) *irreg.* to receive; to have guests; **être reçu** to be a guest
réchaud *m.* camping stove
réchauffer to reheat
recherche *f.* search; research
rechercher to research; to look for (again)
récital *m.* recital
réclamer to demand; to require
recommandation *f.* recommendation
recommander to recommend
recommencer (nous recommençons) to begin again

reconnaissance *f.* recognition
reconnaître (*like* **connaître**) *irreg.* to recognize
recopier recopy
record *m.* record
recourir (*like* **courir**) *irreg.* to turn to; to resort to
recouvrir (*like* **ouvrir**) *irreg.* to cover, re-cover
récréation *f.* recreation; school recess
récrire (*like* **écrire**) *irreg.* to rewrite
recruter to recruit
rectangulaire rectangular
reculer to back up, back off
récupérer (je récupère) to retrieve, to pick up
redonner to give again
redoutable dangerous
redresser ro set straight; to redress
réduction *f.* reduction
réduire (*like* **conduire**) *irreg.* to reduce
réel(le) real
réellement actually
refaire (*like* **faire**) *irreg.* to make again; to do again
référence *f.* reference
référer (je réfère) to refer
réfléchir to reflect, think over
reflet *m.* reflection
réflexion *f.* thought, reflection
refoulement *m.* repression
refouler to repress
réfugié(e) *m., f.* refugee
refus *m.* refusal
refuser to refuse
regagner to regain; to find
régal *m.* delight; treat
regard *m.* gaze, look
regarder to look at
régime *m.* diet; regime
région *f.* region
régional (*pl.* **régionaux**) regional
régir to govern; to direct
règle *f.* rule; ruler
règlement *m.* regulation, official rule
régler (je règle) to regulate; to pay, settle
regret *m.* regret, sorrow
regretter to be sorry, regret; to miss
régulation *f.* regulation, control
régulier/régulière regular, steady
régulièrement regularly
rein *m.* kidney

reine *f.* queen
rejet *m.* rejection
rejeter (je rejette) to reject
rejoindre (*like* joindre) *irreg.* to rejoin
relation *f.* relation
relativement relatively
relever (je relève) to pick up, raise up again
reliefs *m. pl.* leftovers
religieux/religieuse religious
religion *f.* religion
relire (*like* lire) *irreg.* to reread
remarier to remarry
remarquable remarkable
remarque *f.* remark
remarquer to notice; to remark
rembourser to reimburse
remercier to thank
remettre (*like* mettre) *irreg.* to put back; to postpone
remonter to go up again; to take up again
remorque *f.* trailer
remplaçant *m.* replacement, substitute
remplacer (nous remplaçons) to replace
remplir to fill
remporter to achieve; to win
remuer to stir; to move
renaissant being reborn
rencontre *f.* meeting
rencontrer to meet
rendez-vous *m.* meeting, appointment
rendre to return; **se rendre compte de** to realize
renforcer (nous renforçons) to reinforce
renouveler (je renouvelle) to renew, make new again; to replace
renseignement *m.* instruction; information
rentrée *f.* reentry; beginning of school year
rentrer to go home; to reenter
renversé turned upside down
renvoyer (je renvoie) to send back; to fire
reparler to speak again
repartir (*like* partir) *irreg.* to leave again
repas *m.* meal
repasser to pass again; to iron
répercuter, se répercuter to reverberate

repérer (je repère) to locate
répertoire *m.* repertoire
répéter (je répète) to repeat
répétition *f.* repetition
répondeur *m.* telephone answering machine
répondre to answer
réponse *f.* reply, answer
reporter *m., f.* reporter
reposer to be at rest, be still; **se reposer** to rest (oneself)
reprendre (*like* prendre) *irreg.* to begin again; to take up again
représentatif/représentative representative
représenter to represent
reproche *m.* reproach, blame
reprocher to reproach
reproduire (*like* conduire) *irreg.* to reproduce
république *f.* republic
répugnant repugnant
réputation *f.* reputation
requis required
RER (Réseau express régional) *high speed suburban branch of the Paris métro*
réserver to reserve
résident(e) *m., f.* resident
résidentiel(le) residential
résignation *f.* resignation
résistance *f.* resistance
résister to resist
résolu resolved
résolument resolutely, firmly
résoudre (*pp.* résolu) *irreg.* to resolve
respect *m.* respect
respectable respectable
respecter to respect
respectueux/respectueuse respectful
respiration *f.* respiration, breathing
respirer to breathe
responsabilité *f.* responsibility
responsable responsible
ressembler, se ressembler to resemble
ressentiment *m.* resentment
resservir (*like* dormir) *irreg.* to serve again
restaurant *m.* restaurant
reste *m.* remainder, leftover
rester to stay
Resto-U (restaurant universitaire) *m.* university cafeteria
restriction *f.* restriction

résultat *m.* result, score
résumé *m.* summary
résumer to summarize
retard *m.* lateness, delay; **être en retard** to be late
retenir (*like* venir) *irreg.* to retain, reserve
retirer to withdraw
retour *m.* return
retourner to return; to go back
rétro retro
retrousser to pull up, roll up
retrouver to meet; to find again
réunir to reunite; to combine
réussir to succeed
réussite *f.* success
revanchard vengeful
revanche *f.* revenge; **en revanche** on the other hand
rêv *m.* dream
réveiller to wake (*someone*); **se réveiller** to awaken
révélation *f.* revelation
révéler (je révèle) to reveal
revendiquer to claim
revenir (*like* venir) *irreg.* to come back
revêtir to take on the appearance of; to don
réviser to review, revise
révision *f.* review, revision
révolu past, bygone
révolution *f.* revolution
révoquer to revoke
revue *f.* magazine
Rhin *m.* Rhine
Rhône-Poulenc *m.* *major French chemical company*
ricaner to snicker
riche riche
richesse *f.* wealth
rideau *m.* curtain
rien *m.* nothing
rigolade *f.* laughing matter, funny thing
rigoler to giggle; to laugh
rigolo funny, humorous
rigoureux/rigoureuse rigorous
rigueur *f.* rigor
rire (*pp.* ri) *irreg.* to laugh
rituel(le) ritual
riz *m.* rice
robe *f.* dress
rocher *m.* rock
rôder to break in (*something*); to wander with aimless or suspicious intent

Rodez *m.* *small city in the southern Massif Central in France*
roi *m.* king
rôle *m.* role
roman *m.* novel
rompre *irreg.* to tear; to break; to break up
rond round
rose pink
rosé *m.* pink wine
rôt *m.* roast
rôti *m.* roast
rouge red; *m.* rouge
rouler to roll; to move forward (*automobile*)
routard(e) *m., f.* hitchhiker
route *f.* route
routine *f.* routine
roux/rousse red (*of hair*), reddish-brown
royal (*pl.* **royaux**) royal
RPR (Rassemblement pour la République) *m.* *center-right political party in France*
rubrique *f.* rubric; subheading, category
rue *f.* street
ruine *f.* ruin
rural (*pl.* **ruraux**) rural
russe Russian
rustique rustic
rythme *m.* rhythm

S

sabre *m.* saber
sac *m.* purse; sack
sachet *m.* small bag
sacré sacred, holy
sacrifier to sacrifice
sagesse *f.* wisdom
saignant bleeding; rare (*of meat*)
sain healthy
saint holy
saint(e) *m., f.* saint
saisir to seize
saison *f.* season
salade *f.* salad; lettuce
salarié(e) *m., f.* salaried worker
salaud *m.* scoundrel
sale dirty
salé salty
salle *f.* room; **salle d'eau** toilet; **salle de bains** bathroom; **salle de séjour** living room
salopette *f.* overalls

salut *m.* health; *interj.* hi!
samedi *m.* Saturday
sanctuaire *m.* sanctuary
sandwich *m.* sandwich
sang *m.* blood
sanglant bloody
sanglier *m.* boar
sans without
sans-abri homeless
sans-ressources *m., f.* homeless people
santé *f.* health
sapin *m.* pine
satisfaction *f.* satisfaction
satisfaire (*like* **faire**) *irreg.* to satisfy
satisfait satisfied
sauce *f.* sauce, gravy
saucer to wipe up sauce or gravy (*with bread*)
saucisse *f.* sausage
saucisson *m.* dried sausage
sauf except
saumon *m.* salmon
sauvage savage; shy
sauver to save
sauveur *m.* savior
saveur *f.* savor
savoir (*pp.* **su**) *irreg.* to know (*information, facts*); **savoir-vivre** *m.* flair; know-how
saxophone *m.* saxophone
scandaleux/scandaleuse scandalous
scénario *m.* screenplay
scène *f.* scene, stage
sceptique skeptical
science *f.* science
scolaire *adj.* (*relating to*) school
scolarité *f.* education, studies
sculpteur *m.* sculptor
SDF (sans domicile fixe) homeless
se oneself, himself, herself, themselves
séance *f.* showing, session
sec/sèche dry
sécher (**je sèche**) to dry
sécheresse *f.* drought
second second
secondaire secondary
secouer to shake
secrétaire *m., f.* secretary
sécularisé secular
sécurité *f.* security
séduire (*like* **conduire**) *irreg.* to seduce; to entice
séduisant enticing
Seigneur *m.* Lord

seize sixteen
séjour *m.* stay
séjourner to reside; to stay
sel *m.* salt
selon according to, in the opnion of
semaine *f.* week
semblable similar; such
sembler to seem
semelle *f.* sole (*of shoe*)
semoule *f.* semolina grain
sénat *m.* Senate
Sénégal *m.* Senegal
sénégalais Senegalese
sens *m.* sense, meaning; direction
sensation *f.* sensation
sentiment *m.* feeling
sentimental (*pl.* **sentimentaux**) sentimental
sentir (*like* **dormir**) *irreg.* to feel; to touch; to smell
séparation *f.* separation
séparatisme *m.* separatism
séparer to separate
sept seven
sépulcre *m.* tomb, sepulchre
séquence *f.* sequence
sérère *relating to the Serer ethnic group of West Africa*
série *f.* series
sérieusement seriously
sérieux/sérieuse serious
sermon *m.* sermon
séropositif/séropositive HIV positive
servant(e) *m., f.* servant
serveur/serveuse *m., f.* waiter, waitress
service *m.* service, tip
serviette *f.* napkin
servir (*like* **dormir**) *irreg.* to serve; **se servir de** to use
seul alone; only
seulement only
sévère strict, severe
sexuel(le) sexual
sexy sexy
shopping *m.* shopping
si if, whether; yes; so
SIDA *m.* AIDS
sidéen(ne) *m., f.* person with AIDS
siècle *m.* century
sigle *m.* acronym
signaler to point out
signature *f.* signature
signe *m.* sign
signification *f.* meaning

signifier to mean, signify
silence *m.* silence
sillage *m.* wake (*of a boat*); footsteps, path (*of someone*)
similaire similar
simple simple, elementary
simplement simply
simplicité *f.* simplicity
sincère sincere
singer (nous singeons) to mimic
sinistre sinister
sinon if not
sinus *m.* sinus
situation *f.* situation; steady job
situer to situate; to locate; **mal situé** poorly situated (located)
six six
sixième sixth
ski *m.* ski
smoking *m.* tuxedo
SNCF (Société nationale des chemins de fer français) *m.* French national railroads
snob *m., f.* snob
snobisme *m.* snobism
social (*pl.* **sociaux)** social
socialiste *m., f.* socialist
société *f.* society
sociologie *f.* sociology
socle *m.* pedestal, base, platform
sœur *f.* sister
soi *m.* oneself; **soi-même** oneself
soif *f.* thirst; **avoir soif** to be thirsty
soigné carefully done, cared for
soigner to care for
soin *m.* care
soir *m.* evening
soirée *f.* evening time; special evening event
soit *subjunctive form of* **être**
soixante sixty
soldat *m.* soldier
soleil *m.* sun
solide solid
soliste *m., f.* soloiste
solitude *f.* solitude
solution *f.* solution
sombre dark
sommaire short, cursory; *m.* summary
somme *f.* sum
sommeil *m.* sleep
somptueux/somptueuse sumptuous
son *m.* sound
son, (sa, ses) his, her, one's
sondage *m.* opinion poll

sonner to sound, ring
sonore makes sound, sonorous
soprano *f.* soprano
sorcier/sorcière *m., f.* witch, sorcerer
sort *m.* fate, outcome
sorte *f.* type, sort
sortie *f.* exit
sortir (*like* **dormir)** *irreg.* to exit, go out
souche *f.* origin, stock
souci *m.* concern, worry
soudain suddenly
souffle *m.* breath, puff of air
souffler to blow, puff; to breathe hard
souffrir (*like* **ouvrir)** *irreg.* to suffer
soûl drunk; **tout son soûl** to one's heart's content, as much as one wants
souligner to underline; to underscore
soumettre (*like* **mettre)** *irreg.* to submit
soumis submissive
soupçonner to suspect
soupe *f.* soup
source *f.* spring, source
sourd deaf
sourire *m.* smile
sous under
sous-développé underdeveloped
sous-sol *m.* basement
sous-titré with subtitles
soutenir (*like* **tenir)** *irreg.* to support
souvenir : se souvenir de (*like* **venir)** *irreg.* to remember
souvenir *m.* memory
souvent often
souverain sovereign
souveraineté *f.* sovereignty
spacieux/spacieuse spacious
spasme *m.* spasm
spécial (*pl.* **spéciaux)** special
spécialisation *f.* specialization, major (*in college*)
se spécialiser (en) to specialize, major (in)
spécialiste *m., f.* specialist
spécialité *f.* specialty
spécificité *f.* specificity
spécifique specific
spectacle *m.* sight; show, entertainment
spectateur/spectatrice *m., f.* spectator; viewer
splendide splendid

spontané spontaneous
spontanéité *f.* spontaneity
station *f.* station, stop, site
statistique *f.* statistic
statut *m.* statute, status
steak *m.* steak
stéréotype *m.* stereotype
stéréotypé stereotyped
stopper to stop
strict strict; plain; literal
strictement strictly
structure *f.* structure
structurer to structure, organize
studio *m.* studio
stylo *f.* pen
subir to submit to, endure
subordination *f.* subordination
subordonner to subordindate
substituer to substitute
subtil subtle
succès *m.* success
succession *f.* succession
sucre *m.* sugar
sucré sweet
sud *m.* south
sudiste Southern (*pertaining to the American South*)
sueur *f.* sweat
suffire (*pp.* **suffi)** *irreg.* to suffice
suffixe *m.* suffix
suggérer (je suggère) to suggest
Suisse *f.* Switzerland
suite *f.* continuation
suivant following
suivre (*pp.* **suivi)** *irreg.* to follow
sujet *m.* subject; question
supposer to suppose; to assume
supposition *f.* supposition
supprimer to delete; to suppress
sur on
sûr sure, certain; safe
surcroît *m.* surplus
sûrement surely
surmonter to overcome
surnommer to be called; to have a nickname
surprenant surprising
surprendre (*like* **prendre)** *irreg.* to surprise
supris surprised
surprise *f.* surprise; **surprise-party** *f.* party
surtout especially
surveiller to watch over; keep an eye on
survie *f.* survival
susciter to cause; to give rise to

suspense *m.* suspense
symbole *m.* symbol
symbolique symbolic
symboliser to symbolize
sympathique (sympa, *inv.***)** likeable, nice, pleasant
symptôme *m.* symptom
syndrome *m.* syndrome
synonyme *m.* synonym
synthèse *f.* synthesis
systématique systematic
système *m.* system

T

table *f.* table
tableau (*pl.* **tableaux)** *m.* painting, picture; scene
tabou *m.* taboo
tact *m.* tact
tandis que whereas
tant so many, so many
tante *f.* aunt
tapis *m.* carpet, rug
taquiner to tease
tard late
tarif *m.* fare, rate, price
taux *m.* rate
taxi *m.* taxi
technicien(ne) *m., f.* technician
technique technical
technologie *f.* technology
teigne *f.* nasty person
teint *m.* coloring, complexion; dyed
tel(le) such
téléphone *m.* telephone
téléphoner to telephone
télévision (télé) *f.* television
tellement so much, so many
temple *m.* temple
temporel(le) temporal
temps *m.* time; weather; **en même temps** at the same time
tenace tenacious
tendance *f.* tendency
tendre to stretch, to make tight; *adj.* tender
tenir (*pp.* **tenu)** *irreg.* to hold
tennis *m.* tennis
ténor *m.* tenor
tension *f.* tension
tente *f.* tent
tenter to attempt; to tempt
tenue *f.* behavior; dress
terme *m.* term; end
Terminale *f. final year of* **lycée**

terminer to end
ternir to tarnish
terrain *m.* terrain
terre *f.* earth, land
terrible incredible; terrible; terrific
territoire *m.* territory
terrorisme *m.* terrorism
test *m.* test *(esp. medical or psychological)*
tête *f.* head
texte *m.* text
théorie *f.* theory
théorique theoretical
tiède lukewarm
tien(ne) yours *(informal)*
tiers *m.* third; **tiers monde** *m.* Third World
tilleul *m.* linden tree and flower
timide shy, timid
tirailler to tug, pull in different directions
tirer to pull; to fire *(a gun)*
tiret *m.* dash, hyphen
tisane *f.* herbal tea
titre *m.* title
toi you *(informal)*
toile *f.* linen, cloth; web
tolérance *f.* tolerance
tolérer (je tolère) to tolerate
tomate *f.* tomato
tombe *f.* tomb
tomber to fall down
ton (ta, tes) your *(informal)*
tondeuse *f.* lawn mower
tondre to mow; to shear
tort *m.* wrong
torture *f.* torture
tôt early
total total
totalitaire totalitarian
totem *m.* protective animal spirit; totem pole
toujours always
Toulouse *f. large city in southwestern France*
tour *m.* tower; *f.* tour; turn; trick
tourisme *m.* tourism
touristique relating to tourism
tourment *m.* torment
tournant that turns
tournée round, tour
tourner *f.* to turn
Tours *m. large city in the Loire Valley in France*
tourtière *f.* pie dish, pork pie *(in Quebec)*

tous *m. pl.* everybody
tout *m.* everything
tout (toute, tous, toutes) all, every
toxicomane *m., f.* drug addict
toxicomanie *f.* drug addiction
tracasserie *f.* bothersome obstacle
trace *f.* trace
tract *m.* pamphlet
tradition *f.* tradition
traditionnel(le) traditional
traduction *f.* translation
trafiquer to sell illegal products
trahir to betray
train *m.* train
traire (*pp.* **trait)** *irreg.* to milk
trait *m.* characteristic, trait
traité *m.* treaty
traiter to treat; **traiter de** to be about, deal with
tranquille quiet, tranquil
tranquillité *f.* quietness, tranquility
transcendance *f.* transcendence
transférer (je transfère) to transfer
transformation *f.* transformation
transformer to transform
transit *m.* transit, commute
transition *f.* transition
transport *m.* transportation
traumatisé traumatized
travail (*pl.* **travaux)** *m.* work, job
travailler to work
travailleur/travailleuse *m., f.* worker
travers : à travers across, crosswise
traverser to cross
treize thirteen
trembler to tremble
tremper to soak
trente thirty
très very
trimbaler to drag along
triomphant triumphant
triple triple
triste sad
tristesse *f.* sadness
trois three
troisième third
tromper to deceive; **se tromper de** to make a mistake
trop too much, too many
trou *m.* hole
trouble *m.* trouble
troubler to bother; to trouble
trouver to find
truc *m.* thing, whatchamacallit
truite *f.* trout
tu you *(informal)*

tuberculose *f.* tuberculosis
tuer to kill
turc/turque Turkish
Turquie Turkey
turquoise *f.* turquoise
tutoiement *m.* act of using **tu**
tutoyer (je tutoie) to use **tu**
type *m.* type; guy
typique typical, true to type
tyranniser to tyrannize

U

UDF (Union pour la démocratie française) *f.* *French centrist political party*
un, une a, an; one
unicité *f.* uniqueness
unifier to unite; to unify
union *f.* union
unique unique
uniquement solely, exclusively
unir to unit
unité *f.* unity
univers *m.* universe
universel(le) universal
universitaire *adj.* *(relating to)* university
université *f.* university
urbain urban
urgent urgent
usage *m.* use, usage
usine *f.* factory
utile useful
utilisateur/utilisatrice *m., f.* user
utiliser to use
utilité *f.* usefulness

V

vacances *f. pl.* vacation
vache *f.* cow
vaciller to hesitate, vacillate
vague *f.* wave
vaguement vaguely
vainqueur *m., f.* conqueror
vaisselle *f.* dishes
Valencien(ne) *m., f.* from Valencia
valeur *f.* value
valise *f.* suitcase
vallée *f.* valley
valoir (*pp.* **value)** *irreg.* to be worth
variation *f.* variation
varié varied
vaste huge, vast

veau *m.* calf
véhiculaire vehicular
véhicule *m.* vehicle
veille *f.* eve, day before
veiller to watch over
veine *f.* luck
vendeur/vendeuse *m., f.* salesclerk
vendre to sell
vendredi *m.* Friday
venir (*pp.* **venu)** *irreg.* to come
vent *m.* wind
vente *f.* sale
ventre *m.* stomach, abdomen
verbal (*pl.* **verbaux)** verbal
verbalement verbally
verbe *m.* verb
vérifier to verify; to check
véritable true, veritable, genuine
vérité *f.* truth
vernaculaire vernacular
verre *m.* drinking glass
vers toward; *m.* verse
version *f.* version
vert green
vertu *f.* virtue
vêtement *m.* clothing
veuf/veuve *m., f.* widower, widow
viande *f.* meat
vice-versa vice versa
victoire *f.* victory
vide empty
vie *f.* life
vietnamien(ne) Vietnamese
vieux, (vieil, vieille) old
vigile *f.* vigil
vilain nasty, bad
village *m.* village
ville *f.* city, town
vin *m.* wine
vingt twenty
violation *f.* violation
violence *f.* violence
violent violent
violon *m.* violin
violoniste *m., f.* violinist
virer to curve; to turn away
vis-à-vis opposite, across from; with regard to
visage *m.* face
viser to target, aim at; to direct
visite *f.* visit
visiter to visit *(a place or a thing)*
visiteur/visiteuse *m., f.* visitor
vite fast, rapidly, quickly
vivant living

vivre (*pp.* **vécu)** *irreg.* to live
vocabulaire *m.* vocabulary
vocal (*pl.* **vocaux)** vocal
vocation *f.* vocation
voici here is
voie *f.* path, way; tracks
voilà here is, there is
voir (*pp.* **vu)** *irreg.* to see
voisin(e) *m., f.* neighbor
voiture *f.* car, automobile
voix *f.* voice; **à voix basse** in a low voice
vol *m.* theft; flight
volaille *f.* poultry
voler to steal; to fly
voleur/voleuse *m., f.* thief
volontaire headstrong; intentional; *m., f.* volunteer
volontiers willingly, with pleasure
volume *m.* volume
voter to vote
votre (vos) your *(formal or plural)*
vouloir (*pp.* **voulu)** *irreg.* to want
vous *m., f.* you *(formal or plural)*
vouvoiement *m.* act of using **vous**
vouvoyer (je vouvoie) to use **vous**
voyage *m.* trip
voyelle *f.* vowel
vrai true
vraiment truly, really
vraisemblable likely, convincing
vue *f.* view
vulgaire vulgar; nonscientific
vulgarité *f.* vulgarity

W

Web *m.* Web
week-end *m.* weekend
wolof *m.* *African language widely spoken in Senegal and Gambia*

X

xénophobe xenophobic

Y

y there

Z

zaïro-congolais relating to the Democratic Republic of the Congo
zigoto *m.* guy
zou *interj.* get going, get a move on

Index de *l'Autrement dit*

L'index suivant répertorie les actes de paroles et le vocabulaire présentés dans l'*Autrement dit*.

Index grammatical

Credits

Photo credits

p. 8: Marilyn Root/Light Sources Stock; *p. 8:* C. Parry/The Image Works; *p. 15:* Richard Frieman/Photo Researchers Inc.; *p. 21:* C. Couture/Oneworld Photographics; *p. 35:* Richard Lucas/The Image Works; *p. 38:* Alexandra Boulat/Material World; *p. 40:* AFP/Corbis; *p. 45:* Joseph Nettis/Stock Boston; *p. 47:* Fay Torresyap/Stock Boston; *p. 59:* Tatiana Markow/Corbis Sygma; *p. 62:* Greg Meadors/Stock Boston; *p. 71:* Archive Photos; *p. 72:* UPI/Corbis Bettmann; *p. 74:* UPI/Corbis Bettmann; *p. 82:* Algaze/The Image Works; *p. 87:* Owen Franken/Stock Boston; *p. 88:* Don & Pat Valenti/Stone; *p. 91:* Ulrike Welsch; *p. 103:* The Kobal Collection; *p. 124:* Ulrike Welsch; *p. 141:* Shel Secunda/The Liaison Agency; *p. 145:* Ermakoff/The Image Works; *p. 154:* UPI/Corbis Bettmann; *p. 158 left:* Rey Germain/The Liaison Agency; *p. 158 right:* Owen Franken/Stock Market; *p. 159:* Kevin Schafer/Corbis; *p. 162:* Stuart Cohen; *p. 167:* Carl Purcell; *p. 168:* John Barr/The Liaison Agency; *p. 169 left:* Todd Gipstein/Corbis; *p. 169 middle:* Bruce Jaffe/The Liaison Agency; *p. 169 right:* Stuart Cohen; *p. 181:* AFP/Corbis; *p. 182:* Jack Vartoogian; *p. 192:* AP/Wide World Photos; *p. 195:* Lawrence Mason, Jr.; *p. 200:* Lawrence Migdale/Stock Boston; *p. 202:* Bonnie Kamin/Comstock; *p. 203 top:* G. Zimbel/Monkmeyer Press Photo; *p. 203 bottom:* Agence France-Presse/Gabriel Bouys; *p. 204:* Erich Lessing/Art Resource;*p. 205:* Jacques Langevin/Corbis Sygma; *p. 206:* Abib Lahcene/The Liaison Agency; *p. 218:* UPI/Corbis Bettmann; *p. 231:* Reuters/Corbis Bettmann; *p. 236:* Georg Gerster/Comstock; *p. 237 left:* Richard Passmore/Stone; *p. 237 right:* Martine Mouchy/Stone;*p. 238 left:* Karen Thomas/Stock Boston; *p. 238 right:* Rohan/Stone; *p. 240:* Ulrike Welsch; *p. 245:* Betty Press/Monkmeyer Press Photo; *p. 247:* Stuart Cohen; *p. 248:* Georg Gerster/Comstock; *p. 258:* IPA/The Image Works; *p. 270:* Owen Franken/Corbis; *p. 271:* Pascal Quittemelle/Stock Boston; *p. 280 top:* Georg Gerster/Comstock; *p. 280 bottom:* Wolfgang Kaehler; *p. 294:* Jerome Prebois/Sygma; *p. 298:* Peter Menzel; *p. 299 left:* Beryl Goldberg; *p. 299 right:* Peter Menzel; *p. 308:* G. Zimbel/Monkmeyer Press Photo; *p. 314:* Beryl Goldberg; *p. 318:* Hugh Rogers/Monkmeyer Press Photo; *p. 328:* Hubert Camille/Stone; *p. 335:* Jonathan Blair/Corbis; *p. 339:* Chris Brown/Stock Boston; *p. 341:*A. Ramey/Stock Boston; *p. 342:* Stuart Cohen; *p. 343:* Beryl Goldberg; *p. 344:* Noel Quidu/The Liaison Agency; *p. 349:* B. Roland/The Image Works; *p. 355:*A. Ramey/PhotoEdit; *p. 361:* Walter Leonardi/The Liaison Agency

Literary credits

We wish to thank the authors, publishers and holders of copyright for their permission to use or adapt the following:

pp. 2–3 : Éditions Lité; *p. 17:* Raymond Carroll, *Évidences invisibles. Américains et Français au quotidien*, © Éditions du Seuil; *p. 43:* The French Experience; *p. 44:* SEMPÉ, *Par avion*, © by Éditions Denoël; *p. 110:* Avec l'aimable autorisation des Éditions Flammarion, *L'Argent de poche*, François Truffaut, ©; *p. 114:* « Quid du wolof ? », F. Hervieu, Le Monde de l'éducation juillet–août 1996; *p. 128:* Dessin de Plantu paru dans Le Monde, © Plantu; *p. 156:* Mehdi CHAREF, *Le harki de Meriem*, Mercure de France;*p. 191:* François BENSIGNOR, Extrait de *Sons d'Afrique*, Les Nouvelles Éditions Marabout; *p. 233:* MONIÈRE, Denis. *L'Indépendance*, Éditions Québec/Amérique, 1992; *p. 242:* McDonalds Corporation; *p. 244:* Éditions Mondia: map by Jacques LECLERC from Langue et Société, p. 295; *p. 261:* Hachette: Littérature générale, map from *Au Québec*, 1981; *p. 283:* SEMPÉ, © Éditions Denoël; *p. 295:* « La Gloire de mon père » de Marcel Pagnol. Editeur : Bernard de FALLOIS; *p. 327:* « LES PETITS ENFANTS DU SIECLE » de Christiane Rochefort, Éditions Bernard GRASSET; *p. 357:* « Pour une compréhension réciproque entre l'islam et l'Occident » de Yousif Al Khoï - Le Monde, 8/19/94; Locha MATESO, for use of the following poems appearing in *L'Anthologie de la poésie d'Afrique noire d'expression française*, Nouvelles Éditions Africaines: Malick FALL, « Écoliers », tire de Reliefs. Présence Africaine 1964, *L'Argile du rêve*, Nouvelles Éditions Africaines, Maurice KONÉ, « Paraboles », *Reliefs*, Éditions Présence Africiane; Lab program: INA; Périodique Reader's Digest Limité; Excerpt from *L'histoire immédiate : la nouvelle France*, originally broadcast by Antenne 2 (Paris). The complete video from which this excerpt is taken is available in the United States and Canada. Thank you to Lilianne Labbé and Don Hinkley for use of their arrangement of « Perrine était servante. »